国家社科基金
GUOJIA SHEKE JIJIN HOUQI ZIZHU XIANGMU
后期资助项目

U0949732

天人回环：论船山思想的核心视野

Heaven-Human Circle: On the Central Horizon of Wang Fuzhi's Thought

王林伟　著

WUHAN UNIVERSITY PRESS
武汉大学出版社

图书在版编目(CIP)数据

天人回环:论船山思想的核心视野/王林伟著.—武汉:武汉大学出版社,2019.11

ISBN 978-7-307-21275-6

Ⅰ.天…　Ⅱ.王…　Ⅲ.王夫之(1619-1692)—哲学思想—研究　Ⅳ.B249.25

中国版本图书馆 CIP 数据核字(2019)第 239358 号

责任编辑:李　程　　责任校对:汪欣怡　　版式设计:马　佳

出版发行:**武汉大学出版社**　(430072　武昌　珞珈山)

(电子邮箱:cbs22@whu.edu.cn　网址:www.wdp.com.cn)

印刷:湖北恒泰印务有限公司

开本:720×1000　1/16　印张:20　字数:345 千字　插页:1

版次:2019 年 11 月第 1 版　2019 年 11 月第 1 次印刷

ISBN 978-7-307-21275-6　定价:76.00 元

国家社科基金后期资助项目
出版说明

后期资助项目是国家社科基金设立的一类重要项目，旨在鼓励广大社科研究者潜心治学，支持基础研究多出优秀成果。它是经过严格评审，从接近完成的科研成果中遴选立项的。为扩大后期资助项目的影响，更好地推动学术发展，促进成果转化，全国哲学社会科学工作办公室按照“统一设计、统一标识、统一版式、形成系列”的总体要求，组织出版国家社科基金后期资助项目成果。

全国哲学社会科学工作办公室

学成于聚，亲故相资而新其故；
思得于永，微显相次而显察于微。

——纪念王船山400周年诞辰

凡　　例

（1）本书以“船山”称呼王夫之。

（2）凡引用船山原文或相关研究，均遵循如下的指导原则：所引用者应能在某种意义上构成一个较为独立、完整的语意段落或小节。

（3）凡引用船山原文，引文页码来源以如下版本为准：“王夫之：《船山全书》，船山全书委员会编校，长沙：岳麓书社，1996 年”。

（4）凡引用船山原文，注释格式如下：先标明引文所在的卷数（无卷数则标篇名），其后则标明其在《船山全书》中所在的册数、页码。如引文来源于《读四书大全说》卷十中，脚注即如下：“《读四书大全说》卷十，见《船山全书》第六册，第×××页”。

（5）凡引用相关研究文献，首次引用的时候会标出此文献的具体出版信息，此后再引用的时候将只标出著者、书（篇）名及页码。如首次引用为：“嵇文甫：《王船山学术论丛》，北京：生活·读书·新知三联书店，1962 年，第×××页”，再次引用时则为：“嵇文甫：《王船山学术论丛》，第×××页”。

目　　录

导　论

王船山(1619—1692)，名夫之，字而农，号薑斋、卖薑翁、一瓢道人等①，船山先生则是当时和后世学者对他的尊称。船山生活于明清之际，这是一个风云激荡的时代，催生了诸多学术上的巨人以及光彩夺目的思想。然而这些巨人与思想却由于种种不同的因缘际会而遭受了不同的命运。与同时期的大儒顾炎武、黄宗羲不同，船山极为深刻的思想，在他生前以及死后很长的一段时间里，并没有引起什么回响，更不用说有人去继承并推进他的思想。清朝中叶编纂的《四库全书》不过收录了他的几本稗疏，这些著作只是船山为学体道的初步，远不足以展现船山思想的面貌。一直到晚清曾国藩兄弟大力搜集船山的遗著，刊印《船山遗书》，船山的著作才开始广为流布，其思想也逐渐为世人所了解。自此之后，船山即以其刻苦自励的品格、博大精深的思想、广博渊微的学识吸引并激励了历代学人的研讨兴趣。然而兴趣虽多、流布虽广，各研究者的体会与结论却往往大相径庭：有人说他是反理学的朴素唯物论者，亦有人说他是宋明理学的继承者，又有人说他是杂糅唯心论与唯物论的折中论者，还有人说他是中国有史以来最伟大的历史哲学家，如此种种，不胜枚举。② 于是人们不禁要问：何以同一个人的思想竟然被标上了如此众多，乃至互相矛盾的标签？毫无疑问，这些研究推进了我们对船山思想的总体理解，曲折地展现了船山思想所蕴含的多重面貌与不同层次，然而研究的整体情形(言人人殊，乃至对于船山的思想根本就未曾形成过一个共同或可以相互通达的领会基础)似乎也在向我们表明：船山学研究虽然已经走过了一百多年的历史，但船山思想的本性对我们而言却始终还是一个未曾完全解开的谜。很显然，船山思想的研究有待进一步的推进。相应于此种状况，本书试图以

---

① 关于船山的名号与生平事迹，读者可参见如下的著作：刘毓崧的《王船山先生年谱》、王之春的《船山公年谱》等。其中曾昭旭在《王船山哲学》中对船山身世叙述虽较为简约，却于船山之坦诚恻怛体会独深，故着实能感人之情怀而激发吾人慷慨之心志。

② 有关船山研究的大体情形，请参见第六章的引言部分。

提要钩玄的方式对船山思想的根本特色进行探索，并希冀能为彻底地解开此谜贡献微薄之力。

一、以天人之际作为船山思想的核心视野

《船山全书》十六册皇皇巨著置于眼前，颇有“一部二十四史从何说起”的感触：我们该当从何处入手来展示船山思想的根本特色？亦即：我们该选择什么主题作为钥匙来打开船山思想的殿堂？富有成效的回答以如下的方式展开。如果我们希望以某种真切的方式去把握船山思想的枢机，那就得遵循如下发问的引导：在船山终其一生的学思生涯中，什么视野在主导其全幅学术生命的展开？该视野即是领会船山思想的核心所在，它指明船山学术生命的精神方向与真正命脉。只有把握了这个视野，我们才能具体而微地展现船山思想的内部结构及其内在奥秘。

那么，就船山思想而言，该核心视野究竟为何？我们如何才能发现它，又如何能够指示或证明：它就是真正的核心视野？在此，我们预先直截而显明地将天人回环揭示为船山思想的核心视野，亦即以某种看似独断的方式揭示出本书所要探讨的课题。至于这种揭示的理由何在及对其具体内容的展开，则有待后面主体论述的阐明。本导论拟结合船山的相关论述来对此核心视野做一些初步、然而并非无关紧要的展示。

我们已预先将船山思想的核心视野揭示为天人之际。实际上，天人之际作为某种终极视野向来是中国思想的秘密所在。它就是《论语》所谓的“性与天道”，《中庸》所谓的“天-命-性-道-教”，《易传》所谓的“理-性-命”以及《孟子》所谓的“心-性-天”。儒家传统下的天道、人性与人文，无不缩结在此大视野之中。老庄与佛家等中国思想的大宗，亦可统摄在此视野之中。我们甚至可以说：对此视野的把握决定了学者对中国思想之精神的领会和造诣。

就整个思想史而言，船山对此天人视野把握透彻、领会独深。以此视野为基础，他尤其强调人之继天在此视野中的深刻意义：亦即对际之本原地位有极为深入的阐发。与此密切相关，他对天道和人性也形成了属于自己的独特领悟，这种领悟在很多方面不同于宋明以来所形成的大传统。只有把握此天人之际的根本视野，我们才能真切地领会船山在中国思想史上的独特地位。实际上，船山本人也一再强调该视野的重要性。正因为如此，在流传下来的著作中，我们可以经常见到此类论述，其于《周易外传》中有云：

(1)功用者太和必至之德，位者太和必至之化也。德者人，化者天。人者我之所能，天者我之所不能也。君子亦日夕于所知能，而兢兢焉有余不足之为忧，安能役心之察察，强数之冥冥者哉！此九三之德，固执其中，尽人而俟天也。①

(2)道行于乾坤之全，而其用必以人为依。不依乎人者，人不得而用之，则耳目所穷，功效亦废，其道可知而不必知。圣人所以依人而建极也。②

(3)是故圣人尽人道而合天德。合天德者，健以存生之理；尽人道者，动以顺生之几。百年一心，战战栗栗，践其真而未逮。③

(4)天地无心而成化……圣人裁成天地而相其化……圣人赖天地以大，天地赖圣人以贞。④

又于《尚书引义》中有云：

(5)天之化裁人，终古而不测其妙；人之裁成天，终古而不代其工。天降之衷，人修之道。⑤

(6)言道者必以天为宗也，必以人为其归。⑥

此处所摘录的只是部分代表性论述，但它们所体现的“天人对扬”则贯穿了船山的所有著作。此处不予对这些引文的具体含义作出阐释，因为它们作为指引，已经充分表明了天人之际在船山思想中的核心地位。此外，对于船山的学问，谭嗣同曾云：“五百年来学者真通大人之故者，船山一人而已。”⑦由此可见谭嗣同对船山学问的高度推崇，而其推崇的根本原因即在于：船山是所谓的“真通天人之故者”。这表明：早在一百多年前，谭嗣同就已经将天人之际把握为船山思想的核心视野。本书认同谭嗣同的说法并试图以某种深度诠释的方式来展现该说法的真实意蕴。此后的主体论述将围绕该视野而展开，读者幸留意焉。

---

① 《周易外传》卷一，见《船山全书》第一册，第831页。
② 《周易外传》卷一，见《船山全书》第一册，第850页。
③ 《周易外传》卷二，见《船山全书》第一册，第890页。
④ 《周易外传》卷五，见《船山全书》第一册，第1011页。
⑤ 《尚书引义》卷一，见《船山全书》第二册，第270页。
⑥ 《尚书引义》卷五，见《船山全书》第二册，第381页。
⑦ 转引自梁启超：《清代学术概论》，见《船山全书》第十六册，第735页。

二、探索方式：哲学诠释与思想之对比融通

船山思想体大思精，用什么方法才能够恰当地由此核心视野而通达船山的整体思想呢？这就涉及本书的探索方式。就思想探索而言，方法可谓是研究的灵魂。只有掌握了恰当的方法，我们才有可能进入思想的殿堂并从而撷取其中的瑰宝。然而，世上并无“放之四海而皆准”的思想方法，真切的方法总是周流六虚、变动不居的。它总是因应着思想自身的内容与特性而自然地生成并不断地自我调适。这就意味着：只有通达了思想本身的内在奥秘，我们才能知道什么是真切的思想方法。此中颇有些“吊诡”的意思，但这恰恰是思想研究的实情，它植根于理解自身的诠释学循环之中。只有投身于此循环之中，一种良好的思想研究才有可能。对船山思想的研究尤其需要这种“投身而入”。本书的探索方式就是由此开拓出来的：它首先将船山的著作视为一个密切关联的整体来加以探索，该探索的重点则在于以哲学诠释的方式展现其思想结构与生命活力，其展示方法则以现象学、诠释学的精神为主导。为了更好地达成这种诠释，本书将在具体的行文过程中随时展开必要的思想比较与融通工作，以期对船山思想的深刻意蕴及其现代启示意义做更丰富、更深入的展示。

(一)将船山著作视为密切关联的整体

依笔者之见，船山的思想从《周易外传》开始就已经完全切入此上所揭示的核心视野之中。该书应被视为船山思想的奠基之作，此后的著作均可被视为该书所蕴含之思想的继续阐发与推进。曾昭旭在《王船山哲学》中亦曾指出此点：“船山《周易外传》一书，乃其极重要之著作。盖船山一生学术思想之根本见地，初表现于此书，其后但有补充开展以至于细密周备，而无根本之歧异也。”[①]此诚为真知灼见之言，非深通于船山思想之全体者不能言也。

实际上，抛开思想的内在脉络不论，只就船山著作中某些自我关涉的文本即可见出船山思想的一贯性。以下即稍微引用一些相关文本来对此加以证明，以《读四书大全说》《周易内传》二书为本。在前书中时常可以发现船山对《周易外传》《尚书引义》中相关说法的继承，如其于该书卷一中有云：

---

① 曾昭旭：《王船山哲学》，台北：远景事业出版公司，1996年，第22页。

> (1)愚于《周易》、《尚书》传义中，说生初有天命，向后日日皆有天命，天命之谓性，则亦日日成之为性，其说似与先儒不合。今读朱子“无时而不发现于日用之间”一语，幸先得我心之所然。①

此外他卷中更有如下的一些说法：

> (2)愚于《尚书引义》中辨之详矣。②
>
> (3)愚于《尚书引义》中论之颇详。③
>
> (4)其义详《尚书引义》。④
>
> (5)详见愚所著《周易外传》，当以俟之知者。⑤
>
> (6)愚于《周易外传》有“德命”“福命”之分，推其所自来，乃阴阳虚实、高明沉潜之撰。⑥

这六段引文可以说明：在写作《读四书大全说》的时候，船山对《周易外传》与《尚书引义》中的义理和辩说所采取的主要是继承和推进的态度。这意味着：在船山自己看来，《周易外传》和《尚书引义》中所揭示出来的道理已经是较为成熟的见解。由此表明了船山早期和中期著作之间的一贯性。

船山又于《周易内传·发例》末尾对其整个易学体系作了如下的说明：

> 若此篇之说，间有与《外传》不同者：《外传》以推广于象数之变通，极酬酢之大用，而此篇守彖、爻立诚之辞，以体天人之理，固不容有毫厘之逾越。至于《大象传》，则有引申而无判合，正可以互通之。⑦

船山思想以易学为本，其学无非易也。在这段引文中，船山认为：他关于《周易》的三部义理阐发之作，亦即《周易外传》《周易大象解》和《周易内传》三书，虽然在侧重点乃至某些具体说法上有不同之处⑧；但在最

① 《读四书大全说》卷一，见《船山全书》第六册，第405页。
② 《读四书大全说》卷七，见《船山全书》第六册，第874页。
③ 《读四书大全说》卷九，见《船山全书》第六册，第1037页。
④ 《读四书大全说》卷八，见《船山全书》第六册，第964页。
⑤ 《读四书大全说》卷六，见《船山全书》第六册，第754页。
⑥ 《读四书大全说》卷十，见《船山全书》第六册，第1114页。
⑦ 《周易内传·发例》，见《船山全书》第一册，第684页。
⑧ 关于这些不同之处，参见谷继明：《王船山〈周易外传〉笺疏》，上海：上海人民出版社，2016年。

根本的层次上，这三者完全可以互通，也就是说它们在本原义理上是统一的。《周易内传》代表了船山晚年的成熟见解，此书既与早期的《周易外传》相通，又与中期的《周易大象解》相通，这不正表明了船山思想在内在理路上的一贯性么？类似的例子我们还可以举出更多。但作为一种指引，此上的文本证据已大体足够，后面主体内容的展开也将更深入地表明此点。

此外，船山终其一生都在不断地就已有著作进行改订或重订①，这种行为本身也足以表明：船山的思想在其发展过程中只有深化和精密化，而无根本义理上的大转变。它们同样也表明给船山思想的发展做严格的分段式研究的不可能性，以及将船山著作视为一个密切关联的整体来加以探索的合理性。所以本书即以船山的传世著作为有机整体来进行探索，船山思想的这种有机整体性将会在后面的论述中得到更深入的说明。

（二）侧重哲学诠释而非思想史的研究

任何思想体系都有其自身的内在结构和生命力，以一种深度诠释、清晰阐明的方式来展示这种结构和生命力，即为哲学诠释的本务。而将该思想体系置于更加宽广、宏大的历史背景中来加以探讨，发掘其义理上的源头、考察其对时代问题的应对并将其纳入历史精神和文化的大脉络之中，此即为思想史研究的要义和指归。就终极的研究视野而言，这两者之间并无截然的区分。我们甚至可以说：完美的思想研究是哲学诠释和思想史本身的密切融合。然而这只能是某种完善的理想，绝非轻而易举就可以达到的，故本书不敢以此作为目标。它将自己的任务限定如下：亦即将船山思想作为一个整体来展示其所具有的结构和活力。故本书侧重于对船山思想的哲学诠释，而在思想史方面的探索则相对不足。但事实上，任何哲学诠释都不可能完全离开哲学思想史的大背景，因为任何思想都有其历史性的因素（或者说在根本上就是历史性的）。只有结合这些因素，我们才有可能对相关思想赢得某种确切而深入的领会。本书对朱子、阳明、张载、老庄、佛学乃至现象学思想的比照性研究即意在达成这种领会，故本书仍不妨视为一种广义思想史（大思想史）背景中的哲学诠释。

（三）诠释方式：哲学诠释与思想之对比融通

众所周知，哲学诠释方式有很多种，例如概念分析、逻辑分析、语言

---

① 请参见对船山著作的相关考订工作，如刘志盛、刘萍的《王船山著作丛考》、邓辉的《王船山道论研究》。

分析等，但何种方式才能切合于本书的特定情形？我们先从排除某些做法开始：首先，本书并不打算参考演绎及自然科学的成果以及建基其上的哲学流派，甚至认为，对它们的不恰当运用，反而会妨碍我们对船山思想的恰当领悟与展示。其次，本书也不拟将船山思想视为外在的客观对象来加以研究。恰恰相反，本书试图以某种物我无间的阅读体验与生命交感状态为基础，让船山思想在对话中自动地生成，亦即以某种自然而然的方式得到展示乃至更新。适合这种意图的哲学诠释方式即是现象学意义上的哲学诠释，因为现象学研究的精神就在于"回到事情本身"。而本书的意图就在于让"船山思想道出乃至更新自身"。故本书的探索精神可归结如下：基于现象学精神而来的哲学诠释，其实质则是让船山思想道出乃至更新自身。

关于现象学的精神，现象学家们各有其不同描述。但所有的现象学探索都包含有某种共同的精神取向：亦即趋近事情本身的精神。他们都力图以原本的方式、如其自身地来展示事物。现象学家们都提倡某种"自由而无所拘束地观看"或"如其自身地看与把握"，只是他们各自所看到的"事情本身"有所不同罢了。这恰恰表明：现象学纯粹是一种方法，它的本性就在于看——自由地、如其自身地看，至于所看到的"事情本身"则取决于观看者自身和其他的条件。既然现象学在"看"上获得了自由，那么它就不仅能看"西方"，也能看"东方"甚至"中国"。当我们将现象学的精神转向中国思想的时候，我们所看到的就是中国思想的本性：亦即置身于中国文化传统及其生命的洪流之中，在某种源于本性的感通中，倾听那本原意义的发生与流衍。依据此种倾听而来的对中国思想的诠释，才会富有生命力并且扎实可靠。现象学的研究要求"入境"，只有入境者才能真切地看其所看、见其所见。这就是说：只有那些登堂入室者才能够恰当而真切地看到并描绘出厅堂和房室中的内部景象。"入境"的现象学不仅牵涉到对此中境界的领会，亦牵涉到对此中义理的展示方式。

对这种现象学精神还可做如下展示：它即是自由无限心①（或者更确切地说：虚灵心）对事情本身的自由观看，它是对自由本身的某种运用和展现。如果这种理解不无道理的话，那么我们可说：这种精神自古以来就

① 牟宗三在《现象与物自身》中对"自由无限心"有极为出色的阐发。在他看来，"自由无限心"所看到的就是"物自身"，它奠基于智的直觉之上，儒释道三家的思想均有此维度。依笔者之见，这个"物自身"可以与现象学意义上的"事情本身"相通。这样我们就能在某种程度上将现象学和牟宗三的思想加以关联。当然，牟先生认为现象学仍然停留在"现象界的存有论"这个层次上，不同于本体界的存有论。但牟先生对现象学的理解有其限制，突破这种限制之后就可以见出两者的相通性。

活在中国思想的伟大传统之中。孔子的无意必固我、老子的致虚守静、庄子的心斋以及佛家的止观，都包含有某种极为彻底的现象学精神。虚灵心之妙用即在于能让本原的意义如其自身地流淌出来，基于这种流淌而提取的结构就是事情本身的原初结构。思想之对比与融通之所以可能，恰恰就在于虚灵心从根源上就开放出了这种思想之比较与融合的原初可能性。此对比与融通工作在对船山思想进行哲学诠释时所展现出来的效果，恰恰又反过头来印证这种原初的可能性。

船山思想正是在这种大传统中成长起来的，我们甚至可说船山本人即是这种精神的绝佳实践者。这正好可以解释：为什么船山的著作总是采用外传、广传、引义、读论这些方式，而不是像其他思想家那样自造系统来阐明其思想？为什么船山能在各类历史事件、经典文本中看出那么多精彩绝伦、非同凡响的意义？类似的反问还可以列出很多。船山可谓是现象学之前的现象学家，他展现了中国式的经典现象学。依笔者之见，这种现象学不仅是学术研究的有效方法，更是观察、体验乃至实践生命的真切方式。本书虽只能停留在学术层面，但学术也是生命存在的某种真切方式，它本身就是富含意义的实践。正是在此意义上，梅洛庞蒂的如下说法给我们以巨大的启发："真正的哲学就在于重新学着(以重新学习的方式)去审视这个世界，而正是在此意义上，一种历史性的描述能够给这个世界以某种与哲学论文同样深刻的意义。我们将自己的命运把握在自己手中，既以反思、同样也以投注于生活之中的决定，来担负起我们自身的历史责任，在这两种情况中参与者都是某种激切的行为：其有效性正在于它的被施行。"①

三、论述的架构：综论和分论

本书拟分三部分展开论述：综论、分论和附论。第一章为综论，意在通过对天人回环的整体视野及其三个组建环节(亦即：作为终极发生境域之天、作为意向自我伸展之人以及作为自由运作空间之际)的阐明来展示出船山思想的核心视野。这章内容是本项研究的核心所在，是理解此后所有论述的根本枢机。分论部分包含三章内容：分别处理天人回环视野中的天、人、际三个组建环节。这就分别构成了第二章、第三章、第四章对船山之天道论、人性论以及人文化成论的阐明。它们对此上基本组建环节的

① 此为笔者所翻译，原文请见：M. Merleau-Ponty：*Phenomenology of Perception*，Translated by Colin Smith，Routledge，1989，p. xx.

主要内容作出了具体、深入的多层次展示，可视为对综论要旨的关节式落实。附论部分也包含两章内容：第五章处理天人回环视野与船山正学理想之关系，它将表明船山的正学理想及其实践（对儒学之统的重建、对佛老的批判）均应纳入此终极视野中来加以理解。第六章意在结合船山思想的特性对其思想史地位略作探讨并揭示其对未来中国思想文化的启示意义。最后则是附录，它将以船山的“乾坤并建”说为例，具体而微地对船山思想的当代启示意义加以展示。

本书主体内容的论述框架为：

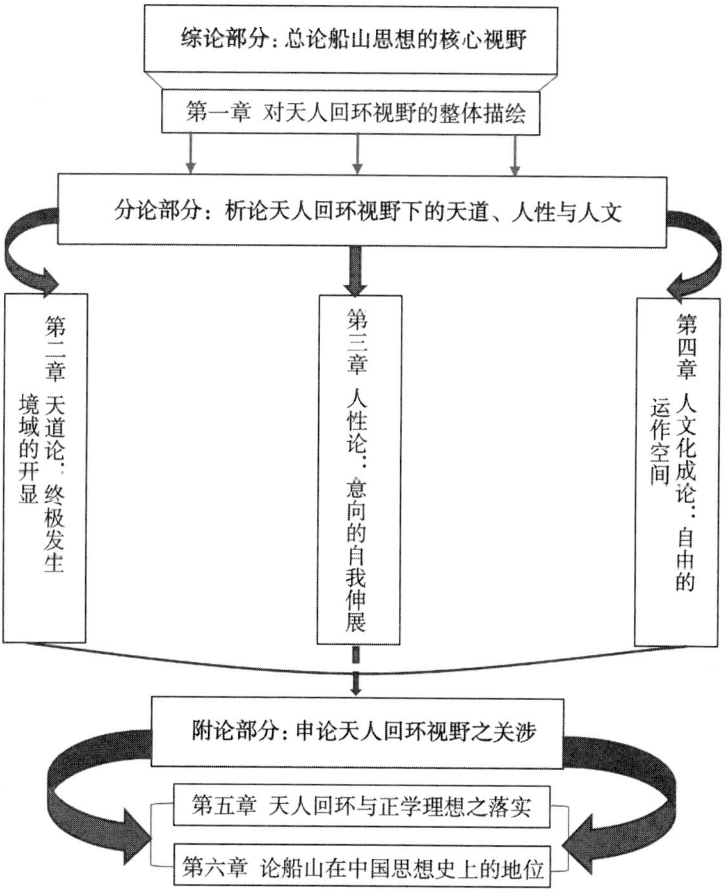

第一章　对天人回环视野的整体描绘

在导论中，天人之际已被揭示为船山思想的核心视野，本章即意在对此视野做总体展示。它包含四个方面的内容：首先得到把握的是天人回环视野的整体，对此整体的初步阐释将为此后的结构分析指明方向；其次以此整体视野作为指引并依其组建环节对此结构加以展示，亦即所谓的天、人、际三个维度。每个环节都有其自身特性，因而都可以单独地加以把握。但这并不意味着：这三者之间是互相独立的；恰恰相反，它们在本质上是密切融合、亲和无间的。对其中任何一个环节的理解都同时包含了对其他两个环节的理解。在某种意义上，它们之间是互为前提的关系，这里面蕴含了某种原本的回旋往复。

与此相应，本章在内容上分为四节：(1)天人回环视野的初步展示：此节意在对作为枢机的天人回环视野做初步展示。它将简略地揭示出船山思想的秘密源头及其运作空间。(2)天作为终极的发生境域：此节意在对船山的天道思想所具有的特性略作展示。这种阐释颇异乎目前学界的主流阐释，读者幸留意焉。(3)人作为意向的自我伸展：此节将采用现象学的意向性思想来疏通、阐发船山之人性观。它力图展现船山人性论的特色所在。(4)际作为自由的运作空间：此节将简要地展示船山人文化成思想之规模，着重强调际之核心地位并指明它在三个维度上的展开，亦即所谓的心际、人际和史际。人类一切所作所为都置身于此三际之中，它们是人类一切文化的活动空间。在此之后，还附有通论本章核心内容的结语部分。

第一节　天人回环：对天人视野整体的初步展示

天人之际已被揭示为天人回环的整体视野，能否对此视野做恰当的把握和展示，决定了对船山思想之诠释的成败。事实上，该视野贯穿在中国古代思想的深厚传统之中，而船山的思想则鲜明、突出地体现了该整体视野。从早期的《周易外传》到中期的《读四书大全说》，再到晚年的《张子正蒙注》，船山始终以此整体视野作为自己运思的阿基米德点。① 这也表明：天人回环的整体视野对船山来说不是某种可有可无的东西，它恰恰是船山思想的本质内容。以下就以此上三部著作为准，对此整体视野做初步的阐释，以为后面的分析提供基础。

《周易外传》卷一开篇有云：

> 道，体乎物之中以生天下之用者也。物生而有象，象成而有数，数资乎动以起用而有行，行而有得于道而有德。因数以推象，象自然者也，道自然而弗藉于人。乘利用以观德，德不容已者也，致其不容已而人可相道。道弗藉人，则人与物俱生以俟天之流行，而人废道；人相道，则择阴阳之粹以审天地之经，而《易》统天。②

作为船山全部思想体系的出发点，《周易外传》开篇的这段话具有至关重要的意义。它揭示了船山思想的出发点与基本方向：我们将其展示为天人回环视野的初步呈现。这段话所展现的其实就是道③和人之间的关系：一方面，道为大地万物的本体，万物资乎道而生成不同的象数并具备各自的性情功效，亦即所谓的德。这一道生万物的过程是自然而然的，并不依赖于人，这就表明了天道对人道的某种优先性。另一方面，人虽然不能直接对自然之道有所作为，但人却可以乘利用以观其德行，通过对德的把握，人就可以“择阴阳之粹以审天地之经”，亦即以此来“相道”，整部《易经》恰恰就是人相道的作品。这就表明：人生于天地之间，并不是某种被动的承受者，而是可以参赞天地之化育的属灵者。这样一来，天道对人道的优先性就有所下降，而人道的尊严也由此得到展现。很明显，此处船山对天人回环视野的展示还比较粗糙。但毫无疑问，这段内容已足够表明：船山思想在开端之处就已经将天人之际作为自己的基本视野。下面引用的两段话将更清楚地说明这一点。

船山于《读四书大全说》卷二中在综论《中庸》首章的结构时有云：

---

① 依笔者之见，该整体视野贯穿了船山思想的整个生命历程。但在这里，我们既无可能、也无必要将所有这些论据给出来。此处所给出的三个论据对初步阐释而言已大体足够，而此后内容的展开也将会更深入、更确切地表明这点。

② 《周易外传》卷一，见《船山全书》第一册，第 821 页。

③ 道和天在船山的著作中都具有丰富、多层次的含义。在本章中，我们都取其最广泛的含义。在此层面上，这两者是可以互换的。在这段话中，道也可以被置换为天道、天。所以此段所谈论的道人关系，其实就是天人之际。

者一章书，显分两段，条理自著，以参之《中庸》全篇，无不合者……“天命之谓性”三句，是从大原头处说到当人身上来。“喜怒哀乐之未发”二句，是从人心一静一动上说到本原去。唯由“天命”、“率性”、“修道”以有教，则君子之体夫中庸也，不得但循教之迹，而必于一动一静之交，体道之藏，而尽性以至于命。唯喜怒哀乐之未发者即中，发而中节者即和，而天下之大本达道即此而在，则君子之存养省察以致乎中和也，不外此以成“天地位、万物育”之功。是两段文字，自相唱和，各有原委，固然其不可紊矣。后章所云“诚者天之道，诚之者人之道也”，天道诚，故人道诚之，而择善固执之功起焉。功必与理而相符，即前段之旨也。其云“诚者自诚也，而道自道也，诚者物之始终”，不外自成、自道而诚道在，不外物之始终而诚理著，而仁知之措，以此咸宜焉。尽人之能，而固与性合撰，功必与效而不爽，一后段之旨也。以此推夫“诚则明矣，明则诚矣”，本天以言至诚，推人道以合天道，要不外此二段一顺一逆之理。①

《中庸》是明道之书②，在儒家传统中向来具有十分重要的地位，其首章更是宋代以来理学讨论的核心文本。船山对此章的结构分析则极为清晰、彻底地展示了天人回环的根本视域：一方面，“‘天命之谓性’三句，是从大原头处说到当人身上来”，亦即从天命一直下贯到人。正是因为天命的下贯不离，那些修中庸之教的君子就不能仅仅依循教迹，而是必须在身心动静云为之际，将整个天命流行之体纳入自身当中，以体道之藏而穷理尽性以至于命。另一方面，“‘喜怒哀乐之未发’二句，是从人心一静一动上说到本原去”，亦即由人心的中和可以直接上通于天命之体，喜怒哀乐之未发即天下之大本，发而皆中节即天下之达道，君子以存养省察的工夫致乎中和，而位天地、育万物之功亦即此以成。从天命下贯于人，从人心上通于天命，一顺一逆，相即不离，亲密无间。既不能离天以言人，也不能离人以言天，船山于此对天人回环视野作出了清楚明白的展示。在船山看来，该视野不仅通于首章，更是统贯整篇《中庸》的大脉络。所以在

---

① 《读四书大全说》卷二，见《船山全书》第六册，第467~468页。

② 《读四书大全说》卷二有云：“则番阳李氏所云‘《中庸》明道之书，教者之事’，其说为通。”(引文参见《船山全书》第六册，第456页)可见船山亦承认《中庸》是明道之书。实际上，船山极为重视《中庸》一篇，在《读四书大全说》中解说《中庸》的部分分量最重，也最精彩。这与二者在思想视野上的亲缘关系是分不开的。

后面他又进一步表明：从天道之至诚到人道之诚之，即指从天命下贯于人；而人之由自成、自道而合乎至诚之道，即指人心上通于天命。所以《中庸》一篇，所讲述的无非就是“本天以言至诚，推人道以合天道，要不外此一顺一逆之理”。实际上，船山思想的核心视野，也同样不外此一顺一逆之理，这一点将随着本书内容的进一步展开而不断得到验证。

又船山于《张子正蒙注》卷一中对张载关于天、道、性、心的界定做了如下的解释：

> 太虚者，阴阳之藏，健顺之德存焉；气化者，一阴一阳，动静之几，品汇之节具焉。秉太虚和气健顺相涵之实，而合五行之秀以成乎人之秉彝，此人之所以有性也。原于天而顺乎道，凝于形气，而五常百行之理无不可知，无不可能，于此言之则谓之性。人之有性，函之于心而感物以通，象著而数陈，名立而义起，习其故而心喻之，形也，神也，物也，三相遇而知觉乃发。故由性生知，以知知性，交涵于聚而有间之中，统于一心，由此言之则谓之心。顺而言之，则惟天有道，以道成性，性发知道；逆而推之，则以心尽性，以性合道，以道事天。惟其理本一原，故人心即天，而尽心知性，则存顺殁宁，死而全归于太虚之本体，不以客感杂滞遗造化以疵类，圣学所以天人合一，而非异端之所可溷也。①

在这段文本中，船山首先将太虚阐释为阴阳之藏，亦即阴阳的全体，此全体即天，它具备乾坤健顺之德。接着，他又将气化解释为阴阳一动一静之几，而此气化过程所具有的品汇之节即道。再接下来，船山从两方面解释了人之性：人之所以有性在于人既秉有太虚和气健顺相涵之实，又合有五行之秀；而既生以后，凝于形气的知、能之理即人性的实际内容。至于心，则是由性而发以感通于物，知觉则生于感通，知觉与性交相涵摄而统一于心，此即船山对心之解释。在对张载的术语做出解释之后，船山进一步将它们统括在天人合一的整体视野之中：一方面，道之大源出于天，天则以道成人之性，性涵于心而发以生知觉，有知觉则能知道，这是从天命下贯于人的心性知觉；另一方面，人有知觉、有心，即可通过尽心来知其性、尽其性，尽性则成己成物而合于天道，合于天道则可以事天。此处所展露的一顺一逆，与上面论《中庸》的一顺一逆之理一脉相承，可见天

① 《张子正蒙注》卷一，见《船山全书》第十二册，第33页。

人回环的整体视野在船山思想的晚期同样至关重要。船山更着重指出：从天到人，从人到天，理本一原，所以人心即天。尽心知性而存顺殁宁，则能以清和之气还归太虚之本体，这就是圣学所谓的天人合一，不同于异端的天人相离之教。船山以张载之学为正学，其基本规模在对天、道、性、心的界定中展露无遗，它表明了张子对天道、人性的基本规定。船山则继承并发展了这些规定，并以一种深化的态势将其纳入到天人回环的视野之中。① 由此可知，天人回环、交尽的视野在船山思想中的确占据了极为重要的核心位置。

以上三段论据对于阐释天人视野来说虽不足以穷尽其蕴，但对本节而言已大体足够。它们足以表明：船山思想从发端到大成一直都以天人之际作为其核心视野。天人回环、交尽的整体视野即对此的总体展现。综合此上论述，可对该回环的结构内容总结如下：该回环具有一顺一逆两个环节，从天命下贯到人心为顺、从人心上通于天命为逆；但此处的顺逆是相对而言的，因为天道人心就其本原而言是贯通为一的。正是出于这种本原上的贯通，我们才既可以顺观之，又可以逆推之。顺逆合于一理，故天道人性在本原上通一无二。此外须知：任何环节的划分都以整体的综合统一为前提，所以在后面分析天人之际的三个组建要素亦即天、人、际的时候，我们始终要将此整体视野置为背景。只有以此背景为基础，相关的要素分析才不会误入歧途。当然，在另一方面，只有相关的要素分析得到了清晰的把握，作为背景的整体视野才能得到具体而微的展现，从而避免笼统、肤浅的粗线条描绘。整体视野的背景与结构要素的分析，这两者正应当齐头并进，相得益彰，在理解上构成一个良性的互动、循环，此即存在论意义上的诠释学循环。以下我们就彻底地遵循这种精神，对天人回环的要素结构进行分析，以期对该视野达成全面而深入的理解。

第二节　天：作为终极的发生境域

以天人回环的整体视野为背景，我们现在来解析船山对道体的规定和展示。就中国古代思想的大传统而言，船山对道体的规定和展示有其独特

① 船山以横渠为正学的楷模并以横渠继承人自视，二者之间的思想亲缘性自不待言。但两者之间实际上也有微妙的差异：作为宋明理学的代表人物，横渠的思想蕴含了理学的某些共同预设，例如形上—形下对置的格局，但在船山这里，此类对置格局亦被涵化在天人回环、交尽的整体视野当中。

的意义。他以《易经》的思想为本，继承、发展了周敦颐和张载的天道思想，对朱熹和王阳明的道体思想均有所弹正，而明确地反对佛老的道体观。①

船山对道体的规定，可预先展示如下：天作为终极的发生境域，向来是一个整体，一个无所不贯的全体。在此规定中，我们可以提取出天道的四种特性：全体性、终极性、本原性、境域性（或结构性）。这四种特性彼此之间并非相互独立，它们只不过是对道体之不同方面的展示：全体性表明道无所不包、无所不统；终极性表明道体自身即一切根据、理由的发源地；本原性则表明道体具有真正的创生义或发生义；而境域性则表明道体的创生总是按照自身的结构而来的。四者当中除境域性之外，其他三个特性都处于相同的层次。正因为道是全体，它才是终极的，它的发生才是本原的。反过来说后两者，这句话同样成立。只有恰当地理解这四种特性，我们才能领会船山对道体所做的规定和展示。

然而，要对这四种特性形成恰当的领悟，绝非轻而易举之事。只有将自身真切地投入到天命流行的本体之中，如其自身地对这个流行之体加以领会，恰当的领悟才有可能生成。这要求一种彻底"面向事情本身"的现象学精神。② 只有以这种精神为基础，我们才能全面而深入地理解船山的道体论。此外，为了加深理解、打开思路，在必要的时候本书将会借鉴某些现象学家的思想。当然，其意只在于促进东西方两大传统的融通（亦即东西方思想的对比与融通），对理解船山的整个思想来说并非关键所在（但却可以掘发船山思想的现代启示意义）。以下，我们就结合相关文本来对这些特性加以阐明，它将表明我们对船山之天道观的阐释具有坚实的依据，而非某种空穴来风的臆想之物。

一、道为全体：太极浑沦皆备、至诚撰全体纯

在古代典籍中，阐明天道最为详尽、最为深刻的经典，毫无疑问当推《易经》，所以历来的大思想家无不借助这部经典来展开自己关于天道的论述。船山自然也不例外，他曾说："《周易》者，天道之显也，性之藏

① 对此内容的相关论述，请参看附论部分的第五章。

② 有没有现象学的具体知识，此点对于领会现象学的精神来说，并非本质所在。因为一个人很可以具有彻底的现象学精神，而实际上却不具备关于发端于胡塞尔的现象学运动及其成果的具体知识。当然，熟悉现象学的著作及其思想，对领会现象学的精神来说是极有帮助的。而领会这种精神，对于理解船山思想来说则颇有助益，所以本书也将参照某些现象学家的成果，以期更好地阐释船山的思想。

也，圣功之牖也，阴阳、动静、幽明、屈伸，诚有之而神行焉，礼乐之精微存焉，鬼神之化裁出焉，仁义之大用兴焉，治乱、吉凶、生死之数准焉。”①在流传至今的遗著中，船山的易学著作有五部之多，对《易经》所包含的天道思想作了极为详尽的发挥，所以在这里我们就以这些著作为基础（尤其是《周易外传》）来阐发船山的天道观。在《周易外传》中，船山对道之全体性的强调随处可见，以下举三个例子对此加以说明。②

《周易外传》卷五有云：

> 是故于阴而道在，于阳而道在，于阴阳之乘时而道在，于阴阳之定位而道在，天方命人，和而无差以为善而道在，人已承天，随器不亏以为性而道在，持之者固无在而不主之也。一之一之而与共焉，即行其中而即为之主。道不行而阴阳废，阴阳不具而道亦亡。言道者亦要于是而已。是故有象可见，而众皆可著也；有数可循，而无不共由也。未有之先此以生，已有之后此以成。往古来今则今日也，不闻不见则视听也。斡运变化而不穷，充足清宁而不乱。道之蕴，尽此而已。③

这段论述被船山用来阐述《易经·系辞上》中的“一阴一阳之谓道”，在此之前，船山曾将道界定为“物所众著而共由者”④。而在这里，船山更深入地论述了道的遍在性：道于阴而在，于阳而在，于阴阳之乘时变化而在，于继善而在，于成性而在，这也就是说道无乎不在。作为主持者，它遍运乎一切而为之主，作为分剂者，它即行乎一阴一阳之动静而为之品节，道就是最终的主持分剂者。道之外无所谓阴阳，阴阳之外亦无所谓道（阴阳与道相与为体）。可见之象数是道之显著，不可见之过去未来、不闻不睹也就在道之中，与显著之今日、视听密合无间、不可分割。船山对道之蕴的阐释充分表明：道是一个无所不包、无所不统的全体，没有任何事物能够外乎道体而存在。

《周易外传》卷五又有云：

---

① 《张子正蒙注·序论》，见《船山全书》第十二册，第 12 页。

② 在其他著作中，类似的言论亦随处可见。道体的此一特性最为船山所强调，如果在此点上不能取得彻底的理解，则很难把握船山思想的特殊性。

③ 《周易外传》卷五，见《船山全书》第一册，第 1005 页。

④ 《周易外传》卷五，见《船山全书》第一册，第 1003 页。

> 太极之在两间，无初无终而不可间也，无彼无此而不可破也，自大至细而象皆其象，自一至万而数皆其数。故空不流而实不滞，灵不私而顽不遗，亦静不先而动不后矣……要此太极者浑沦皆备，不可析也，不可聚也。以其成天下之聚，不可析也；以其入天下之析，不可聚也。①

船山于此处对太极的特性做了一番描述：在时间上它初终无间，不可分以先后；它也没有彼此之间的截然对待关系。所有的象和数都来源于它、归属于它，所以根本不可能用什么特定的象、数来规定它。它无所偏私、亦虚亦实、亦动亦静，故虚实、动静这些词语也不能用来规定它。如果非得要从正面来规定它，就只能说它浑沦皆备，它作为全体将一切都包含在自身之中。正是因为它无所不包，所以既不能对它加以分析，也不能对它加以聚合，分析和聚合都了不可得。而所谓的太极，在船山看来，就是“乾坤之合撰”②“阴阳之浑合者”③，乾坤即阴阳健顺之德，故太极其实就是阴阳实体之合撰，而道之外无阴阳。所以太极实际上就是所谓的天道、天或道体，名言不同，所指则一。船山对太极之特性的描述同样也表明：道作为全体，是无法用任何固定的形象或抽象的概念对其加以规定的。象数、初终、彼此、虚实、析聚等都不能用来对道加以明确规定，对道体的规定只能以本原的展示、指引方式来进行。

《周易外传》卷五又有云：

> 撰之全，斯体之纯；体之纯，斯用之可杂。几不能不摩，时不能不荡，以不摩不荡者为之宗，以可摩可荡者因乎势，以摩之荡之者尽其变……故致一者其机也，互交者其情也，皆备者其诚也。诚者亡他，皆备而已矣。④

船山用此段论述来阐明《周易》之六阴六阳全体皆备，而六阴六阳的全体即太极、即天道本身。所以根据此段文字的描述，我们又获知道的如下特性：至诚之天道，其体至纯，其用则无所不撰。阴阳之藏、健顺之德即至纯的本体，乾坤二卦并建以为体，此为不摩不荡者。一阴一阳的气化

① 《周易外传》卷五，见《船山全书》第一册，第 1016 页。
② 《周易外传》卷五，见《船山全书》第一册，第 990 页。
③ 《周易内传》卷五下，见《船山全书》第一册，第 561 页。
④ 《周易外传》卷五，见《船山全书》第一册，第 988 页。

不息则成乎变和势，六子六十二卦错综变化以成用，此为可摩可荡、相摩相荡者。不摩不荡者与相摩相荡者叶合如一、亲密无间，此即至诚之天道。至诚之天道无他，不过皆备而已，由皆备，故能撰之全、体之纯以为统一之全体。

就船山所有著作而言，以上选取的三段论据，对阐释船山关于道之全体性的思想来说，可能不是最佳选择，但作为初步展示，它们已具备相当的分量。而对这三则论据的解读则充分表明：道作为全体具有无所不包的特性，浑沦皆备、撰全体纯只不过是对该特性的揭示而已。对于这种特性，除了这种引导性的揭示之外，我们不能用任何具体的形象或抽象的概念对其加以确定无疑的规定。因为一旦对道加以限定，道就成为有限之物，而任何有限之物都不是全体。

二、道为终极：在天者即理、不可立理以限天

对道之终极性的强调，也同样散见于船山的各部著作中。以下，我们从船山早期的三部著作（亦即《周易外传》《尚书引义》《诗广传》）以及晚期的《思问录》中选取四段论述对此加以说明。

《周易外传》卷七有云：

> 盖以化为微著，以象为盈虚，以数为升降，太极之动静，固然如此以成其条理。条理成，则天下之理自此而出。人以天之理为理，而天非以人之理为理也。故曰相因，曰相成，曰相反，皆人之理也。《易》本天以治人，而不强天以从人。①

这段论述本是船山用来反对《序卦》对六十四卦排列的说明、表明《序卦》非圣人之书。但换种方式来解读它，我们也可以看出船山对道之终极性的强调：天下的道理都出自太极动静固然之条理。此种条理以气化的微著为准，以象的盈虚、数的升降为验，人就是依据气化、象数来发现道理的。人为之理来自于天化之条理，所以不能用人为之理来限定天之理。而《序卦》的作者则用相因、相成、相反这些显著的人为之理来规定、说明《周易》六十四卦的顺序。易推天道以明人事，而非以人理限天道，所以船山认为《序卦》不是孔子所作。因为它违背了《周易》的整体精神：亦即所谓的"《易》本天以治人，而不强天以从人"。可见在船山看来，只有发

① 《周易外传》卷七，见《船山全书》第一册，第1096页。

端于道体之本原发生亦即太极之动静的条理，才是人所发现之理的终极源头，这就清楚地表明了道在理上的终极性。

《尚书引义》卷一有云：

> 故人之所知，人之天也；物之所知，物之天也。若夫天之为天者，肆应无极，随时无常，人以为人之天，物以为物之天，统人物之合以敦化，各正性命而不可齐也……故圣人所用之天，民之天也；不专于己之天，以统同也；不滥于物之天，以别嫌也；不僭于天之天，以安土也。①

在这里，船山提出了后来被很多学者所津津乐道的对天的区分②：人之天、物之天、民之天、天之天。实际上，船山并不是最早作出这种区分的思想家，类似的区分早在《庄子》中就已出现③。船山采用了这一区分，并对其作出了自己的诠释和规定：所谓的人之天就是人之知能所达到的范围，物之天即物之知能所达到的范围，而民之天即民众作为一个群体之知能所达到的范围，而所有这三者都统一在天之天之下。如果说前面三种天还有某种限制性的话，那么天之天本身是无限的。它肆应无极，随时变化而没有定常，是前三种天的根源所在。所以圣人在用天的问题上，就推广己之天以及于民之天，因为这两者同属于人之天；但却不滥于物之天，也不僭越天之天，这就是船山所谓的"言道者必以天为宗也，必以人为归"④。船山对天的诸种区分可以表明：道体本身作为天之天相对其他三者而言具有某种奠基性的地位，亦即具有终极性。只有从终极的道体出发，我们才能恰当地领会其他三者。天之天作为终极者具有绝对的开放性和不确定性，任何由人之天而来的规定都不足穷尽其底蕴。

《诗广传》卷五亦有云：

> 故无所不可为道者，理也；无所不可为理者，天也。呜呼！维天至矣。以人之知求天之知，以人之虑代天而虑，求之于圣，不该乎愚不肖矣；以愚不肖求之，不逮乎圣矣……介然有其知虑，以疑天之不

---

① 《尚书引义》卷一，见《船山全书》第二册，第271页。
② 详情请参见嵇文甫、萧萐父、曾昭旭、陈赟等人的著作，书目存参考文献中。
③ 《庄子·达生篇》有云"不开人之天，而开天之天"，见郭庆藩：《庄子集释》，北京：中华书局，1981年，第638页。
④ 《尚书引义》卷五，见《船山全书》第二册，第381页。

然……夫亦恶知天广大，无往而非理哉？……举天下之巧无以致其精，举天下之大无以测其弘，举天下之密无以察其几。故曰：维天至矣，不可以情情、不可以识识者也。①

船山于此对天的广大精微、高明博厚发出了无限的感叹。在他看来：道源出于理，而理则源出于天，唯有天是道理的极致、真源。当一个人用他自身的知、虑去知天、虑天的时候，如果他是向圣人学习，那他就不能备乎愚不肖的思虑。如果转而向愚不肖身上求知天、虑天，那他就达不到圣人的高度。这样一来，个人介然地用其知虑，就很难在真正的意义上去知天、虑天。因为天原本是广大无边，无往而非理的，本不可以用自己的知虑去意天之必然。实际上，就算我们列举天下各种各样的精巧、细密，也无法穷尽或测度到天之精微、宏富和神妙。由此，船山总结道：天作为极致，根本就不能用个人的情识去估量、测度。在这段论述中，船山特别强调了天相对于人的情识、知虑而言的超越性，就好像人根本不可能知天一样。对此我们需要做一点解释，船山在这里所谓的情识、知虑，侧重地指私欲、私意、流荡之情和索隐之知（孔子所谓意、必、固、我之类）。通过这样的情识、知虑是不可能真正知天、代天而虑的。但如果一个人能够化去此类情识、知虑，而代之以出自本性的仁、智，以之穷理以之尽性，那他是可以知天的。然而，即便是这种知天，也只是知人之天而已，不可能尽知天之天。所以天对人而言，始终有一种无限性和优先性，明白这一点，对理解船山的全部思想来说是必要的。

在《思问录·外篇》中，船山更是直截地道出了天在理上的终极性："理自天出，在天者即为理，非可执人之理以强使天从之也。"②这清楚无遗地表明：天下之理出于天，不可用人之理来限制天之理。正是出于这种理由，船山反对任何用人之理来限制天之理的学说。例如在易学流派中，他反对汉代孟喜、京房等人的卦气说，而对邵雍用数学来解易的先天之学更是反对无遗。③ 又如在理学内部，船山对程子是相当推崇和尊重的，但对他提出的"天一理也"的说法却表示了异议，认为不能用理来限制天之

① 《诗广传》卷五，见《船山全书》第三册，第504页。

② 《思问录·外篇》，见《船山全书》第十二册，第438页。

③ 具体论述请参见《周易内传·发例》，而在《周易外传》等书中此类论述也随处可见，书存《船山全书》第一册。

无限性①。这些反对所涉及的并不是某些可有可无的思想片段，它反映出船山思想的一种根本态度。如果深入地挖掘这种根本态度所具有的意义，我们会从中获得许多富有现代意味的教益：船山对道之终极性的强调非常切合于我们此前所提到的现象学精神，亦即彻底地“面向事情本身”的精神。对船山而言，终极的事情本身不是别的，就是道体自身的原本发生。我们只有投身于这种原本的发生之中并由此切身领会其中的道理，具有生命活力的思想和学说才会出现。胡塞尔所提倡的现象学还原、悬置以及直观中的当下被给予，海德格尔所强调的实际生活体验、形式指引学说乃至维特根斯坦后期提出的语言游戏说，无非就是要我们摆脱各种成见，脱去各种人为之理对我们所造成的束缚，直接地、立足于当下地去领会原本发生中的意义流衍及其结构②。

三、道为发生：阴阳无始、动静无端、屈伸一致

此上对道之终极性的讨论实际上已经涉及道体自身的原本发生：正因为道体的流行就是原本的发生自身，所以天道才在理上具有终极性。现在我们要对道之发生性做一个专题化的探讨。然而就此而言，选择恰当的论据却比较困难：在船山的著作中，我们随处可以发现对道之全体性和终极性的强调，但专门探讨道之原本发生和境域结构的论述却不多，就算有也往往都是与其他特性放在一起来讲。所以在下面，只能勉强地挑出三条论据进行阐释，以便对道之发生特性做些简要的展示。

《尚书引义》卷三有云：

---

① 《读四书大全说》卷十有云：“天为化之所自出，惟化现理，而抑必有所以为化者，非虚挟一理以居也。所以为化者，刚柔健顺中正仁义赅而存焉，静而未尝动焉。赅存则万理统于一理，一理含夫万理，相统相合，而经纬错综之所以然者不显；静而未尝动则性情功效不起，而必由此、不可由彼之当然者无迹。若是者，固不可以理名矣。无有不正，不于动而见正，为事物之所自立，而未著于当然。故可云‘天者理之自出’，而不可云‘天一理也’。”此段论述同样可以用来作为道之终极性的论据。文见《船山全书》第六册，第1110页。

② 实际上，就整个中国古代思想传统而言，这种领会原本发生的精神是中国思想家的主流态度。儒家的孔孟、《易经》和《中庸》不用说。老子的“致虚极，守静笃”“万物并作，吾以观复。夫物芸芸，各复归其根”以及庄子的“心斋”“两行”“照之以天”“无竟寓”，等等，所表达的就是这种活观天道之原本发生的精神。就中国佛学来说，高僧大德对中观缘起的吸收和发扬正体现了这种精神。缘起二字，意蕴无穷，只有领会原本的因缘发生构成状态，才能对它形成切实的领会。另一方面，虽然儒释道三家都非常注重对原本发生的领会，其领会也可说是活动在相同的层次上，但他们各自所领会到的内容却有所不同，这取决于立教者在领会之初的出发点和视野。在附论第五章中，我们将进一步对此作出阐释。

> 天地之德，日新富有，流动充盈，随在而昭其义于有形有色、无方无体之中者，至足也。其流动也，洋洋日发而无不及……洋洋日发者，本无不直也。其充盈也，森然各立而不可过……森然各立者，本自有方也。道之在吾身以内与其在天地之间者，既如此矣。流动者与物酬酢，以顺情理，而莫有适居。充盈者随事有宜，以应时变，而莫能协一。①

这段论述将道之发生的特性阐明如下：由于天地具备乾坤健顺之德，所以天地之化日新而富有。日新是表示天地之化洋洋日发的流动不息，富有则是指天地之化森然各立的充盈有则。日新之化本无不直，而富有之业本自有方。流动者各以其性情日与天下之物相酬酢，没有固定的居所；充盈者因应着各种不同的境域而展示不同的事宜，没有固定的道理。道之流行在天下和吾身之中者，即如此。由此，可将道之发生特性归结为两点：一是化之日新，亦即时间上的连续和无始无终；二是业之富有，亦即境域上的广大和有序有则。后者实际上已经通于道之境域性，这是因为发生性和境域性本来就绾合如一、不可分割。

《读四书大全说》卷三有云：

> 若夫天，则其化无穷，而无有不诚之时，无有不诚之处，化育生杀，日新无已，而莫有止息焉；为元、为亨、为利、为贞，德无不有，行无不健，而元亦不贰，亨、利、贞亦无弗不贰。②

在这里，船山强调了天化亦即道之发生的无穷性和至诚性：无穷性在于由道之发生而来的化育生杀，每时每刻都在不断地更新，永远不会有止息的时候，这一点即上面所讲的化之日新。至诚性则体现在天地之化既没有任何不诚之时，也没有任何不诚之处。它的德性就是元、亨、利、贞，四德不贰，健行不息，所谓天道至诚是也。这就表明：道之发生就其本原而言是真实无妄的，道体自身的原本发生就是真理自身的呈现，其中没有虚妄不实，只有至诚不息。这一点通于道之终极性，后者在理上的优先性正来源于前者的真实无妄性。

《周易内传》卷三上有云：

---

① 《尚书引义》卷三，见《船山全书》第二册，第290页。

② 《读四书大全说》卷三，见《船山全书》第六册，第559页。

道之至足，有触而必通；天地之情，不倦于屈伸。故顽灵淑慝，生成肃杀，甫有所遇，即以其流行之几应之，而灾祥寒暑各得其理。万物之情，著见而易动，甫与御之而即止，甫与绥之而即说，一如男女相感于一旦，初不必有固结之情，而可合以终身。①

这段论述本来是船山用来解释咸卦之彖辞的，意在阐明天地感应之道。换个角度，它正好可以用来描述道之发生特性：道之发生，不过就是阴阳二端感应不已以生天下之大用而已。而所谓的感应，其实就是阴阳二气的屈伸不已之几。天地之道至足，随感随应，有触必通，无处不是天地流行之几。万物则各秉性情，在这天地至足的感应场中相互之间不断感应——同异、攻取、离合、忻拒，从而造就这丰富多彩的世界。

综括此上三段论述，我们可用如下几个成语来概括道之发生特性：阴阳无始、动静无端、屈伸一致、至诚无息。阴阳无始描述道之发生在时间上的连续性和无始无终性；动静无端描述天地感应之几的神妙不测；屈伸一致则用以指征天地感应之道具有结构性和统一性，最后，这三种特性都根源于或会归于道之发生所具有的至诚无息性。②

四、道为境域：融结立象、参耦立数、等杀昭著

在讨论道之全体性、发生性之际，本书已经涉及了道之境域特性，因为这三者从根源上来说是不可分割的。现在我们对道之境域特性做专题性的考察，其目的在于简要地展示道之结构特征。至于对这些结构的具体分析和展示，请参见第二章的相关内容。我们选取两段引文对道之境域特性略作说明。

《周易外传》卷五有云：

阴阳与道为体，道建阴阳以居。相融相结而象生，相参相耦而数立。融结者称其质而无为，参耦者有其为而不乱。象有融结，故以大天下之生；数有参耦，故以成天下之务。象者生而日生，阴阳生人之

① 《周易内传》卷三上，见《船山全书》第一册，第 278 页。

② 船山关于道之本原发生的思想，与西方现代大哲海德格尔的“Ereignis”学说有相通之处。他们都强调道或事物发生所具有的自生自成性。这里限于主题，无法展开详细的比较，有兴趣的学者可参考张祥龙等人的文章（张祥龙：《海德格尔后期著作中“Ereignis”的含义》，《世界哲学》2008 年第 3 期）。

> 撰也；数者既生而有，阴阳治人之化也……象日生而为载道之器，数成务而因行道之时。器有小大，时有往来，载者有量，行者有程。①

在这段论述中，船山首先强调了道与阴阳相与为体的特性：阴阳与道为体，道亦以阴阳所生之物为体，此即“道建阴阳以居”，此义通于道之全体性和发生性。接下来船山对象数结构做出了描述：阴阳摩荡、相融相结而生象，所生之物形色相参相耦而成数。阴阳动静无端、感应不已，所以象者称质无为、生而日生，故可以大天下之生。万物之形色相参相耦而各循其则，故有为而不乱，以成天下之务。天下万般变化，不过是象之日生、数之成务而已。② 而象、数呈于天地之间，又有量有时，量有大小之别，时又有往来之异，所以象、数的生成变化总是在天地之间造就不同的境域。这就意味着：道之本原发生虽然变化日新，不可止息，但无论在何时、无论在何处，它总是有结构、有规则可循的，亦即张子所谓“天地之气，虽聚散、攻取百涂，然其为理也顺而不妄”③。这种顺理不妄的特性正在于道之境域、结构性。

《读四书大全说》卷三又有云：

> 上天之载，无声无臭，而翕辟变化，有其实然，则为等为杀，灿然昭著于万物之中，一鸢飞鱼跃之可以仰观俯察而无不见。自诚而明者，惟其有之，是以著之也。④

此处的上天之载，即指道体自身，它无声无息、无色无臭而遍运乎一切以为体，阴阳翕辟变化所生成的万物都由此而来。而万物既然已生，则各个真实无妄而有其实然，其中存在着显著的等杀，亦即万物之中秩序森然、至赜而不可乱。这种真实无妄的等杀、秩序，体道者仰观俯察、无不可见，与察于鸢飞鱼跃的活泼气象一般。这种等杀、森然的秩序就是道之

---

① 《周易外传》卷五，见《船山全书》第一册，第 992 页。

② 《周易外传》卷五又云：“夫象数者，天理也，与道为体，道之成而可见者也。”文见《船山全书》第一册，第 998 页。

③ 在《张子正蒙注》卷一中，船山注此句如下：“聚则见有，散则疑无，既聚而成形象，则才质性情各依其类。同者取之，异者攻之，故庶物繁兴，各成品汇，乃其品汇之成各有条理，故露雷霜雪各以其时，动植飞潜各以其族。”此处所展示的类族、条理、品汇，恰恰就是道之境域、结构性，所以此注也可用作道之境域性的一个论据。文见《船山全书》第十二册，第 19 页。

④ 《读四书大全说》卷三，见《船山全书》第六册，第 539 页。

发生所具备的境域性。它们之所以真实无妄，则在于天道的至诚不息、为物不贰。天道自诚自明，随其所有而昭著。就此而言，道之境域通于道之发生的至诚性并由此也通于道之终极性，亦即人只能以此象数而穷理尽性，而不可反过来用人之理去限定天之象数。通过此上的论述，道之境域特性得到了一个初步的展示：该境域结构以象、数为基础，以等杀为昭著，而其本原则在于天道至诚的日新富有。①

五、小结：乾坤并建、错综成变、幽明一体

正如此前所强调的，上述四种道之特性并非各自相互独立，恰恰相反，它们互相缠绕、亲密无间地融合在一起。只要对船山解易的宗旨略加解析，我们就能明白无误地看出这一点。《易经》是表述中国古代天道观的基源之书，由解易宗旨出发去探讨某个思想家的天道观，可以取得事半功倍的效果。船山解易的宗旨，在写作《周易外传》时就已完全确立。在《周易内传·发例》《周易内传》《张子正蒙注》等著作当中，该宗旨始终被贯彻。虽然在具体论述方面可能有所深化，但在基本方向上却从未改辙。事实上，该宗旨背后的思想不仅贯穿上述著作，也贯穿在船山其他著作之中。以下所选取的三段引文也正可以说明这一点。

《周易外传》卷六有云：

> 《易》者，天地固然之撰也……阴阳各六，而见于撰者半，居为德者半。合德、撰而阴阳之数十二，故《易》有十二；而位定于六者，撰可见，德不可见也。阴六阳六，阴阳十二，往来用半而不穷。其相杂者，极于既济、未济；其相胜者，极于复、姤、夬、剥；而其俱见于撰以为至纯者，莫盛于乾坤。②

---

① 船山关于道之境域、结构性的思想，与德国思想家罗姆巴赫的结构存在论(Strukturontologie)学说有其亲缘性。罗氏是海德格尔思想的继承和推进者，他将结构视为某种“源于自身之开发”的“创建”(Heinrich Rombach, *Strukturontologie: eine Phänomenologie der Freiheit*, München: Alber, 1988, Seite 12)。这种创建既在自然世界中发生，也在人文世界中发生。在结构存在论中，作为此在的人不再被视为与世界相对立，恰恰相反，人在世界的发生过程中与世界一道去创造、去成就(共创性：Konkreatität)(罗姆巴赫：《作为生活结构的世界·导言二》，第9~10页)。正是在这种共同创造、共同成就中，人得以完成其本性、实现其在宇宙中的特殊位置。罗氏通过对结构的本原阐发，既以正面、积极的方式纳入了海德格尔的Ereignis思想，又纳入了此在的某种能动性，且将两者统一在本原的结构发生之中。正是在此意义上，罗氏更整全地体现了一种天人回环、交尽的结构，亦即更接近于船山思想的特性。

② 《周易外传》卷六，见《船山全书》第一册，第1054页。

《张子正蒙注》卷七有云：

> 《易》以乾之六阳、坤之六阴大备而错综以成变化为体，故乾非无阴，阴处于幽也；坤非无阳，阳处于幽也；剥、复之阳非少，夬、姤之阴非微，幽以为蕴，明以为表也。故曰"《易》有太极"，乾、坤合于太和而富有日新之无所缺也……屈伸者，非理气之生灭也；自明而之幽为屈，自幽而之明为伸；运于两间者恒伸，而成乎形色者有屈。①

《周易内传》卷一上有云：

> 《周易》之书，乾、坤并建以为首，《易》之体也；六十二卦错综乎三十四象而交列焉，《易》之用也。纯乾纯坤，未有易也，而相峙以并立，则《易》之道在，而立乎至足者为《易》之资。屯、蒙以下，或错而幽明易其位，或综而往复易其几，互相易于六位之中，则天道之变化，人事之通塞尽焉。②

这三段引文的内容大致相当，都概括地提出了船山本人的解易宗旨，所以笔者在此不对其作具体的疏解。综合这三段引文的内容，船山解易的宗旨可归纳如下：乾坤并建以为首，六阴六阳大备以为体，错综成变以为用，幽明一物、显隐不二以为归。乾坤并建、六阴六阳备易卦之全体这两点是船山易学的主要特色，至于用错综来解释八卦、六十四卦的相反相成，则是继承了前人的讲法③。错即指将全卦每一爻都置换成相反之爻，亦即阴爻和阳爻互换，例如乾坤、颐大过就是相错成象。综即指将全卦翻转过来变成另一卦，例如屯蒙、需讼就是以综成象。在船山看来，《周易》六十四卦就是以错综的方式排列成象的。整部《易经》八错二十八综，此即所谓六十四卦错综乎三十六象，以综为主，以错为辅。至于幽明一物、显隐不二这一点，船山也是相当强调的，可见/不可见的区分也与此一致，可见者即显、明，不可见者即幽、隐。周易之全体六阴六阳具于乾

---

① 《张子正蒙注》卷七，见《船山全书》第十二册，第272~273页。

② 《周易内传》卷一上，见《船山全书》第一册，第41页。

③ 例如，明人来知德等人就已经采用"错综其数"来解易了，见氏著《周易集注》。

坤二卦，故位有十二，而可见者六位，不可见者六位。六位成卦处于明以起用，而另六位则处于幽，隐为之体而待用。

就此宗旨而言，乾坤并建、六阴六阳备易卦之全体表明了道之全体性：乾坤之外无所谓德行，十二位之外无所谓阴阳。幽明一物、显隐不二，则一方面既体现了道之全体与统一，另一方面也体现了道之原本发生性。最后，错综成变的成卦结构则体现了道之发生的境域性，幽明易位、往复易几正是道体流行之结构的发源地。由此可见，船山的解易宗旨很明显地体现了道之全体性、原本发生性和境域性。船山且用一种彼此融合、相互牵引的方式将它们相互结合，这一点正是由道之本性决定的。至于道之终极性，船山在第三段引文中固然说："天道之变化，人事之通塞尽焉。而人之所以酬酢万事、进退行藏、质文刑赏之道，即于是而在……《易》之为道，天地不能违之以成化，而况于人乎！"①由此看来，乾坤健顺之德、阴阳二气之化，相对于人的一切关联行止来说具有一种优先性，这就表明了乾坤之道在理上对人的终极性。

以上面对船山解易之宗旨的诠释为基础，再结合四个小节对道之四种特性的描述，我们将船山的天或道展示为"终极的发生境域"就有了较为充分的基础。对船山之天道思想的阐释就此可以告一段落，接下来我们要专力阐释船山的人道观。不过，正如此前所提示的：对天、人、际这三者之中的任一环节做分析都必须以天人回环的整体视野做背景。所以在后面分析人道、际的时候，始终要注意的是：船山的天道和人道思想并不是相互分离的，它们在本原上是一体的。人虽然具有自身的特性和尊严，却始终被包裹在天道的整全之中，此即庄子所谓"无所逃于天地之间"。

第三节　人：作为意向的自我伸展

植根于天人回环的整体视野之中，我们现在来阐明船山人道论的特色。就人道之体会、工夫而言，中国古代思想传统在这方面积累了极为深厚的资源可供后人去探索。而对其中的某些关键概念如心、性、情、意等，前人虽然也做了很多的辨析和讨论工作（宋明理学家对此贡献尤多），但留下来的大抵只是些片言只语，需要很深的背景和体会才能把握其确切含义，由此也就显得在理论说明上有所不足。尤其对心这个观念来说，我

① 《周易内传》卷一上，见《船山全书》第一册，第41～42页。

们很难单凭一些语录赢得对它的真切领会。但这个观念对于中国古代思想来说又至关重要：心是身之主、心又统乎性情，而意也是心之所发，如此等等。它不但是人性论的核心观念，它甚至可说是古代思想的轴心观念，一切其他观念都围绕它而转动。然而它又是如此地难以把握，以致孔子在几千年前就曾感叹说："'操则存，舍则亡，出入无时，莫知其乡。'惟心之谓与！"①谁能真正认识心的本性，谁就能见性、见道、见易，亦即真正把握中国古代思想传统的神髓。

然而，心之本性究竟为何？怎么样才能真切地赢得对其的领会？在领会之后，我们又如何能将其清楚地加以道说？历史上曾有很多思想家为解答此问题而殚精竭虑，而船山就是其中的一位佼佼者。在其传世著作中，我们可以清楚地看到：船山对此问题作了细致入微、精妙绝伦的分析②。然而，与宋明理学家相似，这些分析都是以片段或短论的方式进行的，如何经由它们提炼出船山对心之本性的看法，对船山思想研究者来说并非易事。

笔者于此径直将船山对心的领会诠释如下：意向的伸展就是心之特性。就船山思想而言，该诠释在目前说来可能有点突兀。笔者希望经过细致的文本分析与解读之后，该诠释的正当性能慢慢浮现出来，而血脉贯通、切中要害的感觉最终能取代突兀的感觉。另外，由于意向性概念出自现代西方哲学中的现象学传统，而我们对此概念的用法也只有结合现象学的传统才能得到理解。值得一提的是：意向性的发现是现象学贡献给哲学的礼物，它为思想打开了全新的视野和局面，现代西方哲学思想中的很多成果只有基于这个发现所提供的视野才是有可能的。对研究和诠释中国古代思想而言，它同样具有丰富的启发意义。以此之故，在诠释船山人道思想的时候，采取此上的做法颇有必要：全面而深入地把握意向性将有助于我们如实地领会心之特性。只有以此领会为基础，船山人道论思想的独特性才能得到相应的明察和展示。以上述思路为准，本小节内容分两个部分：先将意向的伸展阐明为心之根本特性；接下来以此为基础将心之意向状态分为三种，亦即所谓的三重意向。

一、意向的伸展作为心之特性

（一）现象学对意识本性的规定：意向性

首先以胡塞尔和海德格尔的相关思想为基础，对本节所采用的意向性

① 朱熹：《四书章句集注》，北京：中华书局，1983年，第331页。
② 《读四书大全说》在此方面尤为精彩，留意心性工夫论者不可轻忽此书。

概念做简要的阐明。意向性概念早在中世纪就有人采用，而胡塞尔本人则是从布伦塔诺那里继承了这个概念。但胡塞尔对布伦塔诺的意向性概念作了本质性的改造，他将意向性规定为意识活动的本质特征：意识总是关于某物的意识，这种必有其对象的意识活动就是意向体验。以此为基础，胡塞尔将意识体验划分为两个部分：意向体验和非意向体验。前者包含所有具有意向特征的意识活动，后者则是指感觉材料这类东西。意向体验又可以划分为两个部分：客体化行为①和非客体化行为，前者为后者奠基。前者指能够自身给出对象的行为，后者则是指那些自身不能给出对象、需要其他客体化行为为之奠基的行为。客体化行为属于逻辑和认识的领域，非客体化行为则属于情感和意愿的领域。客体化行为又可分为表象行为和判断行为，仍旧是前者为后者奠基。表象行为是指那种以直截方式给出对象的行为，判断行为则包含有复杂的范畴行为在自身之中。依据胡塞尔，对意向体验这个属中的行为种类可做如上的分解，但是这些行为之间的关系非常独特：它们相互之间并不像现实世界中的具体之物那般以排列组合的方式结合在一起。它们之间相互勾连、彼此融合：行为的迭加将产生出全新的意向行为。由不同意向活动结合形成的意向体验流并不是杂乱无章的河流，而是包含有丰富结构和指引关系的意向统一体。意识就像一条由各种不同意向不断伸展、勾连而形成的河流，人类的一切活动、行为都在此河流中进行。这是胡塞尔对意向性所赢得的洞见，这些洞见一直贯穿在此后的先验现象学、发生现象学思想中。

在胡塞尔之后，海德格尔对意向性概念加以深化。在《时间概念史导论》中他提示我们用更自由、本原的方式去看待意向性结构的实情：“在做任何事情之前……我们必须学会看到那既与的东西本身，去看清这一实情：各种行为之间、各种体验之间的关系本身不是各种实物的复合体，相反，各种行为、各种体验之间的关系本身复有具有意向性的特性，生活的全部联系本身都是由(意向性)这一结构所规定。”②“各种意向性之间的关系本身就是意向式的。”③海德格尔在此牢牢握住胡塞尔赢得的洞见并将其扩展到“生活的全部联系”中。以此为本，他进而指出：“意向性……它包括了行为的全体的存在者之存在的全体……这就意味着：在意向性的疆域内，关于思想或关于客体化、理论化认识的逻辑性行为只构成一个特定而

① 对象化行为是客体化行为的另一翻译，此处采用倪梁康的译法，实际上这两个译法并无差异。

② 海德格尔：《时间概念史导论》，欧东明译，北京：商务印书馆，2009年，第43页。

③ 海德格尔：《时间概念史导论》，第39页。

有限的范围，而逻辑学所涉及的课题范围无论如何也不能穷尽意向性的全部领地。”①在根本方向上，此时他就已经与胡塞尔分道扬镳了，他认为应该将意向性分析扩大到更广大、更本原的真实生活体验当中去，尤其是关注意向式存在者亦即人的存在特性，而不仅仅是其逻辑认识活动。在《存在与时间》中海德格尔将人的存在把握为操心，这个操心结构不是别的，就是实际生命体验之意向性结构的彻底时机化、境域化而已。意向性结构在此达于某种极致②，故而对意向性概念的论述也就以此作为结尾。

通过此上的描述，以下这点大抵可以明确：意识的特性就是意向性，将意识描述为意向的自我伸展是现象学家们的共识。这种意向结构不仅仅存在于理论领域——如胡塞尔所描述的那样。意向性就是人的实际生存本身，人的实际生存除了意向性之外再无其他③——海德格尔的此在学说已经达到了这个层次。只是海德格尔没有采用意向性这个说法，而是用操心来描述这个结构。但正如此上所言，操心结构无非就是实际生命体验之意向性结构的彻底时机化和境域化而已，所以归根结底仍是意向性。

（二）诠释船山关于心、意之特性的思想

在西方思想中，与意识一词意义相近或相同的词有：心灵（mind）、精神（spirit）、理性（reason）等。在中国传统思想中，与之相近的词有心、意、识、心识等。如果我们不追求其特定含义的话，它们所意指的其实是同一个东西，亦即中性意义上的心体——作为一般知觉、感应等心灵活动的本体。所以，将现象学的成果应用到中国思想的术语中就是：意向性就是心之特性，因而也就是后者的本质结构，天下之心莫不如此。只不过，由于西方思想家向来有极为深厚的理论传统，所以他们对该特性的展示比较明晰、比较系统而已。但这并不意味着中国古代的思想家对此就没有真切、深入的体察。实际上，在笔者看来，船山本人对心的体察就已经完全达到了这个层次。只不过他没能像现象学家那样以专题化的方式来论述它而已。若以中国的思想传统为基础进行判断，船山对心的体察其实超越了

① 海德格尔：《时间概念史导论》，第103页。

② 此后梅洛庞蒂以活生生的身体为基础，更加具体、生动地展示了意向性的真实结构与特性。此处限于篇幅，不能对其有所阐述。又，梅氏对意向性的领会与海德格尔的领会是完全相通的，故略过亦可。

③ 这有点类似于王阳明所讲的“心外无物、心外无事、心外无理”。实际上，依笔者之见，它们在内容、性格上虽有不同，但在本原上的确是可以沟通的。将意向性规定为心之特性的理由也正在于此，目前国内已有不少学者试图从这些角度来诠释王阳明的思想。对东西思想的会通而言，这些尝试富有启发意义。

现象学家的层次，后文对三重意向的阐释将表明此点。目前我们暂且抛开这点不论，结合具体文本先对船山的心、意学说展开论述。

对于心，船山首先指出了心的重要地位：它统性、情、才而为一。其次，他又继承古文《尚书》中所做出的人心和道心之区分，并对此区分作了深入阐发。需要指出的是：该阐发和他对仁义之心和虚明灵觉之心的区分是一致的，故通于此下要论述的三重意向思想。

关于心的重要地位，船山于《尚书引义》卷五有云：

> 心者，函性、情、才而统言之也。才不易循乎道，必贞其性。性之不存，无有能极其才者也。性隐而无以从贞，必绥其情。情之已荡，未有能定其性者也。情者，安危之枢，情安之而性乃不迁。故天下之学道者，蔑不以安心为要也。①

船山认为：心统乎性、情、才而为一体，而才要循道，就必须先贞定其性；盖性不存的话，就不能尽其才之用。然性居于隐，要贞定它就必须从情上着眼，如果情已经流荡不安，是不可能贞定其性的。所以情就是安危之府，只有情安稳了才能定性。所以船山说：天下所有学道的人，都以安心作为标的。所以，心是统体，而安心则是学道的至要。心虽然如此重要，但并不是所有的人都能在真正意义上见到心之本体。对此，船山在《尚书引义》卷一有云：

> 凡为言而思以易天下者，皆以心为宗。从其末而起用者，治心也；从其本而立体者，见心也。见非所见，则治非所治矣……天下之言心者，则人心而已矣。人心者，人固有之。固有之，而人以为心，斯不得别之以非人，斯不得别之以非心也。就其精而察之，乃知其别；就其粗而言之，则无别；而概目之曰心。故天下之言心者，皆以人心为之宗。②

船山认为：凡是想通过发表言论、著作来影响天下的人，都必然要以心作为自己立言的宗旨。从心之发用的末端上入手的，其意在于治心；而从心之本原上入手以挺立本体的，则意在见心。所见到的心体不一样，所

① 《尚书引义》卷五，见《船山全书》第二册，第 366 页。
② 《尚书引义》卷一，见《船山全书》第二册，第 259 页。

采用的治心方式也就不一样。在船山看来，当时天下谈论心的人，都不过是在谈论人心而已。人心是每个人都有的，所以也就不能说它不是人、不是心。因为从表面看来，心的各种表现样态之间并没有什么差别，所以可以笼统地称之为心。但如果对心的各种样态进行精细的考察，则能发现心在其表现形态上是有本质区分的，这就是船山所强调的人心和道心之区分。

在船山，人心的特征是虚明灵觉而无恒，它在各种情和意的伸展中得到展示。在《读四书大全说》中船山对此情意的伸展特性有比较集中的描述。《读四书大全说》卷一、卷十分别有云：

(1)意无恒体。①

(2)意不尽缘心而起，则意固自为体，而以感通为因。故心自有心之用，意自有意之体。人所不及知而己所独知者，意也。②

(3)心之与意，互相为因，互相为用，互相为功，互相为效……心之为功过于身者，必以意为之传送。③

(4)意中千条百绪，统名为意。④

(5)此灵明活动者，如荷叶上露水相似，直是操不得底，愈操而愈不存矣。此灵明活动者亦如影之随形，不但不亡，而亦何容舍？开眼见明，闭眼见暗，未有能舍之者也。⑤

第一条表明意念活动没有一个固定的本体，它是随机而发的。第二条讲述心和意之间的关系：意不一定都是从心的本体而起的，它具有属于自身的活动本体。这种活动是以感通为原因而引起的，所以心和意虽然密切关联，却有着各自的体用，那些只有自己知道而别人不知道的就是意。第三条继续对心和意之间的关系做了展示：虽然按照第二条的内容，心和意有着各自的体用；但它们之间的真实关系是：互相为因、互相为用、互相为功、互相为效。这就是说：在实际的心之流行发用中，心和意完全交融为一体。而且船山还强调：心相对身而言之所以能够有更大的功效，原因就在于心能以意来传送自身。这就表明：心之真正发用是以意为中介的，

① 《读四书大全说》卷一，见《船山全书》第六册，第415页。
② 《读四书大全说》卷一，见《船山全书》第六册，第417~418页。
③ 《读四书大全说》卷一，见《船山全书》第六册，第424页。
④ 《读四书大全说》卷一，见《船山全书》第六册，第412页。
⑤ 《读四书大全说》卷十，见《船山全书》第六册，第1078页。

意念的不断活动才是心之发用的真正表现方式。第四条则对意的另一特性作了展示：亦即意念并不是一个单一、孤立的活动之物，在它之中包含了极为丰富的指向可能性，此即船山所说的“千条百绪”。意本身是有条绪的，条即条理，绪即开端、指向，这表明意念活动本身是一个具有丰富条理、指向之可能性的心灵活动。第五条则表明了灵明活动的不可把握、不可抑制性：灵明是心之虚明灵觉的表现，而活动则是指心意的活动（或直接称之为意的活动）。这种灵明的意向活动就好比荷叶上面的露水，根本不能用某种方法将其固定下来，越是想把它固定，它就越不固定。意向的这种活动对心来说，就好比影对形的关系，不但不会消失，就是想要摆脱它也是不可能的。一切知觉意识、关联行止，无不处于这种意向的活动之中。

将船山对心、意的规定与现象学对意向性的展示相比较，我们发现不少相似之处：在船山这里，意之活动具有随机而发、与心异用却又交互为用以成其功效、与心密切交融为一体的特征，而又具有属于自身的条理与结构；并且意之活动是本原的、灵活的，不可能对它加以某种固定的把握；更重要的是，心之流行发用只有经过意的传递才是可能的、有功效的。就此而言，意的这种活动性质就是心之特性的表现和规定。而在现象学中，意向性是指意识始终都是关于某物的意识，而所有意向活动之间的关系本身就是意向式的，意识就是各种行为构成的意向统一体。它同样也是随机而发的，亦即具有时机性和境域性；它也有属于自己的各种结构、层次；而且意向活动本身是不可能被固定的，因为固定行为本身就是某种意向活动；从本原上来说，意向活动就是一切意识活动的基础。所以，两者对心或意识之本质的规定都具有：随机而发性（感通、时机化、境域化）、丰富的结构和层次、本原性和灵活性、统一性或一体性。这些相似之处表明：用意向性概念来阐释船山对心之特性的规定有其正当性。这些相似性不是偶然的，这恰恰是因为双方都看到了相应的现象学实情，这些特性是由事情本身所要求的。

船山不仅对心、意的这种中性特征有所描述，而且他还进一步对意的另外一种情况作了展示，亦即偏向不正一面的意。这是船山基于中国自身的传统，对意念活动作出了比西方思想家更为深入的体察。《张子正蒙注》卷四有云：

（1）意者，心所偶发，执之则为成心矣……意则因感而发，因见闻而执同异攻取，不可恒而习之为恒，不可成者也。①

(2)意者，人心偶动之机，类因见闻所触，非天理自然之诚，故不足以尽善。而意不能恒，则为善为恶，皆未可保……意小而滞于一隅也。②

船山于此指出：意是心所偶然发出来的行为。如果执着于这种偶然发出来的意，人就会变得有成心，有成心就不可与于道，因为成心会遮蔽心之本体。意本身是因为感通而发出来的，会因为见闻的不同而有同异攻取上的种种执着，它并没有固定的本体。但是通过习气它也能形成某种固定的习惯，但从根本上来说，它是不可成的。因为它并非出自天理自然之诚，不足以继天地之善，它局限在某个狭小的范围内，并不能尽心之全体。这样，在中性的意向伸展性之外，船山进一步指出了意之流弊：亦即它可能会成为私意。一旦意成为私意，它就不能尽心之全体，而是会遮蔽心之本体。所以只从意上来把握心之特性是不够的，这顶多只能把握到人心及其一般特性，还不足以尽道心之特性。

船山对心、意的观察还不止于上述层次。要知道：在船山的思想视野中，天道才是终极的源泉所在。所以上述对心、意之规定的展示，在至诚之天道中有其源头，在上面论及道之发生特性时本书已涉及此点。这个源头就是天地感应之道，人的意向性即根源于天地感应不已之几。这种理解当然也不是船山的创见，他是在继承前人的基础上提出此种见解的。《周易》已经对天地、乾坤、阴阳的相感给予了极为重要的地位，一些重要的理学家如程颐也曾讲过："天地之间只有一个感与应而已，更有甚事?"③船山将此种思想推至本原，以一种前所未有的方式将其容纳在自己的天人视野之中。

《张子正蒙注》卷一有云：

心函絪缊之全体而特微尔，其虚灵本一。而情识意见成乎万殊者，物之相感，有同异，有攻取，时位异而知觉殊，亦犹万物为阴阳之偶聚而不相肖也。④

---

① 《张子正蒙注》卷四，见《船山全书》第十二册，第150页。

② 《张子正蒙注》卷四，见《船山全书》第十二册，第167页。

③ 程颢、程颐：《河南程氏遗书卷第十五》，见《二程集》，北京：中华书局，1981年，第152页。

④ 《张子正蒙注》卷一，见《船山全书》第十二册，第43页。

船山于此表明：心函有整个细缊之全体，亦即道之全体不外乎吾心。但它自身的表现却是很微妙的，其表现的一致性体现在虚灵明觉。其表现的差别性则体现为情识意见上的万殊，而之所以会如此则在于心能感物。这种感应有同异、有攻取，随着时位的不同，所感受所知觉到的也就不一样，就如同阴阳二气相感化生出各各不同的万物。这段论述很明显地展示了心之一本万殊性：其一本在于虚灵明觉，其万殊则在于感应之分位不齐。感应的不同，实际上就体现为情意活动的不同指向，但无论如何的不同，所有这些情意的活动都统合在心灵之中，均归属于虚灵明觉之心体。

在《张子正蒙注》卷九中，船山对感应的地位有更深入的论述：

(1)尽天下之理，皆太虚之和气必动之几也。阴阳合而后仁义行，伦物正，感之效也；无所不合，感之周遍者也，故谓之咸。然而莫妙于感，而大经之正、百顺之理在焉。①

(2)天地之寒暑、雨旸、风雷、霜露、生长、收藏，皆阴阳相感以为大用；万物之所自生，即此动几之成也。故万物之情，无一念之间，无一刻不与物交；嗜欲之所自兴，即天理之所自出……盖为物即天道以为性，阴阳具于中，不穷于感，非阴阳相感之外，别有寂然空窅者以为性。②

在第一条引文中，船山将天下所有之理都归结到太虚之和气所必然具备的动之几上，阴阳各自具有不同的性情功效，自然相感相合。正是基于此感应，仁义才能得到施行，伦物才能各正，后二者都是感应之效。这种阴阳的感应是无所不合的，所以又称为咸。故天下之事莫妙于感，大经之正、百顺之理都不能脱离这个感应而存在。在第二条引文中，船山再次强调了阴阳相感的大用：天地之间的一切均以此为基础，人之本性也是奠基于这个阴阳的不断感应之中，离开此感兴，别无所谓的人心、人性可寻。这就表明：不管是心之一本，还是心之万殊，其根源都存于天地之间的阴阳感应之道。这种阴阳感应之道，即本章在第二小节所讲的至诚之天道，亦即道之本原发生。人心同样也是由此而来的，意向活动自然也是由此而来的。当然，需要指明的是：人心虽由此而来，但它也有自己的本真状态

① 《张子正蒙注》卷九，见《船山全书》第十二册，第364~365页。
② 《张子正蒙注》卷九，见《船山全书》第十二册，第365~366页。

与成能作用，亦即它能对自己的意向活动有所决定。恰恰是这种本真状态与决定作用使得人心在其实际表现方式上有各种不同的样态，此后的三重意向即专门讨论此样态之联系和差异。

此外，《张子正蒙注》卷三又有云：

> 盖心者翕辟之几，无定者也；性者合一之诚，皆备者也。①

船山于此将心视为阴阳翕辟不已之几，这种感应之几的流行是没有固定方向的。但性就与此不同，性虽然好像始终都处于隐微之地，但它自身却是来自阴阳感应之诚，是所谓合内外的皆备之道。这样一来，心和性之间就产生了某种差异和距离，虽然这种差异并非不可逾越，但是人心之意向活动在表现方式上的不同样态就源出于此差异。

综上所述，船山对心、意的规定可概括如下：(1)首先，他将心展示为意念活动的统一体。这种意念活动具有随机而发的、原本的、富含结构、不可加以固定把握等特性。船山关于心、意的思想可以通于现象学的意向性思想：意识作为各种意识体验的意向统一体。(2)在此之外，船山还指出了意念活动所可能出现的流弊，亦即它会流于私意。一旦流于私意私欲，它就会遮蔽心之本体，从而可能造成各种冲突。(3)最后，船山将意念活动或心灵活动的根源追溯到至诚之天道这个根源上，认为人心、人性、意向活动都根源于天地之间阴阳的感应。人心是阴阳翕辟感应不已之几，意向活动即在各种不同的人心之几中得到实施，而性则是阴阳感应之实。人的所有活动都源出于那个本原的道之发生，虽然人心的确有其自身的良知良能。此中，后面两点对人之心、意活动的分析，有进于现象学的地方，这是因为中国古代思想重视实践工夫论；至于第一点，船山虽然也得出了某些可以通于现象学观点的领会，但是从细微处来讲，毕竟还是现象学家的描述更为系统、更为精微。但这并不妨碍船山对心之本性的把握，而且就如此前所展示的，两者之间具有极密切的亲缘关系。他们的论述与分析都力求摆脱各种预设的架构、形而上学的假定，直接切入真实、活泼而灵动的实际生命体验。船山的思想在开端上就是从这种具体、生动的实际生命整体出发的，而且是将其置于道之全体(天人回环的整体视野)中以一种圆融的方式来展开自己对各个问题的深入分析。从中国的思想传统来说，船山更进于现象学的地方则在于他有性的观念。正是有了对

---

① 《张子正蒙注》卷三，见《船山全书》第十二册，第134页。

性的洞察，心之意向活动在具体表现上才会有不同样态。海德格尔虽然在《存在与时间》中已经区分了本真的生活与非本真的生活，并指明二者是同源的；但本真的生活到底如何，海德格尔并没有为我们提供具体的解答或指示。而在船山的思想中，赢得这种本真的生活(合乎、尽乎其性的生活)才是最重要的，这就将我们引入到下文对三重意向的探讨。

三、三重意向：联系与区分之展示

既然意向的伸展只是心灵的一般结构，那么，很明显单凭此结构并不能指明每个人在生存状态上的差异，因为该结构本是人人同具的。要考察这种差异，就必须另觅途径：亦即考察这种意向伸展的具体施行方式。按照船山思想的内在理路，其具体实行方式具有三种样态，此即本小节所要论述的三重意向。需要再次强调的是：此处所讲的三重意向并不是指意向结构具有三种不同的种类，而是指意向结构在具体表现方式上的三种不同样态。

此三重意向，用船山的话来说就是：虚体、大体、小体。虚体指虚明灵觉、能够知觉运动之心体，大体则是指道心、仁义之心、仁体或诚体，而小体则是指心为耳目之官、私意私欲所支配时的心体。对此三种意向的划分，船山是在继承孟子关于大体和小体之区分和古文《尚书》对人心和道心之区分的基础上、并通过对佛老之虚体观的批判而得出的。对此三重意向的划分和明确阐述，主要见于《尚书引义》以及《读四书大全说》中读《孟子》的部分。以下就主要以这两本书为主进行论述，偶尔也会用其他著作中的段落做些印证，例如《四书训义》。虽说此书是船山按照朱子的章句集注所作的释义，但它体现的仍旧是船山的思想，而不是对朱子的墨守。

船山在《读四书大全说》卷十中对三重意向作了明确的划分，其文云：

> 乃小体既不能为大体之害，则害大、害贵者，其罪何在？孟子固曰“无以小害大，无以贱害贵”，又曰“从其小体为小人”，只“以”字“从”字是病根。乃此“以”之而“从”者，岂小体之自“以”哉！既非小体之自“以”，则其过岂不在心！昭昭灵灵者。所以《大学》说“修身在正其心”，心不固正而后须正也。特此“从”之“以”之之心，专是人心，专是知觉运动之心，固为性所居，而离性亦有其体，性在则谓之“道心”，性离则谓之“人心”。性在而非遗其知觉运动之灵，故养大则必不失小；性离则唯知觉运动之持权，故养小而失大。知觉运动之心，

与耳目相关生，而乐寄之耳目以得所藉。其主此心而为道心者，则即耳目而不丧其体，离耳目而亦固有其体也。故言心者，不可不知所择也。①

船山于此对孟子的大体、小体学说作了专门的阐发：在孟子那里，小体是耳目之官，大体则是心之官。就小体本身而言，它是不能为害于大体的，那么害大、害贵的罪魁祸首是谁呢？船山指出病根在于“以”字和“从”字，但小体却没有自从自以的能耐，能从能以的是那个昭昭灵灵的虚明之心，亦即所谓的知觉运动之心。知觉运动之心是性的居所，但是离开性，它也仍旧有自己的体用，此时它就是所谓的人心。知觉运动之心既可与性相合，也可以离开性而寄生在耳目之间，与情欲私意相合。当它与性相合的时候，它就是道心，道心并不脱离开虚灵明觉之心，也不脱离耳目，所以养得大体者必然不会失其小体。而当它与性相离的时候，知觉运动之心惟自己的意欲是听，乐得寄生在耳目之中以获其不思而得之利。此时即只养得小体而遮蔽大体，而整个知觉运动之心也就将自身沉没在小体的情意欲海之中。很明显，船山在此对心之具体表现上的样态作了三重区分：一是所谓的大体，或与性相合的道心；一是所谓的小体，沉迷在耳目情欲的海洋之中；最后则是所谓的虚体，亦即虚明灵觉、知觉运动之心，它是中性的，既可以合于性而为道心，亦可以离于性与私意私欲相合而成为小体。此三重区分就是意向伸展在其表现方式上的不同样态，以下再做具体说明。

(一)虚体：虚灵心、知觉运动之心

如上所述，船山所谓的虚体就是虚明灵觉、知觉运动之心，或直接称为人心。这个虚体具有什么样的特征呢？在船山看来，它又和佛老的心识观有什么关系？对此，《尚书引义》卷一有云：

(1)且夫人之有人心者，何也？成之者性，成于一动一静者也。一动一静，则有同、异、攻、取之机。同、异、攻、取，而喜、怒、哀、乐生矣。一动一静者，交相感者也，故喜、怒、哀、乐者，当夫感而有；亦交相息者也，交相息，则可以寂矣，故喜、怒、哀、乐者，当夫寂而无。小人惑于感，故罹其危；异端乐其寂，故怙其虚。

① 《读四书大全说》卷十，见《船山全书》第六册，第1086页。

待一动一静以生，而其息也则无有焉。斯其寂也，无有"自性"；而其感也，一念"缘起无生"。以此为心而将见之，剖析纤尘，破相以观性，至于"缘起无生"，则自谓已精矣。孰知夫：其感也，所以为仁义礼智之宅，而无可久安之宅；其寂也，无自成之性，而仁义礼智自孤存焉。则斯心也，固非性之德、心之定体，明矣。故用则有，而不用则无也。①

(2)夫于其目，则喜、怒、哀、乐之情，四也。于其纲，则了、知、作、用之灵，一也。动其用，则了、知、作、用之瞥然有矣。静其体，则镜花水月、龟毛兔角之涣然无矣。铲目而存纲，据体而蔑用，奚可哉？故为释氏之言者，终其身于人心以自牿也。②

在第一条中，船山对人心的特性和由来解释如下：人之所以有人心，在于一动一静的翕辟不已。有动有静，就会有同异攻取之机，而同异攻取的出现也就伴随着喜怒哀乐的出现。动和静是交相感应的，所以喜怒哀乐之情也是当乎感应的时候才有的。动和静又是交相止息的，既然可以相息，就会有寂然的时候，而在寂然之际，喜怒哀乐之情是没有的。小人迷惑于无穷的感应，故遭受其危险；而异端却乐得其寂，沉醉于这种虚明的光景之中。当动静止息的时候，心体虚寂，这就是所谓的"无有自性"；而当感应起来时，又不知其所从来，此即所谓"一念缘起无生"，这就是佛家对心的分析所达到的境界③。但在船山看来，这种对心的看法并没有穷尽心的本性，亦即没有见到性之德、心之定体，这个定体就是道心自身。所以在船山看来，佛家终身都只在人心之中打转。在第二条中，船山以纲目的形式对虚明明觉之心作了分析：其具体的节目有喜、怒、哀、乐四情，其纲则是了、知、作、用之灵，这种虚灵明觉贯穿所有的了知、作用而为一。当其感应之际，则了、知、作、用等功能浮现，确然为有。当其静而寂然的时候，心体就虚而无所有，如同镜花水月、龟毛兔角是虚无的。所以佛家所乐以观察的心是虚明灵觉的心体，亦即船山所谓的人心。对此两段引文的解读表明：虚明灵觉之心来源于动静之几，它有自身的作用亦即了知等功能和喜怒哀乐等情，它的本体则是虚灵而一的，所以并没

---

① 《尚书引义》卷一，见《船山全书》第二册，第264页。
② 《尚书引义》卷一，见《船山全书》第二册，第263页。
③ 船山此处对佛家的批评，虽不能说没有道理和洞见，但毕竟没有透达佛家最深层的理境。实际上，佛家在最深层次上的理境，和船山本身的思想视野是有相通之处的，具体内容参见第五章。

有一个固定的准则。

在船山看来，佛老所把握到的心，就停留在这个程度，相比于一般的诸子百家来说，这种观察当然已经很不错了。但是在船山看来，这种把握是很危险的。所以在其著作中，随处可以见到他对此种虚体之心观的批评，说他们不识道心，不能见性。关此，《读四书大全说》卷十有云：

> 只缘后世佛、老之说充斥天下，人直不识得个心，将此知觉运动之灵明抵代了。其实者知觉运动之灵明，只唤作耳目之官。释氏谓之见性、闻性，又唤他做性。虽说来分裂，则似五官有五性，其实此灵明之随体发用者，未尝不一。①

《尚书引义》卷一亦有云：

> 彼所谓心，则觉了能知之心；彼所谓性，则作用之性也。以了以知，以作以用，昭昭灵灵于行住坐卧之间，觉了不诬者，作用以起。自非然者，亦不得谓之心。惟其然而可谓之心，惟其然故亦仅谓之人心矣。以了以知，以作以用，善者恒于斯，恶者恒于斯，彼之所谓识也。了无不觉，知无不能，作不固作，用非固用；任了任知，任作任用；总持而无有自性，终不任善而任恶者，彼之所谓智也。②

船山在这两段引文中明确指出：佛老所说的心，其实只是运动知觉之灵明；佛家所谓的性，不过是作用之性罢了。这些其实都只是人心的特征，而不是道心的特征。在船山看来，知觉运动之灵明其实只是耳目之官，佛家虽将其分为五识(眼、耳、鼻、舌、身)，不过是此灵明之体随不同的官能发用而已。这里的批评与此上的分析是完全相通的：船山认为佛老只识人心(知觉运作、觉了能知、耳目之官)，不识道心(仁义礼智、性之定体)③。

---

① 《读四书大全说》卷十，见《船山全书》第六册，第1090页。

② 《尚书引义》卷一，见《船山全书》第二册，第259~260页。

③ 虽然船山对佛老批评得很厉害，但实际上佛老(尤其是佛家)对心的分析已经达到了很深的层次。如唯识学，其细密的程度比儒家有过之而无不及，衡之于现象学的意识分析，也丝毫不逊色。更重要的是，佛老对心之本性的看法，在开端就已经达到了现象学用意向性分析所得到的见解：将心灵活动视为某种随机而发、本原的、相互牵引的统一体，决不能对其加以固定的把握。要而言之，儒释道三家在开端上就具备了此种洞见，杰出的思想家也一直保持着这种洞见。

(二)大体：仁体、道心、仁义之心

与虚明灵觉、知觉运动的虚体相比，大体具有不同的表现特征。在船山这里，它也被称为仁体、道心、仁义之心等，究其实，都是指性体自身的充分呈现。对于道心的来源和特性，船山有如下的描述。

《尚书引义》卷一有云：

(1)若夫人之有道心也，则“继之者善”，继于一阴一阳者也。动静犹用，阴阳犹材。一阴一阳，则实有刚、柔、健、顺之质。柔、健、刚、顺，斯以为仁、义、礼、智者也。当其感，用以行而体隐；当其寂，体固立而用隐。用者用其体，故用之行，体隐而实有体。体者体可用，故体之立，用隐而实有用。显诸仁，显者著而仁微；藏诸用，用其著而藏微。微虽微，而终古如斯，非瞥然乘机之有，一念缘起之无。故曰始显继藏，天命流行，物与无妄也。①

(2)灼然知我之所有：不但此动之了喜了怒、知哀知乐应感之心，静之无喜无怒、无哀无乐空洞之心；而仁、义、礼、智之始显而继藏者，立本于宥密，以合于天命之流行，而物与以无妄。②

在第一条引文中，船山用“继之者善”来阐明道心：道心是继于一阴一阳者，阴阳之材实有其刚柔之质、健顺之德。此质此德，就是人性当中仁义礼智的来源，它是人心的本体。在感应以起用的时候，用昭著而体隐微；当用止息的时候，则体立而用隐。体用之间是隐显一致的关系，此即体用不二。本体是彻乎一切时、一切处而有的，所以它能够显诸仁而藏诸用，终古如斯，而不是像那些由动静之几所产生的偶然之用。实际上，这个本体不是别的，它就出于天命流行之体本身，至诚之天道物与无妄。在此，船山很明显地将人道上通于天道而言，亦即将人道的真实性溯源至天道的至诚不息上。这表明船山之人道不脱离天道、不脱离天人回环的整体视野。对于此道心的内容，船山在第二条引文中指出：在此道心中，不但有此喜怒哀乐的情感和了知作用的功能，更有仁义礼智之性显、藏于其中，此即所谓的“立本于宥密”。此仁义礼智才是心之真正本体，而且这个本体合于天命流行之本体。综合此两段内容，船山对道心的展示可被阐

① 《尚书引义》卷一，见《船山全书》第二册，第264页。
② 《尚书引义》卷一，见《船山全书》第二册，第263页。

释如下：道心来源于阴阳全体之实，上通于至诚不息的天命流行之体，所以是真实无妄的；其内容则不仅包括情感和了知的功用，更有仁义礼知作为内在的主干。

道心既然如此，那怎样才能达成它呢？就此而言，船山强调思的作用。在《读四书大全说》卷十中，船山对孟子提出的思大为赞叹，其文云：

> (1)孟子之言思，为古今未发之藏，而曰“思诚者人之道”，特以补明子思所言“诚之者”之实。思为人道，即为道心，乃天之宝命而性之良能。人之所以异于禽兽者，唯斯而已。故曰“由仁义行，非行仁义”，言以思由之也。①
>
> (2)故“思”之一字，是继善、成性、存存三者一条贯通梢底大用，括仁义而统性情，致知、格物、诚意、正心，都在者上面用工夫，与《洪范》之以“睿作圣”一语斩截该尽天道、圣功者同。孟子之功，不在禹下，此其一征矣。②

船山在此两段引文中极力称赞孟子所提出的“思”，认为他补充了子思未曾清楚讲明白的诚之之功，亦即将诚之之功规定为思。船山认为，思是继善、成性、存存三者一条贯通梢的大用所在，是一切圣功之所本。至于思之工夫到底如何施行，此处暂且不作详细讨论，具体内容请参见第四章的相关部分。

另一方面，既然道心和人心有着内容上的不同，那这两者是不是可以截然分开？人心与道心、虚体与大体之关系又到底如何？对此，《尚书引义》卷一有云：

> 然则判然其为二乎？而又非也。我固曰互藏其宅，交发其用。阴阳变合而有动静，动静者，动静乎阴阳也。故人心者，阴阳翕辟之不容已；道心者，动静之实，成材建位之富有，和顺而为光辉之自发也……然则死者人心之息，而非道心之终与！人心乘动静以为生死，道心贞阴阳以为仪象。③

① 《读四书大全说》卷十，见《船山全书》第六册，第1095~1096页。
② 《读四书大全说》卷十，见《船山全书》第六册，第1092页。
③ 《尚书引义》卷一，见《船山全书》第二册，第266~267页。

在船山看来，人心和道心之间的关系并不是判然为二的，而是密切交融在一起的，亦即所谓的"互藏其宅、交发其用"，相与为体用、相与为功效。人心和道心这两者都来源于阴阳之变合，此阴阳翕辟不已之几即人心，此动静之实性实德则是道心，人心与道心同源而异质。这就表明：人心和道心的区分并不在意向的伸展这一结构上，而是在于此结构的展现是否合乎本性——亦即仁义礼智之性，合乎此则为道心，不合乎此而只具虚明灵觉之用，则为人心；若与耳目等官能绾合于私意私欲中，则为小体。所以，此三重意向只是意向之伸展在样态上的不同，都不能脱离开虚明灵觉之心本身所具有的意向结构。船山还强调说：人心来源于翕辟之几，所以有止息之日；道心则来源于天地敦化之诚，所以无止息之日。这就通于船山全而生之、全而归之以净化太虚之气的思想，此亦表明船山的思想是处处相贯通的。

（三）小体：身体意向、私意、私欲

对小体的各种描述散见于船山的各部著作之中，但往往都是一些只言片语，要找出几段系统的论述却不太容易。概括地说，在船山这里，小体包含有多方面的含义和特征，其中最主要的包括身体意向、私意、私欲和流荡之情等。此一小节首先征引三段文字对小体之特征略作展示；然后以此为基础，对小体之表现样态进行总结。

《四书训义》卷三十五中，船山对耳目之官的身体意向有如下的描述：

> 今夫小体之灵，惟耳目为最，而此耳目者，有不待心之发觉而自成其功者矣。故耳目亦专有其所司者焉，其为官也，遇色而即见，遇声而即闻，一见闻而即能爱憎，不待思也。惟然，则于己不劳而情易得，故从之者便也。然而蔽于物矣：色之固然者见之，其所以然者不能见也；声之已然者闻之，其所以然者不能闻也。聪穷于有声之中，而声之未接则莫能听；明尽于有色之内，而色之未形则莫能视。如是者，耳亦止成乎耳之用，目亦只成乎目之用，一物而已矣。夫天下之形声，物也；耳目，一物也。两物相交，形声缘耳目而入，耳目亦附形声而出，引之以去，而无能再为斟酌，则亦终不劳而已得万物之利也。①

① 《四书训义》卷三十五，见《船山全书》第八册，第739页。

船山指出：耳目之官具有不待思索即能得的特性，所以目遇色即能见，耳闻声即能听。在闻见之际，爱憎之情也随之而生，所以此类官能的确具有于己不劳、于情易得的特点。但是另一方面，耳目之官也会蔽于物，能看到色之固然，却看不到色之所以然；能听到声之已然，却听不到声之所以然；离开有声有色之物，视听无所致其功。所以耳只能成乎耳之用，目只能成乎目之用，与物相交而被物引之而去，而不能对其有所斟酌，最终也不过是物化而已。这就耳目之官作为小体的特性：一方面不思而得、不劳而易获，另一方面则局限在物引之中①。这就不同于心之官，后者在量上并无止境，而且愈思愈能得。

小体除了在身体意向上的局限之外，它还很容易流于私意、私欲的泥潭之中而不能自拔，这就是此前已经论及的意之流弊。对此，船山在《张子正蒙注》卷四注“穷人欲如专顾影间，区区于一物之中尔”有云：

> 形蔽明而成影；人欲者，为耳目口体所蔽而窒其天理者也。耳困于声，目困于色，口困于味，体困于安，心之灵且从之而困于一物，得则见美，失则见恶，是非之准，吉凶之感，在眉睫而不知；此物大而我小，下愚之所以陷溺也。②

---

① 此处船山关于身体意向的分析当然是比较粗糙的，但在其他地方，船山对于此身体所具有的基源性地位有非常重要的强调，对形色的重要性经常加以发挥(通于以气为本的至诚流行)，其对身体的重视具有丰富的现代启示意义。我们可以将其与现象学思潮中对身体意向的精彩分析加以对比，以便达成某种东西方思想融通的可能性。对此身体意向的现象学分析，我们可以胡塞尔和梅洛庞蒂为例子略加阐释。胡塞尔在其晚期思想中特别重视发生现象学的维度，在此维度中胡塞尔又特别提出了所谓的“被动综合”(passive synthesis)学说以及与此相应的“前谓词经验”(pre-predicative experience)学说，将意识生活中意义给予(sense-conferring)的根源追溯到基于原始身体(Leib)的原始知觉上，这种被动发生的综合活动是一切意义构造的母体，亦即主动综合只有在此基础上才能展开自身。梅洛庞蒂则继承了胡塞尔晚期的相关思想并对其加以发扬光大，从而撰成其主要哲学著作《知觉现象学》，在此书中梅洛庞蒂以基于原始身体的知觉为本，从整体上更新了我们对自我和世界的认识：身体并不是某种纯然物理性、生理性的存在者，事实上它从根本上构造着整个自我与世界的意义展开，基于原始身体而来的原始知觉场是一个包含有无穷意蕴(其间的意蕴尚未得到充分的明晰化，甚至永远无法充分地明晰，梅洛庞蒂称之为 ambiguity)的意义发生场，此即身体或知觉的先验维度。将两者加以比照，我们发现现象学关于身体意向的精彩分析的确可以丰富船山的相关论述(如船山对身体之基源地位所作的展示)，但是船山自德性视野对身体之流弊的展示反过头亦能对现象学的展示作出某种补偏救弊的工作。对于真正的思想对比融通工作而言，此上所言当然是远远不够的，但此间确实揭示出某种值得发掘的会通可能性，此点却值得学界留意。

② 《张子正蒙注》卷四，见《船山全书》第十二册，第 152 页。

此处船山所描述的是小体流于私意、私欲的情形：所谓的私意、私欲，就是被耳目口体遮蔽了心之本体，天理由此不能得到呈现。耳之官能困于声音之中，目之官能困于形色之中，口之官能困于五味之中，身体则困于安逸之中。更重要的是：虚明灵觉的心体追随这耳目口体之欲，同样困于上述之物中，以得所欲为美、为是，以失所欲为恶、为非，美恶、是非的标准游移不定、混乱不堪。吉凶就在眼前，却昏暗不知，陷于人欲之中的小人就处在这种状态之中。在这个时候，仁义礼智的本性完全被遮蔽，或偶尔有所闪现却只如昙花一现，人欲之横流依旧。虚明灵觉、知觉运动之心则完全被个体的私意、私欲所主导，一切聪明伶俐、轻巧灵便都只是为了自己小天地中的那团意欲。在此种状态中，全部意向的伸展就不断往下堕落、沉沦，扭结成为一团污糟的物欲、习气。

在《思问录·内篇》中，船山对大体和小体之分亦有所论述："心浮乘于耳目而遗其本居，则从小体。心不舍其居而施光辉于耳目，则从大体。虽从大体，不遗小体，非犹从小体者之遗大体也。"①船山在此指出：当心浮乘于耳目而离开其所性之德的时候，它就会从乎小体；当心合乎所性之德时，心就从乎大体。心从大体的时候，一定不遗小体，所以耳目从心而不逾矩；当心从小体的时候，就一定会遗其大体，心从耳目口腹之欲而不可自拔。这就表明了大体之所以大和小体之所以小的缘由所在。

大体上，这就是船山思想中所蕴含的三重意向之间的联系和区分。虚明灵觉、知觉运动的虚体本身是所有人心都具备的，而佛老二家将此作为人心之本体。君子和圣贤则意在以大体为心之本体，以其心与仁义礼智之性相合。凡民、小人虽有种种不同的层级，大多以小体作为生活的本根，将虚明灵觉之心尽用于日常生活的利欲海中。这种划分当然是较为粗疏的，但不无指导意义。另外，正如此前一再强调的，这三重意向以知觉运动之心为心之一般结构，以仁义礼智之性德决定大体与小体的区分。既然它们分享共同的结构模式，而且共处于至诚的天道流行之体中，所以三者之间不存在必然的界限。从大体者松懈怠惰、极其情欲则迅速流落于小体之中，而从小体者即天明之发而存养扩充、学思并进，则大体之规模可立。一切都在当下的可能性之中，这个当下可能性不是别的，恰恰就是那介乎天人之间的际。

① 《思问录·内篇》，见《船山全书》第十二册，第423页。

第四节 际：作为自由的运作空间

现在对天人回环整体的第三个组建环节亦即际进行考察。际在船山的思想中居于核心地位，天、人二者实际上都是围绕着际而展开的，它是人类所有可能性的根源所在。际所扮演的这种角色可被预先展示如下：作为自由的运作空间。运作的空间由至诚的天道开放出来，运作者则是处于天地之间的人，他要通过不懈的努力去赢获自己的自由，人的自由只有在此天人之际才是可能的。这就是本节所要阐述的中心思想。对船山之相关文本的解读和挖掘将表明：该思想并非笔者的杜撰，它恰恰是船山思想中至关重要的组成部分。

本节在内容上分为四个部分：第一部分论述际之核心地位以及几个与际有内在关联的关键词，其他三个部分则是从不同的角度对际的开显：从心—身的角度开为心际，从人与人的角度开为人际，从历史性的角度开为史际。此三际虽有入手点和侧重点的不同，但在本原上是融为一体的，不可截然分割。它们相互之间交涵互摄，共筑此际之立体全息图像。

一、际之核心地位及其关键词：继、几、念

(一)善：善为天人之际

船山对《周易》中“继之者善也，成之者性也”这句话的阐释，揭示出其思想的要害之处。如果能够深入地了解这一阐释所具有的意义，就可赢得开启整个船山思想宝库的钥匙，无往而不利矣。在该阐释中，天人之际被把握为善。

《周易外传》卷五对此有如下的阐释：

> 故成之者人也，继之者天人之际也，天则道而已矣。道大而善小，善大而性小。道生善，善生性。道无时不有，无动无静之不然，无可无否之不任受。善则天人相续之际，有其时矣。善具其体而非能用之，抑具其用而无与为体，万汇各有其善，不相为知，而亦不相为一。性则敛于一物之中，有其量矣。有其时，非浩然无极之时；有其量，非融然流动之量。故曰：“道大而善小，善大而性小”也。小者专而致精，大者博而不亲……惟其有道，是以继之而得善焉，道者善

之所从出也。惟其有善，是以成之者为性焉，善者性之所资也。方其为善，而后道有善矣。方其为性，而后善凝于性矣……观于《系传》，而天人之次序乃审矣。①

此处船山提出的就是极具特色的“道大善小、善大性小”说：天为道，人成性，继之之善则为天人之际，所以善恰恰就是天人之际。道大善小的原因在于：道无时不有，没有动静的区分，于动在，于静亦在，遍运乎一切之中而任受之，总而言之就是包乎一切，所以它是最大的。善则只存在于天人相续之际，有其具体的时机，而非浩然无极之时，所以善相比道来说是小的。善大性小的原因则在于：善或具其体而不能用，或具其用而不能相与为体，在相续之际，万汇各有其善，而相互之间不为知亦不为一，在量上并没有一个确定的界限，善所展开的是一个融然流动的至诚境域。性则敛于一物之中，有形体上的某种限制，所以有其量矣，有其具体的量就不是融然流动之量，所以性相比善而言就是小的。这样，从道到善再到性，由于时、量的关系，是逐渐变小的。但小并非什么坏事，小有小的特点，那就是专而致精；大者虽大，却博而不亲。

船山在此处所提出的正是整个天人回环中的一个单向环：从天到人的单向环。天道是善之所从出，性则是善之凝成。善介乎道和性之间而为相续之际，有其特殊的时间性。有善，则天道有所表现；有善，则人能有所凝以成其性；善之为功于天人大矣哉！而根据上面的阐释，善是天道在具体的时机中开放出来的。它展现为至诚流行的境域、空间，之所以说它是全诚的，因为它的本性是善的、真实的。性则在此空间之中进行运作，如果它（当然是经过心）能够在此至诚流行的境域中将各种善凝聚在自己之中（所谓的成己成物），它就能尽性以成就合内外之道。由此，本小节开头所提出的中心思想就获得了一个印证。以下探索与际密切相关的三个关键词：继、几、念②。

（二）继：继之为功于天人

对于继之为功于天人，船山在《周易外传》卷五中有如下的感叹：

① 《周易外传》卷五，见《船山全书》第一册，第1006~1007页。

② 其实，在船山的思想体系中，与际相关的词语远不止这三个。其他的如识、思等，都是与际密切相关的。但本书限于篇幅，只举上面三个关键词以作说明。

甚哉！继之为功于天人乎！天以此显其成能，人以此绍其生理者也。性则因乎成矣，成则因乎继矣。不成未有性，不继不能成。天人相绍之际，存乎天者莫妙于继，然则人以达天之几，存乎人者，亦有孰有要于继乎！夫繁然有生，粹然而生人，秩焉纪焉，精焉至焉，而成乎人之性，惟其继而已矣。道不息于既生之后，生之不绝于大道之中，绵密相因，始终相洽，节宣相允，无他，如其继而已矣……滋之无穷之谓恒，充之不歉之谓诚，持之不忘之谓信，敦之不薄之谓仁，承之不昧之谓明。凡此者，所以善也。则君子之所以为功于性者，亦此而已矣。继之则善矣，不继则不善矣。天无所不继，故善不穷；人有所不继，则恶兴焉……学成于聚，亲故相资而新其故；思得于永，微显相次而显察于微……从意欲之兴，继其所继，则不可以期月守；反大始之原，继其所自继，则终不以终食忘。何也？天命之性有始终，而自继以善无绝续也。①

在接下来的一段文字中他又继续赞叹道：

大者其道乎！妙者其善乎！善者其继乎！壹者其性乎！性者其成乎！性可存也，成可守也，善可用也，继可学也，道可合而不可据也。至于继，而作圣之功蔑以加矣！②

在这两段引文中，船山对继之为功于天人作了前所未有的赞叹：天道之所以能如此生生不息、绵密相因、始终相洽，只是因为天道自身能如其继而已，能如其继，则天道自有其恒、诚、信、仁和明。其信即其恒，其恒即其不息之诚，其仁则为资始万物，其明则为大明终始，所有这一切都是继之为功于天之处。对人来说，如果要达于天之几，就没有什么比继更重要的了。君子之所以为功于性者，除了继之外，别无所有：天道有善(亦即不断地将善开放出来)，人能继之，则有其善矣，人能无所不继，则人性无所不善矣。所以船山特别强调说："学成于聚，亲故相资而新其故；思得于永，微显相次而显察于微。"这就是要学者、君子不断地通过学、思以继天之善而成就至善之性，这种深具哲理的话大概也只有船山能如此道说出来。后一段引文更明白无遗地指出："至于继，而作圣之功蔑

① 《周易外传》卷五，见《船山全书》第一册，第1007~1008页。

② 《周易外传》卷五，见《船山全书》第一册，第1008页。

以加矣!”可见船山对这个继是多么的看重，人的所有自由、人的一切活动空间，正在于这个继。通过此继，性可存，成可守，善可用，孜孜不倦，学思以合于道，这就是圣功之本。

如果对此上所言做更深入的考察，我们可以发现：船山所言之“继”实际上包含了两个不同的维度：首先是“天之自继”的维度，亦即天道自身作为终极的发生境域始终在不停地展开自身，这种展开是真实无妄的流行，所以其间没有任何虚歉之处，这就是天道自生自成的维度，正是此维度为人类乃至世间万物的一切活动提供基础；其次则是“人之继天”的维度，此维度中实则又包含有天与人两个向度，亦即“人之天”与“人之人”，前者意指天命赋予人的自生自成维度(亦即人性中被动发生的维度，船山亦称为“天之几”)，后者意指人通过其知能而有所成就的维度(亦即人性中主动发生的维度，船山又称为“人之几”)，前者是后者的基础，后者是前者的落实与完成。只有将这两个维度加以综合，我们才能完整地展现船山关于“继”的思想论述。实际上，这种思想完全通于此上对船山“继善成性”说的展示。

(三)几：察于几、达于诚

几是《周易》中的一个关键词，宋明理学家中，周敦颐和张载对这个字也非常重视。船山继承了这一点并将其加以深化，这种深化是由船山思想的本性所决定的。关于此几，《尚书引义》卷三有云：

> 有在人之几，有在天之几。成之者性，天之几也。初生之造，生后之积，俱有之也。取精用物而性与成焉，人之几也。初生所无，少壮日增也。苟明乎此，则父母未生以前，今日是已；太极未分以前，目前是已。①

在此段引文中，船山指出：几可以分为两种，在人之几与在天之几。所谓的在天之几，就是成之者性，人从生到死，一直都有此几。所谓的在人之几，则是指人在能运用自己的心知之后取精用物而性相与成之几，此种几在出生的时候是没有的，随着心智的日益开发而增长。天之几是天之事，人无所致其功，人之有其成能则在于人之几。船山更强调说：如果能明几的真正韵味，就不会追问什么父母未生之前，也不会追问什么太极未

① 《尚书引义》卷三，见《船山全书》第二册，第302页。

分之前。因为离开此几，人亦无所谓致其心思之功，此几可以涵盖人的一切活动领域。

在实际生活中，心、事之互相往来，就是人之几。人之几是人所能用力之处，至于如何用力，则船山于《尚书引义》卷三有云：

> 是故于事重用其所以来，于心重用其所以往；于事重用其心之往，于心重用其事之来。往来之界，真妄之几，生死之枢，舜、跖之分。古之君子，辨此而已矣……是故酌自然之衡，持固有之真，以范围往来于不过，其往也极其用而不忒，其来也顺以受而不逆，夫是之谓"建中"也。呜呼！非察于几、达于诚而知心与事之浃洽以利用者，孰能与于此哉！①

船山于此表明：往来之几的真妄是生死之枢、舜跖之分的所在，君子所有的用心就在于辨识此几以精义入神。所以在处往来之几的时候，要斟酌自然之衡，保持固有之真，以范围此往来之几于无过不及之中，尽其义、极其用以建皇极大中之矩。而要真正达到此种境界，除了察于几、达于诚之外，别无他法。几之重要性，于此可见一斑。实际上，此几完全可以通于上面所论述的际，人所有之几就是在际中开放出来的。实际上，船山关于此几的论述与现象学对生存情境（实际性 facticity）的重视与阐发有异曲同工之妙。

（四）念：克念作圣

与际密切相关的关键词还有念字，船山在《尚书引义》对此有详细的论述。该书卷五有云：

> （1）大哉，念乎！天以为强之精，地以为厚之持；四海群生以为大之归，前古后今以为久之会；大至无穷以为载之函，细至无畛以为破之入；《易》以为组，《礼》以为诚，《诗》以为志，《春秋》以为权衡；故曰"克念作圣"，非易辞也。②
>
> （2）识也者，克念之实也。识之量，无多受而溢出之患，故日益以所亡，以充善之用而无不足。识之力，无经久而或渝之忧，故相守

① 《尚书引义》卷三，见《船山全书》第二册，第289~290页。

② 《尚书引义》卷五，见《船山全书》第二册，第388页。

而不失，以需善之成。存天地古今于我而恒不失物，存我于君民亲友而恒不失我。耳以亶聪，目以贞明，知以知至而知终，行以可久而可大。一日之克，终身不舍；终身之念，终食无违……一念之识，不匮于终身者，存乎所志之贞；终身之识，不间于终食者，存乎所藏之密……其用在继，其体在恒，其几在过去未来现在之三际。①

第一段引文对念之为功作了极大的赞叹，可模拟于上面对继的赞叹。实际上，这两个赞叹在用语和境界上是极为接近的。在这里，念成为天之精、地之持、大之归、久之会，至大无穷而又至小无畛；易以之为缊、礼以之为诚、诗以之为志、春秋以之为权衡；好像这个念就是一切。初看起来，这有点难于接受：在一般人看来，念不过就是一个念头，经船山这么一说，怎么就好像道一样，成了万物的根本。实际上，这个念不是别的，就是人心之真几。天地万物亦不外乎此真几，所以船山才能就念说出上面的话。这个念的本体，就是《论语》中“默而识之”之识，有存于心而不忘之义。所以船山说：这个识的量是没有限量的，不会有多受而溢出之患，故可以日益以善。这个识的功用也是经久不息的，故能助成善之成。识之量，足以存天下万民于我心；识之力，足以使耳聪、使目明以成始成终。故不论是一念之克，还是终身之识，都可以贯通为一。船山更特别指出：念或识之用在于继，而其几则在于时之三际。这就清楚地表明了念与继、几之间的密切关联，实际上，用念、用几、用继，都不过是从不同的角度来阐述际之重要性罢了，整个船山思想中人文化成论的要点就在于这个继或际。

二、心际：感兴与终始

此小节开始从不同的方面对际之结构特性展开论述，亦即心际、人际和史际三方面。这三际从本原上来说是互相涵摄的，但就内容来说有不同的侧重点：心际侧重心之感兴和终始，可对应于《大学》中的“明明德”，与修身工夫密切相关。人际则侧重人与人之间的关系，关乎仁义之德与礼乐之文，文质彬彬以治天下国家，可对应于《大学》中的“新民”，与政治密切相关。史际则侧重际中所包含的历史性，以历史性和历史意识为要点，其精神可用《庄子》中“参万岁而一成纯”这句话来概括，与人类的整个文化史相关，直达人类文明的深渊。此三际虽侧重点不同，但可互通互

① 《尚书引义》卷五，见《船山全书》第二册，第391~392页。

涵：心际之外别无所谓政治和历史，修身总有其政治性和历史性；人际之外亦别无所谓修身和历史，修身和历史没有能外乎政治的；史际之外亦无所谓政治和修身，所有政治和修身都扎根于本原的历史之中。所以此处对际的划分，纯粹只是为了更好地展示船山思想的内在理路，而不是在真的意义上存在着三种截然不同之际。此点既已得到说明，现在就进入对此三际的专题论述。①

心际之特性体现为感兴和终始：感兴是心之初几，是心之发用的开端，故通于几、念、继。终始则是指心之全贯乎全体大用，它一方面表现为统括时之三际而为一，亦即人道(人道本乎性)之始终；另一方面它又通于天道之全体，亦即天道的始终。所以心际一方面体现为变合之几(感兴)，另一方面又通乎性、道之全体(阴阳之实、之全体)。以下分别论述。

(一)身心之感：原始地位

关于身心之感的原始地位，船山于《周易外传》卷三中有云：

> 天、地、人，三始者也，无有天而无地，无有天地而无人，无有道而无天地。故道以阴阳为体，阴阳以道为体，交与为体，终无有虚悬孤置之道……人之所自始者，其混沌而开辟也。而其现以为量、体以为性者，则惟阴阳之感。故溯乎父而天下之阳尽此，溯乎母而天下之阴尽此。父母之阴阳有定质，而性情俱不容已于感以生，则天下之大始尽此矣。由身以上，父、祖、高、曾，以及乎绵邈不可知之祖，而皆感以为始；由身以下，子、孙、曾、玄，以及乎绵邈不可知之裔，而皆感之以为始。故感者，终始之无穷，而要居其最始者也。②

船山于此指出：天、地、人三者各有其极(三极、三才之道)、各有所始，而又相合为一，所以不可能有天而无地，也不可能有天地而无人，也不会有道而无天地。所有这一切都交相为体、相与为用，所以世界上根本就不存在虚悬孤置之道。此处所论通于道之全体性、本原发生性。三才之中，人之所始在于混沌之中的开辟，而这种开辟就是阴阳之感。人以此感之现为量、以此感之体为性，此阴阳之感落实在人即身心之妙用。由此

① 此章内容对心际、人际、史际三者只作初步展示，其详细展开请参见第四章。

② 《周易外传》卷三，见《船山全书》第一册，第903~904页。

感追溯上去，可由父母而尽天下之阴阳。父母之阴阳犹有定质，而此性情之感却是不容已的，天下之大始即在于此不容已之感。感出于身，由此身之感而追溯，祖先、后裔尽于此感。所以船山说：感就是始终之无穷的发端者。不发端于感，则始终之无穷不可得而见。而发端之后，始终之无穷即于此感而在，感之原始地位于此可见。由感而来，人有所兴发、有所立志，人道即开端于此。对兴发、立志的讨论，请参见第四章，此处不赘述。

（二）心之时通三际：人道之始终

对于人心之贯通三际，此处亦举两段引文以作说明。《思问录·内篇》有云：

> 过去，吾识也。未来，吾虑也。现在，吾思也。天地古今以此而成，天下之亹亹以此而生，其际不可紊，其备不可遗，呜呼难矣……泯三际者，难之须臾而易以终身，小人之侥幸也。①

在一般的时间意识中，时间有三相，亦即过去相、现在相和未来相。但在船山看来，时间三相或三际不过是人心之识—思—虑结构的体现：人心有识，由此识才有过去相；人心有思，由此思才有现在相；人心有虑，由此虑才有未来相。此三相际不可紊，而又皆备为一体。所以对此三相，既不能鲁莽地使之灭裂，也不能笼统地加以溷和。它们恰恰体现了人心之差异而统一的时间结构（原本的时间意识）。以此时间结构为基础，天地古今才得以成就、天下之亹亹才可以发生。所以此时之三际是不可紊乱的，紊乱它的就是小人。

在《尚书引义》卷五船山对此有更深入的讨论，其文云：

> 夫念，诚不可执也。而惟克念者，斯不执也。有已往者焉，流之源也，而谓之曰过去，不知其未尝去也。有将来者焉，流之归也，而谓之曰未来，不知其必来也。其当前而谓之现在者，为之名曰刹那；谓如断一丝之顷。不知通已往将来之在念中者，皆其现在，而非仅刹那也……故相续之谓念，能持之谓克，遽忘之谓罔，此圣狂之大

① 《思问录·内篇》，见《船山全书》第十二册，第404页。

界也。①

船山于此对佛教的刹那时间观进行了严厉的批评。在他看来：人们将作为流之源头的已往者称为过去，却不知道实际上它并未完全过去。人们又将作为流之归的将来者称为未来，却不知道实际上它是必然要到来的。佛家将当前的现在称为刹那，如断丝之顷，却不知道现在一念中实际上已经包含了过去和将来在自身之中，而不仅仅是一刹那。船山认为：一念之中就已经包含了过去、未来和现在，流之源、流之归和流之当前是一条统一、无间断的流，而不是某种由细碎的片段组合起来的链条。所以船山又说：相续之谓念，能保有此念之相续即克，能克念者就可以作圣。心之一念已经涵时之过去、未来、现在三际为一，而且心之涵此三际是无始无终的，找不到一个固有的开端，也不能臆测一个预定的结束。这也就是说，心之通于时之三际，即通于整个人道的始终。人道不可外乎心际，只有即乎心际才有人道可言。②

(三)心通于道之全体：天道之始终

心之通于道之全体，其实正是道之全体性的题中应有之义：既然天下没有一物能外乎道，心自然也不能外乎道。但此处所要论述的却不是此义，而是更着重于整个天道之始终在人心之上的开显，离开此心之开显，天道之始终亦无从言说。

《诗广传》卷二有云：

> 天地之际，新故之迹，荣落之观，流止之几，欣厌之色，形于吾身以外者，化也；生于吾身以内者，心也；相值而相取，一俯一仰之际，几与为通，而浡然兴矣……俯仰之间，几必通也，天化人心之所为绍也。③

此处所讲的天地之际、新故之迹、荣落之观等，都不过是形于吾身之

---

① 《尚书引义》卷五，见《船山全书》第二册，第389~390页。

② 船山对人心通于时之三际的说法虽然不多、所说也甚简略，但其所达到的洞见、深度可与胡塞尔的内时间意识研究和海德格尔的时间性相通。只不过船山的描述源于浑厚的生命体验，而现象学家的描述则出于细密的描述、分析，两者正可谓同归而殊途，一致而百虑。

③ 《诗广传》卷二，见《船山全书》第三册，第383~384页。

外的化迹，必待生于吾身之内的心与之相值、相取，感应以通，其形色、意义才能得到具体的开显。此种俯仰之间的开显，就是天化人心之所为绍，离开人心，天化以其不得开显故亦无从言说。这就切实地表明：天道之始终不能外乎人心，其始终无穷性正赖人心之开显而得呈现。

实际上，在上面论述际之核心地位时，我们已经论及与际密切相关的关键词念、几、继，际通乎天道之全体，念、几、继也自然通乎天道之全体。而所谓的念，就是心之念，心之外别无念可寻；所谓的几，于人而言即心之几；所谓的继，天之自继不论，人之继天，除了以心起用、为功，更无所谓继。前文已经展示了念、几、继之为功于天人之全体之大，如此，则心之通于道之全体而为功，不离乎天道之始终以立极，可不言而喻矣。

三、人际：仁义与礼乐

如前所述，人际即人与人之间的关系。广义地说，如何处理人与人之间的关系就是政治的全部内容，一切道德、历史、艺术、科技都不外于此关系。在中国古代的思想传统中，此种人际关系主要由礼乐来加以规定，与礼乐之文相应的则是内在的仁义之德。内有仁义之德，外合礼乐之文，内外交尽，这就是古代君子修己、治人的最高理想，也可以说是儒家的政治理想。船山自然也遵循这个传统，所以此处对人际的展示就以此内外两面为基点进行探讨。

（一）仁义之德

仁字从字形上看就有二人相对之意，体现的正是人与人之间的关系。义（義）字则从我，义出乎己而以义正我也。仁义之德是将人所性的天德划分为二，如果只用一德来表征人之德，则仁即为全德，孔门所求之仁是也。象山曾云："夫子以仁发明斯道，其言浑无罅缝。孟子十字打开，更无隐遁"①，正此之谓也。仁义之德是人道之所自立的基础，修己、治人均能不外乎此德。

对于全德之仁的广大深微，船山在《诗广传》卷五藉"实函斯活"之义发挥如下：

函之中，仁也，仁则活之理赅而存焉，仁则活之体赅而存焉，仁

① 陆九渊：《陆九渊集》卷三十四，北京：中华书局，1980年，第398页。

则活之用该而存焉，然而必于实矣。函之所至，无不至焉；与函相得，无不浃焉。函之所透，不容已而透矣，然后活矣。先此之理，待此而叙；先此之体，待此而固；先此之用，待此而兴。蕴之乃以细缊之，流之乃以条理之，浑之乃以发挥之，坚而朴，神塞而形闷者，逮乎此而灵善以津淫矣。大哉！实之以效仁之功乎！①

以仁为所函之中，则活之理、活之体、活之用均赅而存焉，然而此仁亦必落到实处，方能有其实用。以实为函，函之所至，仁亦至之而与之相浃洽以透。在先之道理，待此仁而叙；在先之本体，待此仁而得到巩固；在先之用，则待此仁而兴发。蕴之、流之、浑之的目的正在于细缊之、条理之、发挥之。总之，正由于此仁之发现、成用，一切德行、事业之实才能变得活而灵善。所以，全德之仁可谓是一切德行、事业的基础。

而先王亦以仁义之德经守天下，对此，《尚书引义》卷五有云：

王者创制显庸，有传德而无传道也。体仁以长人，利物以合义，嘉会以合礼，贞固以干事，君子行此四德耳。千圣之教，千王之治，因天因人，品之节之，分之合之，以立一代之规模……以仁守天下，以义经天下，阅千古而莫能易者也……理有屈伸以顺乎天，势有轻重以顺乎人，则非有德者不与。仁莫切于笃其类，义莫大于扶其纪。笃其类者，必公天下而无疑；扶其纪者，必利天下而不吝。君天下之理得，而后可公于人；君天下之势定，而后可利于物。②

船山在此段引文中明确指出：先王开创制度、显示大用，以传德而不以传道为宗；所以《易经》于“文言”中教导君子行仁义礼智四德，千圣之教，百王之治，无不用此四德以成其功。就治天下而言，以仁守之、以义经之，这是阅千古而不变的道理。所以有德者治理天下，必然以仁笃其类而公天下以无疑，必然以义扶其纪以利天下而不吝，只有如此，王道才有可能。所以仁义之德也是治理天下的根本所在。

(二)礼乐刑政

现在对礼乐之文在人际关系中的重要性稍加展示以明内外交尽之理。

① 《诗广传》卷五，见《船山全书》第三册，第500~501页。
② 《尚书引义》卷五，见《船山全书》第二册，第395~396页。

礼亦有广义和狭义之分，广义的礼包括一切制度，人类文化的所有成就均可纳入其中。狭义的礼则是指各种具体场合之下的礼仪，如“三礼”所记。二者在源头上是一致的，故先儒有礼运、礼器之说，本书对此不作详细区分，统称之为礼乐之文。礼乐之文，既是君子之所以自治，而其治天下之道亦即此而在。对于君子之以礼自治，船山在《尚书引义》卷六中对“威仪所以定命”有如下的阐发：

> 威仪者，礼之昭也。其发见也，于五官四支；其摄持也惟心；其相为用也，则色、声、味之品节也。色、声、味相授以求称吾情者，文质也。视、听、食相受而得当于物者，威仪也。文质者，著见之迹，而以定威仪之则。威仪者，心身之所察，而以适文质之中。文质在物，而威仪在己，己与物相得而礼成焉，成之者己也。①

君子所具的威仪，就是礼之昭著。它发见于五官的神情、四肢的体态之中，其背后的摄持者则是心；而与其相与为用者，则是色、声、味之品节。品节在前而应以吾情之当，礼之文质也；庄重以发吾视听而与物之品节相应，礼之表现为威仪也。文质著见以定威仪之则，察威仪于心身以适文质之中，相辅相成而礼成焉。所以说：君子以礼自治，威仪赫赫；仁义之德，洋溢于中。

礼不仅为君子自治之所依，先王之治天下亦不外乎此。关于后者，船山于《尚书引义》卷一有云：

> 先王之教，以正天下之志者，礼也。礼之既设，其小人恒佚于礼之外，则辅礼以刑；其君子或困于礼之中，则达礼以乐。礼建天下之未有，因心取则而不远……刑画天下以不易，缘理为准而不滥……乐因天下之本有，情合其节而后安。②

先王制作各种礼以教化天下而正天下之志，当小人不遵循此礼教的时候，就用刑罚来辅助礼教。当君子困倦于礼教的各种节文的时候，就用乐教来通达礼意。先王制礼因心取则，故能建天下之未有而顺；其用刑则以理为准而不滥，故能画天下为一而不易；其作乐则以达情合节为安，故能

① 《尚书引义》卷六，见《船山全书》第二册，第408页。
② 《尚书引义》卷一，见《船山全书》第二册，第251~252页。

因天下之本有而通达人心。此处所讲的礼仪、刑法、作乐，即广义上的礼乐之文，先王即以此登天下于王道之中。故内有仁义之德，外彰礼乐之用，人伦秩序由此得其安顿矣。

四、史际：人文与化成

史际的展开就是历史之全体，于人而言，它就是整个人文化成的历史：人自历史出生、在历史中成长、最终回归于历史。人类的本性，即体现在其全幅人文化成史当中。船山具有极为深厚的历史意识，在此方面极有洞见。他首先将历史视为一个活生生的整体、一个人文化成天下的鲜活过程。对此鲜活之体的探讨则意在为当下和未来的人生提供指引，此即所谓的经世理想。本小节即围绕经世理想和人文化成两方面对船山之史际思想略作展示。

(一)历史与经世

在船山看来，史学为经世之学，历史记载之所以重要，就在于它能为来者保留经世之大略，从而为后人所资以成就大治。一个人只有具备经世之志，才能在真正的意义上读史，没有经世之志而读史，被船山斥为玩物丧志。

《读通鉴论》卷六有云：

> 所贵乎史者，述往以为来者师也。为史者，记载徒繁，而经世之大略不著，后人欲得其得失之枢机以效法之无由也，则恶用史为！①

船山认为历史的可贵之处就在于：它可以通过记述以往发生的事情来为后人作指导。所以如果写历史的人，只是记载一些繁杂、凌乱的事情，而不能将其中的经世大略展示出来，那这种历史就写得没意义了！因为通过这种历史，看不到得失的枢机，也没有办法对它加以效法。在这里，船山很明显地将历史视为经世之学。②

《读通鉴论》卷十七有云：

---

① 《读通鉴论》卷六，见《船山全书》第十册，第225页。

② 嵇文甫先生在“船山的史学方法论”中对此有精彩的论述，文见氏著《王船山学术论丛》，北京：生活·读书·新知三联书店，1962年。

> 夫读书将以何为哉？辨其大义，以立修己治人之体也；察其微言，以善精义入神之用也。乃善读者，有得于心而正之以书者，鲜矣。下此而如太子弘之读《春秋》而不忍卒读者，鲜矣。下此而如穆姜之于《易》，能自反而知媿者，鲜矣。不规其大，不研其精，不审其时，且有如汉儒之以《公羊》废大伦，王莽之以讥二名待匈奴，王安石以国服赋青苗者，经且为蠹，而史尤勿论已。①

在这段论述中，船山指出读书的意义就在于：辨别其中的大义，以其建立修己治人的大体；审察其中的微言，以其扩展、深化精义入神之用。善于读书的人，当其有得于心的时候能够用所读之书来验证、修正自己之所得。但是船山认为，能这样读书的人太少了，而能读到太子弘和穆姜那样的也不多，可见读书不易。读书读得不恰当、不到位，一旦用事，就会像汉儒、王莽和王安石那样做出胡乱之举。在船山看来，历史著作是书中特殊的一类，如果不能恰当地读之，后果更加不堪设想。所以船山提出读书、尤其是读史，需要有经世之志的胸怀和极深研几的眼光。只有这样，才能让历史在当下发挥真切的效用，为当下的生活造福。

(二)观乎人文以化成天下

如上所述，船山将整个人类发展史视为一部人文化成史的鲜活展开。在船山看来，不同时代、不同地域的群体各有其人文特征。《周易内传》卷二下有云：

> 人之有情必宣，有志欲见，而风气各殊，止于其所，习而不迁，此古今之异趣，五方之别俗，智愚之殊致，各有其美，犁然别白，而自止其所安，均为人文而相杂以成章者也。②

人各有情、人各有志，有情则需要倡导、有志则要表现。但不同的人归属不同的群体和地域，它们又有着各自不同的风俗习惯。每一代人都在守护着他们的地域和风俗，其变化和发展也是基于守护式的继承。这样一来就形成如下的状况：不同的时代、不同的地域有着不同的人文景象，各有风俗、各具其美而相安相和，在总体上呈现出一番复杂多样

---

① 《读通鉴论》卷十七，见《船山全书》第十册，第665页。

② 《周易内传》卷二下，见《船山全书》第一册，第214页。

的人文景观。人类的历史就是由这些各个不同而又始终相续的人文景观构成的。

人类因其时代和地域的差异发展出不同的人文景观，而一代代的贤圣君子则要通过他们的努力用更好的人文来化成天下，成就天德王道的极致。对此，船山于同卷中有云：

> 刚柔杂糅，交错以致饰，既为天道人情之所固有，圣人观而知其必然，而所以用之者，则不因天之变而易其纯一之道，不随人之变而伤其道一风同之至治……天合四时而一致，而当寒暑相授之际，则一雨一霁，一温一凉，与夫日月五纬之交错于黄道内外，圣人观而察之，以审时之变，节宣以行政令，乃以当变而不失其常。人之风气习尚，灿然殊致，而各据其所安；圣人观风施化，因其所长，济其所短，不违其刚柔之则，而反之于淳。①

圣人密切地观察天道以察时变，其目的则在于通过一种节宣的方式来施行其政令，从而做到贞变而不失其常。此外，圣人知道不同时代、不同地域之群体的人有其不同的风气和习尚，琅琅大观而各据其所，以安于其人文境况。所以圣人就在此基础上观风施化，仔细斟酌、权衡优劣，因应不同的风俗、顺应其刚柔之则而扬长补短，使天下之风俗归于淳朴、深厚，以期成就道一风同之治。在此理想之下，船山更提出了要努力事天、化天之天为人之天的思想：一方面尊崇天，另一方面也孜孜不倦地尽人以化天。《诗广传》卷四论此云：

> 人所有者人之天也，晶然之清，皛然之虚，沦然之一，穹然之大，人不得而用之也。虽然，果且有异乎哉？昔之为天之天者，今之为人之天也；他日之为人之天者，今尚为天之天也。出王而及之，昊天之明；游衍而及之，昊天之旦。入乎人者出乎天，天谓之往者人谓之来。然则全而生之，全而归之，日日而新之，念念而报之，气不足以为之捍，形不足以为之域，恶在其弗有事于昊天乎？②

船山在此段引文中指出：人所有的只是人之天，清虚、寥廓的天之天

① 《周易内传》卷二下，见《船山全书》第一册，第215页。

② 《诗广传》卷四，见《船山全书》第三册，第463页。

不是人之所用。但是人之天和天之天之间并没有截然的界限，实际上，人类总是用其良知良能来化成天下。所以有些东西以前是天之天的，而现在则已经属于人之天了；而以后可能成为人之天的，现在尚是天之天呢。所以船山强调说：最重要的是全而生之、全而归之，以日新之盛德，念念以报流行之天命，诚其心、尽其性以事天。在此尽性以事天的过程中，人类就已经在不断地化天之天为人之天了，人类文化的活力也就在此中体现出来了。此即船山观乎人文以化成天下的思想。

本章小结

至此为止，本书对天人回环的整体视野及其组建环节已有所阐明，其要点如下：(1)天人回环、交尽的整体视野即船山思想的核心视野。该回环包括下贯和上通两个方向：从天道下贯于人性以及从人心上通于天道。天、人、际这三个组建环节就蕴含在此回环整体之中，因而任何对天、人、际环节的分析都不能脱离整体视野而进行。(2)天被展示为终极的发生境域。该规定将道的终极性、本原发生性和境域性表露无遗；而在此之外，道还具有全体性的特征。(3)人被展示为意向的自我伸展。以现象学的意向性概念为基础，船山思想视野中的心性被展示为意向之自我伸展。进而以此展示为基础，船山的三重自我学说得以区分：亦即虚体、大体和小体。(4)际被展示为自由运作的空间，其实际内容则展现为善，与此际密切相关的概念有继、念、几等。船山的"道大善小、善大性小"学说相应于天人回环的整体视野，是理解船山对际之重视的关键所在。对此际的内容与特性可做多维度的立体呈现：心际、人际和史际三者交涵互摄，在本原上环绕勾连、通而为一。上述要点对本书来说极其重要，此后所有内容都围绕着这些要点展开。分论部分的第二、第三、第四章对天道、人性和人文(际)的分别处理，就是对这些要点的具体展开。附论第五章正学理想的落实及其对中国古代思想流派的批判和融会，也要以这些要点作为基础。

最后，对此天人回环的整体视野再做些提示，它涉及船山思想的精髓或命脉所在。依笔者之见。船山始终以如下的方式来运思：以道之全体为志，其用则以人为依，以性为则，以可见者为准，尽心成能，孜孜不倦于继善成性而以人文化成天下。人道尽此而已矣，天人之际尽此而已矣。对此，我们可引用两段文字以作印证。《周易外传》卷一有云："道行于乾坤之全，而其用必以人为依。不依乎人者，人不得而用之，则耳目所穷，功效亦废，其道可知而不必知。圣人之所以依人而建极也。"①《尚书引义》卷五有云："言道者必以天为宗也，必以人为其归。"②这两句话透露了船山思想的根本枢机。

① 《周易外传》卷一，见《船山全书》第一册，第850页。
② 《尚书引义》卷五，见《船山全书》第二册，第381页。

第二章　天道论：终极发生境域的开显

以天人回环的整体视野为背景，本章旨在以多层次、多角度的方式对船山之天道观进行展示。关于船山的天道观，前人和时贤曾提出过多种诠释，如“絪缊生化的自然观”“客观宇宙论”“太虚一实为本体”“即气为体”“自在自为的存在”等①。这些诠释对船山之天道观的特性各有所窥、足资后人继续推进，然而不全不粹，未能彻底摆脱唯物、唯心、客观、自在等种种先见的束缚而以某种本原、切近的方式来展示船山之天道观。对船山之天道观进行本原展示这项任务，仍然有待展开。以诸多前贤的研究成果为指引和宝鉴，本章试图能在这种本原展示上稍作推进。

本章在内容上分为三节：(1)第一节综论船山之天道观，意在概述船山天道观之总体内容及其特色；(2)第二节对那些在船山思想中极为重要的核心用语(如太极、理气等)进行澄清和展示，此种澄清和展示的工作将使我们在一个更宽广的视野、更具体的细节中领略船山之天道观的特色所在；(3)第三节是对本章内容的总结和发挥。其中，第二节是本章重点所在。

第一节　总论船山之天道观

一、对船山之天道观的总体展示

在综论中，船山的天道观已从总体上被展示为“终极的发生境域”。依据该展示，天道具有四种特性：全体性、终极性、本原发生性和境域

---

① 诠释的提出者分别为侯外庐、唐君毅、萧萐父、曾昭旭、陈赟诸位先生，这些诠释基本上可以代表现当代学者对船山之天道观研究的总体状况，具体论述请参见诸位先生的著作，书目存文末参考文献目录。

性。这四种特性于道体而言并非各自分立的属性，如颜色、密度、硬度、形状之于某块盐粒。毋宁说，此四种特性是对道之共属一体、密切交融的不同特征描述。它们相互之间根本找不到所谓的分界线，实情恰恰相反，每种特性都将自己的根基深植于其他特性之中。以至于我们要明白其中的一种特性，就必须同时明白其他三种特性。这揭示出某个包含着牵引、交发、互动的理解维度或空间。

天道的这四种特性可被展示如下：(1)道之全体性：天道首先是个全体，这意味着天道遍运乎万物之中而为其体，是一切可能性和现实性的源泉。这种全体性不同于概念的抽象普遍性，如西方形而上学传统中存在概念的普遍性①。恰恰相反，道作为全体是充实、生动、洋溢着绝对生命力和创造力的统一体。在船山思想中，这种领悟是所有讨论的出发点②。如果不能切实地把握此点，而试图以某种在先的理论架构来规定船山所言之天道，那就会从根本上错失船山对天道的原初领悟，与其他三种特性也会擦肩而过。(2)道之终极性：正因为天道是全体、是创造并规定一切的源头，所以天道在道理上具有终极性。任何道理都来源于对天道全体之部分的发现、体察，都是对天道之流行的某种揭示。揭示活动所具有的真理性取决于该活动在多大程度上契合了天道自身之流行。因此，任何揭示活动相对于道之全体来说都是有限的。在此意义上，人类的一切知识、思想成果都不过是对天道之全体的不完全揭示，因而都不具有终极的意义，后者只存在于天道之本原发生之中。对天道之终极性的领会，使得船山对任何以人之理限定天之行的学说都表示怀疑和反对③，他所遵循的是“不敢执一以贼道”的原则，该原则贯穿了船山思想的整个生命历程。(3)道之本原发生性：道作为全体、作为终极，其真实体现即为至诚不息的发生、流衍。太极函健顺之德、有阴阳之实，屈伸相感、往来不穷，是以天地絪缊、万物化醇而化生。至诚之道洋洋日发、充盈不已，将自身展开为四时之行、百物之生。由此，至诚之天道为人类开放出原始的生存空间：一个

① 根据巴门尼德以降的形而上学传统，存在是单纯、是一，是最空洞因而外延最大、最自明因而无须解释的一个概念。存在是西方哲学史上的一个主导概念，海德格尔一生都为存在问题而殚精竭虑，企图揭示出存在一词所指向的原本发生、充实富有的大道、本体(Ereignis)。此种对存在的诠释在某种程度上已经超越了形而上学的古老传统，向我们这里所谓的道之全体性迈出了决定性的一步。

② 前辈学者中，嵇文甫先生等对此亦有较深体会，他说：“船山……看性和命，亦即天和人，息息相关，并且变化日新，生生不已，完全是活动的……这和他的整个思想体系大有关系。”文见氏著《王船山学术论丛》，第96页。

③ 如船山极为反对邵雍的先天易学、反对天人感应、五德终始说等以人限天的学说。

由不同的象、数构成的境域，一个灵动不已、充实饱满的发生场域。(4)道之境域性：天道自身在其本原的发生、流衍中，总已经将自己展开为某种境域，清浊、动静、虚实就在这些境域中发用、呈现自身。任何境域都包含了属于自身的鲜活结构，这些结构正是人类思想、知识的来源。然而，这些结构由于其鲜活性、本原性，并不适合固定、抽象的把握方式。一旦人们将这些结构固定下来，变成某种现成、静止之物，它们就成为一具具缺乏灵魂的尸体，一些脱落了原始生命的枯枝败叶。只有将这些结构再次投入鲜活的发生境域之中，它们才能重新获得生命力。

经由此上论述，船山天道观的总体内容已得到大体展示。这四种特性之间的密切关系也或多或少得到了某种揭示。正如一再强调的，它们只不过是对道体自身的不同特征描述：道作为全体，总已经将自己展开为本原、具体的发生；这些具体的发生构成不同的境域，其中包含有鲜活的结构；这种本原的发生及其所包含的鲜活结构是一切道理的源出场所，这就揭示出道之终极性。任何展开的境域都包含有自身的结构(阴阳之互补对生就是原始的发生结构)①，而任何结构都可以被展现为两端。但由于结构的鲜活性以及发生的本原性，任何结构所包含的两端都不可能是截然对立的两端。它们之间的关系必然互相区分而又亲密融合：区分是因为它们具有不同的性情功效(溯其实，都源于阴阳健顺之德)；融合则因为在根源上它们共属一体，都归于道之原始的统一性——没有任何东西能够外于道作为全体的原始统一性。这种境域之中两端的区分、融合就是船山所谓的“合两端而一致”思想②。这种思想来源于对天道流行之特性的领悟和把握，它是对事情本身的某种揭示。它既非某种归纳，亦非某种演绎，更不是什么辩证的发展逻辑。该思想对理解船山来说虽然很重要，但船山自己在分析问题的时候，并不会用这个思想作为前提来主导、限定自身，而是以全身投入问题情境之中的方式来体现这种思想。所以，要点在于以本原的方式领会天道的特性，“合两端而一致”的思想不过是这种领会的副产品。脱离那本原的领会，试图用这个副产品来贯穿所有的观点，并不符合船山思想的本性。船山的其他思想，如理气合一、理欲合一、理势合一、常变合一等，都与“合两端而一致”的思想一样，发源于同一个领会空间。只有进入此领会空间，上面这些思想才能获得真切的理解。而要进入此领

① “互补对生”是张祥龙先生的说法，颇有启发意义，故于此处略加说明。

② 在研究船山思想的学者中，有不少学者(如许冠三先生、林安梧先生)对船山“合两端而一致”的思想极有兴趣，将其作为船山思想的方法论核心加以阐发、赞扬。这固然体现了一种洞见，却未曾将问题追问到最深处，因而仍旧停留在理论的概括和应用层次上。

会空间，关键就在于切实地把握如上所述的四种特性。

二、船山天道观之特色

在上面的总体展示中，船山天道观的特色已初示端倪。天道作为全体、作为终极的发生境域，总已经在最根源的层次上将自身展开为一个活生生的意义发生场。在其中一切都是真实无妄、流行不息的，此即所谓的诚者天之道、至诚无息。人生活于天地之间，向来就已置身于此原初的意义发生场当中，此即所谓道不远人、显诸仁而藏诸用、百姓日用而不知。就其本性而言，人归属于这个原本的意义发生场，所以他随时随地都可以投身其中。另一面，也正因为他向来就已置身其中，他才有可能出离自身、遮蔽这个发生场。对船山来说，要点在于对天道赢得一种本原的领悟，并随时随地全身心地投入这个原初的意义发生场中，此即大易的随时之义。只有这样，人才能默契天道、挺立人道，通三才而立人极。如果我们试图用某种在先的人为之理来限定天道，试图为天道的本原发生、境域性找到某个固定的基源，试图挖掘天道运行在时间序列上的发生点或创生点等，总而言之，试图为天道之全体找到某个形而上学的根源；所有这些做法都不会得到船山的赞同。在船山看来，所有这些做法都远离了对天道的原初领会和把握，它们总会在根本上错失天命发生的真正实情，此即所谓人之为道而远人。在这些做法中，人们的眼睛在发端之处就已经被一些预先的假定、固定之理所蒙蔽，从而看不到那个鲜活的、原初的意义发生场。

对人来说，在这个鲜活的、原初的意义发生场中，处处都是立足点，然而亦处处都是失足点。天道至诚，每时每刻都将自身展开为至善的发生境域，所以处处都可以作为人的立足点。人道诚之，可诚可不诚、可继可不继，继则同于至善之流行，不继则或流于冲突、罪恶，所以只要人不能继天道，处处都可以成为失足点。这样，对天道的展示就通于天人回环的整体视野，而特显其展开至善之境域这一面，此即人心自由运作的活动空间所在。所以，天道不是外于人心的某种虚无缥缈之物，而是时时刻刻都展开在人心之中，体物而不可遗，亦即船山所乐讲的“昊天曰明，及尔出王；昊天曰旦，及尔游衍”。对船山来说，从来就不曾有一个纯然外在于人心的天道，等着我们去对它加以客观的把握，加以概念上的总结，天道从来就已经即人心而展开，而且永是如此本原、鲜活地绽开着。此亦通于船山命日降、性日生日成等一系列的思想。实际上，只要真正理解了船山对天道的原始领会(其实也就是对天人回环整体的领会)，其思想可触处无碍、凡百皆通，有处璇玑以观大运、据会要以观方来之妙。

三、坚持原初领会的必要性

领会原初意义发生场的重要性，在上面已经得到了阐明。实际上，这种原初领会不仅对于理解船山的天道思想来说非常重要，对于理解其人道思想、人文化成思想同样也很重要。这是由事情本身所规定的，在船山的思想中，天道、人道和天人之际向来就密切地交融在一起；对于理解天道来说很重要的东西，对于理解其他两者来说也同样重要。所以在后面论述船山之人性、人文化成思想的时候，我们也必须将这种原初领会视为诠释的出发点，虽然我们在后面对此不再做单独的强调。这种原初领会是船山思想的精髓所在，以下我们就以此精髓做灵魂，来激活一些对于全面、深入理解船山之天道观非常重要的用语，让它们以一种鲜活的方式展示其在思想上的生命力。

第二节　对一些核心问题的澄清

正如嵇文甫先生所指出的，“船山所讨论的问题是宋明以来道学家的问题……天人、性命、动静、体用”①。如果我们不能对这些核心问题做一番澄清，船山的天道思想就不能得到全面而深入的展示，他和宋明理学家的关系也不能够得到确定。所以下文就开始对一些核心用语展开澄清工作，被选取的有如下问题：太极、理气、道器、体用、幽明，以下依次论述。

一、太极

太极一词在先秦就已经出现②，但它成为天道论中的核心词汇，却要归功于周敦颐的《太极图说》。周敦颐将太极视为天道论的主导观念，并将其和《中庸》的诚融合为一，以一种前所未有的方式展示了“乾道变化、各正性命”的儒家天道观。从此宋明理学就有其在天道论上的坚实基础，所以牟宗三先生称其“默契道妙”③，千载不传之秘即在于此，濂溪的开山

---

① 嵇文甫：《王船山学术论丛》，第85页。

② 在《周易·系辞传》和《庄子》中都有出现。

③ 牟宗三：《心体与性体》，台北：正中书局，1968年，第321页。牟先生亦是引吴草庐语，语见《宋元学案·濂溪学案下》。

祖师地位亦在于此。此后，儒家谈论天道就避不开太极这个观念，对此观念的理解和规定实际上决定了各个思想家的义理方向。船山对太极的理解和展示就是在这个大背景中产生的。总的来说，船山的太极观与周敦颐和张载比较接近，而与朱子的太极观则不太相同，至于陆王一系的思想家，似乎并无多少谈论太极的兴趣，于此亦可见出各家思想的取向。本小节将从三个方面来展示船山的太极观，亦即太极之为全体、太极与动静之关系以及无极而太极。

（一）太极之为全体

在综论部分，我们实际上已经涉及太极之全体性①，其全体性不过是对道之为全体的另一种表述。所以，明白了综论部分对道之全体性的展示，也就同样能够明白太极之为全体。此处再选取两段引文，以更为切近的方式来展示船山对太极之全体性的强调。

船山于《周易内传·发例》中有云：

> 太极，大圆者也……十二者，象天十二次之位，为大圆之体。太极一浑天之全体，见者半，隐者半，阴阳寓于其位，故毂转而恒见其六。乾明则坤处于幽，坤明则乾处于幽。《周易》并列之，示不相离，实则一卦之向背而乾坤皆在焉。非徒乾坤为然也，明为屯、蒙，则幽为鼎、革，无不然也。《易》以综为用，所以象人事往复之报，而略其错，故向背之理未彰……要之，絪缊升降，互相消长盈虚于大圆之中，则乾、坤尽之，故谓之“缊”，言其充满无间，以爻之备阴阳者言也。又谓之“门”，言其出入递用，以爻之十二位具于向背者言也。故曰“易有太极”，言《易》具有太极之全体也……乾极乎阳，坤极乎阴，乾坤并建，而阴阳之极皆显；四象八卦、三十六象六十四卦摩荡于中，无所不极，故谓之太极。阴阳之外无理数，乾坤之外无太极，健顺之外无德业……太极之体用无不全，是则《易》有太极者，无卦不有之也……时隐而时见者，天也，太极之体不滞也。知明而知幽者，人也，太极之用无时而息也。②

在太极图中，周敦颐就是用一个大圆来象征太极的。船山于此继承濂

① 参见第一章第二小节。

② 《周易内传·发例》，见《船山全书》第一册，第657~659页。

溪，也用大圆来象征太极：天以其十二次之位作为大圆之体，太极作为大圆之体即浑沦无极的全体。此全体以半隐半显的方式展开自身，明者显而幽者隐，然而不论幽明、显隐，都统于太极浑沦之全体中。所有的絪缊、升降，都体现为在大圆之中的互相消长、盈虚。乾坤以具阴阳之全体而尽其缊、又以具十二位之出入而尽其用，所以《周易》说“易有太极”，说的就是易具有太极之全体。太极浑沦无极，其体无不全、其用无不至。根据此段论述，船山很明显地将太极视为无所不包、无所不贯的全体。絪缊是对其作为全体的描述，错综之门是对其作为大用的描述，全体无非大用，大用无非全体，无所不极而无有专极。其体虽随时而隐现，其用却无时而息，而其发生则无非屈伸相感至诚之道。由此可见，船山对太极之全体的强调，还包含了对体用不二、幽明一物、本原发生等特性的说明。这也恰恰表明：在船山的思想中，这些特性本来就互相缠绕、不可分割地融结为一体。太极之全体必然要将这些特性所揭示的内容纳入自身之中，否则它就不是充实绵密、生动活泼、洋溢无方的道体。

太极亦即所谓的太和，船山于《张子正蒙注》卷一释“太和所谓道”云：

> 太和，和之至也。道者，天地人物之通理，即所谓太极也。阴阳异撰，而其絪缊于太虚之中，合同而不相悖害，浑沦无间，和之至矣。未有形器之先，本无不和，既有形器之后，其和不失，故曰太和。①

张载用太和来指称道之全体，船山径直将此道解释为太极。在船山看来，此太和之实体无非就是阴阳异撰之絪缊全体。此絪缊之全体充满太虚、横无际涯，以使物相互之间合同而不相悖害，浑沦无间，是一切和同的源泉所在。和顺之理贯乎未有形器之先和既有形器之后，所以就从和这点上称其为太和，言其和之至、无所加也。实际上，这不过是从和之极致这一方面来指目太极而已，在所指之实上，太极和太和并无差别，它们都指向作为全体的道体。只不过，太极侧重道体无所不极而无有专极的特性；而太和则侧重道体作为和之至的特性。在船山的思想视野中，濂溪用太极和横渠用太和所领悟到的天道本体是同一的，亦即都是作为全体的终极发生境域。

① 《张子正蒙注》卷一，见《船山全书》第十二册，第15页。

（二）太极与动静

周敦颐在《太极图说》中曾云："太极动而生阳……静而生阴。"①由此，后儒对太极与动静之间的关系问题极为关注，如朱子就有太极本无动静、藉阴阳之气而有动静的说法②。船山对此问题的看法是：太极本具阴阳之全体，而非因为动、静才生出阳和阴，阴阳是太极之实体，动静即动静乎阴阳。以下引文对此略作阐明。

《周易内传·发例》有云：

> 生者，其功用发见之谓，动则阳之化行，静则阴之体定尔。非初无阴阳，因动静而始有也。今有物于此，运而用之，则曰动；置而安处之，则曰静。然必有物也，以效乎动静。太极无阴阳之实体，则抑何所运而何所置邪？③

船山于此解释说：周敦颐所讲的生是功用发见的意思。太极之动即指阳之化的运作，其静则是指阴之体的凝定，并非当初没有阴阳，因动静才开始产生出阴阳。船山更举了一个实例说：对于一个具体之物来说，运动、利用它，这就叫动；放置它而不动用，这就叫静。如果根本就没有这个实物，谈论动静就没有意义了，因为根本就没有所动所静之物。所以船山质问道：如果太极本身没有阴阳的实体，那又有什么东西可以运动、安置呢？所以，太极之动静，必然就是太极之实体亦即阴阳的动静。

《思问录·外篇》亦云：

> "动极而静，静极复动。"所谓"动极""静极"者，言动静乎此太极也。如以极至言之，则两间之化，人事之几，往来吉凶，生杀善败，固有极其至而后反者，而岂皆极其至而后反哉？《周易》六十四卦，三十六体，或错或综，疾相往复，方动即静，方静旋动，静即含动，动不舍静，善体天地之化者，未有不如此者也。④

船山于此明确地指出：所谓的动极、静极，其真实含义就是指动静乎

---

① 周敦颐：《周子全书》，上海：商务印书馆，1937年，第6页。

② 对朱子之天道观的具体探讨，请参见本章理气部分。

③ 《周易内传·发例》，见《船山全书》第一册，第659~670页。

④ 《思问录·外篇》，见《船山全书》第十二册，第430~431页。

此太极，并不是极至的意思。就天地之化迹、人事之吉凶来说，可能会有极其至而反的情况；但就太极之全体而言，则尽天地之化从未有此种情况。天地之化，错综往复、幽明异位、方动即静、方静即动，动静相涵而不相舍，未曾有动到极至而静、静到极至而动的道理。船山于此再次肯定动静即太极实体自身之动静。

虽然动静是太极实体自身之动静，但船山的思想却有一个特性，那就是特别重视太极之动。熊十力曾将船山思想的特点归纳为尊生、主动、明有、率性①，此概括虽然比较简略，却切中了船山思想的某些特性。在其著作中，随处可见到船山对生、动、有的强调，此处略对其主动思想做些说明。

《思问录·内篇》有云：

> 太极动而生阳，动之动也；静而生阴，动之静也。废然无动而静，阴恶从生哉！一动一静，阖辟之谓也。由阖而辟，由辟而阖，皆动也。废然之静，则是息矣。“至诚无息”，况天地乎！“维天之命，於穆不已”，何静之有！②

在船山看来，太极所谓的动、静其实是动之动、动之静，天下根本就不存在废然无动而静的状态。因为所谓的动静，实际上就是阴阳的翕辟，而由翕到辟与由辟到翕都是动，天下无所谓废然之静。天道至诚不息，天命於穆不已，何来所谓的废然之静？可见船山对动是非常强调的，认为动才是天道之根本特性，而静则只是动中之静。船山的这种思想通于道之本原发生性及境域性：源源不断地发生对道体来说是更根本的，而由此所展开的境域中所包含的结构则是根源于发生之中的。静是结构的特性，但任何结构总是在发生中呈现的，所以静总是动中之静。当然，没有任何动是无结构的，所以动也总是对静的动。总的来说，动静是一体而无端的。船山之所以如此强调动是来源于他对生、继的深刻领会，反对佛老虚静为本的主张，高扬人之主动性。

对此，船山于《周易外传》卷六有云：

---

① 熊十力：《读经示要》(《熊十力全集》第三卷)，武汉：湖北教育出版社，2001 年，第 838 页。

② 《思问录·内篇》，见《船山全书》第十二册，第 402 页。

> 天下日动而君子日生，天下日生而君子日动。动者，道之枢，德之牖也。①

船山于此认为：君子修己治人之功，与天地之化同其日新不已以臻于至善的境界。他更强调说：动是道之枢纽、德之牖户。只有依于此动，君子修德以凝道的工夫才有下手处。动之意义如此重要，船山如此重视动也就可以理解了。

（三）无极而太极

“无极而太极”的说法同样来自周敦颐的《太极图说》。在历史上，朱子和象山曾就此说法进行了一场大辩论②，此问题的重要性由此可见一斑。船山对此问题也给出了自己的诠释，以下略引两段以作探讨。

《周易外传》卷七有云：

> 是故《易》有太极，无极而太极。无所不极，无可循之以为极，故曰无极。往来者，往来于十二位之中也。消长者，消长于六阴六阳之内也。于乾、坤皆备也，于六子皆备也……于八错之卦皆备也，于二十八综之卦皆备也。错之综之，两卦而一成，浑沦摩荡于太极之全；合而见其纯焉，分而见其杂焉，纯有杂而杂不失纯，孰有知其始终者乎？故曰：“太极无端，阴阳无始。”③

根据此段论述，无极有二义：一是无所不极，二是无可循之以为极。位次之往来，均往来于十二位之中，无有外于十二位者。阴阳之消长，皆消长于六阴、六阳之内，六阴六阳之外无消长。所以太极于乾坤皆备、于六子皆备、于八错二十八综亦皆备，太极之六阴六阳、十二位无所不备，故能无所不极，此为第一义。六十四卦错综以成其用，浑沦摩荡于太极全体之中，既相互区别又相互融合，于区别处见其杂，于融合处见其纯，纯不失杂而杂有其纯，一致而百虑、同归而殊途，莫能知其始终，无一定可循之道，故不能有所循之以为极，此为第二义。此即以太极之全体皆备义成立无极之第一义、以太极之发生境域义成立第二义。所以要真切地理解

① 《周易外传》卷六，见《船山全书》第一册，第1033页。
② 对此辩论的疏解请参见牟宗三：《从陆象山到刘蕺山》第二章，台北：学生书局，1979年。
③ 《周易外传》卷七，见《船山全书》第一册，第1110页。

无极而太极，仍得回到对天道之本原特性的理解之中。

《思问录·内篇》亦云：

> 无极，无有一极也，无有不极也。有一极，则有不极矣。无极而太极也，无有不极乃谓太极；故君子无所不用其极。行而后知有道，道犹路也。得而后见有德，德犹得也。储天下之用，给天下之得者，举无能名言之。天曰无极，人曰至善，通天人曰诚，合体用曰中，皆赞辞也。知者喻之耳。①

船山于此指出：所谓无极，即指无有一极，无有不极（这仍然是对此上二义的展示）。有一极，则有其所不极。正因为无所不极，故谓之太极。太极者，无有不极之谓也。太极储备天下之用，供给天下之德，道皆其道，德皆其德，无所不极矣，故称其为无极而太极。在船山看来：尽天地之间，无非此太极之道，从天的角度称其为无极，从人的角度称其为至善，通于天人则谓之诚体，合于体用则谓之中体，其实都只是赞辞，期于智者喻之而已。此即谓实体是一，但从言异路尔。真能见此实体，即谓之知道、见德。实际上，此实体就是天道之本体，亦即作为全体的终极发生境域。所以，船山的论述，左说右说、前说后说，无非此天道流行的本体。真能会得此意，亦即领会综论对道体的展示，本书对船山思想的所有阐释无不可手到擒来。

二、理气

理气问题是宋明理学天道论中的核心问题，任何研究理学思想的人都不可能避开它。只有真切地把握其重要性和意蕴，才能真正进入宋明诸大儒的思想世界。作为一个在宋明理学背景中成长起来的思想家，毫无疑问，船山只有恰当地解决这个问题，才能真正地建立自己的思想。实际上，在理气问题上，船山的确开辟出了某种与前人不大相同的视野。正是借助此视野，船山对宋明理学的大传统有所超越。以下先对此视野进行论述，之后再将其与朱子以来的理气观做个比较，以凸显其特色之处。

（一）气为全体：元气与阴阳

气在船山思想中的重要性，船山研究者无不重视。然而，要如实地把

---

① 《思问录·内篇》，见《船山全书》第十二册，第402页。

握船山思想中气字所蕴含的意义，却并非一件易事。不少船山学的专家，如持唯物主义、启蒙立场的许多学者，都将船山的气解释为第一性的物质，从而说船山是一个唯物主义者。这当然并非全无所见、亦有根据可循，然而不全不粹不足以尽船山思想之真实本性。惟唐君毅先生的“存在的流行、流行的存在”说以及曾昭旭先生的“即气言体”说庶几近之。① 然在本原上的理解，其间仍然有推进的空间，如此则诸位前贤对船山之气论的阐发更能得到深层意义上的发扬。以下即尝试进行这种推进的工作。

1. 气之全体为天

船山对于气并没有做过明确的解说，在根源的意义上，他将气等同于天，天就是气之全体。实际上，对于气、天、道这些古代中国思想的核心词汇来说，界定或定义几乎是不可能的。此即所谓的道可传而不可授，传者，传之以心得而已。能够教授的永远都是属于知识形态的思想，而气、天、道很显然，并非某种知识形态，对它们只能加以本原地领会。能领会者自然能知之，而每个人都原本地具此领会的可能性，道不远乎人心。

船山曾明确地以气言天，《读四书大全说》卷十有云：

> 程子统心、性、天于一理，于以破异端妄以在人之几为心性而以“未始有”为天者，则正矣。若其精思而实得之，极深研几而显示之，则横渠之说尤为著明。盖言心言性，言天言理，俱必在气上说，若无气处则俱无也……由气之化，则有道之名，然则其云“由太虚，有天之名”者，即以气之不倚于化者言也。气不倚于化，元只气，故天即以气言，道即以天之化言，固不得谓离乎气而有天也。②

这段论述实际上已经表明了船山与程朱在思想方向上的不同：盖程朱皆以理为主导观念，而船山则以气为主导观念。在船山看来：程子将心、性、天统于一理，以理为真实无妄之实理，对于破除异端以虚明灵觉之体为心性、以虚无为天的做法来说，是有意义的。但如果真的要极深研几而准诸真理，则横渠之说更为纯正。船山认为不论言心言性，还是言天言理，都不能脱离开气，因为没有气则一切俱无。所以船山发挥张载的学说，以气之化为道，而以气之不倚于化者为天。但不倚于化的气，仍旧是气，所以天其实就是气，离开气亦无所谓天。该思想亦通于道之全体性：

---

① 参见二位先生的著作：《中国哲学原论・原教篇》《王船山哲学》，书目存参考文献目录。

② 《读四书大全说》卷十，见《船山全书》第六册，第1109页。

道之全体中实有阴阳二气，二气之感应（动静）为化，而此二气之实体则为天，若无此实体，则天以何为化？此义亦通于太极与动静义。

船山于《张子正蒙注》卷一中释“由太虚，有天之名”亦云：

（1）名者，言道者分析而名；言之各有所指，故一理而多为之名，其实一也。太虚即气，絪缊之本体，阴阳合于太和，虽其实气也，而未可名之为气；其升降飞扬，莫之为而为万物之资始者，于此言之则谓之天。①

同卷中亦有云：

（2）阴阳二气充满太虚，此外更无他物，亦无间隙，天之象，地之形，皆其所范围也。散入无形而适得气之体，聚为有形而不失气之常，通乎死生犹昼夜也。……在天而天以为象，在地而地以为形，在人而人以为性，性在气中，屈伸通于一，而裁成变化存焉，此不可逾之中道也。②

在第一条引文，船山首先说明：对于同一个道理（或实体③），我们可以用不同的名言对其加以道说。然后接下来他又说：太虚本体其实就是气，此絪缊之本体以阴阳和合的方式充满于太虚之中而为太和。此太和、絪缊虽然实际上就是气，但不能名之为气；而要从其升降飞扬、莫之为而为以资始万物这方面将其名为天。但无论是太和、絪缊、太虚、天，名言虽不同，所指则一，无非就是气之全体，亦即太极。所以在第二段引文中，船山明确地指出：阴阳二气充满于太虚之中，此外更无有他物，也无所谓空隙。在天之象、在地之形，皆阴阳二气所生成，因聚散而有形不形之区分，其实体则未尝无也。所以说阴阳之运行，通一无二，天以之为象，地以之为形，人以之为性，一切皆源于气之屈伸之全体。

对上面三段引文的阐释足以说明：在船山这里，气之全体即天，而太极、絪缊、太和等，都是对这同一个全体的指称，它们所揭示的无非就是那作为全体的终极发生境域。所有这些核心用语都归结为我们在综论部分

① 《张子正蒙注》卷一，见《船山全书》第十二册，第32页。
② 《张子正蒙注》卷一，见《船山全书》第十二册，第26页。
③ 此实体非西方哲学中的substance，而是指真实之本体。

对船山之天道观的展示，亦即将天展示为终极的发生境域。

2. 太虚与气：太虚即气

太虚是张载思想中的核心观念，而如何理解“太虚即气”的说法则是诠释张载思想的方向标。船山以横渠之学为正学，对其学极为企慕、向往。所以，如何处理太虚与气之间的关系，自是船山不可回避的问题。在不少地方，船山曾明确地对太虚的说法表示反对，但与此相关的定论则体现在《张子正蒙注》中，以下即以此书为本对此问题略作探讨。

《张子正蒙注》卷一释“虚空即气”一句云：

> (1)虚空者，气之量；气弥沦无涯而希微不形，则人见虚空而不见气。凡虚空皆气也，聚则显，显则人谓之有；散则隐，隐则人谓之无……若其实，则理在气中，气无非理，气在空中，空无非气，通一而无二者也……盖阴阳者气之二体，动静者气之二几，体同而用异则相感而动，动而成象则静，动静之几，聚散、出入、形不形之从来也……阴阳一太极之实体，唯其富有充满于虚空，故变化日新，而六十四卦之吉凶大业生焉。阴阳之消长隐见不可测，而天地人物屈伸往来之故尽于此。①

同卷又云：

> (2)太虚者，气也，非虚也。虚涵气，气充虚，无有所谓无者。②
>
> (3)太和之中，有气有神。神者非他，二气清通之理也。③

以上三条引文集中体现了船山对横渠之太虚即气说的阐释。在第一条引文中，船山将虚空规定为气之量，气无所不在、弥沦无涯，当其希微无形的时候，人即见为虚空而不见气，但不见气并非无气，不过表明耳目之穷于量而已。实则所谓的虚空皆由阴阳二气充满洋溢，气聚则显，显而离明得施则为有；气散而隐，隐则离明不得施而无。然则，聚而有非全然创生、散而无非消灭无遗，有无只是离明之客感而已，而太虚即气之本体则贯乎聚散而始终如一。所以船山说：理在气中，而气无非理；气在空中，

① 《张子正蒙注》卷一，见《船山全书》第十二册，第23~24页。

② 《张子正蒙注》卷一，见《船山全书》第十二册，第30页。

③ 《张子正蒙注》卷一，见《船山全书》第十二册，第16页。

而空无非气；理、气、虚空皆通一无二。由此亦可知：无所谓单纯的虚空，亦无所谓单纯的理、气，所有这些都统会于太极全体之中。太极之全体涵阴阳二气之实、动静二几之变，太极浑沦皆备，故能储天下无尽之用，变化日新而无所不极。由此可知，所谓的虚空并不能脱离气之全体。在第二条中，船山更明确地表示：所谓的太虚，实际上就是气，并不是真正的虚无一物。虚中涵气，气充实虚，虚气相即而始终如一，天下无有所谓无者，可见天下并没有脱离开气的虚空。那么这虚空到底为何呢？在第三条中，船山对其有进一步的展示：太虚其实不是别的，它就是太和之神。此神又不是别的，不过是阴阳二气清通之理，因此太虚即二气清通之神。而气外无神，神外无气，不可离气而言神，则亦不可离气而言太虚。

3. 元气与阴阳实有

关于气，船山还有所谓的元气说和阴阳实有说：元气说在早期著作《周易外传》中曾出现，在其他著作中则较为罕见，可见并非船山的核心观念。至于阴阳实有说，则从早期的《周易外传》一直到晚年的《周易内传》《张子正蒙注》等著作，船山一直都坚持此见解，因而可视为船山的核心观念。

船山曾将阴阳视为元气之阖辟，《周易外传》卷五有云：

> 夫太极之生元气，阴阳者，元气之阖辟也。直而展之，极乎数之盛而为九……始末相类，条贯相续，贞常而不屈，是可彻万理于一致矣……斯以为天下之至健者也。元气以敛而成形，形则有所不逮矣。均而置之，三其九而虚其一为六……天之所至，效法必至……是可悉物理而因之……斯以为天下之至顺者也。①

船山于此认为：太极能生元气，而此元气的翕辟则为阴阳。具体来说就是：元气之辟为阳，其功用体现为直而展之，贞常不屈，贯乎万理而为一，为天下之至健者；元气之翕为阴，其功用体现为敛而成形，效法于天，可悉万物之理而因之，为天下之至顺者。由此，船山将阴阳划归为元气翕辟不同的两种作用，如此则天下之只有此一元之气而无所谓阴阳二气。

但在其他更多地方，船山则将阴阳二气视为实有，而非仅仅是某种翕辟的作用，《周易内传·发例》有云：

---

① 《周易外传》卷五，见《船山全书》第一册，第984页。

阴阳者，二物本体之名也。盈两间皆此二物，凡位皆其位，无入而不自得……夫阴阳之实有二物，明矣。自其气之冲微而未凝者，则阴阳皆不可见；自其成象成形者言之，则各有成质而不相紊。自其合同而化者言之，则浑沦于太极之中而为一；自其清浊、虚实、大小之殊异，则固为二；就其二而统言其性情功效，则曰刚，曰柔。阴阳必动必静，而动静者，阴阳之动静也。体有用而用其体，岂待可用而始有体乎？①

《张子正蒙注》卷二亦云：

阴阳之实，情才各异，故其致用，功效亦殊。若其以动静、屈伸、聚散分阴阳为言者，又此阴阳二气合而因时以效动，则阳之静屈而散，亦谓之阴，阴之动伸而聚，亦谓之阳，假险阻之象以名之尔，非气本无阴阳，因动静屈伸聚散而始有也。故直言气有阴阳，以明太虚之中虽无形之可执，而温肃、生杀、清浊之体性俱有于一气之中，同为固有之实也。②

船山在这两段引文中十分清楚地表明：阴阳是二物本体之名，天地间实有此阴阳二物。且此二物充盈两间，时皆其时、位皆其位，无入而不自得。只不过当气冲微未凝的时候，此二物均不可见而为隐；而当它们成象成形的时候，则此二物各有其成质而不可相紊。从合同而化这方面来说，此二物浑沦于太极之中而为一；从两端之发用来说，则此二物固有清浊、虚实、大小之异(阳清、实、大而阴则浊、虚、小)。如果统言其性情功效之异，则阳为刚、阴为柔。而所谓的动静，即动静乎阴阳，阴阳为实体、动静为实用。体者有其用，而用即用其体，故实有其体才能实有其用。由此来说，阴阳的确为太极所实有。

这样一来，早期的元气说和贯彻始终的阴阳实有说似乎相互冲突，并从而表现出船山思想自身的某种不一致。初看起来的确如此，但如果我们将探索的目光直达问题的根源处，这种表面的冲突是可以消解的。在元气说中，船山承认了元气的实有，也承认了元气之辟的至健性及元气之翕的至顺性。此至健至顺即阴阳之特性，这样看来，船山也等于承认了阴阳的

① 《周易内传·发例》，见《船山全书》第一册，第659~660页。

② 《张子正蒙注》卷二，见《船山全书》第十二册，第80页。

实有性。而在阴阳实有说中，船山承认自合同而化方面来说，阴阳二物浑沦于太极之中而为一。既融合为一个整体，则将其视为某种元气亦无多大问题(故后面有云：体性俱有于一气之中)。要之，这两种说法并无实际冲突。船山对气的强调在于展示道体的至诚不息、真实无妄。元气说和阴阳实有说都没有脱离此强调的视野。元气、阴阳都不是可对其加以绝对固定的对象，它们不过是对道体流行的不同展示而已。

(二)理：气之条理与主持分剂

毫无疑问，理在整个理学的大传统中具有核心地位。在船山这里，理的地位虽然依旧很重要，但却不再是核心词汇，至少其重要性比不上气。船山对理的解释基本上是以气为本的：如上所述，气之全体即天，而理则被规定为气化的产物。理自身不足以尽气之全体，它只在气化上表现出来。这种表现有两种方式：一是表现为气之条理，二是表现为气之主持分剂者。而在总体上来说，理和气交凝、浑沦于太极之中，根本无法对其加以绝对的分割，二者在本体上是通一无二的。大体而言，此即船山之理气观，以下详细论述。

1. 理不足尽天、惟化现理

船山曾在多处强调理不足以尽天之全体、惟天之化现理的思想，在《读四书大全说》卷十中，此一点被展示得淋漓尽致，其文云：

> 理虽无所不有，而当其为此理，则固为此理，有一定之侀，不能推移而上下往来也。程子言“天，理也”，既以理言天，则是亦以天为理矣。以天为理，而天固非离乎气而得名者也，则理即气之理，而后天为理之义始成。浸其不然，而舍气言理，则不得以天为理矣。何也？天者，固积气者也。乃以理言天，亦推理之本而言之，故曰“天者理之所自出”。凡理皆天，固信然矣。而曰“天一理也”，则语犹有病。凡言理者，必有非理者为之对待，而后理之名以立。犹言道者必有非道者为之对待，而后道之名以定。是动而固有其正之谓也，既有当然而抑有所以然之谓也。是唯气之已化，为刚为柔，为中为正，为仁为义，则谓之理而别于非理。若夫天之为天，虽未尝有俄顷之间、微尘之地、蜎孑之物或息其化，而化之者天也，非天即化也。化者，天之化也；而所化之实，则天也。天为化之所自出，唯化现理，而抑必有所以为化者，非虚挟一理以居也。所以为化者，刚柔、健顺、中正、仁义，赅而存焉，静而未尝动焉。赅存，则万理统于一理，一理

舍夫万理，相统相含，而经纬错综之所以然者不显；静而未尝动，则性情功效未起，而必由此、不可由彼之当然者无迹。若是者，固不可以理名矣。无有不正，不于动而见正；为事物之所自立，而未著于当然；故可云"天者理之自出"，而不可云"天一理也"。太极最初一，浑沦齐一，固不得名之为理。殆其继之者善，为二仪，为四象，为八卦，同异彰而条理现，而后理之名以起焉。气之化而人生焉，人生而性成焉。由气化而后理之实著，则道之名亦因以立。是理唯可以言性，而不可加诸天也，审矣。①

在船山看来，理虽然弥纶天地之间、无所不有，但当其为此理的时候就固然为此理，有其一成之侀，不能对其加以推移、使之上下往来。所以船山指出：程子说"天，理也"，如果是指天(气积而成天)为理之所自出，则这种说法是正确的。但如果程子是以理来规定天，同时也以理来超越气，船山就不会认同了。在船山眼中，凡言理，必有非理与之相对待，然后理之名才能成立，亦即理是处于比照结构之中的。所以动而有其正则谓之理，有其当然和所以然则谓之理。但任何比照结构都是气化之事，正与不正、当然与所以然都在气化上见，此即所谓惟天之化现理。至于天之为天，则是无所不包、无所不极、无有止息的全体，是化之所自出，而非化即天之全体，此即所谓化之者天、非天即化。所以天就是化之所自出，惟化现理，而理不足以尽天之全体。而且天之化并不是虚挟一理以居，必有其所以为化者，所以为化者，赅存于天之全体中、静而未尝动。赅存于全体中，则万理统于一理、一理含乎万理，其经纬错综之所以然者隐而不显。静而未尝动，则性情功效不得见，而由此不由彼之当然者无迹可寻。其所以为化者，既然隐而不显、无迹可寻，则固不可用理来称呼它。所以船山说：天是理之所自出，而理却不足以尽天。太极浑沦之全体，不可以理名之；只有在继之者善呈现出两仪、四象、八卦的时候，同异相彰、条理互现，理之名才得以成立。所以理之名只可以用来谈论性、道，却不能用来限定天。

《读四书大全说》卷十亦云：

理只是以象二仪之妙，气方是二仪之实。健者，气之健也；顺者，气之顺也。天人之蕴，一气而已。从乎气之善而谓之理，气外更

① 《读四书大全说》卷十，见《船山全书》第六册，第1109~1110页。

无虚托孤立之理也。①

船山在这段引文中更是明显地强调了气对理的优先性：理只是表征阴阳二仪相化之妙，气才是此二仪的实体。所以，健即气之健，顺即气之顺，健顺之德是天下之理所自出，所以气自然是天下之理所自出。由此，船山总结道：天人之蕴，一气而已。气之重要性由此可见，而所谓的理，只是从乎气之善者而已。除此而外，更无所谓离气而虚托孤立之理。

《思问录·内篇》亦有云：

> 气者，理之依也。气盛则理达。天积其健盛之气，故秩叙条理，精密变化而日新。故天子之斋，日膳大牢，以充气而达诚也。天地之产，皆精微茂美之气所成，人取精以养生，莫非天也。气之所自盛，诚之所自凝，理之所自给，推其所自来，皆天地精微茂美之化。②

船山于此指出气是理之所依，气盛则理达。天能够积其健盛之气，所以秩叙条理井然、精密变化而日新不已，其气自盛而其理自达。所以天子效法天道，日膳太牢，以充实自己的形气而达于至诚。天地之间，一切精微茂美之物产，无非天地之盛气所成，人之取精用宏即于此而在。所以船山总结道：天下一切道理、人心一切至诚，其所自来，天地健盛之气而已。

对以上三段引文的阐释已足够说明船山即气以言理的思想，这一思想完全相通于船山之天道观整体：气之全体既然是天(亦即道之全体)，则天下固然无气外之理。船山以理出自天之化，而天之化即天道之本原发生。任何发生总是将自身展开为一定的境域，此境域结构即一切理之所从出。而一切境域都是随时展开的，不足以尽道之全体，如此则理之不足以尽天是其自然而然的结论，此亦通于道体在理上的终极性。

2. 理为气之条理、主持分剂者

如上所述，理既然只是气之理，那么其表现方式如何？依据船山，可以从两个方面对此表现方式加以说明：理既可指在物之条理，亦可指在人之性理，此二者在本原上通一无二。以下对此略作说明。

《读四书大全说》卷五有云：

---

① 《读四书大全说》卷十，见《船山全书》第六册，第1052页。

② 《思问录·内篇》，见《船山全书》第十二册，第419~420页。

(1)凡言理者有二：一则天地万物已然之条理，一则健顺五常、天以命人而人受为性之至理。二者皆全乎天之事。①

又卷七有云：

(2)盈天地间，人身以内人身以外，无非气者，故亦无非理者。理，行乎气之中，而与气为主持分剂者也。故质以函气，而气以函理。质以函气，故一人有一人之生；气以函理，一人有一人之性也。②

又卷十有云：

(3)就气化之流行于天壤，各有其当然者，曰道。就气化之成于人身，实有其当然者，则曰性。性与道，本于天者合，合之以理也；其既有内外之别者分，分则各成其理也。故以气之理即于化而为化之理者，正之以性之名，而不即以气为性，此君子之所反求而自得者也。所以张子云"合虚与气，有性之名"，虚者理之所涵，气者理之所凝也。若夫天，则《中庸》固曰"诚者，天之道也"。诚者，合内外，包五德，浑然阴阳之实撰，固不自其一阴一阳、一之一之之化言矣。诚则能化，化理而诚天。③

在第一条引文中，船山指出：凡言理有两种，一是指天地万物已然之条理，二是指健顺五常之德、天以之命人而人即受之以为性之性理，此二理皆源于天。这就是说：理作为气之主持分剂者涵括在物之条理与在人之性理。故船山在第二条引文中说：盈于天地之间，充于人身之内外者，都是气，亦都是理。所谓的理，即是行乎气之中而与气为主持分剂者。人以形质函气，又以气函理。不同的形质函不同的气，所以一人有一人之生。不同的气各载其主持分剂之理，故一人又有一人之性。在此段引文中，船山很明显地将性理解释为人之形气的主持分剂者。所以理之在物者谓之条理，而理之在人者谓之性理，其实则皆源于天命，故曰天命之谓性。这种

① 《读四书大全说》卷五，见《船山全书》第六册，第716页。
② 《读四书大全说》卷七，见《船山全书》第六册，第857页。
③ 《读四书大全说》卷十，见《船山全书》第六册，第1111页。

解释在第三条引文中得到证实，船山于此条引文中指出：气化流行于天壤之间而有其当然者谓之道，此道即气化流行之条理；而气化之成于人身而有其实然者谓之性，此即主持分剂人之形气的性理。性与道，同源于天，故可合之以天命之理。然而既有内外之别，则亦各成其理而不相紊乱，所以即以人之主持分剂之理而正名其为性，而不以气为性，君子之反求即在乎此性。但不管条理还是性理，追溯其源头，都出于至诚之天道，诚则能化，化则现理，而天则至诚而已矣。

《思问录·内篇》亦有云：

> 太极动而生阳，静而生阴；阳有条理，阴有秩叙；非有以生之，则条理不成，秩叙亦无自而设矣。静生秩叙，非幽谧阒寂之为静可知。呜呼！静之所生秩叙之实，森森乎其不可數，而孰其见之！①

太极之动体现为阳之流行，其静则体现为阴之凝定，然而无论是阳之流行还是阴之凝定，都有其内在的森然秩序或条理，所以船山说“阳有条理，阴有秩叙”。然而这种阴阳所本具的条理与秩叙源出何处呢？实际上它们就是太极本来所涵具的主持分剂之理。自其根源而言，此主持分剂之理本是贯通动静而为一的。所以船山继续说道：既然太极之静作为阴之凝定有其森然的秩叙，这种静当然就不是那种“幽谧阒寂”之静。因为在太极之静中，有着秩叙森然的实理，此则非体道至深不能与也。这就是宋明儒所谓“冲漠无朕，而万象森然已具”的境界，这就是所谓的未发之中。船山在此段引文中不仅表明太极之动静所具有的条理或秩叙，更将此条理、秩叙之实追溯到太极絪缊之实体，并特别彰明了太极之幽静所涵具的秩叙森然特性。这就表明：太极絪缊之实体是一切条理和秩叙的源泉，理不管作为条理还是性理，都源自此太极絪缊实体之密藏。如此，则气之条理与性理义亦通于道之全体而尤为道体流行之发现。

（三）理气浑凝

此上分别对气和理做了阐明，现在来看这两者之间的关系。其实，从此上论述已经可以看出：理气二者从根源上来讲是无法分开的，此即所谓的理气浑凝。船山反对任何将理气进行截然区分的说法，在船山的著作中随处可见对此二者亲密关系的强调，以下即选择几段引文来对此略作

① 《思问录·内篇》，见《船山全书》第十二册，第405页。

说明。

《周易外传》卷七对此有云：

> 理之御气，浑沦于无门，即始即终，即所生即所自生，即所居即所行，即分即合，无所不肇，无所不成。彻首尾者诚也，妙变化者几也。故天之授我以命，今日始也；物之受性于天，今日始也；成形成色，成生成死，今日始今日终也。①

船山于此明确表示：理之御（御即主持分剂之意）气，浑沦于无门之中。浑沦者，言此二者交凝、融合为一，无法对其加以分割。无门者，言此二者贯彻始终、无所不极，遍运乎一切时、一切处。所以后面即说：此理气即所生即所自生，其所居即其所行，即分而又即合，一切都以此二者开始，一切又都以此二者为终。理气浑凝充满于太极之全体，从其彻乎首尾来说可以称之为诚，从其妙变化的方面来说可以称之为几，诚与几皆理气之所含，通一无二。明白此种道理，则天之授我以命、物之受性于天，都以今天为开始；成形成色、成生成死，都以今日为始今日为终。因为此浑沦之理气贯通一切，根本不可能找到一个截然的开端。实际上它每时每刻都是一个全新的开端。如此，则本段引文的最后一句话可得其确解。该思想通于船山道心无始终生灭以及人之全生全归的思想，船山思想本身的确是一以贯之的。

《读四书大全说》一书中更是充满了此类论述，其卷五有云：

> （1）气之妙者，斯即为理。气以成形，而理即在焉。两间无离气之理，则安得别为一宗，而各有所出？气凝为形，其所以成形而非有形者为理。②

同书卷九又云：

> （2）天者，所以主张纲维是气者也。理以治气，气所受成，斯谓之天。理与气元不可分作两截。③

① 《周易外传》卷七，见《船山全书》第一册，第1078页。

② 《读四书大全说》卷五，见《船山全书》第六册，第716页。

③ 《读四书大全说》卷九，见《船山全书》第六册，第991页。

同书卷十亦有云：

(3)理即是气之理，气当得如此便是理，理不先而气不后。①

(4)理与气互相为体，而气外无理，理外亦不能成其气，善言理气者必不判然离析之。②

其实在此书中，还有很多类似的论述，但此四条用来说明船山之理气浑凝观已经足够。在第一条引文中，船山指出：气化之妙者，即所谓的理。天以气成象，地以气成形，理即寓于此形象之中而为之主持。两间并没有什么离气之理，亦无所谓无理之气，所以根本不可能为理、气各自找到不同的源头，理、气在根源上就是统一的。只不过气之凝成有形而作为气之所以然的理无形罢了，但无形即在此形之中，离开此形，别无所谓虚托孤立之理。第二条引文亦表明：天即理气浑凝之全体。在此全体中，理以驾驭气，气则受成为物，合此二者即天，所以不能将理和气分为两截。第三条引文再一次强调：理即气之理，气之当得如此便是理，除此而外，别无虚托孤立之理。而且，我们也不可能在时间上对理气作出先后的区分。理气之浑凝、发生就是原本的时间，焉能用时间之象来限制此作为终极源头的发生？船山在第四条引文中更指出：理与气互相为体，气之外无理，此即以气为理之体；理之外亦不能成其气，此即以理为气之体。二者交与为体，从根源处就已缠绕为一，所以善言理气的人必然不会将理气二者判然离析，而是应该将它们放在原本的统一体中来加以考察。此统一体就是作为道之全体的终极发生境域本身。脱离此原初的意义发生场，任何对理气的谈论都将成为无源之水、无本之木。把握原始领会空间的重要性于此得到再次验证。

(四)与朱子以来之理气观的比较

总结此上论述，船山的理气观可概括如下：气是一切存在的根源，其全体即天道之全体。而理本身则不足以尽天道之全体，它只是气化之所显现，亦即显现为条理与性理。另一方面，理与气虽然有全与不全之别，但在本原的发生层次上，理气二者之间并无截然的界限，而是互相缠绕、纽合为一的，亦即理气二者浑沦凝合于太极之中。归结到底，理气二者都融

① 《读四书大全说》卷十，见《船山全书》第六册，第1052页。
② 《读四书大全说》卷十，见《船山全书》第六册，第1115页。

汇在天道自身的本原发生、流衍之中。船山对理气的这种诠释，置于整个中国古代思想史中来说颇有特色。此下我们将其与朱子以来的理气观做个比较以凸显其特色。

朱子向来被认为是综合北宋理学各大义理系统的集大成者，在宋明理学传统中拥有极高的地位。虽然有陆王学派思想家的反对，其在思想界的统治地位却始终难以撼动。朱子的理气论在思想史上也具有同样的地位。以下结合文本对其具体观点略作阐释。

《朱子语类》卷一有云：

> (1)太极只是天地万物之理。在天地言，则天地中有太极；在万物言，则万物中各有太极。未有天地之先，毕竟是先有此理。动而生阳，亦只是理；静而生阴，亦只是理。
>
> (2)理未尝离乎气。然理形而上者，气形而下者。自形而上下言，岂无先后！理无形，气便粗，有渣滓。
>
> (3)盖气，则能凝结造作，理却无情意，无计度，无造作。只此气凝聚处，理便在其中。且如天地间人物草木禽兽，其生也，莫不有种，定不会无种子白地生出一个物事，这个都是气。若理，则只是个净洁空阔底世界，无形迹，他却不会造作；气则能酝酿凝聚生物也。但有此气，则理便在其中。
>
> (4)未有天地之先，毕竟也只是理。有此理，便有此天地；若无此理，便亦无天地，无人无物，都无该载了！有理，便有气流行，发育万物。
>
> (5)要之，也先有理。只不可说是今日有是理，明日却有是气；也须有先后。且如万一山河大地都陷了，毕竟理却只在这里。①

因此文并非研究朱子的专论，故于此只能略举几例。此数条虽不能尽朱子理气观之全体②，却大抵能反映出朱子理气观的基本特点。上述五条语录所体现的基本观念可概述如下：(1)理于天为太极、于人为性，气则

① 朱熹：《朱子语类》卷一，见《朱子全书》第14册，上海：上海古籍出版社、合肥：安徽教育出版社，2002年，第113~116页。

② 朱子著作之多、思想系统之庞大，比于船山，或有过之而无不及。现当代学者对朱子的阐释亦多种多样，并未就朱子思想的整体性质完全达成一致。但在理气观上，学者一般都同意：以理为本、理气不离不杂的说法可以代表朱子的基本观点。具体论述请参见牟宗三、唐君毅、陈荣捷、刘述先、陈来等诸位先生的著作。书目存参考文献。

是阴阳五行之气。(2)太极只是理，不是气。(3)理是生物之本，气是生物之具；理是形而上者，气是形而下者。(4)理的世界无形无象，是洁净空阔的纯粹世界；气的世界有形有象，重浊有渣滓。(5)理论上，理可离气而独存；现实中，理与气不离不杂；无理则无气，无气则理亦无挂搭处。总而言之，在朱子的思想中，理才是最本原、最纯粹的根据，具有绝对的优先性，气则只是第二性、依附性的。对朱子来说，气似乎只有实现义、工具义，并无积极的创生义。很显然，这种理气观和船山的理气观相距甚远。在船山这里，气不是第二性的东西，气之全体统形上、形下而为一。理在船山这里虽然也是形而上者，但并不具备绝对的超越性，它不过是阴阳二气之化所显现的条理、性理而已。对此条理、性理加以固定、执着已经是脱离道体之原本发生的行为，更何况将此理之世界高悬在气化的世界之上。由此可见，船山与朱子所领悟的道体是不一样的：船山所领悟的理气浑凝是天道本真的流行，气和理都是真实无妄的，二者积极地、充实生动地、不分主辅地交融在一起。朱子所领悟的道体则只是理，一个洁净空阔的理世界，气对于这个世界来说并无绝对积极的意义(但具有表现、实现的意义，而且朱子也极为重视气所具有的这种意义)。所以其理气不离不杂说的要点只是在于突出理的超越性和真实性，气在此中只是个表现工具。船山虽然在其著作中非常推重朱子，也经常为他辩护，但从这里的对比来看，二人在思想上的取向的确大不相同，完全分属于不同的思想形态。

船山与朱子在理气观上的这种差异并不是突然产生的，实际上，只要将两者的思想置于从宋代到明代的整个理学发展思潮中，我们就可以发现：这种理气观的转变有其内在的发展理路。该理路可以从两方面加以展示：(1)从程朱理学到阳明心学的发展：朱子综括北宋诸大师的思想并由此建立完整的理学思想体系，其核心思想即理气、心性不离不杂。自元代到明代前期，朱子的理学思想一直占据着某种主导地位，但与此同时，此思想体系自身也因为各种因素(如被确立为官方的意识形态并被纳入科举体系)而不断地异化、僵化，明代的心学运动即由此应运而生。此运动的理论突破口即心与理之关系(实则即心与性之关系)，而首先在这方面取得突破的便是陈白沙。白沙从吴康斋问学而未能有得，后由虚静工夫而体证得心体之妙，由此开启明代心学的端绪。王阳明则是此心学运动的巨擘，他由格物问题入手，经过长时间的思索与实践，终于在龙场悟得格物穷理之实蕴：心外无物、心外无理。由此阳明将朱子静时涵养、动时省察、格物致知的工夫打成一片而确立其圆融的致良知教：即知即行(亦即知行合一）、即静即动、即本体即工夫、即体即用。在此致良知教的思想体系中，不仅心性是一，心与气也是合一的，故阳明有云："气即是性，性即是气，原无性气之可分也"①，此即从心性工夫论的角度展现出理气合一的体段。后来刘宗周、黄宗羲均能继承此矩镬，对心、理、气之一有精彩的发挥。当然，这种形态的理气合一与船山的理气浑凝说并不相同：盖前者是从心性工夫论的角度而言，而后者则是直就天道流行之本原情态而立论；但心学运动所内具的理气合一倾向及其对气的重视无疑为船山之重气开辟了道路。另外还需指出的是：理气合一论在朱子的理学思想体系中同样也可说，只是具体内涵有所不同，与阳明之性气合一说只是一间未达。(2)朱子学内部理气观的转进：朱子的理气观在明代不断地得到修正，例如明代早期的曹端就曾在其《辨戾》篇中指出了朱子关于理气之论述所存在的某种悖谬之处：如果将太极之理与阴阳(气)之动静的关系比作人乘马(人随马之出入而出入)，那么人将为死人、理将为死理。这的确展现了朱子理气论思想中所包含的某种纠结。与王阳明同时的朱子学者罗钦顺亦曾反对理气二元的说法，他说："理只是气之理，当于气之转折处观之。往而来，来而往，便是转折处也。夫往而不能不来，来而不能不往，有莫知其所以然而然，若有一物主宰乎其间而使之然者，此理所以名也。……愚故尝曰：'理须就气上认取，然认气为理便不是。'此殆不可易之言也。"②这就已经从气之往来的所以然来讲理之呈现，距离宇宙论上的理气合一论已经不远了。明儒王廷相更是以气为核心建立其哲学体系，他认为所谓的太极即"元气"，而理则不过是气的秩叙或条理，因为理是随着气的转移而变化的：有什么样的气就有什么样的理。在此之外，我们还可以举出很多其他明代思想家的类似论述。这些思想足以表明：明儒在理气论方面的确在某种程度上突破了朱子理气论的藩篱，正是这样的思想背景引生了船山在理气论上的出色发挥。然而我们也必须指出：船山的理气论与上述王廷相等人的相关思想并不完全相合。毋宁说：上述两条脉络不过是船山酝酿其理气论的基本背景③，至于思想上的根本见地，则船山之说有其创辟性。

---

① 陈荣捷：《王阳明传习录详注集评》，台北：学生书局，1983年，第210页。

② 罗钦顺：《困知记》，成都：巴蜀书社，2000年，第307页。

③ 高海波曾从二元论到一元论的发展这个角度，以理气论和心性论为例来展示宋明理学的内在发展脉络，本书在此参考其说，具体论述请见高海波：《宋明理学从二元论到一元论的转变：以理气论、心性论为例》，《哲学动态》2015年第12期。

三、道器

《周易·系辞》中“形而上者谓之道，形而下者谓之器”的说法是古代思想家谈论天道的重要源泉。船山对此则有所谓的道器一元论，历来为学者所重视①，也颇能体现船山思想的特色，故本书于此亦对其略作讨论。本小节将从四个方面展开论述：首先论述道在船山著作中的多重含义，其次阐述能表明船山思想之特色的天下惟器论，之后则讨论道器不二以及圣人尽器以为道之义。

（一）道之诸义：道体义、主持分剂义与定理义

道字在船山的著作中具有十分丰富的含义，为了更清楚地展示船山思想的整体，有必要对这个极为关键的字做一番含义分析。简要而言，在船山的著作中，道字有三种基本含义：道体义、主持分剂义和定理义。第一义通于道之全体，第二义则通于上面所述的理之义，第三义则是指某种一定之理，是对第二义的进一步限定。需要说明的是，虽然对道字可区分出这三种含义。但这三种含义并非截然不同，三者之间是一种孳乳滋生的关系，亦即在本原上构成一个相互关联的整体。以下结合具体的文本对此进行展示。

关于道之确切含义，《周易内传》卷五下有云：

> “形而上”者，当其未形而隐然有不可逾之天则，天以之化，而人以为心之作用，形之所自生，隐而未见者也。及其形之既成而形可见，形之所可用以效其当然之能者，如车之所以可载、器之所以可盛，乃至父子之有慈孝、君臣之有忠礼，皆隐于形之中而不显。二者则所谓当然之道也，形而上者也。②

船山于此明确指出：道就是形而上的当然之道。此中又包含两种情况：（1）在未成形的时候，天道之中隐然有其不可逾越的天则，天之化、人心之作用、形体之所自生，都是依据此天则而来，但此天则本身则是隐而未见，此天则即一种形而上之道。（2）形体生成之后，离明得施而可

---

① 请参见王孝鱼、张西堂、唐君毅等诸位先生的著作，三位先生都极为注重船山的天下惟器论。

② 《周易内传》卷五下，见《船山全书》第一册，第568页。

见，形之所可用以效其当然之能者，如车能载人、器能盛物，乃至父子之间的孝慈和君臣之间的忠礼，都隐于形之中而不可见，此当然之道亦是一种形而上之道。其中包括器物之理和人之性理，此通于上一小节对理的分疏：亦即将理诠释为条理和性理。船山此处对道的诠释就包括了道之第一义和第二义：道隐而为人类万物之天则，此即侧重言道体义之幽隐面；道显而为当然之条理和性理，此即主持分剂义。此两义的关系如下：道体义通乎幽明显隐，主持分剂义则侧重显、明而论，前者涵括后者。

此外，《周易外传》卷一有云：

(1)道，体乎物之中以生天下之用者也。①

《周易外传》卷五亦云：

(2)是故于阴而道在，于阳而道在，于阴阳之乘时而道在，于阴阳之定位而道在，天方命人，和而无差以为善而道在，人已承天、随器不亏以为性而道在，持之者固无在而不主之也。一之一之而与共焉，即行其中而即为之主。道不行而阴阳废，阴阳不具而道亦亡。言道者亦要于是而已。②

(3)“一阴一阳之为道。”一之一之云者，盖以言夫主持而分剂之也。③

第一条引文中的道指涉道体：此道既体乎物之中又能生起天下之大用。第二条中的道则兼明第一义和第二义，道无所不在即道体义，主持分剂乎阴阳即第二义。第三条则很明显，道是指主持分剂阴阳者，同于第二义。

道之上述两义在船山著作中比较常见，不过道还有第三重含义。对此，船山于《读四书大全说》卷九释“天下有道”云：

道虽广大，然尚可见，尚可守，未尝无一成之例。故云“天下有道”，不可云“天下有理”。则天下无道之非无理，明矣。道者，一定

① 《周易外传》卷一，见《船山全书》第一册，第821页。
② 《周易外传》卷五，见《船山全书》第一册，第1005页。
③ 《周易外传》卷五，见《船山全书》第一册，第1004页。

之理也。于理上加"一定"二字方是道。……理是随在分派位置得底。道则不然，现成之路，唯人率循而已。①

船山于此指出道字虽然包括甚广，但可见、可守而有一成之侀，比理的含义更加限定。所以我们可说天下无道，但不可说天下无理。道是指一定之理，在理上加上"一定"二字才成为道，盖理有一定却不尽于一定。理之根源在于气，气不定则理亦不定，它是随着气之流行而随在分派的。道则是某种现成之路，只等着人去率循而已。这样，从气到理再到道，所包含的范围越来越小，越来越现成。但需要说明的是：道在这里的用法比较特殊，它意指人道之理想（如尧舜之道、文武之道），所以天下无道是指天下错然纷乱、不合于先王之道。这种特殊用法在船山著作中比较少，更多采用的还是前两义。实际上，此三重含义可加以融合，后二者均可统一在道体义中：道体义无所不包，主持分剂之道则偏重道体之显明部分的内在结构之理，而作为一定之理的道则是对曾经显明的理的凝固。反过来，则可以从一定之理追溯到理之活泼发生，再从理之本原发生洞见道体自身之全体，三者是孳乳滋生的关系。由此，道之诸义就得到了较为明确的阐释。

（二）天下惟器论

1. 何谓器：器与气

天下惟器论是船山思想中的一个亮点，但在阐述此思想之前，有必要对器及其与气的关系略作说明。《周易·系辞》有云："形而下者谓之器"，对此船山在《周易内传》卷五下中解释道：

"形而下"，即形之已成乎物而可见可循者也……卦也、辞也、象也，皆书之所著也，器也……民用，器也。②

船山继承《易传》的说法，将器视为形而下者。所谓的形而下者，是指那些成形为物而为天下所可见可循者。由此，一切气化所生成之形象均可称为器。在此之后，船山又指出：易经中的卦、象和辞，都是书之所著，这些也都是器。另外，民生之用所涉及的一切物品也都是器。由此可

① 《读四书大全说》卷九，见《船山全书》第六册，第992页。
② 《周易内传》卷五下，见《船山全书》第一册，第568页。

见，天下凡是可见可循之物，都可称为器，器之所包甚为广大，故船山又说“盈天地之间皆器矣”①。

于是就产生一个问题：此器与气之关系如何？船山固然以气作为太极之实，气之全体即太极之全体，可见器亦是气之产物。确切地说，器为气具体凝成之物，所有的器都是气化之后的产物。气化对于气来说只是大用之流行，不足以尽气之全体，所以器同样不能尽气之全体，它只是气之大用流行的表现。然而，天之所显，人之所用，无非凭借此流行之大用，故船山极为重视此大用之流行而有天下惟器论的思想。

2. 天下惟器论

船山于《周易外传》卷五中明确地提出了天下惟器论，其文有云：

> 天下惟器而已矣。道者器之道，器者不可谓之道之器也。无其道则无其器，人类能言之。虽然，苟有其器矣，岂患无道哉？君子之所不知，而圣人知之；圣人之所不能，而匹夫匹妇能之。人或昧于其道者，其器不成，不成非无器也。无其器则无其道，人鲜能言之，而固其诚然者也。洪荒无揖让之道，唐、虞无吊伐之道，汉、唐无今日之道，则今日无他年之道者多矣。未有弓矢而无射道，未有车马而无御道，未有牢醴璧币、钟磬管弦而无礼乐之道。则未有子而无父道，未有弟而无兄道，道之可有而且无者多矣。故无其器则无其道，诚然之言也，而人特未之察耳。故古之圣人，能治器而不能治道。治器者则谓之道，道得则谓之德，器成则谓之行，器用之广则谓之变通，器效之著则谓之事业。故《易》有象，象者像器者也；卦有爻，爻者效器者也；爻有辞，辞者辨器者也。故圣人者，善治器而已矣。②

在这段引文中，船山开宗明义地指出：天下惟器而已矣。道可以称为器之道，器却不可称为道之器。在一般人看来，没有其道就不会有其器，但船山却认为：有器不患无道。君子所不知之道，圣人能知之；圣人所不能用之器，匹夫匹妇或能用之。人们可能会因为不明其道而不能制成其器，但不成其器并不意味着天下无器，盈天地之间皆器也。由此，船山进一步指出：无其器则无其道。洪荒的时代没有揖让之道，唐虞的时代没有吊伐之道，汉唐的时代没有今日之道，道是随着器之更新而变化日新的。

① 《周易外传》卷五，见《船山全书》第一册，第1026页。

② 《周易外传》卷五，见《船山全书》第一册，第1027~1028页。

船山又说：没有弓矢就不会有射道，没有车马就不会有御道，没有各种礼器、乐器就不会有礼乐之道。所有的道都附着于具体器物而存在，无其器，则道无所附着、亦不可得见。所以船山总结说：古之圣人，有所谓治器而无所谓治道，治器即所以为道，行道而有得于心则谓之德，治器而器成则谓之行，所治之器有广泛之用则谓之变通。易之有象、有爻、有辞，亦皆附着于器而设。由此，船山将器之重要性提到了一个前所未有的高度，古代思想家很少有像船山这样重视器的。

船山的这种惟器论初看起来，似乎不大容易理解：道是形而上者，怎么还要依附于形而下之器才能存在呢？这不是颠覆了自古以来对形而上、形而下的区分吗？很多学者因为此类论述而将船山划归为唯物论者、为自客观宇宙论入者，① 船山对器的极端重视似乎正可以为此类诠释作证。但此类诠释真的相应于船山思想的实情吗？怎样才能恰当地解释船山对器的极端强调呢？下文即意在对此略作说明。

3. 对器的强调：通于大有论与对明的关注

船山对器的强调有多方面的原因，可从正反两面对其加以解释。

(1) 自正面而言，对器的强调为船山思想自身之本性所要求。船山以天道至诚之流行为气化之本性，天道流行所开放出来的境域都是真实无妄的，而一切器物源发于此境域之中。所以气是真实的，器物也是真实的。五行之所化生、天地精微茂美之物产，正是人类展开其文化、生活的基础。没有这个基础或厌弃这个基础，天道和人道的积极意义都不可能得到显发。所以船山特别重视道的日新之化以及具体的器物制作。每个时代都有其器物和用具，在这些器具和用具中就凝结了那个时代的人类精神活动。脱离开这些具体的器物，那个时代的人文化成业绩亦不可得见，盖人类的心思和精神就灌注在这些器物之中。

(2) 自反面而言，对器的强调意在对治佛老的虚、无思想。佛家讲缘起性空，天地之间的一切事物都是幻有，遑论那些具体的器物和用具。道家讲虚心、以无为本，不主张积极地参与人世间的事情，更不主张人类花心思去经营、制作各种器物、用具。在持儒家立场的船山看来，佛道两家都有遗弃当下现实的人伦物理而去别觅一个虚无、空洞境界的毛病，它们都不能从根本上挺立刚健质朴、充实洋溢的人生境界。所以船山要特别强

① 将船山思想划归为唯物主义是大陆学术界的主流做法，张岱年、侯外庐、萧萐父诸先生可做代表，北美的陈荣捷先生亦有相同主张。唐君毅先生则以船山之重器将其思想归结为自客观宇宙论入者。

调器在生活中的重要性，首先它们是真实无妄的，其次它们是人类文化创造、精神创造的凝结者，是具有丰富内涵的载体。这样船山就将目光投放于当下、现实的具体生活，每时每刻都要刚健不息以继天立极。此外，儒家中的某些学派，尤其是晚明的王学右派，在船山看来，已经完全流入佛老的窠臼。其中有很多学者只注重高谈性命、玩弄光景而忽视真切的具体生活与操存践履。具体生活或践履的内容，在船山看来，其实就是治器，所以他不得不大力提高器的重要性。

此外需要指出的是：船山重器的思想其实也通于船山的其他一些思想，如重视有(大有论)和重视明(反对索隐)。所谓的有，即天下所有的形象，亦可说盈天地之间皆有也，故称大有。所谓的明，即道之全体中的显现者，亦即气化所展现出来的一切形象、为人之耳目心思所知觉者。以上对有和明的解释已经清楚地表明：重有和重明不过是重器的另外两种表述而已，器即天地之间的所有、亦即在明之中的显现者。

(三)道器不二

在船山的思想中，没有任何两物能够截然分离，所以道器不二对船山来说是一个自然的结论①。实际上，道器不二的思想完全可以被统摄在理气浑凝的论题之下。只要了解了理气不二，道器不二就是自然的结论。此二者完全根源于船山本原的天道观，只是它们对天道之流行的展示侧重点有所不同而已。以下略选几段文字对船山之道器不二说进行展示。

《周易外传》卷五有云：

> (1)盈天地之间皆器矣。器有其表者，有其里者。成表里之各用，以合用而底于成，则天德之乾、地德之坤，非其缊焉者乎？是故调之而流动以不滞，充之而凝实而不馁，而后器不死而道不虚生。器不死，则凡器皆虚也；道不虚生，则凡道皆实也。②
>
> (2)“谓之”者，从其谓而立之名也。“上下”者，初无定界，从乎所拟议而施之谓也。然则上下无殊畛，而道器无异体，明矣。③
>
> (3)形而上者，非无形之谓。既有形矣，有形而后有形而上。无

---

① 实际上，在中国古代思想传统中，儒释道三家都视“一以贯之”为思想、修养上的最高境界，任何有二的思想都不得归入一流，此即所谓“二之则不是”。

② 《周易外传》卷五，见《船山全书》第一册，第1026~1027页。

③ 《周易外传》卷五，见《船山全书》第一册，第1027页。

形之上，亘古今，通万变，穷天穷地，穷人穷物，皆所未有者也。①

(4)器而后有形，形而后有上。无形无下，人所言也。无形无上，显然易见之理……形而上者谓之道，形而下者谓之器，统之乎一形，非以相致，而何容相舍乎？②

在第一条引文中船山指明：盈天地之间无非器也，而器有所谓表者、有所谓里者。乾坤之德运乎器之中，成表里之各用及其合用，调之而流动则器不滞，充之而凝实则器不馁，调之充之，此即所谓道也。道在器中故器不死而虚，器在道中故道不虚生而实，虚实一体而道器一贯。在第二条引文中，船山从语言称谓的角度入手："谓之"是从其体而立之名，"上下"是从乎拟议之实而无固定分界，由此即可看出道器无异体，无异体即所谓的一贯。在第三条中，船山指出：形而上之道是依有形而立的，脱离此有形之物，别无所谓形而上之道。所以无形之上者，亘古今、通万变、穷尽天地人物，皆所未有。有形之物即器，离器无道，则道器一贯亦明矣。第四条引文所表达的意思和第三条完全相同，不再赘述。

《读四书大全说》卷七亦有云：

洒扫应对，形也。有形，则必有形而上者。精义入神，形而上者也。然形而上，则固有其形矣。故所言治心修身、诗书礼乐之大教，皆精义入神之形也。洒扫应对有道，精义入神有器。道为器之本，器为道之末，此本末一贯之说也。③

洒扫应对，有形、用器者也，贯乎形器之中则洒扫应对之道也。精义入神，形而上者也，然固有其形，治心修身、诗书礼乐之大教皆其形也。由此船山指出：洒扫应对之中有道，精义入神之中有器。道是器之本，器为道之末，然本大末也不小，此即本末一贯之说。本末一贯，则道器不二亦明矣。在船山著作中，我们随时还可以举出更多类似的文字。但以上所引对于展示船山之道器不二思想已经足够了，故接下来论述船山尽器以为道之思想。

---

① 《周易外传》卷五，见《船山全书》第一册，第1028页。
② 《周易外传》卷五，见《船山全书》第一册，第1029页。
③ 《读四书大全说》卷七，见《船山全书》第六册，第885~886页。

(四)尽器以为道

既然器如此重要，而道器之间又是本末一贯的关系，所以君子为道的方式只能是尽器。在船山看来，真正能够做到尽器的就是圣人，君子只是努力尽器而已。对此，船山在《思问录·内篇》有云：

> 统此一物，形而上则谓之道，形而下则谓之器，无非一阴一阳之和而成。尽器，则道在其中矣。圣人之所不知不能者，器也；夫妇之所与知与能者，道也。故尽器难矣；尽器，则道无不贯。尽道所以审器，知至于尽器，能至于践形，德盛矣哉！①

在这段引文中，第一句话表述了道器不二、本末一贯的思想，而且将其源头追溯到阴阳之和顺。之后，船山则强调说：一个人如果能尽器，道就已经在其中了。圣人之所不知不能者，器也，虽圣人亦难以尽知尽能天下之器。匹夫匹妇之所可知可能者，道也，道体物不遗，故夫妇可与知、可与能，此即所谓“君子之道，造端乎夫妇”。船山跟着指出：尽器是很难的，一个人真的尽器了，则其道无所不贯。一个人之所以要尽道，不过是为了审器、尽器；一个人若真的能够践形、尽器，其德之盛亦为不可加矣。由此可知，在船山看来，一个人为道而达于尽器的程度就是至善，只有圣人才能真正做到尽器。

不但为道之关键在于器，就算是见道也不能离开器，能于器见道才是真的见道。对此船山于《读四书大全说》卷五中有云：

> 总以大贤以上，于性见性易，于情见性难；不迁怒，则于情而见性。于道见道易，于器见道难；不贰过，则于器而见道。此以为天理浑然，身心一致者也。②

船山用此段引文来解说颜子之“不迁怒、不贰过”，从中可见出于器见道的不易性。在船山看来，大贤以上的人于性见性、于道见道比较容易，而于情见性、于器见道则比较难。能于情见性，则庶几乎性其情矣；能于器见道，则庶几乎不逾矩矣。一个人能够于器见道，则已达天理浑

---

① 《思问录·内篇》，见《船山全书》第十二册，第427页。

② 《读四书大全说》卷五，见《船山全书》第六册，第672页。

然、身心一致的境界，颜子其殆庶几乎！由此可见，对船山来说，不管是见道还是为道，器都非常重要。于器见道才是真见道，为道而能尽器才是为道的极致。实际上，由于见道和为道之关键都在于器，二者在工夫上是一体的：见道即所以为道，为道而有得于心则所见愈真，见与为，一夫器而已矣。

四、体用

魏晋以降，体用之辨成为思想界的一个核心问题，后来的宋明理学继承了这份遗产并将其发扬光大。船山作为整个古代思想传统的继承与批判者，也对体用问题提出了自己独特的见解，以下即对此进行论述，内容主要分为三个方面：首先论述体在船山思想中的不同含义，其次论述船山体用不二的思想，最后则论述船山大纲在用的说法。

(一)体之诸义：本体、定体与端体

体字在船山的著作中至少有两种含义，亦即所谓的本体与定体(端体)。对此，曾昭旭曾在其《王船山哲学》中指出："本体之现端为一一定体，乃是通过天之生化作用而成者，而一一定体(特别就人而言)又全具本体之创造性而亦起用者，非一一僵死之物也。于是两体皆有其用(而实亦一贯)，就天之本体而言，一一定体即是其发用之见端，亦即天化所成之大业；就一一定体而言，天之元亨利贞之德即是其所表现之用，而其用又自钟注归藏于此宇宙全体之中也。"①此处对本体和定体的论述，除了少部分需要修正外，大体是可以成立的。以下继续澄清体在船山著作中的含义。

本体与定体的说法，出现在《读四书大全说》卷十中，其文云：

> 孟子斩截说个"善"，是推究根原语。善且是继之者，若论性，只唤做性便足也。性里面自有仁、义、礼、智、信之五常，与天之元、亨、利、贞同体，不与恶作对。故说善，且不如说诚。唯其诚，是以善；惟其善，斯以有其诚。所有者诚也，有所有者善也。则孟子言善，且以可见者言之。可见者，可以尽性之定体，而未能即以显性之本体。②

① 曾昭旭：《王船山哲学》，第347页。
② 《读四书大全说》卷十，见《船山全书》第六册，第1051页。

船山于此用《周易·系辞》中的“继善成性”来解释孟子的性善说：孟子所讲的善是推究根源语，亦即性的根源就在于继之之善。其实善和性还颇不相同，要谈论性的话可以直接称之为性，性里面只有仁、义、礼、智、信这五常，与天之元、亨、利、贞四德同体，是至善无恶的。所以船山认为与其说善，不如说诚。天道惟其诚，所以善于人；天道善于人，所以人能够诚之，故善有其诚。由此，孟子以善言性，是以可见者来表征性的。但善作为可见者，只可以传达出性之定体，却不足以显出性之本体。从此段引文来看，船山所谓的定体即可见者，而本体则是通乎可见不可见而为一者，故可见者不足以尽之。

《读四书大全说》卷五有云：

> “与道为体”一“与”字，有相与之义。凡言“体”，皆函一“用”字在。体可见，用不可见；川流可见，道不可见；则川流为道之体，而道以善川流之用。此一义也。必有体而后有用，唯有道而后有川流，非有川流而后有道，则道为川流之体，而川流以显道之用。此亦一义也。①

船山于此指出：“与”有相与之义，此中就已经透露出船山体用不二、相与为体的思想。在接下来的文字中，船山明确地指出体有二义：(1)凡是言体，其中必然含有用，其中体是可见的形体，而用则隐于形体之中不可见。以川流来说即川流之体可见，而道以善川流之用则不可见。此第一义的体是形体义，或端体义，亦即一端之体。(2)任何用都必然依据于体，有体而后有用，所以要先有道体然后才会有川流，非先有川流而后才有道体。如此则道体实为川流之本体，而川流只是此道体一端之用。此第二义的体即本体义，通于道之全体。其中，端体是可见者、有形体可见；本体则贯乎端体之中而为其根本，可见者皆为其所体而不限于可见者。

根据以上论述，体在船山著作中可以归纳出三种含义：本体、定体和端体。其中，本体即指那真实无妄的本原之体②，此本原之体通于整体意义上的道之全体，亦即贯乎可见、不可见或通显、隐而为一，可见之一端不足以尽之。定体即指一定之体，是可见者、有所限定者；端体则指一端

① 《读四书大全说》卷五，见《船山全书》第六册，第734页。
② 本体在船山著作中含义即指本原、真实无妄之体，文烦不具引。

之体，亦是可见者，且有形体义。由此，定体和端体其实是一致的，形体即有所限定者，而定体之定必然附着在形体上。一定即一端，一端即一定，二者在内涵上是同一的。由此可知，端体或定体实际上是作为全体之本体的发用，任何发用都存乎具体的时位，所以都是全体之一端。但是任何端体又在根源上通于道之全体，所以本体和端体之间不可截然分离，而是相与为体：亦即端体与道为体。

（二）体用不二：相与为体

相与为体亦是船山思想的一个特色，之前的思想家很少有此类说法。而船山对此的强调在其著作中随处可见。相与为体从真正意义上展示了体用不二的原始统一，以下即结合船山著作中的具体文本对此进行论述。

《周易外传》卷五有云：

> （1）是故性情相需者也，始终相成者也，体用相函者也。性以发情，情以充性；始以肇终，终以集始。体以致用，用以备体……六者异撰而同有，同有而无不至。至，则极，无不至，则太极矣。①
>
> （2）夫《易》，天人之合用也。天成乎天，地成乎地，人成乎人，不相易者也；天之所以天，地之所以地，人之所以人，不相离者也。易之则无体，离之则无用。用此以为体，体此以为用。所以然者，彻乎天地与人，惟此而已矣。②

同书卷三有云：

> （3）故道以阴阳为体，阴阳以道为体，相与为体，终无有虚悬孤致之道。③

在第一段引文中，船山提出性情、始终、体用六者异撰而同有，同有而无所不用其极，故统一于太极全体之中。实际上，此六者中，前四者都可以归结为体用：始终者，体与用之始终，除却这体与用，别无所谓始终。性情者，人道之体用也，性为体、情为用，性以发情是称体起用，情

---

① 《周易外传》卷五，见《船山全书》第一册，第1023页。
② 《周易外传》卷五，见《船山全书》第一册，第983页。
③ 《周易外传》卷三，见《船山全书》第一册，第903页。

以充性是即用成体。而对于体用，船山则明确地指出：体与用是相函的关系，体者所以致用，用者所以备体，如此则体之外无所谓用、用之外亦无所谓体，体用不二亦明矣。在第二条引文中，船山视《周易》为天人之合用：天有天之体，地有地之体，人有人之体，三者之体不相易。天有天之所以为用，地有地之所以为用，人有人之所以为用，三者之用不相离。相易则无体，相离则无用，而用者即用此以为体，体者即体此以为用，彻乎天地与人，惟此而已矣。天、地、人各自有体，此体是定体、端体之义；天、地、人又合而成用，此用是本体之用(亦即道体之用)。定体之间相互有别，而在本体之用上则合而为一。此合而为一者即道体自身之流行，彻乎天地与人，无非此道体至诚无妄之流行。端体以道体而成其体，道体运乎端体以成其用，体用合辙、天人一贯，斯为《周易》之大义。如此，则体用不二之义亦明矣。第三条引文则明确揭示出“相与为体”的思想：道以阴阳为体，而阴阳又以道为体，此二者相与为体，天地之间从来就没有所谓的虚悬孤致之道。道与阴阳，密切交融、不可分割，其实则理气浑凝之太极而已矣。凡此天地之间之物，无不相与为体、相与为用，体用一如而道有其实、气有其实。

在《读四书大全说》中，船山对此体用不二的思想亦极为强调，于该书卷一中有云：

(1)体用元不可分作两截。①

同书卷七亦有云：

(2)凡言体用，初非二致。有是体则必有是用，有是用必固有是体，是言体而用固在，言用而体固存矣。②

同书卷八又云：

(3)若将体用分作两截，即非性之德矣……仁义，性之德也。性之德者，天德也，其有可析言之体用乎？当其有体，用已现；及其用之，无非体。盖用者用其体，而即以此体为用也。故曰“天地絪缊，

① 《读四书大全说》卷一，见《船山全书》第六册，第420页。
② 《读四书大全说》卷七，见《船山全书》第六册，第865页。

万物化生”，天地之絪缊，而万物之化生即于此也。学者须如此穷理，乃可于性命道德上体认本色风光，一切俗情妄见，将作比拟不得。①

船山于第一条引文中明确指出：体用本来就不可分作两截，它们在本原上是统一的。第二条引文重新强调了这一点：所有言及体用之处，都不能将此二者分开。有是体就必然有是用，而有是用则必然有是体。言体则用固在其中，言用则体固存于其中。第三条引文则从性之德上来讲体用之不二：如果体用可以分成两截，那么此体用就不是性之德了。性之德乃是天德，天德之中则无所谓可截然分析的体用。当其有体的时候，用已经呈现；而其所用者，无非此性德之体，体用一如而不可截然相分。乃至天道本身，亦是如此。《周易》讲“天地絪缊，万物化生”，是说即此天地絪缊之体而万物化生之大用生焉，离开此絪缊之体，万物无从化生；而离开此万物化生之大用，别无絪缊之体可得。所以船山总结说：学者穷体用一源之理，必要到此程度方可，如此才能见得性命道德上的本色风光，其他一切俗情妄计，都未曾领会此体用一源之意。

大体而言，此即船山体用不二、相与为体的思想。如前所述，这种体用论在中国古代思想史上是比较特别的。魏晋玄学家强调以无为体，佛家以空为性，无和空相对于具体的有、用来说具有一种优先性。具体之有、之用是本体的依附者、分享者，乃至不真者。所以魏晋玄学家有圣人体无、迹本论等思想，而佛家则有月印万川、万法归一、摄用归体的说法。此类说法在佛道二家的思想体系内，自然有其地位和学理上的根据。他们亦都承认体用不二的说法，但其不二基本上是以体统摄用②，所以相与为体的思想，大抵是佛道二家不易接受的③。因为这样一来，具体之有、之用就和本体处于同一个层次④。但在船山看来，此具体之有、之用甚至更重要，人之所作所为只能依靠此大有、大用来实现其继天立极的规模。于

① 《读四书大全说》卷八，见《船山全书》第六册，第894~895页。

② 宋明理学由于受到佛老的强烈影响，以体来统摄用的思想在理学家中亦较为常见。例如朱子就有这个倾向，其理一分殊学说与佛家月印万川的说法很难分别。朱子曾采用月印万川的说法，此点船山很难认同。

③ 对于船山体用思想和佛道二家的区分，陈赟在《回归真实的存在：王船山哲学的阐释》一书中有较为精彩的论述，只是稍嫌粗、杂，参见该书第四章和第五章，书目存参考文献。

④ 佛家的事事无碍、真如缘起学说，某种程度上也可说体用一源且用处于与体同一的层次。但用在此真如缘起中毕竟无积极的意义，相对正统儒家的乾元精神来说，其体其用均虚空而不实，不能真正建立起本真、刚健、充实的生活形态。

此即可见出船山体用一源、相与为体思想之特色。这种特色通于船山对天道的原始领悟：亦即将天道领会为道之全体的至诚发生与流行，此中一切都是密切融合而又真实无妄的。

（三）大纲在用：即用成体

上面已经指出，在船山的体用一源思想中，船山更强调用。此即船山所谓“大纲在用”的思想：船山反对消用以归体的思想，也不大支持由用见体的主张①。船山虽然以体为本、以用为末，但本大末也不小，本末原自一贯，不可妄分大小。所以他主张即用以成体，乾乾自惕、继天不息，此即所谓即用以成体，乃是圣功之极致。以下即略选几段文字对此加以阐明。

船山于《读四书大全说》卷三中明确提出“大纲在用”的思想，其文云：

> 《中庸》一部书，大纲在用上说。即有言体者，亦用之体也。乃至言天，亦言天之用；即言天体，亦天用之体。大率圣贤言天，必不舍用，与后儒所谓“太虚”者不同。若未有用之体，则不可言“诚者天之道”矣。舍此化育流行之外，别问窅窅空空之太虚，虽未尝有妄，而亦无所谓诚。佛、老二家，都向那畔去说，所以尽着钻研，只是捏谎。②

船山于此指出：《中庸》这篇著作的大纲是在用上说，即便有的时候言及体，也是言用之体；乃至言天的时候，也是言天之用，天体亦即天用之体。在船山看来，古圣先贤谈论天的时候，都不离开用，与后儒用“太虚”来说天者不同③。如果有所谓无用之天体，那就根本谈不上什么“诚者天之道”。天道之诚，即体现为此化育之流行；除此之外，别无所谓至诚之天体。只谈论窅窅空空之太虚，虽不会有妄，但也绝对说不上诚。在船山看来，佛、老二家就是脱离此用之诚而别去寻觅一个虚空之体，所以尽管努力钻研，所言所述皆是捏谎。其实，在船山看来，不仅《中庸》，其

---

① 曾昭旭曾将船山思想的根本特性总结为“由本贯末”，此中表示出了某种洞见。但“贯”字在此依然用得不够贴切，未能完全传达出船山思想的真精神。

② 《读四书大全说》卷三，见《船山全书》第六册，第529页。

③ 用“太虚”来说天的代表，其实就是船山极为尊崇的横渠，但船山自己偶尔也采用“太虚”的说法。不过，船山必要将其根源放在气上来说，《张子正蒙注》中对“太虚”的解释即是如此。

实四书五经的大纲都是在用上说，人道之尊严、人极之立就在此大用之中。

船山于《思问录·内篇》中表达了类似的思想，其文云：

> 佛、老之初，皆立体而废用。用既废，则体亦无实。故其既也，体不立而一因乎用，庄生所谓“寓诸庸”，释氏所谓“行起解灭”是也。君子不废用以立体，则致曲有诚。诚立而用自行。逮其用也，左右逢原而皆其真体。①

船山认为：佛、老二家的思想在刚开始的时候都是立体而废用，用既废，则其体亦无实，所以其学说推到最后，必然是体不立而一因乎用。庄子所讲的“寓诸庸”以及佛家所说的“行起解灭”就是如此，皆以虚体因乎用。而持儒家之道的君子在开端的时候则不废用以立体，所以能够致曲而有其诚，等到诚立之后，则用自然流行。且其用不是虚用、因乎用，而是左右逢源、皆其真体。由此可以看出，在船山眼中，儒家和佛、道二家的区分正在于不废用以立体而是即用以成体，只有即用以成体才能成就大中至正的儒家之道。

此外，《周易外传》卷二亦有云：

> 故善言道者，由用以得体；不善言道者，妄立一体而消用以从之。人生而静以上，既非彼所得见矣，偶乘其聪明之变，施丹垩于空虚，而强命之曰体。聪明给于所求，测万物而得其影响，则亦可以消归其用而无余，其邪说自此逞矣。则何如求之“感而遂通”者，日观化而渐得其原也哉？②

船山于此指出：真正善于言道的人，都是由用以得体；那些不善于言道的人，则安立一个虚妄的本体并消用以从之。船山认为：人生而静以上之真体、喜怒哀乐未发之中体，佛、老二家并没有看到。所以他们就偶乘其聪明之变，安立一个虚空之体。以虚空为体，亦能用其聪明，测物亦能得其影响。于是此二家就消归其用而无余，如此邪说就兴起了。船山反对这种安立虚空之体的做法，与其如此，还不如求之“感而遂通”者，即此

---

① 《思问录·内篇》，见《船山全书》第十二册，第417页。

② 《周易外传》卷二，见《船山全书》第一册，第862页。

大用流行上见得天道之本体。船山虽然不太支持由用见体之说，但哪怕是见体，也必得在用上见得才是真见体。于是，“成体”之不可脱离用就毋庸再论，而船山的“大纲在用”说亦可得其确解。

实际上，船山对“大纲在用”的强调，和此前“天下惟器论”中对器的强调，两者在精神上是血脉贯通的。这种精神且通于船山的大有论以及其对明的关注和强调。在下文中，我们继续对此幽明、大有之论进行阐明，而船山对“大纲在用”的强调也就能得到更多的理解与贯通。

五、幽明（显隐）

船山幽明一物的思想通于此前所言的道之全体性、本原发生性和境域性。在解易的宗旨中它体现为：十二位之六阴六阳具易之全体、错综以成其用、见者半而不可见者亦半。需要指出的是：不能机械式地理解船山的解易宗旨，对于此处所谓的十二位之全体、见者半之类，不能执着于此说法中的数量。对其应做如下的理解：幽明的整体视野统括十二位之全体、成就错综成变之大用、统贯可见者与不可见者而为一。实际上，该整体视野就是终极的天人回环视野本身，该思想之所以通于道之全体性、本原发生性和境域性，原因正在于此。幽明一致只不过是换个角度来展示天人回环的整体视野而已。以下即结合具体文本对该视野进行专题论述。论述从三个方面展开：首先得到展示的是幽明一致的整体视野，其次论述船山言幽明而不言有无的主张，最后则对船山的大有论略作说明。

（一）幽明一致的整体视野

如上所述，船山对幽明一致之整体视野的强调主要体现在其相关的易学论述当中。但此视野本身，作为船山展开其各种讨论的背景，则贯穿在船山的所有著作之中。我们在前面亦曾表示：只要领会了天人回环的整体视野，其实也就领会了幽明一致的整体视野。所以，本书在此只略引两段文字对其加以说明。

《周易外传》卷六有云：

> 阴阳各六以为体，十二相通以合德，而可见者六以为撰。既各备其六以待变化，故不必其均而杂胜起。要非可尽之于可见，而谓爻外无位，位外无数乎？爻外有阴阳，杂者岂忧其越哉？由可以来，知其未来者之必有数以储偫；由可以往，知既往者之必有位以居停；由相胜相杂而不越于乾、坤，知未见之数位与已见者而相均。爻外有阴

阳，而六外有位，审矣。①

船山于此指出：六阴六阳备尽易之全体、十二位相通统括易之幽明，而以可见之六位为撰，此即处于明之卦。既然阴阳纯备而待其用，则其用不必均而杂胜起，惟其纯而全备，故能生起天下至赜之用。可见之卦并不能尽十二位之阴阳全体，所以很明显，对可见之卦来说，其爻外定有位、其位外定有数。由未来者之可以来，知其位外有数以待用；由既往者之可以往，知其爻外必有位可居。由阴阳相杂相胜而不能逾越乾坤之缊，知未见之数、位与可见者相均而一致。在此段引文中，船山极明确地指出了可见者与不可见之间的通一无二：可见者即处于明之数、位，不可见即处于幽之数、位，二者数、位相均而一致，故幽明通而为一。数、位尽其体、尽其用于此幽明整体中，此即幽明一致的整体视野。正因为幽明一致、相通无碍，所以来者可来而往者可往，屈伸变化而不离乎幽明。

《张子正蒙注》卷一中亦有同样的表述，其文云：

> 性天之旨尽于《易》，《易》卦阴阳互相参伍，随时变易，而天人之蕴，幽明之故，吉凶大业之至赜备矣。乾有六阳，坤有六阴；而其交也，至屯、蒙而二阳参四阴，至需、讼而二阴参四阳，非阴阳之有缺也。屯、蒙之二阳丽于明，四阳处于幽，需、讼之二阴处于明，四阴处于幽，其形而见者为屯、蒙，其隐而未见者为鼎、革，形而见者为需、讼，隐而未见者为晋、明夷；变易而各乘其时，居其位，成其法象，非所见者有，所不见者无也。……《易》藏畜阴阳，具足充满，以因时而成六十二象。惟其富有，是以日新，有幽明而无有无，明矣。②

船山之学以易为本，此段引文亦明确指出：性天之旨尽于易，天人之蕴、幽明之故、至赜之吉凶大业尽于阴阳之参伍神变。乾坤以六阳、六阴相合而备易之全体，其他六十二卦皆是此全体随时变易之大用，但有幽明之异尔。如处于明者为屯、蒙，则处于幽者为鼎、革，但明者可见，幽者不可见。至于乾坤之全体则通乎可见不可见而为一，此即所谓易藏蓄阴阳，具足充满于太极之中，因时而成六十二象。正因为乾坤之全体通贯幽

① 《周易外传》卷六，见《船山全书》第一册，第1055~1056页。
② 《张子正蒙注》卷一，见《船山全书》第十二册，第30页。

明，充满而富有故能成其日新之化，所以盈天地之间，有所谓幽明而无所谓有无也。总体上来说，此段引文所论述的内容完全同于上一段引文。在船山著作中类似的论述亦随处可见，幽明一致的整体视野在船山思想中的核心地位由此可见。

(二)言幽明、不言有无

1. 言幽明而不言有无

正是因为船山以幽明一致的整体视野作为运思的背景，所以他继承张载、反对有无之论，此即船山对大易及张载“言幽明而不言有无”思想的阐发①。于此亦可见出船山思想一以贯之的特色。

《思问录·内篇》有云：

> 言幽明而不言有无，张子。至矣；谓有生于无，无生于有，皆戏论。不得谓幽生于明，明生于幽也。论至则戏论绝。幽明者，阖辟之影也。故曰“是故知幽明之故”。②

船山以张载“言幽明而不言有无”的说法为至，而谓有生于无、无生于有之类的说法皆是戏论。幽明相通而一致，有屈伸变化而无所谓突如其来之生与灭尽无余之死，所以既不能说幽生于明，也不能说明生于幽。真能赢得幽明一致的整体视野，有无相生的戏论就不再有留存的空间。

---

① 对幽明一致之视野与有无之辨的区分，部分船山研究者极为关注，其中陈赟和刘梁剑更将其作为其总体解释框架的基本出发点。幽明和有无之辨在他们看来代表了两个不同的范式：有无的范式将我们导向寻求世界最终根据(绝对本原)的形而上学态度，幽明的范式则将我们导向世界本身、导向具体的生活，所以这两种范式之间的区别是形而上学和反形而上学的区分。此中的确表达出了某种洞见，但用形而上学/反形而上学的区分来规定船山思想和佛老等思想的区分，却未必十分恰当。实际上，船山和佛老都是反形而上学的。老子的无和佛家的空，包含无穷的原始领会和智慧在内，岂是西方形而上学意义上的绝对本原？船山和佛老的区别只在于：是否能正面承认明所包含的积极意义，并以此明为基础挺立刚健、质朴、充实、洋溢的生命形态。所以船山所代表的儒家和佛老二家的区分是生命形态上的区分，基于此而有思想形态上的区分。但这种区分，相对西方的形而上学传统来说，是一种内部区分，亦即儒释道三家在本原上都是反形而上学的，而不仅仅是船山如此。由此再推论下去，将船山思想视为中国古代思想的终结和现代性意识的开端这一说法难以成立。自历史实情而言，现代性乃是一个西方事件，中国被迫卷入其中是晚清以来的事情。就船山而言，其思想背景仍旧是整个宋明理学的大背景，其得力处也正在于宋明理学。虽然船山自身对宋明理学的传统有所突破，但这不是中国古典思想的终结，而恰恰是六经传统的自我唤醒与更新，此即“六经责我开生面”的真意，其中尚没有现代性的地位(当然也与之不冲突)。

② 《思问录·内篇》，见《船山全书》第十二册，第410页。

实际上，所谓的幽明，不过是阴阳阖辟之影。阖辟，阴阳两端之用也，其致则一也，阖辟不二而幽明一致，此即所谓“知幽明之故”。由此，有无之论并不是谈论天道之正见，须得从幽明一致的整体视野出发才能赢得正见。

《张子正蒙注》卷一亦云：

> 尽心思以穷神知化，则方其可见而知其必有所归往，则明之中具幽之理；方其不可见而知其必且相感以聚，则幽之中具明之理；此圣人所以知幽明之故而不言有无也。言有无者，徇目而已……盖天下恶有所谓无者哉！于物或未有，于事非无；于事或未有，于理非无；寻求而不得，怠惰而不求，则曰无而已矣。甚矣，言无之陋也！①

船山在此认为：如果一个人能够从其大体、用其心思以穷神知化，那么他就知道：可见者必有所归往，如此则明之中具备幽之理；不可见者能相感以聚而来，如此则幽中具备明之理。幽明本为一体，故能流通无碍，所以大易言“知幽明之故”而不言“知有无之故”。在船山看来，言有无的人不过循目而已，目不可见则谓之无，此是循其小体而流荡者。但天下真有所谓的无吗？于物可能无，于事却非无；即或于事非有，于理却非无，盈天地之间，游目骋怀，无非此理气浑凝之太极，焉有所谓无哉！所以船山说那些主张有无之论的人，不过是“寻求而不得、怠惰而不求”罢了。由此，有无之论即成为一种鄙陋之论②。

2. 准见以为道而反对索隐

① 《张子正蒙注》卷一，见《船山全书》第十二册，第29页。

② 船山虽然主张幽明一致的整体视野而反对有无之论，但这并不表明船山对于老庄及魏晋玄学之“无”所彰显的智慧形态完全不了解或全然反对。事实上，如此后第五章第三节“对道家思想之调适上遂”所示，船山对《庄子》一书中所包含的“无”的智慧有相当深刻的领会和展示。就道家思想的传统而言，此有无之辨当然不是前文注中所言导向某种追求世界本原的形而上学，它实际上代表着某种极为高明、极为深邃的智慧。王弼、郭象分别在其《老子注》《庄子注》对此有精到的展示：王弼以无为本，认为老子提出“无”是为了崇本息末，这是很高明的智慧，对人生和政治都具有深刻的指导意义，这种无的智慧的精髓就在于“不塞其原、不禁其性”，如此则物自然能自生、自济；郭象则以自生独化为本，表面上看起来好像是不讲无的智慧，实际上所谓的自生独化即将此无完全融汇在万有之中，故而仍旧是道家之本色。在船山的思想体系中，这种“无”的智慧实际上通于虚灵心之妙用。但船山认为：光有此虚灵心是不够的，更为重要的是要把握住仁义之心。如果能将此仁义之心纳入视野并切身投身于天道本原之流行，那么幽明一致的整体视野就成为领会天道、人心的终极根源。这也就是说：幽明一致的整体视野可以涵化有无之辨并将无的智慧加以调适上遂，这与船山的通庄思想完全相融。

既然幽明一致、显隐无二，人在天地之间的作为应从何处着手呢？对此，船山提出了准见以为道和反对索隐的思想。以下即结合具体文本对此进行论述。

《周易外传》卷六有云：

> 然可见者，所撰者也。有撰者可体，故未有撰者可通。圣人依人以为则，准见以为道。故曰："过此以往，未之或知也。"未过此者可知以所见，形色之所以为天性，而道之所以不远人与！①

可见者即所撰者，所撰者处于明以成用，而未有撰者则处于幽以居德，幽明通乎一体。正因为所撰者有体可据，所以未有撰者可通；脱离这有体可据之所撰者，未有撰之幽亦无从得通，通幽者即不离此明而通之之谓也。所以船山说：圣人依人以为则，准见以为道；人是可见、所撰者，为道需以可见者为准。《周易》所谓"过此以往，未之或知也"即说：离开这可见、可循者，别无所谓用知之地；而未过此者，则可以所撰、可见者而知之。形色即天性、道不远人的道理也正在于此。幽明虽然一体，但人之所据、所知、所能，则以此明之所显、所撰者为要。此即船山"依人以为则、准见以为道"之大义所在。

正是因为对明的关注和重视，船山特别反对佛老的索隐思想。于《读四书大全说》卷二中船山对此有极为明确的论述，其文云：

> 凡言隐者，必实有之而特未发见耳……道之隐者，非无在也，如何遥空索去？形而上者隐也，形而下者显也。才说个形而上，早已有一"形"字为可按之迹、可指求之主名，就者上面穷将去，虽深求而亦无不可。唯一概丢抹下者形，笼统向那没边际处去搜索，如释氏之七处征心，全不依物理推测将去，方是索隐。又如老氏删下者"可道""可名"的，别去寻个"绵绵若存"。他便说有，我亦无从以证其无；及我谓不然，彼亦无执以证其必有……君子之道，则自于己性上存养者仁义礼知之德，己情中省察者喜怒哀乐之则。天之显道，人之恒性，以达鬼神后圣之知能，皆求之于显以知其隐，则隐者自显。亦非舍隐不知，而特不索耳。②

① 《周易外传》卷六，见《船山全书》第一册，第1056页。
② 《读四书大全说》卷二，见《船山全书》第六册，第490~491页。

在船山看来，隐并不是一无所有，而是实有之但还未呈现。所以，道之隐并非空无所有，但因为还未呈现自身，所以亦无从征验，本不可凭空去探索它。实际上，隐即所谓的形而上者，其显则所谓的形而下者。既然是形而上，则已经有一个“形”字作为可按之迹、可求之主，以此可见者为基础去穷理，在船山看来，哪怕是深求也无不可，儒家的穷理尽性亦不过如此而已。船山所反对的是：一概抹下这可见、可据之形象，笼统地、没边际地寻求一个虚空之道，就好比佛家所谓的七处征心、全不依凭可见之物理，这才是索隐。老氏抛开那可道、可名而去别寻一个绵绵若存之道，亦是索隐。此二家所谈论的隐又全无形象可凭，于是说有说无均成戏论。儒家的君子之道则不然，依据当下体察到的本性可存养这仁义礼智之性德，依据当下发见的情感则察识这喜怒哀乐之则。这可存可养、可察可识者，正是天之显道、人之恒性，君子即于此上用功，由显以知隐、由明以达幽，然后合乎道之全体、天之鬼神。所以君子之道，亦不略下这隐不管，只是不做那索隐之事罢了。

“准见以为道”与“反对索隐”从一正一反两个方面体现了船山的幽明观：幽明本自一贯，然显者可依，故准见以为道；隐者不可见而无所依，故不可空索，存之可矣。由此，船山之幽明观可小结如下：他主张以幽明一致的整体视野作为背景，其所作所为则是从当下的明亮处(亦即当下的性情、所接的人物)开始，站稳自己的脚跟，从己身做起，一步一个脚印、踏踏实实地展开自己的活动。因为每一个当下展开的明亮处，其实都源于天道至诚所开放出来的真实境域(所谓继之者善)，此正是人应当致力之处。人于此明亮处用其良知良能、继天立极而孜孜不倦，则道之隐者不遑他求、自然在其中矣，故亦用不着如佛老二家那般去专门索个无形之隐。此幽明一致的思想真是船山思想的命脉、精髓所在。

(三)大有论：强调显明与抵制虚无

与对显、明的强调相应，船山有所谓的大有论。结合本章之前的论述，船山对有的重视很容易理解，此思想其实也通于船山对器的强调。所以此处只拟结合文本对其稍作展示。

《周易外传》卷二有云：

(1)天下之用，皆其有者也。吾从其用而知其体之有，岂待疑哉！用有以为功效，体有以为性情，体用胥有而相胥以实，故盈天下而皆持循之道。故曰："诚者物之始终，不诚无物。"①

(2)夫可依者有也，至常者生也……其常而可依者，皆其生而有；其生而有者，非妄而必真。故雷承天以动，起物之生，造物之有，而物与无妄，于以对时，于以育物，岂有他哉！②

在第一条引文中，船山明确地指出：天下之用，皆是所谓的有。从用之有可以推知其体之有，凡用皆有其体，此中更无任何疑问。用之有表现为功效，体之有表现为性情，有其功效者必有其性情，此即体用胥有而相需。体用皆其实有，所以盈天地之间皆是可持可循之道。故《中庸》云："诚者物之始终，不诚无物。"诚者，体用胥有之诚也。用有以为器，体有以为道，道器相须而体用一贯，所以不可离有而论道。在第二条引文中，船山表明：天地之间，可依者为有，而至常者则为生。此有此生，皆真实无妄。所以无妄之卦雷承天以动，兴起物之生意、肇造物之大有，而所生所有之物皆真实无妄，故能以此对时、育物而继天立极。船山对有的强调，于此可见一斑。

正是因为对显明、器、有的强调，船山特别反对佛老的虚无之论。在其著作中对虚无的抵制随处可见，《周易外传》卷二有云：

夫生理之运行，极情为量；迨其灌注，因量为增。情不尽于所生，故生有所限；量本受于至正，故生不容乖。则既生以后，百年之中，阅物之万，应事之赜，因物事而得理，推理而必合于生，因生而得仁，因仁而得义，因仁义而得礼乐刑政，极至于死而哀之以存生理于延袤者，亦盛矣哉……故贱形必贱情，贱情必贱生，贱生必贱仁义，贱仁义必离生，离生必谓无为真而谓生为妄，而二氏之邪说昌矣。③

船山于此认为：人生百年，无非生理之运行。所阅者为万物，所应者为众事；应之以情，继之以生。所阅所应、以应以继，无非此真实无妄之大有、条理一贯之大道。故能于事得理，而理必合生，生必有其仁义与礼乐刑政，凡此皆人生真实无妄之道，而尤以所有之形器为依，故真能重

① 《周易外传》卷二，见《船山全书》第一册，第861页。
② 《周易外传》卷二，见《船山全书》第一册，第887~888页
③ 《周易外传》卷二，见《船山全书》第一册，第889页。

视、体现生理者必不贱视形器。在船山看来，贱形者必然贱情，贱情则必然贱生，贱生则必以仁义为刍狗之物而贱之，仁义为贱则生无可贵，故其归向必为离生。离生则必谓生为妄而以空、无为真，如此则不归于佛、老二氏而不可得。所以船山从本原上就以生为至诚之天道，而明所生之器、有亦皆真实无妄，故能即此以穷理尽性、尽器为道而立人极于天地之间。实际上，船山对于虚、无也不是全然的反对，虚、无本是人心之一种境界(此即所谓三重意向中之虚体)，其间亦有大用，只是不可视之为终极的真实。终极的真实是那流动充盈的至诚之道，此即所谓："尽天地只是个诚，尽圣贤学问只是个思诚。"①

本章小结

以对天道的本原领会为基础，本章对太极、理气、道器、体用、幽明这五个论题在船山思想中的意蕴做了具体而微的阐明。它们从不同的角度展现了天道全体作为终极发生境域所蕴含的描述性特征。正是因为它们源于同样的原初领会空间、源于同样的意义发生场，故对其内容的阐发在本质上互相融通、密切关联。太极与幽明一致的整体视野即道之全体自身，气作为太极之实有则通于此道之全体。理和道基本上都指目此道体之本原发生所具有的内在结构，它们可以被抽象地提取出来，因而可以被人们赢获乃至执着，但所有这些道理只有回到原初的发生场域才能获得其生命力。至于所谓的体，一方面它可以通于全体，另一方面它也在发生流行中塑造具有相应结构的端体，总之它在道、理、太极以及气的层面上都可以得到应用。所谓的用则通于器、气之发用或可见者、通于天下之大有、通于幽明之中的显明一面，此一面船山极为重视。所有这些都不可截然分开，因为在本原的天道流行中，凡此所有皆通而为一。故船山说："天下有截然分析而必相对待之物乎？求之于天地，无有此也；求之于万物，无有此也；反而求之于心，抑未谂其必然也。"②要之，船山的运思方向如下：以道之全体(太极、幽明一致之整体视野)为志，念念不忘此本原发生之道体自身，但其工夫的落脚处则在位于明亮处的用、器或有之上。一切以人作为准则，以可见者作为用力之处，此即所谓即用成体、依人建

① 《读四书大全说》卷九，见《船山全书》第六册，第996页。
② 《周易外传》卷七，见《船山全书》第一册，第1073页。

极、以明达幽而合天人于一致。其实，只要能够在真切的意义上领会上述对天道之特性的展示，此上加以澄清的那些问题无不可迎刃而解，自在卷舒、通透浃洽。嵇文甫先生对此亦颇有感悟，他在《王船山学术论丛》中说："船山的根本思想只是八个大字，就是：天人合一、生生不息。由此推下去，则理与势合，常与变合，动与静合，体与用合，博与约合……成为一贯的体系。"①此论实深得船山思想的本旨。

① 嵇文甫：《王船山学术论丛》，第 98 页。

第三章　人性论：意向的自我伸展

船山之学以人为本、依人建极，所议所论皆以立人极为归。然而，要挺立人道的尊严及其大业，首先要赢得有关人性的真正洞见，见性者方能成就圣王之道。在综论中，人性论的核心问题曾被归结如下：如何真切地领会心之特性？谁能真切地领会心之特性，谁就能见性。实际上，人性论中的所有问题都汇聚在此心性问题之中。对心的不同领会，哪怕只是开端上的微妙不同，最终都有可能会引发出思想体系在走向上的绝大差异。儒、释、道三家大教的不同正在于它们对心各有其不同的原始领会，此自不待言。即便在儒家的大传统中，各派对心的领会也不尽一致，例如：孟子和荀子的领会不一致，程朱和陆王的领会不一致。后者的不一致引发了宋明儒学中理学和心学之间数百年的争辩。船山对人性、人心的领会，正是在上述这些思想体系相互激荡的背景中成长起来的。

笔者认为：以天人回环的整体视野为源头，船山对人性、对心之特性赢得了颇具特色的见解，值得在学理上加以研讨。在综论中，我们曾参照现象学的意向性学说将船山对心之特性的规定展示为意向的自我伸展。本章即意在以此规定为基础，进而对船山的人性论做出全面而深入的阐明。其主要内容有三：首先，从整体上点出船山人性论的特性，并特别指出要以心为本来理解船山的人性论；其次得到论述的是船山的心性情才论：亦即分别对心、性、情、才在船山思想中具体意蕴加以阐明，并进而从整体对其相互关系加以说明；接下来论述船山的知行观：以朱子和阳明的知行观作为对照以凸显船山知行观的特色，并附带着对知能、知礼问题略作探讨。以下依次论述。

第一节　总论船山之人性论

一、对船山人性论之总体展示

在综论部分，船山对心之特性的规定被展示为：意向的自我伸展。现象学意义上的意向活动具有如下的特性：它总是关于某物的意向活动，且任何意向活动之间的关系本身就是意向式的。亦即：所有的意向活动构成一股相互牵引、交互构成、连绵不断的意识流，其中包含有无比丰富的内在结构。现象学的这种意向分析就西方思想史而言是一场革命，对东方思想来说也颇有启发意义。根据此前综论中的分析，船山对心性的领会虽然不如现象学家那般细密，但他们在精神取向上却颇有相通之处。船山将意念(知、情、意均被涵括在其中)视为某种随机而发的、原本的、拥有自身结构且不可把捉的活动，而心即这些活动的统体。这些活动相互牵引、交互构成、连绵不断，并由此构筑起具有丰富结构的心灵统一体。这和现象学家的领会是相通的。船山进而指出：心之情意活动具有产生流弊的可能性，意可能流为私意、情可能衍为流荡之情。船山又将心灵活动的根源推溯到至诚之天道之上：所有心灵活动都源于阴阳不容已的感应。心是阴阳翕辟感应之不容已，性则是阴阳感应之实。以此为基础，船山有所谓的三重意向学说：亦即大体、小体和虚体。

赢得此上领会之后，我们就有较为充分的基础来诠释船山的人性论：亦即其心性情才论和知行论。心统乎性、情、才、欲而为一体，其源头在于太极阴阳的感应不已，所以必须结合心之特性和天地感应之道来探讨性、情、才。性为阴阳感应之实，情为阴阳感应之几，才则为阴阳所成之质。性虽为实体，却有待心之功能，惟心能尽性。情虽然是当下之感应，却由心而得以通贯，统于心而情不穷于感。才虽受成之质，但因心为用，心非定体，故能藉气之流行以变化所成之质。如此，则性、情、才、欲等均被统会于生动、活泼的流动之体中，心体即对其的统称。在此后的分析中，我们必须将此领会牢记在心。只有这样，我们才能展示出船山人性论的殊胜之处。

二、船山人性论之特色

历来谈心性者，多喜欢就心性本身而论心性，基本上不会融合天道论为背景来讨论心性。陆王姑且不用说，伊川、横渠等亦是如此。即便是具有浓厚天道论兴趣的朱子，其心性论似亦不曾融合天道论为背景。更恰当的说法是：朱子的心性论和天道论是平行的，它们分享一个共有的结构。亦即：理气不离不杂和心性情三分的架构共同分有某种形而上/形而下的结构。船山的人性论则不然，他总是将心性置于整个天人回环的整体视野中来加以展示，心性情才等总是跟太极、阴阳、翕辟关联在一起。在船山这里，太极、阴阳、动静和心、性、情、才是打成一片、融为一体的，其间不并存截然的限界或区分，所有区分和界限都在本原的发生、流动之中随时随地地展现。船山对于心性的具体分析可能达不到理学家那种细致入微的程度，但以天人回环的整体视野为背景来探讨心性的确是船山心性论的独特之处。前人在此方面似从未如此彻底，船山的“命日降，性日生日成”等思想学说，对此表现得最为明显。

如果只就心性而论心性，船山的人性论仍旧有其独特之处。在宋明理学的大传统中，心性论分析的要点在于确立起明确的区分，如性体情用之区分、天理人欲之区分、义理之性与气质之性之区分等，且这种区分在某种程度上有二分的嫌疑(朱子即有此倾向)。船山虽然也继承了这些区分，但将它们放在更大的背景中来看待，这就是心作为意向之伸展的特性。在船山看来，情之中有性(四端之情为性)，人欲之中有理(大公之欲即天理)、形色即天性(气质为义理之都)。心作为意向伸展的统一体囊括性、情、才、欲，其间虽包含有丰富的结构和区分，但所有这些结构和区分都不是必然、确定无疑的。在心体之流行中，可能性总是高于现实性。我们将船山对心的规定展示为各类心灵活动在其中相互牵引、交互构成、连绵不断的统一体，在此找到了坚实的凭证。只有以此展示为基础，我们才能更好地理解船山的那些说法。船山“互藏其宅、交发其用”“相与为体、相与为用”的思想将其人性论中的这一特色表露无遗。实际上，这两个特色在本原上是统一的，它们都根源于天人回环的整体视野之中。

三、以心为本：合知能而载之一心

虽然船山的人性论是在天人回环的整体视野中展开的，但如综论所言，所有的分析都以对心之特性的把握为基础，甚至对天人回环视野的领会也不能脱离该把握所提供的洞见。所以，在展示船山人性论之具体内容的时候，时刻都要以心为本。《周易外传》卷五有云：“人者，合知、能而载之一心也。”①知者，天之事；能者，地之事；人则合知能而载之一心。人之知、能来自天地，其体现则合为一心，人之所以能和天地并立为三才，心之为功大矣哉！心之根本地位于此可见，而其作为意向伸展之统一体的特性所具有的重大意蕴也已经得到了展示。故以下的分析均以心为本。

① 《周易外传》卷五，见《船山全书》第一册，第984页。

第二节　船山之心性情才论

宋明以来，对心、性、情、才等问题的探讨成为儒家学者的核心任务，人性论基本上就是围绕这几个观念而展开的。船山对人性的探讨亦是在此背景中展开的，本节即意在对其做出深入的阐明。由于综论部分已经对心之特性有所阐明，所以此处对心的论述从略，而将论述的重点放在性和情之上。但要注意的是：只有以心为本才能恰当地理解性、情、才等观念。

一、心论

如上所述，综论部分已经对心之特性有所阐明，故在此不做过多探讨。本小节将首先对心之核心地位略作展示；其次则以《尚书引义》中的相关论述为主对船山的人心、道心说略作说明，此是船山心论之特色；最后则对心统性情之说稍作阐述。

（一）心之核心地位

在综论中，心之核心地位早已得到展示：心作为意向之自我伸展是理解任何关于人性之讨论的关键所在。心在感兴上具有最为原始的地位，心以其时之三际通贯人道之始终，心作为天道开显之源同样也通于天道之始终。谁能够真正见得心之本体，谁也就能见性、见道，从而继天尽性，在天地之间挺立人极的尊严性。以下引用相关论述对此再作些说明。

《尚书引义》卷五有云：

> 本者何也？天下之大本也。心之为天下本者有三，三者贯于一，而体用之差等固不可泯也；诚也，几也，神也。几则有善恶矣，而非但免于恶之即善，则几固不可遏而息也。神则不测矣，于此于彼而皆神，是人之天，非天之以命人而为其宅者也。故几受裁于诚，而神者依诚以凝于人者也。①

船山于此将心视为天下之大本，其所以能为天下之大本则在于诚、

① 《尚书引义》卷五，见《船山全书》第二册，第367页。

神、几这三者，此三者虽然在体用上有其固然的差等，但却贯通为一，亦即统一在心体的原本流行之中。几源于阴阳感应之不已，有其固然故不可遏而息，其发端之处有善有恶、亦有非善非恶，故免于恶不就是善。要明察此几，使其一于善而不流入于恶，则需要诚之之工夫，意诚则心正，心正则身修，故几受裁于诚。神则源于阴阳之不测，不测则于此于彼而皆神，此为人之天而非天所命人以为其宅者也。然人若能诚其几、致其大，养其大而熟且化其大，则能有其神矣，故神可依于诚而凝于人。如此，则在心所贯之三大本中：几为人所用功之地，神为人所能达之化境，而其所以用功、所以达于化境则在于诚。诚者心之实德也，诚、神、几三者之所以能贯为一，以心之德本诚也，故能诚其几而依诚以达于神。

又船山于《夕堂永日序论外编》中曾对心字略作释义如下：

> 均一"心"字，有以虚灵知觉而言者，"心之官则思"之类是也；有以所存之志而言者，"先正其心"是也；有以所发之意而言者，"从心所欲"是也；有以函仁义为体，为人所独有，异于禽兽而言者，"求放心"及"操则存，舍则亡"者是也；有统性情而言者，四端之心是也；有性为实体，心为虚用，与性分言者，"尽心知性"与张子所云"性不知简其心"是也。①

船山于此指出心字之用法的多义性：可以指心之虚灵知觉、所存之志、所发之意、函仁义之心体、统性情之四端、与性分言之虚用。其实，如果要继续分析，船山可能会给出更多的含义。而心字具有如此之多的丰富含义，其中包含了性、情、意、志、虚灵知觉等，这正可以证明心作为统体在人性论中所占有的核心地位。正因为心作为意向之伸展的统一体而无所不包，所以它才具有如此丰富的含义。心之核心地位由此不言而喻矣。

（二）人心与道心

在论述三重意向的时候，我们已经对人心与道心作过详细的论述。由于船山对人心、道心的阐释极具特色，颇能显示船山思想的特性，故于此再做探讨。所引论述与综论部分有所重复，但阐释则颇有不同，读者幸留意焉。

---

① 《夕堂永日序论外编》，见《船山全书》第十五册，第856页。

1. 人心与道心之实

船山于《尚书引义》卷一中分别论述人心与道心之来源如下：

(1)且夫人之有人心者，何也？成之者性，成于一动一静者也。一动一静，则有同、异、攻、取之机。同、异、攻、取，而喜、怒、哀、乐生矣。一动一静者，交相感者也，故喜、怒、哀、乐者，当夫感而有；亦交相息者也，交相息，则可以寂矣，故喜、怒、哀、乐者，当夫寂而无……孰知夫：其感也，所以为仁义礼智之宅，而无可久安之宅；其寂也，无自成之性，而仁义礼智自孤存焉。则斯心也，固非性之德、心之定体，明矣。故用则有，不用则无。①

(2)若夫人之有道心也，则"继之者善"，继于一阴一阳者也。一阴一阳，则实有刚、柔、健、顺之质。柔、健、刚、顺，斯以为仁、义、礼、智者也。当其感，用以行而体隐；当其寂，体固立而用隐。用者用其体，故用之行，体隐而实有体。体者体可用，故体之立，用隐而实有用。显诸仁，显者著而仁微；藏诸用，用者著而藏微。……故曰始显继藏，天命流行，物与无妄也。②

船山在第一条引文中解释了人心之来源：阴阳翕辟、动静之几即人心的来源。有动静则有同异攻取之几，有同异攻取之几则有喜怒哀乐之情，喜怒哀乐之情即所谓的人心。此四情当乎感而有，当乎寂而无，只是心之用而非性之德、心之定体。当然人心不仅有喜怒哀乐之情，更有其虚灵知觉之性。但对人心与道心的区分而言，心之虚灵特性不构成本质差异，所以船山略而不论，转而侧重从四端与四情方面区分人心与道心，并将其源头分别追溯到阴阳变化之几和阴阳健顺刚柔之实体之上：由变化之几则有四情，由实体则有四端。所以在第二条引文中，船山指出：人之所以有道心，就在于"继之者善"，继于一阴一阳之实也。此阴阳之实中涵有刚柔健顺之质，凝此刚柔健顺之质以为人性，则为仁义礼智四种性德。当其感，则恻隐、羞恶、恭敬、是非四端之用行而仁义礼智之体隐；当其寂，则仁义礼智之体固然其存，而四端之用则隐而未发。实有此仁义礼智之体，故能实有此四端之用；而由四端之实有其用，亦能知仁义礼智之体之实有；体用本自不二，一体原来同流。显之于仁而仁微，藏之于用而藏

① 《尚书引义》卷一，见《船山全书》第二册，第264页。

② 《尚书引义》卷一，见《船山全书》第二册，第264页。

微，于显于隐俱为深微，但却终古如斯以为其实体而不变，不像那些乘机而有瞥然之感，倏忽而来、倏忽而去，无有一定之则。此终古如斯之微即道心，为性之德、心之定体。

2. 人心之危与道心之微

人心与道心之来源及其特征已如上述，现在来看人心与道心之存在特性，亦即所谓的人心之危与道心之微。人心总是处于一种危险、不安定的可能性之中，而道心从其根源上来说则是深微难识的。古往今来，人所见所宗之心，大抵均为人心而非道心。能见道心，则可与于内圣外王之道。

关于人心之危和道心之微，船山于《尚书引义》卷一中有云：

> 心，统性情者也。但言心而皆统性情，则人心亦统性，道心亦统情矣。人心统性，气质之性其都，而天命之性其原矣。显于天命，继之者善，故危而不亡；都于气质，故危而不安。道心统情，天命之性其显，而气质之性其藏矣。显于天命，继之者善，惟聪明圣知达天德者知之。藏于气质，成之者性也，舍则失之者，弗思耳矣。无思而失，达天德而始知，介然仅觉之小人，告子、释氏。去其几希之庶民，所不得而见也。故曰微也。①

心统性情是宋明理学的传统说法，船山亦表示认同，并进而由此推论说：既然只言心而皆能统性情，那么人心亦能统性，而道心亦有其情矣。人心之所以统性在于：气质之性是其所居，而天命之性是其源头。以天命之性为源头，继之者善，故人心之中亦时时有天所命之性，故其情虽危而其性不亡。以气质为其所居，则心或失其本居而听命于耳目之官，随感而兴、从欲而发、流荡不止，故其势危而不安。道心亦统情，其特征如下：以天命之性为其显，而以气质之性为其藏。显于天命者，即所谓的继之者善，四端虽微，其发见无有不善，但只有聪明圣知达天德者才能真实体察此善端。藏于气质者，即所谓的成之者性，性中自然有此仁义礼智之体，但常人放其心而弗思弗求，故不可得见。只有那些聪明圣知达天德的人才能真切地知有此体、知有此善端，而介然仅觉之小人如告子和释氏以及去其几希的庶民，都不能体察此实有之善端和本体，故称其为微。船山于此很真切地指明了人心之所以危以及道心之所以微。需要注意的是：船山并未将此两者隔离开来，二者都统一在天命和气质之合体当中，只是其具体

① 《尚书引义》卷一，见《船山全书》第二册，第261~262页。

表现不同罢了。

3. 互藏其宅、交发其用

如上所述，人心和道心并不能截然分开。恰恰相反，按照船山的说法，此二者互藏其宅而交发其用。对此，船山于《尚书引义》卷一中有极为明确的论述，其文云：

> (1)性不可闻，而情可验也。今夫情，则迥有人心、道心之别也。喜、怒、哀、乐，兼未发。人心也。恻隐、羞恶、恭敬、是非，兼扩充。道心也。斯二者，互藏其宅而交发其用……于恻隐而有其喜，于恻隐而有其怒，于恻隐而有其哀，于恻隐而有其乐，羞恶、恭敬、是非之交有四情也。于喜而有其恻隐，于喜而有其羞恶，于喜而有其恭敬，于喜而有其是非，怒、哀、乐之交有四端也。故曰互藏其宅。以恻隐而行其喜，以喜而行其恻隐，羞恶、恭敬、是非，怒、哀、乐之交待以行也。故曰交发其用。①
>
> (2)然则判然其为二乎？而又非也。我故曰互藏其宅、交发其用。阴阳变合而有动静，动静者，动静乎阴阳也。故人心者，阴阳翕辟之不容已；道心者，动静之实，成材建位之富有，和顺而为光辉之自发也。②

在第一条引文中，船山以情来验心性：从情的方面来说，迥然有人心和道心之别。喜怒哀乐之发(兼其未发)为人心，亦即以四情为人心；恻隐、羞恶、恭敬、是非之发(兼其扩充)为道心，亦即以四端为道心。四情和四端的关系为互藏其宅、交发其用。为什么这么说呢？船山请大家返回自家身心体察如下的说法：(1)伴随恻隐之心而有的可以是喜、可以是怒、还可以是哀与乐，羞恶、恭敬和是非之心亦复如是，均可以伴随喜、怒、哀、乐四者而有。另外一面，伴随喜心而有的可以是恻隐、可以是羞恶、还可以是恭敬和是非，怒、哀、乐亦复如是，均可以伴随恻隐、羞恶、恭敬、是非之心而有。很显然，四端之中可以有四情，四情之中亦可以有四端，故曰互藏其宅。(2)当其恻隐而喜，则以喜行其恻隐；当其喜而恻隐，则以恻隐行其喜。羞恶、恭敬与是非之于怒、哀、乐亦复如是，交相待、交相贯以行，故又曰交发其用。在第二条引文中，船山更将此道

---

①《尚书引义》卷一，见《船山全书》第二册，第262页。
②《尚书引义》卷一，见《船山全书》第二册，第266页。

心、人心之异同追溯到阴阳动静之上：动静来源于阴阳之变合，而所谓的动静即动静乎此阴阳之实也。人心即此阴阳翕辟不容已之几，而道心则是此动静所依阴阳之实，源于气之充满富有及其和顺之光辉自发。所以人心与道心二者，异而同，同而异，两者之区分是一种亲密无间的区分。船山对人心和道心的这种诠释，置于整个中国古代思想中而言颇为独特，堪称神来之笔。

（三）心统性情

介于心统性情的说法在宋明理学中的重要性，此处专辟一节来探讨船山的心统性情思想。实际上，此前的论述已多次涉及该思想。首先自人心方面而言：人心除了喜怒哀乐之情外，亦自有其所统之性。此性以气质之性为都，以天命之性为原。天命之性为其原，故四端亦可显于人心，惟去其几希之庶民难知尔。气质之性为都，故喜怒哀乐之用占据心之大体而或失其本心。此即人心所统之性情。其次从道心方面来讲：道心除仁义礼智之体外，亦有其所统之情，此情即所谓的四端。道心所统之性以天命之性为显，以气质之性为藏，显者显于四端之发见，藏者藏于四情之中节（言喜怒哀乐之发皆中其节），此即道心所统之性情。将此二者结合起来，即《尚书引义》卷一所云："人心括于情，而情未有非其性者，故曰人心统性。道心藏于性，性亦必有其情也，故曰道心统情。"①最后从人心与道心之互藏其宅、交发其用来说：既然人心之情与道心之情互藏其宅、交发其用，则人心与道心之不可分离亦至为明显。人心与道心既然不可分离，则心只能为一心，此心必然既统摄喜怒哀乐之情及其未发之体，又统摄四端之心及其仁义礼智之本体；由此，则心统性情之说亦至为显明。只是在船山的心统性情说当中，各种内容相互交叉环绕，相对朱子等人的心统性情来说，不太容易理解，但这恰恰显示出船山思想的特色。这种特色在于将心性论置于天人回环的整体视野中加以言说，其具体论述则打成一片、融为一体；不管具体的分疏如何细密，最终仍需融合为一体。

二、性论

船山对性之内涵的阐发，置于中国古代思想史中来说，可谓大放异彩。关于这点，船山自己也有明确的意识，在《读四书大全说》中他曾说道："愚于此尽破先儒之说，不贱气以孤性，而使性托于虚；不宠情以配

① 《尚书引义》卷一，见《船山全书》第二册，第262页。

性，而使性失其节。窃自意可不倍于圣贤，虽或加以好异之罪，不敢辞也。”①又说：“愚尝谓命日受，性日生，窃疑先儒之有异。”②实际上，船山对心、性、情、才的阐发确有其独特之处，而对性和情的论述则尤见精彩。本小节即意在对船山之性论加以阐明，以性日生日成、气质之性、性与衷与诚、习与性成等问题为主。

(一)命日降，性日生日成

“性日生日成”是船山独抒机杼的说法，此前从来不曾有人如此说性，故船山自己对此说法也曾有所迟疑。《读四书大全说》卷一有云：“愚于《周易》《尚书》传义中，说生初有天命，向后日日皆有天命，天命之谓性，则亦日日成之为性，其说似与先儒不合。今读朱子‘无时而不发现于日用之间’一语，幸先得我心之所然。”③这句话可为此作证④。但该思想实在是船山整个思想体系的必然结论，所以前人虽从不曾如此说，但船山在其整个学思历程中都坚持此说法。以下即结合船山的具体论述对其加以阐明。

正如船山自己所提示的，此说法最早见于《周易外传》卷一中，其文有云：

> 夫一阴一阳之始，方继乎善，初成乎性，天人授受往来之际，止此生理为之初始。故推善之所自生，而赞其德曰“元”。成性以还，凝命在躬，元德绍而仁之名乃立。天理日流，初终无间，亦且日生于人之心。惟嗜欲薄而心牖开，则资始之元亦日新而与心遇，非但在始生之俄顷。⑤

---

① 《读四书大全说》卷十，见《船山全书》第六册，第1068页。

② 《读四书大全说》卷十，见《船山全书》第六册，第1075页。

③ 《读四书大全说》卷一，见《船山全书》第六册，第405页。

④ 在此需要特别指出：船山虽然引用朱子的这句话来证明自己的观点，但是此证明却未必能够成立。实际上，如果我们结合朱子的整个思想体系来说，那么这句话并不能用来论证船山的“命日降，性日生日成”说。盖朱子所谓“无时而不发现于日用之间”所彰明的无非是天理之恒常性，亦即天理可以随时随地呈现在吾人之心灵中。船山讲“命日降，性日生日成”，那是因为船山将气视为世界的本原(通形上、形下而为一因而即通于道之全体)，命和性都是就着气来说的：命是气之流行，性是气之主持分剂者。但在朱子那里，气则只是形而下者，而性、理并不是就着气而言，性理是气的主导者。所以如果紧扣其原意以及朱子的整个思想体系而言，船山此处的引证是失败的。当然，这并不妨碍其性论的精彩。

⑤ 《周易外传》卷一，见《船山全书》第一册，第825~826页。

船山于此仍旧是采用“继善成性”说来阐明命之日降和性之日生：一阴一阳之始，即方继乎善、初成乎性之际，此即所谓的天人授受往来之际。生理即以此际为初始，推究此善的源头，赞美其德行曰“元”，万物所以资始而资生者也。成性之后，凝命则在于个人之努力，此时则继承此元德而立仁之名，其实则一也。天理日日流动于天地之间，无有所谓间断和始终，所以必然也日日生于人心。只有那些嗜欲薄而心牖开的人，能以其心接受资始之元、日新之命，而不仅仅是初生俄顷之命。“命日降，性日生日成”的说法于此已经颇具雏形，而且需要注意的是：此说法是放置在“继善成性”的大背景中来说的。

在《尚书引义》卷三中，船山发挥此义最详，其文有云：

> 夫性者生理也，日生则日成也。则夫天命者，岂但初生之顷命之哉！但初生之顷命之，是持一物而予之于一日，俾牢持终身以不失。天且有心以劳于给与；而人之受之，一受其成形而无可损益矣。夫天之生物，其化不息。初生之顷，非无所命也。何以知其有所命？无所命，则仁、义、礼、智无其根也。幼而少，少而壮，壮而老，亦非无所命也。何以知其有所命？不更有所命，则年逝而性亦日忘也。形化者化醇也，气化者化生也。二气之运，五行之实，始以为胎孕，后以为长养，取精用物，一受于天产地产之精英，无以异也。形日以养，气日以滋，理日以成；方生而受之，一日生而一日受之。受之者有所自授，岂非天哉？故天日命于人，而人日受命于天。故曰性者生也，日生而日成之也。①

在这段引文中，船山明确指出：性即生理，日生而日成。所谓的天命，绝不只是初生之顷之命。如果天仅有此初生之命给予每人而使之终身不失，则天亦有心而劳，人则一受其成形而无所施其损益矣。但天之生化，无有止息，初生有所命，命之以仁义礼智之根也；向后自幼而老，亦日日有所命，故年虽逝而性则不忘。实际上，天地之间，无非此二气之实、五行之运，人用其以为胎孕、以为长养，所取之精、所用之物，无不取给于天地丰茂之产。人能取精用宏，则形日以养、气日以滋而理日以成。无往而非受命之时，而其所自授者则天也，故天日降命于人，而人日受命于天，日日生之而日日成之也。

---

① 《尚书引义》卷三，见《船山全书》第二册，第299~300页。

船山在晚期著作中仍坚持此说法，如《思问录·内篇》有云：

> 命曰降，性曰受。性者，生之理，未死以前皆生也，皆降命受性之日也。初生而受性之量，日生而受性之真。为胎元之说者，其人如陶器乎！“成性存存”，存之又存，相仍不舍。故曰“维天之命，於穆不已”。命不已，性不息矣。谓生初之仅有者，方术家所谓胎元而已。①

船山于此更简练地提出了“降命受性”的说法：仍旧以性为生之理，而未死以前均为生，亦皆为降命受性之日。初生之时所受之命为性之量，而日生所受之命为性之真。正因为性日生，所以需要“成性存存”，命不已则性不息。不已不息则有一日之生，即存一日之性，存之又存而相仍不舍乃所以成之。“成性存存”是不间断的细密、扎实工夫，人之所以能继天立极全在此处。由此船山反对所谓的胎元说，此种说法将人视为某种陶器。

关于船山“命日降，性日生日成”的思想，我们还可以从船山的著作中找到更多的论据，但上述引文对阐明此思想来说大抵已足够。就此思想而言，最重要的是明白如下这点：船山对性的领会跳出了宋明理学的大传统，他直接将人性置于天道至诚的本原流行中来加以考察。以天人回环的整体视野为背景，他发现不能将性视为某种固定之物，而是必须将其放回到天道流行的至诚本体中来加以领会，如此则“命日降，性日生日成”的见解就不可避免了。此说法的确体现了船山的洞见，也相应于他的整个思想视野，置于整个中国古代思想史中来说，这种洞见具有独特的意义。

（二）气质之性、天地之性

自张载提出天地之性和气质之性的区分，该区分就成为宋明理学的核心内容，程子、朱子等人都继承了该区分且对其极为赞赏。该区分是理解宋明理学人性论的钥匙所在，所以对其不可不加以重视。船山继承了此类说法，但对其作出了不同于程朱的独特诠释，以下即对其诠释进行阐明。

关于气质之性，船山曾将其诠释为“气质中之性”，《读四书大全说》卷七对此有云：

---

① 《思问录·内篇》，见《船山全书》第十二册，第413页。

(1)所谓“气质之性”者，犹言气质中之性也。质是人之形质，范围着者生理在内；形质之内，则气充之。而盈天地间，人身以内人身以外，无非气者，故亦无非理者。理，行乎气之中，而与气为主持分剂者也。故质以函气，而气以函理。质以函气，故一人有一人之生；气以函理，一人有一人之性也。若当其未函时，则且是天地之理气，盖未有人者是也。乃其既有质以居气，而气必有理，自人言之，则一人之生，一人之性；而其为天之流行者，初不以人故阻隔，而非复天之有。是气质中之性，依然一本然之性也。①

(2)质者，性之府也；性者，气之纪也；气者，质之充而习之所能御者也。然则气效于习，以生化乎质，而与性为体，故可言气质中之性；而非本然之性以外，别有一气质之性也。性以纪气，而与气为体。质受生于气，而气以理生质。此句紧要。唯一任夫气之自化、质之自成者以观之，则得理与其失理，亦因乎时数之偶然，而善不善者以别。若推其胥为太极之所生以效用于两间，则就气言之，其得理者理也，其失理者亦何莫非理也？就质言之，其得正者正也，其不正者亦何莫非正也？②

在第一段引文中，船山直接将气质之性解释为“气质中之性”，其思路如下：质即人之形质，此形质范围这生理（生理即性）在里面。形质之内则气充之，而盈大地之间、人身以内以外，亦无非此气之流行，而气无非理，故亦无非此理之流行。理即行乎气之中而为之主持分剂者也。所以形质之内函有气，气之中函有理。以形质函气，由形质之间相互有碍，故一人有一人之生。以气函理，形质皆有其所充之气则皆有其生理，故一人有一人之性。当此气未凝成形质以为人的时候，此气只是天地之理气；而成形质之后，则有其形质以居气，而气无非理。所以从人来讲，一人有一人之生，一人有一人之性；但从天道流行之本体来说，此理气流通于形质而无碍，不以人为间隔，故亦为天命流行之所有。从形质而言有分限和差异，但置于天道至诚之本体中来说则一体同流，故气质中之性依旧是所谓的本然之性。在第二段引文中，船山继续阐明此理：形质即性之居所，性即气之条理；气则一方面能充养形质，另一方面又为习所御。气效于习，则能生化其形质而与性为体，非离开气质别有所谓性，所以可说气质中之

① 《读四书大全说》卷七，见《船山全书》第六册，第857~858页。

② 《读四书大全说》卷七，见《船山全书》第六册，第861页。

性，而非离开本然之性而别有一所谓的气质之性。性即所以主持分剂此气者也，故必然与气为体；形质受气之充养而生化，而气之所以能生化乎形质则在乎其理。气、质、性三者相与为体，其不可分亦明矣。从气之自化、质之自成方面来看(亦即从所成的个体来看)，则形质、气化由于时数之不同而有所谓善与不善之别(此亦是由个体之间相互对照而知)。但从太极全体之至诚流行来说，天地之间，无气非其理、无质非其正。总结此两段引文，对船山的气质之性说可做如下阐明：气质之性即凝结在此气质之中的生理；形质各自不同，故一人有一人之生、一人有一人之性。但生理源于天道至诚之发生，故气质中之生理不殊于天道流行之本体。从形质所成之个体来看，则各自有别；从天道之总体而言，则一体同流；天道统形质而无二，故气质之性即本然之性。其实，只要明白船山理气浑凝的思想，此一说法亦不难理解。

在《张子正蒙注》卷三中，船山对气质之性有另外一种说法，其文云：

> 气质者，气成质而质还生气也。气成质，则气凝滞而局于形，取资于物以滋其质；质生气，则同异攻取各从其类。故耳目鼻口之气与声色臭味相取，亦自然而不可拂违，此有形而始然，非太和絪缊之气、健顺之常所固有也……盖性者，生之理也。均是人也，则此与生俱有之理，未尝或异；故仁义礼知之理，下愚所不能灭，而声色臭味之欲，上智所不能废，俱可谓之为性。而或受于形而上，或受于形而下，在天以其至仁滋人之生，成人之善，初无二理。但形而上者为形之所自生，则动以清而事近乎天；形而后有者资形起用，则静以浊而事近乎地。形而上者，亘生死、通昼夜而常伸，事近乎神；形而后有者，困于形而固将竭，事近乎鬼；则一屈一伸之际，理与欲皆自然而非由人为。故告子谓食色为性，亦不可谓为非性，而特不知有天命之良能尔。①

船山于此对气质之性作了另一种诠释：视其为形而后所有之声色臭味之欲，孟子所谓耳目之官、荀子所谓性恶、告子所谓食色之性是也。船山在此以形而上的仁义礼智之理作为天命之性，以形而后有的声色臭味之欲为气质之性。二者均为生之理，故上智不能无声色臭味之欲，下愚不能灭仁义礼智之理。理源于天之清而为形之所自生，故事近乎神；欲源于地之

① 《张子正蒙注》卷三，见《船山全书》第十二册，第127～128页。

浊而为形而后所有者，故事近乎鬼。然鬼神者，天地屈伸之自然，非人之所能为也，故皆谓之性。

很显然，对气质之性的上述两种诠释在内容上是不相同的：一为气质中之性(本然之性凝结在气质之中而为其生理)，一为声色臭味之欲(小体、食色之性)。这种诠释的不同是否意味着船山思想内部的冲突呢？如果我们深入考察这两种诠释，就会发现：其实不然，它们完全可以统一在船山思想的总体之中。气质中之性即指本然之性凝结在具体的气质中而为其生理，此生理无他，即仁义礼智之理和声色臭味之欲。二者皆通乎形质而为其生理，前者所以养其心体，后者所以养其形体。由此，则天命之性和气质之性(指声色臭味之欲)皆为气质中之性，大体、小体均是体，天命、气质均为性，二者皆统于意向伸展的总体之中，亦皆通于天人回环的整体视野。以此领会为基础，船山既反对程子气质之性的说法，亦反对朱子气质中之性的说法。程子以气质之性为才，故船山反对之；朱子虽以气质之性为气质中之性，但此气质对本然之性来说相当于某种容器、是对本然之性的一种障蔽、阻碍，且有天命与气质二分之嫌，与船山对气质的积极肯定截然不同，故船山亦反对之。与此同时必须指出的是：对气质之性，程子和朱子的说法虽然有所不同，但其内在精神则可以相通，因而可对此两者加以统会，并将其与船山的相关见解加以分别。

对气质之性和天地之性的阐释既已如上，此二者之间关系如何？实际上，此上的论述多少已经揭示出此二者之一致。不管对气质之性做何种解释，它都和天地之性密切地融为一体：或包括它，或与它缠绕共筑一体之性。以下即结合具体文本再次对此略作阐明。

《张子正蒙注》卷三有云：

> (1)天地之性，太和絪缊之神，健顺合而无倚者也。即此气质之性，如其受命之则而不过，勿放其心以徇小体之攻取，而仁义之良能自不可掩。盖仁义礼智之丧于己者，类为声色臭味之所夺，不则其安佚而惰于成能者也。制之有节，不以从道而奚从乎！天地之性原存而未去，气质之性亦初不相悖害，屈伸之间，理欲分驰，君子察此而已。①

《读四书大全说》卷七亦有云：

① 《张子正蒙注》卷三，见《船山全书》第十二册，第128页。

(2)盖性即理也，即此气质之理。主持此气，以有其健顺；分剂此气，以品节斯而利其流行；主持此质，以有其魂魄；分剂此质，以疏浚斯而发其光辉。即此为用，即此为体。不成一个性，一个气，一个质，脱然是三件物事，气质已立而性始入，气质常在而性时往来耶？①

船山于第一条引文中指出：天地之性，即通于太和絪缊之神、以健顺合德而无所倚者，然亦不脱离气质之性。即此气质之性，遵循其受命之则而不过，不放失其本心以从耳目口体之欲，则仁义之体自然不可掩。人之所以丧失其仁义礼智之体，大多是由于大体被小体所夺、厌于安逸而惰于成能。从其本原来说，则天地之性向来存而未去，而气质之性最初亦不相悖害，只要君子能在屈伸之间、察理导欲，自然制之有节而从心所欲不逾矩。如此，天命之性与气质之性源头上既一，而在圣功极致处亦一也。在第二条引文中，船山更从气、质、性这三者不可相离来展示性之一体：性即所谓的理，理即气质之理。主持此气而有其健顺，分剂此气而有其品节以流行，此气之理也。主持此质以有其魂魄，分剂此质而有其光辉，此质之理也。理即气质之理，气质之外别无虚托孤致之理；有气有质即有理，无无理之气质。故气质与理，相与为体，相与为用，通而为一，即此为体、即此为用。气、质、性决然不是散见不同的物事，可以截然分开、随时加以出入摆放，恰恰相反，此三者从根源上就是一体的。如此，则天命之性与气质之性之不可分亦明矣。要之，此性可以依照不同的角度对其有所分解、展示，但此性体本身则在根源上就与心、气质乃至天道全体通而为一，不可得而分之。此处再次体现了船山人性论之特色。

(三)性与衷、诚

性与衷及诚之关系，船山在《尚书引义》和《读四书大全说》中曾用极重的笔墨加以描绘，是船山思想体系的重要组成部分。对此关系的阐明，也将有助于我们更深入、更完整地理解船山的人性论，所以此处对其稍加论述。

1. 性与衷

船山在解释“降衷于下民”时，即以性为衷之实义，对此船山于《尚书

① 《读四书大全说》卷七，见《船山全书》第六册，第863页。

引义》卷三中有云：

(1)是故人之生也，气以成形，形以载气；所交彻乎形气之中，绵密而充实，所以成、所以载者，有理焉，谓之“存存”。人之死也，魂升于天，魄降于地，性之隐也；未尝亡而不得存者，与魂升，与魄降，因其屈而以为鬼神。故鬼神之于人，一也。鬼神之诚，流动充满，而人之美在中也。其屈也，鬼神不殊于人，而其德惟盛。其存也，人亦不殊于天，而其性以恒。然则此“衷”也，固非但人之“衷”也，而亦天之“衷”矣。①

(2)立天之道，曰阴与阳，而一阴一阳剂焉；统天之行，元、亨、利、贞，而四德叙焉；是则天之“衷”也。形而上衷乎天，形而下衷乎人。由天以之人，因其可成可载而降之人；乃受于天，亦既主形主气，而莫不以为性之藏也，故曰“恒”。②

船山在第一条引文中指出：人之有生，即天地阴阳之气以成形，既成形质又复以之载气，而所以交彻乎此形气者，则为绵密充实之生理，此义即通于上述气质中之性。人死则魂升于天而魄降于地，性于此而隐；但其未尝亡而不得存者则与魂魄升降而为鬼神。鬼神与人，其实一也：在人为性，在天地则为鬼神；人之性即在鬼神之中，天地之鬼神不离乎人之性，人之衷即所谓天之衷也，二者于源头上本无差别。船山于此处将人性之衷接通于天地鬼神之衷来说，彻乎此天地人物，无非此一本之衷之流行，天道、人性在此更不与分别，此即船山论性之独特。在第二条引文中，船山以元亨利贞之道为天之衷，此即形而上的天之衷，而形而下则为人之衷。从天到人，因人之可成可载而降衷于人；而人则受衷于天以主其形气而为性之藏，此即人之“恒性”。在此需要对形而下者人之性或衷乎人作点说明，船山此处并非意指人之性或衷是形而下者，而是指性或衷是由气凝结为形质之后而有的，此义通于气质中之性。

在同卷中，船山更指明此性之实体曰：

(1)古之知性者，其惟自见其衷乎！仁、义、礼、智以为实也，大中、至正以为则也，暗然而日章，以内美也，和顺积中而英华发

① 《尚书引义》卷三，见《船山全书》第二册，第294页。

② 《尚书引义》卷三，见《船山全书》第二册，第294~295页。

外，以充美也。①

(2)显性之有而目言之，《易》谓之“缊”，《书》谓之“衷”，《诗》谓之“则”，孟子谓之“塞”，求其实则《中庸》之所谓“诚”也……终与终之，始与始之，终以密合乎始，始以绵亘乎终，相依而不贰，不著其文而已盈，静与存而皆安，动与行而不滞，官不过而如其量，神周流而不失。②

在第一条引文中，船山指明了见性之实：所谓的知性，就是自见其衷。此衷以仁义礼智为其实体，以大中至正为其准则。暗然而日章者，性之充实内美也；英华发外者，和顺积中之充美也。见此即见性。在第二条引文中，船山更结合其他儒家经典来指明性之实体：《易经》称其为缊，《尚书》称其为衷，《诗经》称其为则，《孟子》称其为塞，其实则《中庸》之所谓诚。诚者无他，皆备而已矣：始以之始，终以之终；静而存则安，动而行则不滞；文不著而体已盈，物物如量而神行不息；此即性之实体，通于天道至诚之本体而无二者也。船山于此论衷论性，实可以显示其见道之实。船山实能见得此道体之流行无往不用其极、至诚无息、真实不妄，故所发议论，皆磅礴万物而为一、气势浑沦而不可御。必要领会到此，才能真正明白船山思想的精髓，此流行本身即通于天人回环视野的原始整体。

2. 性与诚

关于性与诚之关系，船山于《读四书大全说》卷三中有云：

(1)盖诚者性之撰也，性者诚之所丽也。性无不诚，仁义礼知，皆载忠信。非但言诚而即性。性有仁义礼知。诚以行乎性之德，非性之无他可名而但以诚也。性实有其典礼，诚虚应以为会通。性备乎善，诚依乎性。诚者天之用也，性之通也。性者天用之体也，诚之所干也。故曰“惟天下至诚，为能尽其性”。可以分诚与性为二，而相因言之。天用之体，不间于圣人之与夫妇。无诚以为之干，则忮害杂仁，贪昧杂义，而甚者夺之。因我所固有之大用诚，以行乎天所命我之本体性，充实无杂，则人欲不得以乘之，忮害等无所假托则不杂。而诚无不干乎性，性无不通乎诚矣。③

---

① 《尚书引义》卷三，见《船山全书》第二册，第295页。
② 《尚书引义》卷三，见《船山全书》第二册，第293页。
③ 《读四书大全说》卷三，见《船山全书》第六册，第541~542页。

(2)道者率乎性，诚者成乎心，心性固非有二，而性为体，心为用，心涵性，性丽心，故朱子以心言诚，以理言道，《章句》已云“性即理也”。则道为性所赅存之体，诚为心所流行之用。赅用存故可云费，流行故可云无息。①

船山于第一条引文中表明：诚为性之所撰，而性为诚之所丽(丽者，附丽之谓)。性无有不诚，而但言诚则不足以尽性之实体；故诚虽行乎性之德，却非性之实体。性之实体则所谓典礼是也，诚则只是虚应以为会通。诚为天之用、性之通；性则为天用之体、诚之所干也。诚为我所固有之大用，性为天所命我之本体。以诚而行乎性之德，则诚无不干乎性、性亦无不通乎诚矣，达于此，即圣功神化之极。总结此段引文所言，大体以性为有其典礼之实体，以诚为虚应之会通，然性与诚相资以合，性为诚之所干、诚为性之所通。在第二条引文中，船山更进而指出：性通乎道，而诚则成于心；性为道之理而诚为心之德。心与性虽非有二，但性以为体而心以为用，心涵性而性丽于心。所以船山总结说：“道为性所赅存之体，诚为心所流行之用。”诚为心之用，故人能思诚、诚之而尽性，此义通于“心能尽性，性不知检其心”之意蕴。要之，船山于此在人性论的层面上对性与诚有其分疏：性有其实际内容，而诚则为心之德，以虚应会通为其特性。作为心德之诚虽然与性密切相关且为尽性之关键，却不能在内容上等同于性。但如果将诚提升至天道之层次，则此性与此心德之诚皆为天道至诚之所撰，人之性且不足以尽天道之诚矣。此中分际，需辨别清楚方不致引起混乱。

(四)习与性成、性德与修德

在船山对性的阐释中，习与性成以及性德与修德不二的说法亦值得关注。以下即结合相关文本对此略作阐明，以期更全面、更深入地展示出船山人性论的整体面貌。

1. 习与性成

“习与性成”的说法最早出自《尚书》，船山对习与性之关系的讨论即发端于此。船山于《尚书引义》卷三中有云：

(1)习与性成者，习成而性与成也。使性而无弗义，则不受不义；不受不义，则习成而性终不成也。使性而有不义，则善与不善，性皆实有之；有善与不善而皆性，气禀之有，不可谓天命之无。气者

① 《读四书大全说》卷三，见《船山全书》第六册，第555页。

天，气禀者禀于天也。故言性者，户异其说。今言习与性成，可以得所折中矣。①

(2)生之初，人未有权也，不能自取而自用也。惟天所授，则皆其纯粹以精者矣。天用其化以与人，则固谓之命矣。生以后，人既有权也，能自取而自用也。自取自用，则因乎习之所贯，为其情之所歆，于是而纯疵莫择矣。②

在第一条引文中，船山以"习与性成"为谈习论性的折中之说，其原因在于：一方面，如果性中没有不义的可能性，那就不会接受不义，如此则习成而性终不成。另一方面，如果性中本来就有不义，那善与不善皆为性之所实有。而在实际生活中，自整体的人性而言，气禀又皆有所谓的善与不善，如此则不可谓天命之无。如此种种情况，交叉缠绕，言性者各有其所依，所以自古以来谈性者，各异其说。船山则断之以"习与性成"之说，在他看来，只有此说才能通贯、阐明上述一切情况。在第二条引文中，船山稍稍对习作出说明：生之初，人之所受于天者皆为其纯粹以精者；既生之后，则心智日开而有其权，故能自取而自用，由此自取自用则有所贯之习与情相杂以流，如此则纯疵莫择矣。习之所以能与性成，以其在既生有权之后能乘权也。

在《尚书引义》中，船山对习与性成的思想只是稍稍点出，未遑申论。关于该思想之具体内容及其深刻内涵，船山于《读四书大全说》卷八中论之最详、最精彩，故不惮详引其文如下：

(1)人之无感而思不善者，亦必非其所未习者也。如从未食河豚人，终不思食河豚。而习者，亦以外物为习也，习于外而生于中，故曰"习与性成"。此后天之性所以有不善，故言气禀不如言后天之得也。后天谓形生、神发之后，感于天化而得者。后天之性，亦何得有不善？"习与性成"之谓也。先天之性天成之，后天之性习成之也。乃习之所以能成乎不善者，物也。夫物亦何不善之有哉？如人不淫，美色不能令之淫。取物而后受其蔽，此程子之所以归咎于气禀也。虽然，气禀亦何不善之有哉？如公刘好货，太王好色，亦是气禀之偏。然而不善之所从来，必有所自起，则在气禀与物相授受之交也。气禀能往，往非不善也；物能来，来非不善也。而一往一来之间，有其地焉，有其时焉。化之相与往来者，不能恒当其时与地，于是而有不当之物。物不当，而往

① 《尚书引义》卷三，见《船山全书》第二册，第299页。

② 《尚书引义》卷三，见《船山全书》第二册，第300~301页。

来者发不及收，则不善生矣……乘乎不得已之动，而所值之位不能合符而相与于正，于是来者成蔽，往者成逆，而不善之习成矣。业已成乎习，则熏染以成固有，虽莫之感而私意私欲且发矣。①

(2)后天之动，有得位，有不得位，亦化之无心而莫齐也。得位，则物不害习而习不害性。不得位，则物以移习于恶而习以成性于不善矣。此非吾形、吾色之咎也，亦非物形、物色之咎也，咎在吾之形色与物之形色往来相遇之几也。天地无不善之物，而物有不善之几。非相值之位则不善。物亦非必有不善之几，吾之动几有不善于物之几。吾之动几亦非有不善之几，物之来几与吾之往几不相应以其正，而不善之几以成。故唯圣人为能知几。知几则审位，审位则内有以尽吾形、吾色之才，而外有以正物形、物色之命，因天地自然之化，无不可以得吾心顺受之正。如是而后知天命之性无不善，吾形色之性无不善，即吾取夫物而相习以成后天之性者亦无不善矣，故曰"性善"也。呜呼，微矣！②

在前段引文中，船山首先区分了先天之性和后天之性：前者成于天，后者成于习；前者无不善，后者则善与不善俱有。如此则习为不善之来源，然习之所以能为不善之来源则在于气禀与物相授受之际：化之相与往来者不能当于其时其地而有不当之物，而气禀之往亦不能与此时位、物相当而得其正，则往者(气禀)成逆、来者(物)成蔽，如此则不善成矣。习于此种不善之中，则不善之习成矣。既成乎习则相互熏染以成其固有③，如此虽莫之感而私意私欲且发矣。在后段引文中，船山则着重从"几"的角度来正面地阐释"习与性成"④：吾之形色与物之形色往来相遇之几是不

---

① 《读四书大全说》卷八，见《船山全书》第六册，第962页。

② 《读四书大全说》卷八，见《船山全书》第六册，第963页。

③ 船山此处的熏染说，颇与唯识家所讲的"现行熏种子、种子生现行"的学说相类。由此或可推断其可能受到唯识家的影响，而船山本人也有《相宗络索》之作。当然，船山自己的思想也完全容纳这种说法。

④ 船山对"几"的重视当然和《周易》的知几之学有着极为密切的关系，如果我们深入地考察此知几或几微之学的内蕴，那么可以发现：此几微之学可以与现象学中生存论或存在主义的进路相融通。船山所云之几所意指的正是活生生的当下，亦即我们要在当下呈现的具体情境中来展开自己的人文化成活动。在现象学思潮中，胡塞尔曾提出过"生活世界"的学说并对活生生的当下给予了相当的关注，海德格尔在其早期弗莱堡的讲座稿《存在论：实际性的解释学》中就已经特别提出"实际性"(facticity)的概念并在此后将其发展为《存在与时间》中的基础存在论(Fundamental Ontology)，后来的法国现象学家继承此理路并大讲人之"绽出性"(Ek-Stase)。两者之间确实存在着精神内蕴上的相通之处，只是在这里限于主题和篇幅，我们不能对此做详细的说明，但东西思想之对比融通的可能性在此已经昭然若揭。

善的源头，吾之往几与物之来几不能相应以其正，则不善之几以成。但往来相遇之几能不能相应以其正，吾之往几有权焉，故古人特重知几。圣人能够知几，能知几则能审位，能审位则内可以尽吾形色之才、外可以正物形色之命。如此则可以因应天地自然之化而无往不得其顺受之正，到得此种境界，自然知道天命之性、形色之性乃至后天之性均无不善。船山于此不烦详论，所要表达的中心思想大抵如此。需要指出的是：此处所论"习与性成"的思想，实通于船山思想的其他部分，如情为不善之来源，因为情即阴阳变合之几。而几之重要性，在综论部分论及天人之际的时候我们已经加以强调：际是天人回环视野中最核心的组建要素，习之重要性就在此中体现出来。于此更可看出：船山所有议论，无不以此天人回环的整体视野作为大背景。

2. 性德与修德

与"习与性成"的思想密切相关，我们从船山的著作中挖掘出"性德与修德不二"的思想，此思想亦通于性体心用、诚为心德的思想。总之，船山所有这些思想之间都可以相互贯通、圆融无碍，其思想之大、之深、之纯正在于此。以下以《读四书大全说》中的相关论述为主对此略作说明。

《读四书大全说》卷三有云：

(1)人道之固然其诚者，身之理著于道；人道之能诚之者，德之几见于心也。固然与能然者，而一合乎诚，则亦同乎所性而不悖，故统之曰"人道敏政"。"修身以道"者，太极之有其阴阳也。"知斯三者，知所以修身"，阴阳之有其变合也。阴阳，质也；变合，几也：皆人之所以为人道也。君子修之吉，修此者也。①

(2)以德之成性者言之，则凡触于事，兴于物，开通于前言往行者，皆天理流行之实，以日生其性者也。"继之者善"，而成之为性者，与形始之性也；成以为性，而存存以为道义之门者，形而有之性也。今人皆不能知此性。性以为德，而德即其性。②

同书卷五亦云：

(3)德有性之德，有行道有得之德，皆涵于心者也。心固统性，

① 《读四书大全说》卷三，见《船山全书》第六册，第523页。
② 《读四书大全说》卷三，见《船山全书》第六册，第565页。

而不可即以心为性。以心为性，则心、性之名，不必互立，心不出于性，德不出于理矣。如行道而有得，则得自学后。得自学后，非恃所性之理也。①

同书卷六亦有云：

(4)德者，得也。有得于天者，性之得也；有得于人者，学之得也。学之得者，知道而力行之，则亦可得之为德矣。性之得者，非静存动察以见天地之心者，不足与于斯也。故不知德者，未尝无德，而其为德也，所谓弋获也，从道而得者也。唯知德者，则灼见夫所性之中，知、仁、勇之本体，自足以行天下之达道；而非缘道在天下，其名其法在所必行，因行之而生其心也。②

上述四条引文从多方面说明了性德与修德之异同。在第一条引文中，船山区分了人道之固然者和能然者：固然者身之理著于道，此为性之德；能然者德之几见于心，此为心之德。性德者，阴阳固有之实；心德者，变合不容已之几，而一合于诚，皆人之所以为人之道。在第二条引文中，船山则区分了“与形始之性”与“形而有之性”，前者为“继之者善、成之者性”；后者则为存之又存而所成以为性。前者为性之德，后者为修德之成性，然性以为德而德即其性，所性所成本为一体。第三条引文直接区分了性德和修德：修德即所谓行道而有得于心之德，行道而有得，则其得有待于学与修，不可孤恃所性之天德。第四条同样也区分了性德与修德：得于天者为性德，自得于心者为学得之德。静存洞察以见天心者能见性德，不知性德者亦可有所德，但唯有知德者则真知所性之中有知、仁、勇之本体，自足以行天下之达道。实际上，所谓的性德，即仁义礼智之本体具于心者，四条引文中之性德皆指此而言。所谓的修德，则有两义：一为所以修之之德，此即知、仁、勇三达德，第一条和第四条引文中均涉及此三达德；二为所修而成之德，此即所谓德之成性或德性，第二、第三、第四条引文均涉及此修成之德，亦即行道而有得于心之德。三达德从其本原上来说，也是天之所命，故亦可称为性德。人之所以能修、能有所得，即端在

① 《读四书大全说》卷五，见《船山全书》第六册，第716页。
② 《读四书大全说》卷六，见《船山全书》第六册，第821页。

此三达德，故又可摄于修德中①。要之，修德即以性德为则而修之，而其修成之结果亦为性之德；修德藉性德以起功，性德藉修德而成体；二者合于诚以立人道，故性德与修德元本不二。

三、情论

现在开始论述船山对情的阐释，此中亦有不少特出的精彩之处，如论好恶之几、独用之情的学说，就可通于刘蕺山的纯情说。以下从三个方面来展示船山的情论，先论情之特性：亦即变合之几的特性，其次则论述船山独具特色的情感独体论，最后则论述情与不善之来源的关系。

(一)情为变合之几

船山将情展示为阴阳变合之几，此是船山对情的一贯看法，散见于各部著作之中。以下即选取几段引文对此进行说明。

《诗广传》卷一有云：

> 情者，阴阳之几也。物者，天地之产也。阴阳之几动于心，天地之产应于外。故外有其物，内可有其情矣。内有其情，外必有其物矣。②

船山于此明确表示：所谓的情，就是阴阳之几，此阴阳之几动于心而与天地之产相应者即情。内有其情，则外必有其物；外有其物，则内可有其情。内外交相成，而情物不相离。这也表明情向来就已经伸展、铺开在天地万物之间。

于《读四书大全说》卷十中，船山论此更详，其文有云：

> (1)情元是变合之几，性只是一阴一阳之实。情之始有者，则甘食悦色；到后来蕃变流转，则有喜怒哀乐爱恶欲之种种者。性自行于情之中，而非性之生情，亦非性之感物而动则化而为情也。③

---

① 对于此仁义礼智四德与知仁勇三达德，唐君毅先生特辟“四德与三德”一节加以论述。实际上此区分即通于本章性德与修德之分，具体论述请参见氏著《中国哲学原论·原教篇》第二十三章第三节。

② 《诗广传》卷一，见《船山全书》第三册，第323页。

③ 《读四书大全说》卷十，见《船山全书》第六册，第1066页。

(2) 情固是自家底情，然竟名之曰“自家”，则必不可。盖吾心之动几，与物相取，物欲之足相引者，与吾之动几交，而情以生。然则情者，不纯在外，不纯在内，或往或来，一来一往，吾之动几与天地之动几相合而成者也。①

(3) 故知阴阳之撰，唯仁义礼智之德而为性；变合之几，成喜怒哀乐之发而为情。性一于善，而情可以为善，可以为不善也。②

在第一条引文中，船山以情为阴阳变合之几，以性为一阴一阳之实。最初所有的情即所谓的甘食悦色之情，后来便蕃变流转、生出喜怒哀乐爱恶欲种种情来。性虽行于情之中，却各自有体，不是性生情或性感物而动以化为情。在第二条引文中，船山更明确地揭示了情之来源和特性：情之所生在于吾心之动几与物相取、物欲之足以相引与吾心之动几相交，是吾之动几与天地之动几相合而成者。至于此情本身，则不纯在外，亦不纯在内，在乎内外、往来之间。第三条引文的内容同于第一条，船山于此处以阴阳之实撰为仁义礼智之性，而以阴阳变合之几为喜怒哀乐之源，性无不善，喜怒哀乐之情则可以为善、亦可以为不善。

根据此处的展示，船山主要将喜怒哀乐爱恶欲七情视为情之真正内容，其根源则为阴阳变合之几。但根据此前对道心的论述，船山也将四端之心视为某种情，不过却是性之情。所以实际上，情在船山这里可以分为两种：性之情和变合之情；前者为四端等心，后者为喜怒哀乐等七情。前者无有不善，后者则可善可不善，正是基于此种区分，船山既有所谓好恶之几、独用之情的独体说，亦有情为不善之源的说法。以下即分别对此二者展开论述。

(二) 好恶之几、独用之情

以好恶之几、独用之情为人心之独体，可谓是船山思想的又一个特色。船山由此说法凸显了情在人心中的本原地位。此情作为连绵不断之初几，是独体、是诚之几、是人极之所自建、是圣功之钥、是圣治之枢。以下对此略加阐明。

《诗广传》卷一有云：

---

① 《读四书大全说》卷十，见《船山全书》第六册，第 1067 页。

② 《读四书大全说》卷十，见《船山全书》第六册，第 1069 页。

夫人之有好恶，独用之情也。①

船山于此明确指出：人之有好恶，是其独用之情。圣贤有圣贤之好恶，庶民有庶民之好恶。正因为此好恶是独用之情，所以其用甚大。但庶民不能用其全，而圣贤则真能用此独用之情以成其至善无恶之独体。

对此好恶之几的大用，船山于《尚书引义》卷四中有云：

(1)夫圣人之所履一于幽，以向明而治天下者，其所会归，好恶而已矣。好恶者，性之情也。元后之独也，庶民之共也，异端之所欲泯忘而任其判涣者也。圣人之好恶安于道，贤人之好恶安于德，才人之好恶因乎功，智人之好恶生乎名，愚不肖之好恶移于习……好之兴，而恻隐、恭敬生于兆民之心，以成仁让；恶之兴，而羞恶、是非著于兆民之心，以远邪辟。其动也，发于潜而从违卒不可御；其审也，成乎志而祸福所不能移。是独体也，是诚之几也，故允为极所自建也。②

(2)好恶者，初几也；思者，引伸其好恶以求遂者也。好恶生思，而不待思以生。是好恶为万化之源，故曰极也……皇哉好恶乎！人而无好，则居不就其所协，勿论彝伦之叙矣。人而无恶，则居且安于不协，勿论彝伦之斁矣。性资情以尽，情作才以兴，缄之也密，充之也大，圣功之钥，圣治之枢也。③

在前段引文中，船山指出：圣人之所以履幽向明而治天下者即好恶，此为万治之所会归。在船山看来，好恶是性之情，元后有之、庶民共之、异端虽欲泯忘之而终不能。但不同之人，其好恶之情形亦有所不同：圣人的好恶以道为安，贤人的好恶以德为安，才人的好恶因乎功业，智人的好恶生于名声，愚不肖的好恶则在习气的洪流中打转。圣王之治天下，即以此好恶为准。好之兴，则恻隐与恭敬之心日生于兆民之心，斯以化成天下仁让之风；恶之兴，则羞恶与是非之心日著于兆民之心，斯以戒天下远于邪僻。于此，船山将好恶之情和四端之心联系起来，好恶之情从本原上就和此四端之心融合为一。此好恶之几虽发于潜隐之中，而既发则从违不可

① 《诗广传》卷一，见《船山全书》第三册，第345页。

② 《尚书引义》卷四，见《船山全书》第二册，第357~358页。

③ 《尚书引义》卷四，见《船山全书》第二册，第358~359页。

以御；此好恶之几既审之后则成乎志，既成乎志则一切祸福皆不能移。所以船山称赞此好恶之情为独体、为诚之几，为极之所自建。好恶之用大矣哉！在后段引文中，船山更强调了好恶之情的本原性及其大用：好恶之情即所谓的初几，思则是引申此初几以求完成此情者。所以好恶生思，而不是思生好恶，这就表明了好恶之情相对于思的某种优先性和本原性。所以船山称此好恶为万化之源、极之所自建。人如果无好之情，其居就不会趋于协和一致，更不用说彝伦之叙了；人如果无恶之情，其居就会安于不协和，更不用说彝伦之斁了。性资此好恶之情而尽，才资此好恶之情以兴起大用，其藏也密，其用也大而无极，所以船山又称赞它为圣功之钥、圣治之枢。

船山对好恶之情的阐发在心体上揭示出一个纯情的独体：在某种程度上，此纯情的独体可以称为万化之源，思、四端之心、七情、人伦、政治皆由此本原而出，所以船山称赞它为极之所自建。此纯情之独体以四端之心为开端、以思尽其用，故能为天下之大本。有趣的是，稍前于船山的理学大家刘蕺山对情也有类似的看法，其独体观和船山的思想颇有相通之处。蕺山有所谓的纯情、四德七情说，唐君毅和陈荣灼两位先生曾特地提出以作表彰。以下就藉其对蕺山之说的阐发与船山之思想相比照，以便更好地领会船山的纯情独体说。

刘蕺山在《学言中》有云：

(1)《中庸》言喜怒哀乐，专指四德言，非以七情言也。喜，仁之德也；怒，义之德也；乐，礼之德也；哀，智之德也。而其所谓中，即信之德也……推之一动一静、一语一默，莫不皆然。此独体之妙，所以即隐即见，即微即显，而慎独之学，即中和即位育，此千圣学脉也。①

《学言上》亦有云：

(2)喜怒哀乐，性之发也；因感而动，天之为也。忿懥恐惧好乐忧患，心之发也；逐物而迁，人之为也。众人以人而汩天，圣人尽人

① 刘宗周：《刘宗周全集》第二册，台北："中央研究院"中国文哲研究所，1996年，第488~490页。

以达天。①

从这两条引文来看，刘蕺山将喜怒哀乐视为性之情，此即所谓的四德，而信则表征贯穿此四德之中体。此中体即隐即见、即微即显，无分于动静语默，亦即所谓的独体。慎独之学本乎此，中和之德、位育之功出乎此，所以蕺山视其为千圣学脉所在。忿懥恐惧好乐忧患则是所谓的七情，它们发自人心，追逐外物而迁流不息，此非天性而是出于人为，故非性情之本体。根据唐君毅的阐释，刘蕺山将此作为性情之本体的中体视为"纯意""纯情"之独体，且此独体具有"自感"的特性："此纯情与自感，则有一自始至终、周而复始之历程……由此周而复始，更不偏向此四者之一，或滞住于此四者之一，即见此心有内在之'中'，如天枢在天运之中而不动。此即主乎此心之纯情自感之周而复始之运中之'意'所在也。"②陈荣灼亦曾指出："唐先生关于蕺山哲学解释的主要独特之处明显表现于对'纯意'与'纯情'之强调。"③在唐君毅阐释的基础上，陈荣灼更指出蕺山的独体说可以从现象学存在论的角度来加以阐发，在本原层次上更可与法国现象学家亨利的生命现象学相通，这种比较作为思想对话饶有深致。

比较刘蕺山的纯情独体说和船山的独体说，我们可以发现两点不同：(1)与蕺山以喜怒哀乐为四德不同，船山以恻隐等四端之心为纯情并将喜怒哀乐等视为七情。(2)蕺山重视此纯意、纯情之体的自感，而船山更强调好恶之几的重要性。但这种不同实际上只是表面现象，在独体说上，两者完全处于同样的层次上，他们赢得的是同样的终极视野，亦即都强调此纯情之独体、强调纯情的本原性。两者的说法在具体表现上有所区别，但在精神趋向和洞察层次上，二者有异曲同工之妙。在阳明后学泛滥的背景中，能找到两位大思想家之间的这种共鸣，颇为有趣，大概这就是思想自身的命运吧。

(三)情与不善之来源

现在来探讨情与不善之来源的关系。在讨论"习与性成"以及"情为变合之几"的时候，我们实际上已涉及此问题。情为阴阳往来变合之几，于此变合之际，若吾心之往几与物之来几不能相合以正，则不善即此而成

① 刘宗周：《刘宗周全集》第二册，第447~448页。

② 转引自陈荣灼：《论唐君毅与牟宗三对刘蕺山之解释》，《鹅湖学志》第四十三期，第85页。原文请参见唐君毅：《中国哲学原论·原教篇》。

③ 陈荣灼：《论唐君毅与牟宗三对刘蕺山之解释》，第81页。

矣，此即不善之来源。然于此变合之几，情亦未必为不善，关键在于吾心之能否自作其主宰。吾心若能自作主宰，则无不善之情。于《读四书大全说》卷十中，船山更对此情(任不善)之地位做出阐明：

(1)然则才不任罪，性尤不任罪，物欲亦不任罪。其能使为不善者，罪不在情而何在哉!①

(2)才之所可尽者，尽之于性也。能尽其才者，情之正也；不能尽其才者，受命于情而之于荡也。惟情可以尽才，故耳之所听，目之所视，口之所言，体之所动，情苟正而皆可使复于礼。亦惟情能屈其才而不使尽，则耳目之官本无不聪、不明、耽淫声、嗜美色之咎，而情移于彼，则才以舍所应效而奔命焉。②

(3)盖恻隐、羞恶、恭敬、是非之心，其体微而其力亦微，故必乘之于喜怒哀乐以导其所发，然后能鼓舞其才以成大用。喜怒哀乐之情虽无自质，而其几甚速亦甚盛。故非性授以节，则才本形而下之器，蠢不敌灵，静不胜动，且听命于情以为作为辍，为攻为取，而大爽乎其受型于性之良能。③

在首条引文中，船山明确指出：就不善之来源而说，才不任罪，性尤其不任罪，即便物欲亦不任罪，只有情任此罪。在后两条引文中，船山表明了情之所以任罪的原因：按理说，才之尽应该尽于其性，但性不能直接使才，唯有情能尽其才之用。所以亦唯有情能够使耳目口体皆得其正而复于礼，此即用正情以尽才于性。但情自有具体用而不必依于性，此则或有可能与私意私欲相连而使耳目之官耽于美色、淫声、私利的海洋之中，以相杂相熏相染而成不善之习气，此即一切不善之来源。虽然人有恻隐等四端之心，但此四端之心体微而力亦弱，必要得喜怒哀乐之助方能成其大用。但喜怒哀乐之情既得乘权，或不听于性而乐与私意私欲相取。而才本为形而下之气，不能敌此喜怒哀乐之速与盛，且将听命于情以随情而为私意私欲矣，此则不善之所以成。要之，结合船山对往来之几的论述以及此处对情之地位的揭示，船山以情为不善之源头的说法很容易得到理解。正因为不善来源于情，情为阴阳变合之几而无实体、无根，所以不善亦无实

① 《读四书大全说》卷十，见《船山全书》第六册，第1066页。
② 《读四书大全说》卷十，见《船山全书》第六册，第1067页。
③ 《读四书大全说》卷十，见《船山全书》第六册，第1067页。

体、无根。故而人随时随地能复其至善之本体，以其至善之纯情独体无时无刻不在也，此亦船山思想之一特色。

四、才论

在对才的规定方面，船山继承张载的说法，以才为刚柔缓急之质，亦即属于形质方面的东西。而且，与宋明理学的大传统不同，船山并不主张贵性而贱形的说法。在他看来，这种说法没有脱离佛老的影响。他继承孟子，认为形色即天性，更大力提倡践形、尽才的说法。此为船山之才论的主要内容，以下即结合具体文本依次进行论述。

(一)才为刚柔缓急之质

船山以才为刚柔缓急之质，其于《张子正蒙注》卷三对此有云：

> 昏明、强柔、敏钝、静躁，因气之刚柔、缓急而分，于是而智愚、贤不肖若自性成，故荀悦、韩愈有三品之说，其实才也，非性也。性者，气顺理而生人，自未有形而有形，成乎其人，则固无恶而一于善，阴阳健顺之德本善也。才者，形成于一时升降之气，则耳目口体不能如一，而聪明干力因之而有通塞、精粗之别，乃动静、阖辟偶然之几所成也。性藉才以成用，才有不善，遂累其性，而不知者遂咎性之恶，此古今言性者，皆不知才性各有从来，而以才为性尔……居移气，养移体，气体移则才化，若性则不待移者也。才之美者未必可以作圣，才之偏者不迷其性，虽不速合于圣，而固舜之徒矣。程子谓天命之性与气质之性为二，其所谓气质之性，才也，非性也。张子以耳目口体之必资物而安者为气质之性，合于孟子；而别刚柔缓急之殊质者为才，性之为性乃独立而不为人所乱。盖命于天之谓性，成于人之谓才；静而无为之谓性，动而有为之谓才。性不易见而才则著，是以言性者但言其才而性隐。张子辨性之功大矣哉！①

在这段引文中，船山凸显了才与性的不同特性：世间所谓的昏明、强柔、敏钝、静躁，在船山看来，源自气之刚柔、缓急之分，此是才而不是性。如以此为性，则会有荀悦、韩愈之类的性三品说，但这其实说的只是才、不是性。性是所谓生理，源于阴阳健顺本善之德，故无有不善。才则

---

① 《张子正蒙注》卷三，见《船山全书》第十二册，第129~130页。

成于升降之气，因动静、翕辟之几的不同而各自有别，由此不同则生出种种聪明、才干上的差别，而此才上的差别、分位有时候会累其本性而导致不善，若以才为性，则性有善不善之分矣。实际上，才和性的区分是很明显的：才可以因气体之移而化，此即所谓的“居移气、养移体”；性则不论天地之性还是气质之性，向来只是如此，无所谓化、亦不待化也，此即所谓的“天命之谓性”。以此澄清为基础，船山还对程子以才为气质之性的学说提出了批评，认为程子混淆了性和才，不如张子以耳目口体之欲为气质之性那么切合真理，并称赞张子辨性之功为大！船山对才的此种见解，还通于变化气质的学说：气质即才，才可变，尽其才以合于性之谓正变。

（二）形色即天性

船山不以才为不善的来源，不以其为性之容器或阻碍，故极端重视才之积极作用而继承、发扬孟子“形色即天性”的思想。此义实通于船山对气、对器、对当下可见者的强调，读者于此处宜见得船山思想之一贯。

早在《周易外传》中，船山已有对才的积极阐发，该书卷七有云：

> 阴阳不孤行于天地之间……必丽物以为质。质有融结而有才，才有衰王而有时。为之质者常也；分以为才，乘之为时者变也……才成于抟聚之无心，故融结偶偏而器驳；时行于推移之无忧，故衰王偶争而度舛。乃其承一善以为实，中未亡而复不远，是以圣人得以其有心有忧者裁成而辅相之。①

船山于此明确指出：才出于阴阳之质的融结、成于阴阳抟聚之无心，由此船山将才追溯到天道之发生。由于才出于阴阳无心之抟聚，故因融结之不同而各个精粗有别，且此才亦流行在不同的时位中，随时位不断变化。但船山最后强调说：此才和时位皆承一善以为实，亦即才和时位在本原上就是善的，故能中未亡而复不远，由此而圣人得以其有心有忧者裁成而辅相之，使天下化成于善之中。如此，则才之本善可以通于天性亦明矣。此义亦通于变化气质之说。

于《尚书引义》卷四中，船山更明确地表达了形色即天性的思想，其文云：

---

① 《周易外传》卷七，见《船山全书》第一册，第1089~1090页。

人之体惟性，人之用为才。性无有不善，为不善者非才，故曰：人无有不善。道则善矣，器则善矣。性者道之体，才者道之用；形者性之凝，色者才之撰也。故曰：汤、武身之也，谓即身而道在也。①

此即谓：性为人之本体，才为人之大用；性无有不善，而才则不任为不善之罪。性与才均无不善，故曰人无有不善。性为人道之体，才为人之器用，皆无所谓不善。形色即天性之所凝、大用之所行，亦无有不善，此即所谓即身而道在。由此，则形色即天性，才之为功亦大矣！

在晚期的《思问录·内篇》中，船山仍坚持形色之贵，其文有云：

性，阳之静也；气，阴阳之动也；形，阴之静也。气浃形中，性浃气中，气入形则性亦入形矣。形之撰，气也；形之理则亦性也。形无非气之凝；形亦无非性之合也。故人之性虽随习迁，而好恶静躁多如其父母，则精气之与性不相离矣。由此念之，耳目口体发肤皆为性之所藏，日用而不知者，不能显耳。鸢飞戾天，鱼跃于渊；道之察上下，于吾身求之自见矣。②

在此段引文中，船山发挥其理气浑凝的学说，从根源上展示了形色之可贵性：理气交与为体，浑沦凝合于太极之中，故形之撰为气、形之理为性，形色本身即气之凝、性之合，脱离此形色，则人之气、性皆无从寻觅。所以船山说：耳目口体发肤，皆为性之所藏，道之察于上下，即在此耳目口体发肤之中。本于形色以尽其天性，此方为儒家之大义。

(三)尽其才以成性

才之地位如此积极，故船山亦有所谓的尽才成性之说。实际上，置于船山的整个思想视野中来说，该思想是再正常不过的。正如前面所指出的，它通于船山对气、器、可见者的重视，因而必然是船山思想的内在组成部分。以下结合船山的相关论述对此略作说明。船山在其著作中多有“尽其才”之言，今且举一例，《读四书大全说》卷十有云：

---

① 《尚书引义》卷四，见《船山全书》第二册，第352页。

② 《思问录·内篇》，见《船山全书》第十二册，第407~408页。

> 才本不小，有之者小，即是不能尽其才，若才则何病之有！生人之才，本足以尽举天下之道。天下之道，皆斯人以才率其性所辟之周行。若才所不至，则古今必无有此成能，又何者为道？君子之道，行过一尺，方有一尺，行过一丈，方有一丈，不似异端向“言语道断，心行路绝”处索广大也。盖才生于气，性依于道。气之塞乎两间者，即以配道而无不足，而才言性即是人之性，才言道即是人之道。气外无性，亦无道也……君子之道，以才弘之则与鬼神同其吉凶，聪明睿知极其量则健顺刚柔成其能。①

船山于此明确指出：才本身无所谓小，其原因如上所述，在于才可化。故张子云：“志大则才大、事业大”，才之小者只是有之者本身小而已。不能尽其才则其才为小，其才虽小而才本身却不是病根。所以船山接着说：生人之才，本来就足以尽举天下之道，亦即天下之道皆为人以其才率其性所开辟的道路，无人尽才以成其能，则天下以何为道？君子之道，以才为准，尽其才以率性而成就天下之道，故步步踏实、细密。其原因即在于：才生于气，而气又依于道，气塞乎天地之间以配道而无所谓不足，故人尽其才以养气、尽性而道侔于天，此即孟子所谓养气之圣功所在。君子极其聪明睿智以弘其才，功达于极致，则能与鬼神同其吉凶、以刚柔健顺成其能。尽其才之为功于天道人性，尚矣哉！此即船山关于尽其才的思想，此段引文已经足够说明其独特之意蕴。

五、心性情才合论及其他

(一)心性情才合论

此上对船山关于心、性、情、才的见解分别做了阐述。如此前所言，这些见解鲜明地体现出船山思想的一贯性：以天人回环的整体视野为背景(故而是融汇在天道论之中的人性论)、以心作为意向之自我伸展的特性为基础。所以船山虽然对心、性、情、才做出了不同的界定和区分，但在本原的层次上、在修行的工夫中，船山将它们视为一体同流之物来加以展示，尤其注重其相互牵引、共筑共成的一面。这是船山思想的特色，颇能体现船山研精覃思所得的洞见，故于此特辟一节来合论船山的心性情才观。

根据此上的阐释，船山对心性情才的见解可小结如下：(1)心为阴阳

① 《读四书大全说》卷十，见《船山全书》第六册，第1140~1141页。

翕辟之不容已，性为阴阳动静之实，情为阴阳变合之几，才出于阴阳融结之形质。这是从天道论出发来展示人性：心性情才皆出于太极阴阳五行至诚之道，所以它们在本原上均有善而无恶。(2)自心性方面而言，心作为意向伸展的统一体统摄性情才于自身之中：性为心之本体，且在心上有其表现，此即所谓四端之心亦即道心；情为心感物、应物之用，心不感应则无有所谓情，故心为情之主导，情之所以可转化者正在于心为情之主宰也；才供心情之用以就功者也，尤其听命于情，但心为情之主宰，故才实际上最终仍听命于心。所以心是统性情才而言者，惟心能尽其性、惟心能诚其意、惟心能正其情、惟心能尽其才、惟心能公其欲，于人而言，心就是一切的本原，心之关键地位由此可见。(3)由于天道为至诚之本原发生、心为意向之自我伸展的统一体(此两者一而二、二而一)，所以一切展示都要置于此本原的流动体中来进行。此流动体自身是所有原初意义的活泼发生场，其中并无绝对限定之物，所以性情才皆非限定之物：性虽有其实体，却是随着命之日降而日生日成的，故习可与性成；情为变合之几，永远具有一种当下活泼发生的特性，更非限定之物，故治情者必要以性主之；才虽有其比较固定的形质，但天理周流、天气洋溢，此形质亦可以理、气养之、化之，正因为才非定体，变化气质才是可能的。由此可见，船山之心性情才论完全融合在天道论的原始整体之中，此中颇可见出船山人性论的特色。

对此，船山亦有明确的意识，《周易外传》卷四有云：

> 凡夫万有之化，流行而成用。同此一日之内，同此天地之间，未有殊才异情，能相安而不毁者也。情以御才，才以给情，情才同原于性，性原于道，道则一而已矣。一者，保合和同而秩然相节者也。始于道，成于性，动于情，变于才。才以就功，功以致效，功效散著于多而协于一，则又终合于道以始。是故始于一，中于万，终于一。始于一，故曰“一本而万殊”；终于一以始，故曰“同归而殊途”。①

在船山看来：天道将自身展示为万物之化之流行，天地之间的万物相互殊才异情，每时每刻都在变化更新，无有所谓相安而不毁者，凡此天地之间皆是此变化日新之洪流。其变化情形如下：由情以御其才，由才以给其情，情和才源出于性，性则源出于天地一阴一阳之道，追溯到天道之本

① 《周易外传》卷四，见《船山全书》第一册，第979~980页。

原发生，已是不可复加之极致。至于道体自身，则遍运乎一切有形之中而为其实体，是所谓统万物而一体同流者也。所以天地万物之化，始于道、成于性、动于情而变于才。才以就其功，功以致其效，万物各有其功效而散著、充盈于天地之间，然万物必协于一，故又终于道以始，此即所谓的理一分殊。从始于一来看，此即“一本而万殊”；从终于一以始来看，此即所谓的“同归而殊途”。虽然船山于此处没有涉及心，但很明显他已经将性、情、才打成一片并将它们置于天道流行的整体之中来加以展示，这就应证了我们上面的说法。

（二）理与欲

在处理心性情才论的时候，我们并没有涉及船山对欲的看法，故于此稍作补充。船山虽以欲为情之下流，但并不以欲为不善之物。欲本身可说是中性的，其善与不善视乎它是否合乎理，欲之大公者即理。此即船山的理欲合一之说，以下对此略作说明。

《读四书大全说》卷八有云：

> 离欲而别为理，其唯释氏为然。盖厌弃物则，而废人之大伦矣……即此好货、好色之心，而天之以阴骘万物，人之以载天地之大德者，皆其以是为所藏之用……于此声色臭味，廓然见万物之公欲，而即为万物之公理；大公廓然，物来顺应，则视之听之，以言以动，率循斯而无待外求……孟子承孔子之学，随处见人欲，即随处见天理。①

船山于此指出：离欲而别为理，是佛家的教法，儒家却不如此。盖离欲而别为理，则可以厌弃物则、废除人伦矣。在船山看来，好货、好色之心未必为不善，若能即此心以体察天地阴骘万物之大德并以此而立人道之大德，则此好货、好色皆可用之于善，而理即在其中矣。此即所谓于声色臭味中，见得万物之公欲即为万物之公理；即此声色臭味而廓然大公、物来顺应，则心安理得而无待外求。基于此种见解，船山更称赞孟子说：孟子能真切地继承孔子之学，故可以随处见人欲即随处见天理，近乎大而化之之境界。

于《诗广传》中，船山更反对所谓的薄欲之说，该书卷二有云：

① 《读四书大全说》卷八，见《船山全书》第六册，第911~912页。

吾惧夫薄于欲者之亦薄于理，薄于以身受天下者之薄于以身任天下也……是故天地之产皆有所用；饮食男女皆有所贞。君子敬天地之产而秩以其分，重饮食男女之辨而协以其安……厚用天下而不失其澹，澹用天下而不歆其薄，为君子者，无难无易，慎为之而已矣。①

船山甚至担心薄于欲者亦可能薄于理，所以他并不排斥饮食男女之欲乃至物欲，但他认为：天地之产，应该皆得其用；饮食男女，应该皆有所贞。所以君子敬天地之产而注重其秩序，重视男女之辨而协和之以安，故能厚用天下而不失其澹，澹用天下而不羡其薄。君子之所作所为，以慎为之而无难易之别，如此则即人欲以达于天理，理欲合一矣。

《读四书大全说》卷四亦有云：

圣人有欲，其欲即天之理。天无欲，其理即人之欲。学者有理有欲，理尽则合人之欲，欲推即合天之理。于此可见：人欲之各得，即天理之大同；天理之大同，无人欲之或异。治民有道，此道也；获上有道，此道也；信友有道，此道也；诚身有道，此道也。故曰"吾道一以贯之"也。②

此处船山将学者之理欲、圣人之理欲与天理打成一片，认为天理、人欲之间并无截然的分割，人欲之各得即天理之所在，一切修身之道即在此中。船山于理欲问题上看得通透，从根源上将它们加以统会，故有理欲合一的说法③。

第三节　船山之知行论

知行问题并非人性论的核心所在，确切地说，它应该放在修身工夫中进行讨论，亦即属于第四章的内容。但第四章自有其结构，且内容较多，

① 《诗广传》卷二，见《船山全书》第三册，第374页。

② 《读四书大全说》卷四，见《船山全书》第六册，第639页。

③ 晚明以来，理欲问题颇受学者的关注，社会中甚至出现情欲解放的思潮。但不可将船山视为该思潮的拥护者，盖船山虽对理学传统的理欲观有所突破（天人回环视野中的理欲合一论），但并未失理学之圭臬。

故将知行论移至此章略作讨论。另一方面，由于知是心之功用，行是心用其情才以就功，故此知行问题亦不脱离心性情才的架构，放在此处讨论亦自有其理由。这种理由是极为内在的，因为只有在把握船山的心性情才论之后我们才能有效地谈论其知行论。如此前所言，船山以心为本来展开其心性情才论，而知和行则只能紧扣着心来加以论述。盖知本是吾心虚灵明觉之妙用(若结合道德认知而言，亦是仁义心之妙用)，而其所知者亦不外乎吾人之性(通乎天道至诚之流行的性之全体)；而行则是落实在情与才之上，情是行动的动力所在，而才则是行动落实的资具；不通过情与才，所知之性理是无法在现实生活中得到落实的；但情与才都必须以心为本，盖情本是吾心感应之几，而才之运用则受到心、情(最终是心)的指引。这就是所有的知行论最终都归结在心上的原因。对心性情才之本性的不同领会自然会引生出全然不同的知行论。船山的知行论只有置于其特殊的心性情才论之下才能得到恰当的领会与把握。

置于整个古代思想史中来说，船山的知行论颇有其特色。就思想史上的效果而言，朱子和阳明的知行论曾发生过重大的影响。但是船山由于对天道、人性的不同领会(其根源正在于天人回环的终极视野)，其知行论具有十分鲜明的特点。它既不同于朱子的知行论，也不同于阳明的知行合一说，盖此两者均是以知为主，而船山则返回到《尚书》中的义理并将其阐释为儒家知行观的正宗见解。以下即结合朱子和阳明之说对船山知行论的特色加以展示，此外，由于知行问题也涉及知能与知礼的问题，所以本节亦将对此二者略作探讨。

一、概述朱子和阳明的知行论

朱子和阳明的知行论是传统知行观的主流，以下结合具体文本和学者的研究对二者的知行论加以概述，以为后面的比较提供义理上的基础，该比较将揭示出船山知行论中的独具特色之处。

(一)朱子知行论概述

作为朱子学专家，陈来指出：朱子的知行论有多个层次、需要具体分析。在《朱子哲学研究》中他将其展示为三个层面①：亦即致知和力行、致知和涵养、致知和主敬，此三者各有不同而又相互交叉，此是陈氏研究的细密处。大体而言，陈来对朱子知行观的如下概括是学者的共识：以知为

① 请参见陈来：《朱子哲学研究》第十四章，上海：华东师范大学出版社，2000年。

主脑、以行为重、知与行交发并进。以下结合几段文本对此略作阐明。

《朱子语类》卷九有云：

> (1)知、行常相须，如目无足不行，足无目不见。论先后，知为先；论轻重，行为重。①
>
> (2)致知、力行，用功不可偏。偏过一边，则一边受病。如程子云："涵养须用敬，进学则在致知。"分明自作两脚说，但只要分先后轻重。论先后，当以致知为先；论轻重，当以力行为重。②

卷十四有云：

> (3)知与行，工夫须着并到。知之愈明，则行之愈笃；行之愈笃，则知之愈明。二者皆不可偏废。如人两足相先后行，便会渐渐行得到。若一边软了，便一步也进不得。然又须先知得，方行得。所以《大学》先说致知，《中庸》说知先于说仁、勇，而孔子先说"知及之"。然学问、谨思、明辨、力行，皆不可阙一。③

在对引文进行疏解之前，有必要对朱子思想视野中的知、行概念略加说明。结合《大学章句》而言，朱子所言的知是关联于格物致知而言的，亦即以吾心之灵去知万物之理(实则即性理)；而朱子所言的行则关联于诚意等具体修身工夫而言，亦即将吾心所知之理贯彻在具体的行动中(从意念到切实的行动)。但是如果我们将朱子所谓的涵养主敬也视为某种行，那么这种意义上的行相对于察识、格物致知而言具有某种奠基性的地方(亦即涵养主敬为察识、格致之本)，但此为特殊义，这是朱子知行论的细密处。此处仍以朱子之知行的通常义为本展开讨论。此上的引文表明：在朱子看来，知行二者相须不离；但在先后上，则知为先而行为后；在轻重上则反之，知为轻而行为重。这就明确地揭示出朱子知行观的要点。第二条引文从致知和力行方面来说，致知本身其实是行，但在朱子这里属于知，力行则是涵养、持敬等工夫。致知和力行，二者须交发并进、相得益彰；在先后方面，则以致知为先、力行为后；在轻重上，则力行为

---

① 朱熹：《朱子语类》卷九，见《朱子全书》第14册，第298页。
② 朱熹：《朱子语类》卷九，见《朱子全书》第14册，第299页。
③ 朱熹：《朱子语类》卷十四，见《朱子全书》第14册，第457页。

重而致知为轻，此与第一条完全一致。第三条则只强调了知行并进和以知为主这两点，并多方引证知的优先性。由此上引文来看，陈来对朱子知行观的概括是可靠的。实际上，这和朱子的整个思想体系是相通的：知行关系类似理气关系，理气不离不杂、相须成道，但论先后则理为先，论轻重则气为重，因为气能将理实现出来。总之，朱子的知行观是和其全部思想体系相应的，其特点在于知行并重而以知为主脑。

（二）阳明知行论概述

“知行合一”四字可以概括阳明的知行观，在早年与弟子徐爱的讨论中，阳明曾对此学说多有阐发。阳明的“知行合一”说与朱子的“知先行后、知行并进”说虽然有所不同，但实际上阳明之说正是从朱子之说中脱胎而出的。阳明和朱子俱是由德性工夫论的解读（相应于道德生活、道德实践的领域）来谈论知行问题，然朱子之说枝分节解、层次分明，难免启后世支离之弊，而阳明则自根源上将知行打并为一，并进而提出其圆融不二的知行论。其根本原因在于：阳明将朱子所言之知与行俱统摄在即本体即工夫或即知即行的致良知之教下，以下结合《传习录》中的相关文本对此略加阐明。

《传习录》对此有云：

> （1）知是行的主意，行是知的功夫；知是行之始，行是知之成。若会得时，只说一个知已自有行在，只说一个行已自有知在。①
>
> （2）知者行之始，行者知之成，圣学只一个功夫，知行不可分作两事。②
>
> （3）知之真切笃实处，即是行；行之明觉精察处，即是知，知行工夫本不可离。只为后世学者分作两截用功，失却知行本体，故有合一并进之说。③

综合此三条引文可知：阳明最重视知行的本体，如果会得此知行的本体，则只说一个知字已经有行在内，只说一个行字已经有知在内。知、行二者在本原层次上相互缠绕、一体同流，本不可对它们二者加以截然的分

① 王阳明：《传习录·上》，见《王阳明全集》上册，上海：上海古籍出版社，1992年，第4页。

② 王阳明：《传习录·上》，见《王阳明全集》上册，第13页。

③ 王阳明：《传习录·中》，见《王阳明全集》上册，第42页。

割。所以阳明说：知中有行，知之真切笃实处就是行；行中有知，行之明觉精察处就是知。如果非要将二者区分开来说，那可以说知是行的主意，行是知的功夫；或者说知是行之始，行是知之成；但这种分析已有离析知行本体的嫌疑。至于合一并进之说，则只是为那些失却知行本体的人而说的。自阳明的思想整体而言，此知行本体不是别的，即良知本体自身，所以阳明的知行完全是在本体的维度上来讲的。阳明的学说可概括为致良知教，要了解此教，最重要的就是领会良知本体的特性。此良知本体在阳明那里有多重含义，包括道体义、仁体义、智体义、心体义和性体义，以心体义为核心。此五义实际上是相互贯通、相互融摄的，因而五义只是对同一个本原事态的不同描述而已①。在良知本体的本原流行中，知行二者原本不可分开，知侧重智体义，行则侧重仁体义，但二者只是侧重点有所不同并非可以分割为两者。只要能领悟阳明的良知独体说，领会其知行合一说即非难事。不过需要强调的是：阳明讲知行是完全收摄在心体上来说的，其中很少有天道论的成分。

二、船山之知行论及其特色

（一）阐明船山之知行论

在对《尚书》义理的阐发中，船山提出了自己独特的知行观。此知行观完全以行作为重点，行相对于知而言具有压倒性的地位。以下即以《尚书引义》中的相关论述为基础来阐明船山的知行论。船山十分赞赏《尚书·说命》中“知之非艰，行之惟艰”的说法，《尚书引义》卷三对此有云：

> 宋诸先儒欲折陆、杨“知行合一，知不先，行不后”之说，而曰：“知先行后”，立一划然之次序，以困学者于知见之中，且将荡然以失据，则已异于圣人之道矣。《说命》曰：“知之非艰，行之惟艰”，千圣复起，不易之言也。②

船山于此指出：宋诸先儒（应指朱子及其后学）为了应对象山和慈湖的“知行合一”学说，曾提出“知先行后”的说法，为知和行划定出截然的

---

① 请参见王林伟：《王阳明良知说重探》，《阳明学研究》第三辑，北京：人民出版社，2018年。

② 《尚书引义》卷三，见《船山全书》第二册，第311~312页。

次序。在船山看来，这种做法将使学者困于知见之中而荡然失其所据，与圣人论知行之道不同。他认为讲知行问题讲得最好、最真切的是《尚书·说命》中的说法："知之非艰，行之惟艰"，以此为千圣不易之言。船山坚持此说法的道理何在呢？船山于同卷中解释道：

> 且夫知也者，固以行为功者也。行也者，不以知为功者也。行焉可以得知之效也，知焉未可以收行之效也。将为格物穷理之学，抑必勉勉孜孜，而后择之精，语之详，是知必以行为功也。行于君民、亲友、喜怒、哀乐之间，得而信，失而疑，道乃益明，是行可有知之效也。其力行也，得不以为歆，失不以为恤，志一动气，惟无审虑却顾，而后德可据，是行不以知为功也。冥心而思，观物而辨，时未至，理未协，情未感，力未赡，俟之他日而行乃为功，是知不得有行之效也。行可兼知，而知不可兼行。下学而上达，岂达焉而始学乎？君子之学，未尝离行以为知也必矣。离行以为知，其卑者，则训诂之末流，无异于词章之玩物而加陋焉；其高者，瞑目据梧，消心而绝物，得者或得，而失者遂叛道以流于恍惚之中。异学之贼道也，正在于此。①

船山以为：就知行问题而言，知和行的地位是不平等的。知以行为功，而行却不以知为功；行中可以包含知之效，而知中却未必能有行之效；此即所谓的行可以兼知，而知不可以兼行。知以行为功体现在：将要为格物穷理之学问，则必须勤奋勉励、孜孜不倦，然后能择之精而语之详。行可以有知之效体现在：行道于君民亲友、喜怒哀乐之间，得其道而信之、失其道而疑之，如此则道因行而益明。行不以知为功体现在：力行者志一而动气，虽知得失而不以为歆、恤，故能无审虑顾却之忧而德可据，知与不知皆不损乎其德。知未必有行之效体现在：不管如何冥心而思、观物而辨，从而知得精熟，但时机未到、情理未达、力量不赡则不可以为功。由此四个方面，船山切实地阐明了"行可兼知、知不可兼行"的思想。船山进而指出：孔子的教法是"下学而上达"，下学者，以行为本，不是等到达了才开始学。君子之学，从来就不曾离开行以为知。如果离开行以为知，卑者将流入训诂之末流，比词章之玩物丧志更加鄙陋；高者或有所得，然不能得者且将流入异端的恍惚之教中。在船山看来，异端之所

---

① 《尚书引义》卷三，见《船山全书》第二册，第314页。

以为异端，恰恰就在于他们离行以为知，君子则即行以为知。

根据上述阐释，船山的知行观要点如下：行可兼知而知不可兼行。但对知与行的确切含义，船山并没有给出确切的规定。依据船山思想的整体，可对此二者略作展示如下：知即心之虚明灵觉之知，其最高层次即《中庸》所讲的豫、明。行即心之用其情才以效功，其最高层次即《中庸》所讲的诚。知的最终目的是明善，行的最终目的是诚身。诚得其身者自然能明善，而明善者却未必能诚其身，此亦是“行可兼知、知不可兼行”的道理。如此结合《中庸》的明善诚身来讲船山的知行观，可能会更好理解一些。此外，需要指出的是：船山所谓的知、行，皆置于天道的本原发生境域中来说，所以他又在其中提到时位、情理之类的东西。船山重行的思想亦通于船山对气、器与可见者的强调：行即尽其可见之才、器，而才、器则成于气。

（二）船山知行论之特色

将船山的知行论与朱子和阳明之说加以比较，就可以见出前者的特色所在：(1)朱子以理为形而上的最高本体，而气则是某种形而下之物，其功用只在于将理加以实现。但正因为气能够将理实现出来，所以气也相当重要，无气则理亦无所凝结、无所表现。这种形上/形下的结构亦体现在朱子的心性论中：理在人为性，气在人为气质；性是形而上者，情源于气质，属于形而下者；心则兼体用动静而统形上形下为一，故能具众理(言有其体)而应万事(言具其用)。以此架构为基础，朱子的知行论以如下的方式展开：知(致知、格物穷理等)的目的在于把握形而上的理，行(各种力行工夫)的目的则在于汇聚、涵养此理并将此理实现出来。形而上的理为本，不明此理则无以行，所以在先后上以知为先。行能够现实地将理实现出来，实现出来的理才是真理、实理而不仅仅是所知之理，理既实现则知之益真益切，所以在轻重上则以行为重。然不知理则不能行，不行则理不能凝聚、实现出来，所以知行二者相须不离，且有交发并进之功。统此二者则有所谓的主敬工夫，此主敬工夫相应于心之根本地位，故彻知行、贯动静而统形上形下。由此可见，朱子的知行观完全相应于其思想的整个架构。(2)阳明讲知行全不用此架构，他将二者置于心体的不息之流中来讲，并特别提出所谓的知行本体。据此上论述，此知行本体即良知本体，它官天地、府万物，统性、心、仁、智而为一。在此本原心体的流行中，更无可截然分析、互相对待之物，知即于此心体而知，行即于此心体而行，离开此心体别无所谓知行，所以知行在本原上必然是合一的。若能会得此意去做当下的工夫，知行合一就是自然的结论，这是阳明知行观的要害。阳明灼然见此本原心体之流行，故其言能如是之精微。

虽然船山关于知行曾有过很多的解说①，但其要点实则在于表明：行可兼知而知不可兼行。其特色表现在：(1)和朱子一样，船山在讨论道器、心性情才等问题的时候，也多采用形而上/形而下、体用之类的区分。但这对船山而言不过随时、应机的展示。在本原层次上，这些区分都统一在气之全体亦即太极的本原发生境域之中。对于君子来说，最重要的是将此全体存于心中为志，并从可见的器、才生起扎实、恳切的力行工夫，以求尽己之才、尽物之性而有其实功以参赞乎天地，故不可离行以为知、索隐而流入寂灭恍惚之中。且对于船山而言，理并非终极的本体而只是气化所现之条理，理随时随境域而变化日新，故真切的知也应该是随时随境域而变化日新的，亦即真知出于行。而且知的目的也正在于行，故船山又有好恶之情先于思的说法：好恶者行之发端，思则所以求遂此好恶者也。出于这些理由，所以船山反对知先行后说，更推进了行的分量。(2)船山虽重行，但其知行观和阳明倒有相通之处：船山在根本上也主张知行不可分。他在《读四书大全说》卷三说道："知行之分，有从大段分界限者，则如讲求义理为知，应事接物为行是也。乃讲求之中，力其讲求之事，则亦有行矣；应接之际，不废审虑之功，则亦有知矣。是则知行终始不相离，存心亦有知行，致知亦有知行，而更不可分一事以为知而非行，行而非知。"②在船山看来，对于知行可以做区分，但从本原上来说，则根本找不到一件事"知而非行、行而非知"，这就通于阳明的知行合一说。但此间仍有区别：阳明将知行置于心体来讲，船山则将其置于天人回环的整体视野中来说。阳明之说义理精纯而船山之说气象宏大，且船山对行的极大重视有益于挽救晚明王学的流弊。要之，朱子、阳明和船山三人的知行观各自相应于其整体思想而呈现出不同的面貌，在最终取向上，船山更接近阳明而远于朱子。其特色则在于从天人回环的整体视野出发来谈论知行，且因重视器、才、可见者而特别强调行的地位。

三、知行与知能、知礼

在船山思想中，与知行论密切相关的还有知能与知礼的说法。后二者

① 在《读四书大全说》等书中，船山关于知行颇有多种不尽相同的讲法。介于此处只探讨船山知行观之独特之处，故省略不论。

② 《读四书大全说》卷三，见《船山全书》第六册，第562~563页。

从其他的角度展示了船山之知行观的特色，故于此对其略作讨论，仅限于点到为止。

（一）知行与知能

船山以知、能皆出于天地乾坤之良能，而人则合此知能而载之一心。人之所以能够裁成天地、辅相万物，就端在于此合知能而成之心。对此，船山于《周易外传》卷五中有云：

> (1)夫天下之大用二：知、能是也；而成乎体，则德业相因而一。知者天事也；能者地事也；知能者人事也……知、能者，乾坤之所效也……知者惟其健，健者知之实也……能者惟其顺，顺者能之实也。①
>
> (2)人受天地之中以生，而不能分秩乎乾坤，则知能顾以相淆，健顺固以相困矣。夫人亦有其动焉，亦有其入焉，亦有其幽明之察焉，亦有其止焉，亦有其说焉。然而惟能以健归知，以顺归能，知不杂能，能不杂知者，为善用其心之机，善用其性之力，以全体而摩荡之，乃能成乎德业而得天下之理。藉其不然，天之明固在也，地之力固在也，莫知所秩，乘志气之发而遂用之，故德二三非其德，业将成而或败之矣。②

船山在这两段引文中指出：知、能为天下之大用，其体则成乎德业相因而一。知源于天，能来自地，为乾坤之良能，人即以此知、能为事，而健、顺则为知、能之实。在船山看来，人受天地之中以生，最重要的就是能善用此知、能。但如何才是对知、能的善用？船山指出：关键在于不能混淆知、能，使二者相杂，应该以健归知、以顺归能。健以用其知、顺以用其能，即能善用其心之机、性之力，如此则可以成乎德业而得天下之理。此处所讲的能，其实就是才之用，用才的关键在于随顺天理，随顺天理则能尽其才之用，此为行之密藏。至于此处所讲的知，则通于圣贤之好学精神，亦即所谓的学而不厌。学而不厌以求其知、随顺天理以达其行，此即易道"乾知大始，坤作成物"所蕴含的知行之理，为君子之所当效法者也。

---

① 《周易外传》卷五，见《船山全书》第一册，第983~984页。

② 《周易外传》卷五，见《船山全书》第一册，第986页。

（二）知行与知礼成性

此外，船山还继承了张载“知礼成性”的思想。在阐释易传中“知崇礼卑”这个说法的时候，船山对此思想有精彩的阐发，以下即结合船山的具体论述对此略作展示。

《周易外传》卷五有云：

(1)天地无心而成化……圣人裁成天地而相其化……圣人赖天地以大，天地赖圣人以贞。①

(2)继善以后，人以有其生，因器以为成性，非徒资晶耀以为聪明，凝结以为强力也。继其健，继其顺，继其行乎中者，继者乃善也。行乎其中者，则自然不过之分剂，而可用为会通者也。知因虚以入实，其用下彻；礼因器以载道，其用上达。下彻者，要崇而纳之于不浮，上达者，致卑而升之于不滞，绍介以使之相见，密络以不使之相离。故知、礼者，行乎天地之中，以合其判然者也。②

(3)天虚而明，地繁而理。礼法繁理，手足为容；知效虚明，耳目任用。下彻者虚明之垂也，上达者繁理之积也……是故知无不察，所知者不遗于毫毛；礼无不备，所体者不舍乎仁孝。③

第一条引文首先解释了圣人在天地之间的位置：天地无心而成化，圣人有心成能而裁成天地以辅相其化。圣人以天地而大，圣人之德通于天地之德。天地却赖圣人以贞，圣人之贞即天地之贞也。圣人与人为类而出乎其类、拔乎其萃者也，是立人极之理想。而人之所以能立极，不外知、礼二端：知因其虚以入实，故其用下彻；礼因其器以载道，故其用上达。知之用下彻故崇，崇而纳之于实则不浮；礼之用因于器故卑，卑则升之于灵而不滞。知、礼相因，相见而不相离，人即以此行乎天地之中而合天地之判然以立人极。此处所谈的知和礼，与上面所论的知、能完全相同，均出于阴阳乾坤之良能，亦通于船山的知行思想。知即用其虚明之知，行则以礼行之也，除却这知与礼，更无所谓知与行。人以此知、礼行乎天地之中，即以此知、礼成性，亦即以知、行成性也。在《张子正蒙注》中船山亦有类

① 《周易外传》卷五，见《船山全书》第一册，第1011页。
② 《周易外传》卷五，见《船山全书》第一册，第1012页。
③ 《周易外传》卷五，见《船山全书》第一册，第1013页。

似的说法，文烦不具引。要之，船山之行即尽人之能、立于礼之行也。

本章小结

本章对船山的人性论的展示可概括如下：(1)心性情才论：心在船山的人性论中居于核心地位，它统摄性情才欲而为流行之体。在此流行之体中，船山特别强调了人心和道心之区分与联系：其区分在于人心以危为特性而道心则以微为特性，此二者在心体的流行中互藏其宅、交发其用。性论是船山人性论思想中的精彩部分，以天道之本原发生为背景，船山有“命日降，性日生日成”之说：命和性都原本地发生、流行着。以此为背景，船山进而对天地之性、气质之性、习与性成、性修不二等说法提出了与众不同的阐释，颇能见出船山思想的特色。关于情，船山将其视为阴阳变合之几，此变合之几实有两种情况：一是好恶之几、独用之情，此为至善无恶的独体，与刘宗周的独体说有相通之处；二是喜怒哀乐之情，此情可善可恶，其往来之不善则是恶的来源。至于才，船山将其规定为刚柔缓急之质，是属于人之形色、器的成分。船山对此形色十分重视，故有形色即天性的说法，并强调君子、圣人尽其才的思想，此亦通于船山对气、器和可见者的重视。在船山思想中，心性情才四者在本原上不可分割，它们统一于天人回环的整体视野中，统一在心体相互牵引、交发其用的不息流行中。(2)知行论：与朱子的“知先行后、以行为重、知行交发并进”、阳明的“知行合一”说相比，船山知行论的独特之处在于它对行的本原性和关键性极为重视，提出了“行可兼知，知不可兼行”的思想。根据本章的阐述，船山的思想更接近阳明“知行合一”的思想，而比较反对朱子“知先行后”的说法，认为古人未尝离行以言知。不过船山不像阳明那样以心体为主，他是以天人回环的整体视野为主来讨论知行问题的，这是一个更终极、更宏大的视野。

第四章　人文化成论：自由的运作空间

在船山思想中，天、人和际这三者密切地统会在天人回环的整体视野之中。置于整个中国古代思想史中而言，船山对此际之特性与内容的展示，是船山思想中最精彩的部分①。历来的船山学研究者大多将船山关于际的思想归结为某种历史意识②，这种阐释有其真知灼见，但还不足以展现船山关于际之思想的全部特性。根据综论的阐述，在天人之际的整体视野中，历史意识相应于史际，而与史际密切相关的还有心际和人际。此三际之间并非相互分隔、截然区分的关系，而是从根上就扭结在一起，它们只是对天人之际的多维度展示。所以必须综合心际、人际和史际这三者，才能完整地展现出船山人文化成论的深刻意蕴。

人文化成的活动所涉及的不仅是人类现成的历史，它实际上是人类一切文化活动的活泼发生场。在此发生场中，有心身之际，有人我之际，有古今之际，此三者分别相应于修身、政治和历史的本原意蕴。它们密切配合、相互交融在人文化成的活泼发生场之中。从这个意义上来领会船山的际以及发生于此际中的人文化成活动，是本章所要达成的宗旨。以此宗旨为主导，本章内容相应地分为三个方面：修身工夫论，相当于《大学》所说的明明德以修己；政治之规模与理想，相当于《大学》所说的新民以治人；历史之深厚意识，相当于《庄子》中所讲的参万岁而一成纯。修己、治人、参万岁三者合而为一，即天人之际的整体内容。在此之前，本章有

① 际在船山思想中的重要意义，已经得到了很多学者的关注。例如：刘梁剑在《天·人·际：对王船山的形而上学阐明》中就曾独具慧眼地以此为要领来展示船山思想的整体。然刘氏对此际之真正内容与特性的把握依然不够全面与深入，故其努力仍有待推进。本章即意在以综论部分的论述为指引，尝试以某种更切近的方式来展示此际之真正内容与特性。刘书存参考文献中。

② 作为代表，唐君毅、曾昭旭和林安梧等港台学者大多从历史层面来论述船山的人文化成论，林安梧更将船山的思想阐释为一种人性史哲学。诸位先生对船山的深厚历史意识多所表彰和发掘，但笔者以为单从历史方面来阐释船山关于际的思想，还不足以穷尽其内涵，此际实为一切文化活动的场域所在。

个简要的总论，最后则是结语，以下依次论述。

第一节 总论船山之人文化成论

一、对船山人文化成论的总体展示

在综论中，船山对际之特性的领会被展示如下：作为自由运作的空间。该展示涉及三方面的内容：空间、运作和自由。空间指示出场所，此场所由天道作为终极的发生境域提供出来。它是纯善无恶的，此即所谓“继之者善”。运作者即那具备心性情才的人，人之心性情才亦源于天，此即所谓“成之者性”。其运作则开展为各种各样的人文活动，此即所谓“成性存存”，一切政治、经济、文化、历史等都是此类活动的凝结品或显现结构。此运作活动的最高理想就是自由，或者用中国传统的术语来说就是尽性、合内外之道或内圣外王之道。

运作的场所虽然是由至诚的天道流行所提供出来的，但其真正开显则有赖于具体的心与身。身心是际之开显的最初源头，所以首先印入眼帘的是心—身之际。正如综论所揭示的：此心身之际是一切感兴的源头，是道之全体的初步揭示者；通过对时之三际的统摄它同样贯乎人道之始终；作为最终的开显者它亦通于天道之始终。就此而言，心身之际就是我们的根本处境，无时可离、无地可离。与此相应，修身的工夫就是无间断的。儒家传统对此有明确的意识，孔门的“无终食之间违仁，颠沛必于是，造次必于是”就表达了这种思想，而船山的“继天立极”说更是将此思想发挥到了极致。另一面，身心在开显道体之际发现：它不是孤零零地来到这个世界上，在开端之处它就已经落入人伦的关系网中，里面有家、有乡、有国、有天下。于此，道之开显所提供的空间将自己展示为人际。人在本根上就已经被包裹在各种各样的人际关系之中，政治的实质即在于处理此人际关系。此关系问题若不能得到良好的解决，则人类整体的生存状态必然不得顺畅，所以必得发展出一整套的文化制度来安顿此人际关系。就中国传统而言，此套制度即礼乐，它贯穿在人际关系中并为后者提供一种可供信任的保障。船山继承了此套礼乐制度的精义，其政治理念就藏在这些精义之中。最后，身心对道体的开显不仅发现了自身和人际，它更发现：所有这些都并非突然从天而降，相反，它们深深地扎根在人类文明的深厚传统之中并同样预示着未来。一个无比广阔、无比深远的历史世界由此得到呈现。于此，天道自身的本原流行就将自己展示为史际。实际上，心身之际的本性中就已经包含了这一点，心身之际既是人道的始终，又通乎天道的始终，与此始终相应的就是本原的时间性，一切历史世界都根源于此本原之时间性意识的开显。孔子的信而好古、祖述尧舜、宪章文武就是这种历史意识的本真表现，儒家文教的悠久绵延即存乎此。船山正是这种深厚历史意识的继承者和阐扬者。

通过以上的展示，天道之至诚流行所开显出来的运作空间就展示为三际：亦即心际、人际和史际。心身之际凸显了修身工夫的不间断性，人际关系凸显了政治的重要性，史际则凸显本原历史性所包含的无比深远、广阔的历史世界。需要再次强调的是：此三际之间并非相互独立、并列的关系，从根源上来讲，三者都统会在天人回环、交尽的整体视野之中。三际只是对同一个天人之际的不同开显，侧重点虽有所不同，但在本原和工夫上则相互缠绕、密切融合为一体。正如综论所表明的：心际之外别无所谓政治和历史，修身总有其政治和历史维度；人际之外亦别无所谓修身和历史，修身和历史没有能外乎政治的；而史际之外亦无所谓政治和修身，所有政治和修身都扎根于本原的历史之中。

二、际之核心地位及船山人文化成论之特色

际在船山思想中的核心地位，综论对其已经有所揭示。人类的一切活动都在此际中展开：修身工夫在心身之际展开，齐家治国平天下的政治活动在人我之际展开，历史之理解与诠释则在史际之中展开。离开此际，别无所谓人文化成之事，此际实为一切人类文化活动的空间所在。天道本原之流行展开于此际，人心之意向伸展于此际之中，人类一切继天立极的人文化成活动都运作于此际之中。由此，则此际的核心地位亦不言而喻矣。

际之核心地位还不限于此，实际上，前面两章对船山之天道论和人性论的阐释也是依照我们对此际的领会而进行的。如果未曾对此际赢得某种原初的领会，任何关于天道和人性的论述都将成为无源之水、无本之木。就开端而言，对天道的开显以及对天道的领悟和规定都不能脱离开此际，只有真切地投入此际的原始展开中，我们才有可能赢获对天道流行的真切领悟。与此相同，对人性的开显以及对人性的领悟和规定也不能脱离开此际，如果不曾见得心、身在此际中的真实地位，要想赢得关于人性的真切理解是不可能的。可以说，对际的原始领会决定了天道论和人性论的展开方式。当然，天道论和人性论的不同展开亦将回过头来影响此原始领会。

人类所能把握的实际上也只有此际，除开此际之原始展开，人类再无

其他可供依靠。此际的展开具有如下的特性：它永远是即当下而展开的，处于此际中心的是一块敞亮的处所。但此处所又并非某种截然固定之物，恰恰相反，此明亮的敞开随时更新、随地变化，并无确切边界可得。所以此际的展开在根原上就是无边无际的，际就意味着无际之际①。在此敞开的明亮场域中，人当下即可用功：存养即于此存养、省察即于此省察、物即于此而格、知即于此而致。学于斯、审于斯、思于斯、辨于斯、行于斯，随此际的原始展开而处处可用其实功。然因为此际在本原上又通于无际，所以此际的原始展开是无限的、明亮之场域的敞开也是无限的，此即大易所谓的“大明终始、六位时成”。所以人之用功永无止境，随行年而化，日新之谓盛德、富有之谓大业，德不可以已、业不可以据。内圣外王之道并没有一个止境，它从根源上即合于天地日新之道，“惟天之命，於穆不已”，斯之谓也。天下之妙者，莫妙于此际矣！

船山人文化成论的特色就在于牢牢抓住此际不放松，一切心思、工夫都放在此际上。这也是船山特别重视继、几、念等观念的原因所在，这些观念所表明的就是：要在此际的原始展开中真切地用工夫，亦即所谓的继天之善、诚神之几、克念之实。善、几、念都是天人之际的原始展开，在此原始展开中，气、器 、心、情、才、物乃至一切既成的制度、思想皆是为善之资。所以船山认为：从本原上来讲，天下无不善之物，此即船山最根源层次上的气善义。这是因为：只要人能继、能诚、能克念，则由天道之流行所展开的明亮场域中的一切都是为善之资。只有以此明亮的场域为基础，人类才能挺立自己的真实品格。所以船山不但重视此明亮之场域所开显之物，更要求修道之君子尽此明亮场域中之器和才。此才、器随场域之开显而变化日新，则君子尽器、尽才之继、诚亦无有间断。船山的工夫论特重此义，合于孔门求仁的精神和大易刚健不息的精神。船山中年以后离群索居、困厄山林而能著述不息、修道不已，恰恰就在于他对此种精神的领会和践行，此是船山的得力处，亦是常人难以企及之处。只有把握了此际的核心地位及其中所包含的精神，我们才能真切地领会船山人文化成的思想乃至其一生的行状，以下就依此领会分别对此际的三面展开论述。

---

① 海德格尔在《存在与时间》中对“在……之中”的分析，与船山对际的领会，在义理层面上颇有一些可通之处。但相对而言，船山的际相比于海氏的“在……之中”具有更充实、更饱满、更刚健的内容。船山之际为真际，儒家思想的乾元精神和家国天下性格就存在此真际之中。

第二节　修—身：明明德以修己

一、船山修身工夫论述要

在三际之中，心身之际为首出者，亦是最根本者。这是因为：心之体用是无限的，其凝结则体现在形色之身中。在此心身之际的展开中，此心此身皆有相应工夫可做，此即所谓的修身，亦即明明德以修己的工夫。船山的工夫论大体继承了先秦和宋明之说，所致力讨论的持志养气、存养省察、格物致知等问题都渊源有自。但船山对这些问题的讨论也都颇具特色。以下就以船山思想的整体视域为背景，对其独特性略作说明以概述船山工夫论的要点。

船山的工夫论围绕着心、身这两端而展开：(1)持志养气说：船山最重视立志和养气，他以志为心之所发、心之所主，而气则凝聚于身之形色之中。持志的工夫即不放失本心，养气的工夫则体现为集义以养气，随此身所处之情境不同而集义，以义自养则此身之气浩然塞乎天地之间。(2)存养省察说：此为宋明理学工夫论中的核心问题，正心与诚意是对此问题的另外一种表述。此问题的要点在于心，存养是存养此心之本体而使之不放失，省察是省察此心之发用(表现为情、意，故曰省察其情、诚其意)而使之中节。当然，在发用的过程中，身必然也会参与其中，但工夫的细密处仍在于心而不是身。所以存养省察的工夫要点在于心，曾昭旭称为“性情贯通之工夫—正心诚意之交修”①，诚为谛论。(3)格物致知说：程朱一派对此问题极为重视，船山对此讨论亦多，其论点亦不越心、身二端：所以格之、致之者，此心也；所格之物、所致之知必资此身之官能而得显现，则身亦为重。心、身交尽，而后格致之实功可得。学与思则是此问题的另外一种表述，学即随其身所处的境域、所应之事物而学之，故学不离身；思则是用其心官以思之，心之官则思也。学思并进，则物格而知至矣。曾昭旭称其为“心物通贯之工夫—格物致知之相济”②，颇能得船山之本怀。

然需注意：船山之工夫论虽围绕心、身这两端而展开，然在本原的层

---

① 曾昭旭：《王船山哲学》，第452页。

② 曾昭旭：《王船山哲学》，第470页。

次上，此两端必合而为一。此即船山思想“合两端而一致”之特性，亦通于天人回环、交尽的整体视野，无往而不一也。所以在工夫的实际展开中，持志和养气必交相为功而底于“清明在躬，气志如神”的境界，存养和省察必交相为功而底于“致中和，天地位焉，万物育焉”的境界，格物和致知必相互为功而底于明德、新民以“止于至善”的境界。实际上，此三种不同的工夫论面向，就其实质而言是贯通为一的，无非是在心、身二端用其实功。持志即存养之实功，集义即省察之实功、亦是格物致知之实功。志既持、意既诚、物既格、知既至、义既集，则心、身皆得其所养而修身之工夫尽此矣，循此以日新其德、富有其业，则内圣外王之道即此而成。按照船山的思想，儒家修身之实功只在此处，以下分述之。

二、持志与养气

持志、集义养气说源出于孟子，而船山特为发扬之。船山最重视立志，故极为反对“玩物丧志”。在船山看来，志就是心之本体，亦即心之所之和心之所主。学者若能以道为志，再加以不断地集义、养气，即能成就大人之品格。大体而言，此即船山持志养气说之大义，以下结合具体的文本对此加以展示。

(一)志为心之本体

与《说文》相同，朱子曾将志规定为“心之所之”①，船山继承其说法并对其进一步加以规定：志不但是心之所之，更是心之所主。从某种程度上来说，志就是心之本体。在《读四书大全说》卷一中，船山曾对此有明确的表示：

> 性之所生，与五官百骸并生而为之君主，常在人胸臆之中，而有为者则据之以为志。故欲知此所正之心，则孟子所谓志者近之矣。惟夫志，则有所感而意发，其志固在，无所感而意不发，其志亦未尝不在，而隐然有一欲为可为之体，于不睹不闻之中……此则身意之交，心之本体也；此则修诚之际，正之实功也。故曰“心者身之所主”，主乎视听言动者也，则唯志而已矣。②

---

① 朱熹：《四书章句集注》，第94页。
② 《读四书大全说》卷一，见《船山全书》第六册，第400~401页。

在船山看来，《大学》中所讲的正心其实就是正志：此志为性之所生，与五官百骸并生而为其君主，且常在人胸臆之中，有为者即据之以为心之所主。依船山之见，志具有如下的特性：有所感动而意发的时候，此志固然在；即便无所感动而意不发的时候，此志亦未尝不在。志存于不闻不睹之中而隐然有一欲为可为之本体，此即心之本体，而正心之实功即在于此。心之所以能够主乎视听言动者，以志主之也。根据此段论述，很明显，船山将志视为心之本体，它不但是心之所之，更是心之所主。

与意相比，志还具有其他的特性。对此，船山于《张子正蒙注》卷四中有云：

志大而虚含众理，意小而滞于一隅也。①

意和志都源出于心，但相比于意，志所包含者甚大，同时它虽然所包甚大却又有虚灵的特性，故又能含众理在自身之中；意所包含者小且易滞于一块狭小的区域内。志包含甚大而又能虚含众理，故可以将道纳入自身之中。以大道为志，此即所谓的志于道。

（二）立志：志于道

如前所述，船山最重视立志，尤其是对于读书求道的君子来说，立大志最为要紧。一个人想做君子而又无志或玩物丧志，在船山看来是不足取的。船山认为一个人的志向决定了他将来所能够达到的高度，故亦主张濂溪“志伊尹之所志、学颜子之所学”的说法。在他看来，孔子晚年所达到的“从心所欲不逾矩”境界并不离开少年时期“吾十有五而志于学”之志，所以他相当推崇张横渠“志大则才大事业大”的说法。在《张子正蒙注》卷五中，他对此发挥道：

志立则学思从之，故才日益而聪明盛，成乎富有；志之笃，则气从其志，以不倦而日新。盖言学者德业之始终，一以志为大小久暂之区量，故《大学》教人，必以知止为始，孔子之圣，唯志学之异于人也。天载物则、神化感通之事，下学虽所不逮，而志必至焉，不可泥于近小，以茶其气而弃其才也。②

① 《张子正蒙注》卷四，见《船山全书》第十二册，第167页。
② 《张子正蒙注》卷五，见《船山全书》第十二册，第210页。

船山于此指出：一个人立志之后而所学所思皆能以志为本，则才华日益而聪明日盛；能笃于其志，则气从其志，故能好学不厌、成德不倦而成就其富有、日新之德业。在船山看来，一个人能够达到什么样的境界，取决其所立之志的大小久暂之区量。所以《大学》教人的时候，在开端之处就要人确立“止于至善”的规模，而孔子之所以圣也正在于孔子年少时就能志于大道。学者之下学可能有所不逮，但立志则必以天载之神化感通为至，不可拘蔽己志、泥于近小之中以暴其气而弃其才。船山对志的重视由此可见。

在其他著作中，船山亦时常表示立志的重要性。例如，在《薑斋文集》中，船山于书示后辈的时候，多以立志感发之、警策之。其中有一篇为《示子侄》，实能见出船山对立志的重视，其文如下：

> 立志之始，在脱习气……潇洒安康，天君无系。亭亭鼎鼎，风光月霁。以之读书，得古人意。以之立身，踞豪杰地。以之事亲，所养惟志。以之交友，所合惟义。惟其超越，是以和易。光芒烛天，芳菲匝地。深潭映碧，春山凝翠。寿考维祺，念之不昧。①

船山以此诗鼓励子侄之辈胸怀大志而光明磊落地读书、做人，如此则天地皆入我怀中，万物皆为我心之资益。全诗志向高远而气象洒脱通透，实际上也表现了船山本人的远大志向与高洁品性。志于圣贤之大道而不慕世俗之荣华、不歆异端之虚寂，正是船山平生之志。

(三)持志与集义、养气

船山不仅重视立志，更对孟子的持志养气说作出了深入的阐发。《读四书大全说》中对此的发挥尤为精密，故于此对其详加论述。

《读四书大全说》卷八有云：

> (1)若吾心之虚灵不昧以有所发而善于所往者，志也，固性之所自含也。乃吾身之流动充满以应物而贞胜者，气也，亦何莫非天地之正气而为吾性之变焉合焉者乎？性善，则不昧而宰事者善矣。其流动充满以与物相接者，亦何不善也？虚灵之宰，具夫众理，而理者原以

---

① 《薑斋文集》卷四，见《船山全书》第十五册，第145~146页。

理夫气者也，则理以治气，而固托乎气以有其理。是故舍气以言理，而不得理。则君子之有志，固以取向于理，而志之所往，欲成其始终条理之大用，则舍气言志，志亦无所得而无所成矣。①

（2）志是大纲趣向底主宰，虽亦以义为归，乃孟子之言义也，曰“集”，则不但其心之专向于者一义，而所志之外，事物瞥尔当前，不论小大常变，一切都与他一个义，以为之处分。乃使吾气得以自反无不缩之故，恒充而不馁，则于其所志者，优有余地，坦然行之而无惧也。若夫所志之义，以事物未当前，则但谓之道，而不名为义。义散见而日新，道居静而体一也。故孔子言“志于道”，而孟子以“集义”为养气之功。志主道而气主义，明矣。其曰“配义与道”，是志气合用底。气配义以不馁其气，即配道以不馁其志也。②

（3）天下固有之理谓之道，吾心所以宰制乎天下者谓之义。道自在天地之间，人且合将去，义则正所以合者也。均自人而言之，则现成之理，因事物而著于心者道也；事之至前，其道隐而不可见，乃以吾心之制，裁度以求道之中者义也。故道者，所以正吾志者也。志于道而以道正其志，则志有所持也。盖志，初终一揆者也，处乎静以待物。道有一成之则而统乎大，故志可与之相守。若以义持志，则事易而义徙。守一曲之宜，将有为匹夫匹妇之谅者，而其所遗之义多矣。义，日生者也。日生，则一事之义，止了一事之用；必须积集，而后所行之无非义。气亦日生者也，一段气止担当得一事，无以继之则又馁。集义以养之，则义日充，而气因以无衰王之间隙，然后成其浩然者以无往而不浩然也。③

在首条引文中，船山分别对志、气之善及其相互为功的特性作出了说明：吾心之虚灵不昧而有所发且善于所往者，即吾人之志，此为性之所自含而有善无恶者也。吾身之流动充满以应物而能有所贞胜者，即吾人之气，此气源于天地之正而为吾性之变合，亦是有善无恶者。如此则性善而志善、身善而气善，志、气固为善之所在及善之所资也。志为虚灵之宰，故能具众理以理夫气；理者，所以治气，则固然托乎气而有其理；理气不可相离。故君子之志取向于理而欲成其始终条理之大用者，必资于气，舍

---

① 《读四书大全说》卷八，见《船山全书》第六册，第923页。
② 《读四书大全说》卷八，见《船山全书》第六册，第925页。
③ 《读四书大全说》卷八，见《船山全书》第六册，第929~930页。

气则志亦无所成矣。很明显，船山于此从心—身之际来探讨持志、养气的问题。在此心—身之际的原始展开中，志是善的，气亦是善的，而志者志乎道理，理即气之理，故志与气不可相离，必相互为功、交发其用方能成就修身之实功。

于第二条引文中，船山区分了“志道”与“集义”的不同。他指出：志只是表明一个大纲去向的主宰，虽然也以义为归，但持志之实功与集义之实功却有所不同。孟子既讲集义，则显然心不只专向一义，而是要在所志之外，随着不同情境、不同事物的呈现，不论大小常变，一切都以吾心之制而给它一个义，如此则气充而志有余地。而所志者则不同，事物未曾现前则所志者只可唤作道而不能唤作义，因为义散见而日新，而道则居静而体一。所以就孟子的持志、养气来说，志主道而气主义，故孟子说“其为气也，配义与道”，持志、集义为养气之实功，如此则气不馁而志亦不馁矣。此亦表明：持志、集义相互为功才能真养得此浩然之气，志气不二则修身之实功可得。

在第三条引文中，船山继续推进了第二条引文中的内容：道为天下固有之理，自存于天地之间；义为吾心所以宰制天下以求合乎道者也。自心—身之际的原始展开而言，因事物而著于吾心的当下现成之理为道，隐而不可见故须吾心之制加以裁度者为义。故道可以正吾志，而以道正志则志有所持，以志与道之一成相似，亦为初终一揆、居静外物者。义则不可以持志，盖义随时随事而变化日新，日新则不可以据之以为一曲之宜。气亦不可持者，盖气亦日生者也，故一段气只能担当得一事，需要不断继之才能不馁。所以于志曰持、曰志于道；于义曰集；于气曰养、曰不馁。持志、集义以养其气，则气无所馁而浩然流行于天地之间。通过此三段文字，船山对孟子的持志、集义、养气说作出了一个极为深入的阐明。自古以来，能以如此深切著明的方式阐释孟子之工夫论的文字，实在不可多见，学者所宜留心。

三、船山之存养省察说

存养省察说源于《中庸》，在船山看来，此与《大学》之正心诚意说异名而同实。故其于《读四书大全说》卷三有云：“《中庸》之言存养者，即《大学》之正心也；其言省察者，即《大学》之诚意也。”①此处即以存养省察说为准进行讨论。首先论述船山存养省察说之具体内容，接下来则对与

① 《读四书大全说》卷三，见《船山全书》第六册，第580页。

此密切相关的中和问题略作讨论，最后则以朱子和阳明的存养省察说为对比来凸显船山之说的特色。

(一)存养与省察

1. 存养省察之实功

存养省察说就其内容而言包括两个方面：一是存养、省察之工夫的实质，二是这两种工夫在切实修行中的关系。这两方面的内容密切融合、不可分割：工夫的实质决定了它们各自在修行中的关系，关系则恰恰体现出不同工夫的不同实质。实际上，任何工夫论都是如此。此处先论述船山对存养省察之实功的展示，《读四书大全说》论此最详，故以此书为本进行讨论。

《读四书大全说》卷一有云：

(1)传独于诚意言慎者，以意缘事有，以意临事，则亦以心临意也。若夫心固不可言慎矣。是以意在省察，而心唯存养。省察故不可不慎，而存养则无待于慎，以心之未缘物而之于恶也。①

同书卷二亦有云：

(2)君子之道，则自于己性上存养者仁义礼知之德，己情中省察者喜怒哀乐之则。②

同书卷五亦有云：

(3)静而存养于心，凝以其身之静也。动而省察于意，慎以其身之动也。③

同书卷十又有云：

(4)既存养以尽性，亦必省察以治情，使之为功而免于罪。集注

① 《读四书大全说》卷一，见《船山全书》第六册，第439页。
② 《读四书大全说》卷二，见《船山全书》第六册，第491页。
③ 《读四书大全说》卷五，见《船山全书》第六册，第713页。

> 云“性虽本善，而不可无省察矫揉之功”，此一语恰合。省察者，省察其情也，岂省察性而省察才也哉！①

综合此四条引文，可见出船山对存养、省察之实功的规定：存养即存养己心以尽性，性中有仁义礼智之德，至善而无恶，故存之以为本。省察即省察此心所发之情与意，故曰诚意、曰省察其情，此情与意居于善恶之间，故必慎其独以明察其几而使之向于善。

关于此二者在用功上的情形，船山于同书卷二有云：

> 绎朱子之意，本以存养之功无间于动静，而省察则尤于动加功；本缘道之流行无静无动而或离，而隐微已觉则尤为显见；故“道不可离”之云，或分或合，可以并行而不悖，则微言虽碍，而大义自通。然不可离者，相与存之义也。若一乘乎动，则必且有扩充发见之功，而不但不离矣。②

在船山看来：由于道之流行于天地之间，无动无静之或离，故君子存养之功亦无间于动静、不可须臾离也。道之流行于人心之际，隐微已觉而尤为显见，君子于此致其省察之功、于动而尤加其功；乘乎动则不但相与存之，且必有扩充发见之功。于此可见船山对存养尤为重视，只有以存养为基础，省察之工夫才能得其实功。所以船山反对那些不讲存养而只讲慎独、诚意的阳明后学，故于《思问录·内篇》中有云：

> 意虚则受邪，忽然与物感通，物投于未始有之中，斯受之矣。诚其意者，意实则邪无所容也。意受诚于心知，意皆心知之素。而无孤行之意，故曰无意。慎独者，君子加谨之功，善后以保其诚尔。后之学者，于心知无功，始专恃慎独为至要，遏之而不胜遏，危矣。即遏之已密，但还其虚，虚又受邪之壑，前者扑而后者熸矣。泰州之徒，无能期月守者，不亦宜乎！③

船山认为不能以正心、存养为素则诚意、慎独之功无落脚处。阳明后

---

① 《读四书大全说》卷十，见《船山全书》第六册，第1069页。
② 《读四书大全说》卷二，见《船山全书》第六册，第467页。
③ 《思问录·内篇》，见《船山全书》第十二册，第412页。

学如泰州学派只讲诚意、慎独却无存养之素功，故“无能期月守者”①。这就牵涉到存养与省察二者在修行中的关系问题，此即下文所要探讨的问题。

2. 存养省察之关系问题

存养与省察在修行工夫中的关系问题，其实就是二者的先后、轻重问题。船山于《读四书大全说》卷三中对此问题的讨论最为精彩，故不烦详引其文如下：

> (1)《大学》云：“欲正其心者先诚其意。”是学者明明德之功，以正心为主，而诚意为正心加慎之事。则必欲正其心，而后以诚意为务；若心之未正，则更不足与言诚意。此存养之功，所以得居省察之先。盖不正其心，则人所不知之处，已亦无以自辨其孰为善而孰为恶；且昏瞥狂迷，并所谓独者而无之矣。……如其未尝一日用力于存养，则凡今之人，醉梦于利欲之中，直无所欺而反得慊，无所恶而反遂其志矣。故《大学》以正心次修身，而诚意之学则为正心者设。《中庸》以道不可离，早著君子之静存为须臾不离之功，而以慎独为加谨之事。此存养先而省察后，其序固不紊也。②

> (2)《大学》云：“意诚而后心正。”要其学之所得，则当其静存，事未兆而念未起，且有自见为正而非必正者矣。动而之于意焉，所以诚乎善者不欺其心之正也，则静者可以动而不爽其静，夫乃以成其心之正矣。然非用意于独之时一责乎意，而于其存养之无间断者为遂疏焉。……知动之足以累静，而本静之所得以治动。乃动有息机，而静无间隙；动有静，而静无动；动不能该静，而静可以该动；则论其德之成也，必以静之无间为纯一之效。盖省察不恒，而随事报功；存养无期，而与身终始。故心正必在意诚之后，而不言之信、不动之敬，

---

① 船山此处所言虽然具有深刻的意义，其中表现出某种回归朱子之说的倾向，但是其批评却未必相应于阳明学以及阳明后学的实际情形，对此我们需要加以分疏。先以阳明之学为论（后面对其有专门论述），表面上看来，阳明那里似乎没有专门的存养工夫，但实际上阳明已经将存养与省察工夫全部统摄在即本体即工夫的致良知教当中，所以阳明的诚意、慎独之教已经涵括了存养和省察的维度。阳明后学虽然流派纷繁，但大体上都能秉承阳明之教的主要精神，其所谓慎独之教也都涵摄有存养的维度。当然在某些阳明后学的学者那里的确出现了“虚玄而荡、情识而肆”的流弊，但这不能归罪于阳明的教法。船山的批评只有针对于阳明后学的流弊才有其现实的意义，船山对阳明学的很多攻击正是对此类流弊的过激反应。

② 《读四书大全说》卷三，见《船山全书》第六册，第580页。

较无恶之志而益密也。此省察先而存养后，其序亦不紊也。①

(3)盖于学言之，则必存养以先立乎其本，而省察因之以受。则首章之先言戒惧以及慎独者，因道之本然以责成于学之词也。即《大学》"欲正其心"先于"欲诚其意"之旨。于德言之，则省察之无恶者，遏欲之功征于动，而动固有间；存养之恒敬恒信者，存理之功效于静，而静则无息。此章之由"入德"而"内省不疚"，由"无恶于志"而"不动而敬""不言而信"，因学之驯至以纪其德之词也。即《大学》"意诚而后心正"之旨。功加谨者，用力之循常而益倍；德加密者，有得之由勉以趋安。审乎此，则先后之序，各有攸当。②

船山以存养、省察二者各有其先后、轻重。在第一条引文中，船山论述了存养之先于省察的理由：学者明明德的功夫，当以正心、存养为主，以诚意、省察为加慎之事。不曾存养而心不正，则不足与于省察、诚意之功。其原因在于：如果一个人不曾存养以正其心，则根本无法分别何者为善、何者为恶，此心一向昏昏沉沉，并其所谓独者亦无之矣。存养为须臾不可离之功，省察为加紧之事，无存养工夫为本则省察亦无所致其用，此则以存养为先、省察为后。在第二条引文中，船山又论述了省察之先于存养的理由：人以所学得之理静存于心，当事未兆而念未起之时，或有自以为正而实则非必正者也。当其发动而之于意，必诚其意以之于善而不欺此心之正，如此则静者可动而不爽其静，心于此实得其正矣。如若意于此不诚、省察未尽其实功，则心亦不可得而正矣。盖存养无间于动静，而省察则尤以动为功，动之功不得，则存养亦失其动静纯一之效矣。故论其德之成，必待省察、诚意而后能心正、实得其所存所养。此则以省察为先、存养为后。在第三条引文中，船山综合此两点进行论述：以学而言，则必先存养以立其大本，而后省察因之以受，所以《中庸》首章先言戒慎恐惧而后言慎独，即以道之本然者责成于学者也。以德而言，则省察之无恶者、遏欲之功征于动，而后存理之功有其实效以成其德，所以《大学》言"意诚而后心正"，因意之诚而后得心之正也。要之，以存养为先是功加谨者，此则为用力之循常而益倍；以省察为先是德加密者，此则为有得之由勉以趋安。在实际的修身工夫中，此二者相辅相成、不可或缺，正如船山于《读四书大全说》卷六所云："此与存养、省察一例，时无先后，功无粗

① 《读四书大全说》卷三，见《船山全书》第六册，第581页。
② 《读四书大全说》卷三，见《船山全书》第六册，第581页。

细，只要相扶相长，到天理纯全地位去。”①存养与省察在时间上没有先后之分，在用功上没有粗细之分，学者用此二种工夫只是要它们相扶相长、驯致其道以达于天理纯全的地位。

（二）中和说：未发与已发

接下来论述与存养、省察之说密切相关的中和问题，亦即未发已发的问题。此为宋明理学中的大问题，向来为学者所重视。船山对此问题亦极为重视且颇有发明，故于此对其略加阐明，仍以《读四书大全说》中的相关论述为主。

船山于《读四书大全说》卷二中有云：

> “喜怒哀乐之未发谓之中”，是儒者第一难透底关。②

喜怒哀乐之未发为中之实体，船山视其为儒者第一难透的关头。学者若能透过此关，则可以登堂入室而见其大本大源，此即人性之本体而通于天道之流行者也。对此中之实体以及与此相关的未发已发问题，船山于《读四书大全说》卷二中有如下的论述：

> （1）中者体也，庸者用也。未发之中，不偏不倚以为体，而君子之存养，乃至圣人之敦化，胥用也。已发之中，无过不及以为体，而君子之省察，乃至圣人之川流，胥用也。未发未有用，而君子则自有其丕显笃恭之用。已发既成乎用，而天理则固有其察上察下之体。中为体，故曰“建中”，曰“执中”，曰“时中”，曰“用中”；浑然在中者，大而万理万化在焉，小而一事一物亦莫不在焉。庸为用，则中之流行于喜怒哀乐之中，为之节文，为之等杀，皆庸也。③
>
> （2）实则所谓中者一尔。诚则形，而形以形其诚也。故所谓不偏不倚者，不偏倚夫喜而失怒、哀、乐，抑不偏倚夫喜而反失喜，乃抑不偏倚夫未有喜而失喜。余三情亦然。是则已发之节，即此未发之中，特以未发，故不可名之为节耳。盖吾性中固有此必喜、必怒、必哀、必乐之理，以效健顺五常之能，而为情之所由生。则浑然在中者，充

① 《读四书大全说》卷六，见《船山全书》第六册，第766页。
② 《读四书大全说》卷二，见《船山全书》第六册，第469页。
③ 《读四书大全说》卷二，见《船山全书》第六册，第451页。

塞两间，而不仅供一节之用也，斯以谓之中也。以在天而言，则中之为理，流行而无不在。以在人而言，则庸人之放其心于物交未引之先，异端措其心于一念不起之域，其失此中也亦久矣。故延平之自为学与其为教，皆于未发之前，体验所谓中者，乃其所心得；而名言之，则亦不过曰性善而已。善者，中之实体，而性者则未发之藏也……在中则谓之中，见于外则谓之和。在中则谓之善，见于外则谓之节。乃此中者，于其未发而早已具彻乎中节之候，而喜、怒、哀、乐无不得之以为庸。非此，则已发者亦无从得节而中之。故中该天下之道以为之本，而要即夫人喜、怒、哀、乐四境未接，四情未见于言动声容者而即在焉。①

船山以中为无所不在之体，所以凡中者，皆是指体而言。在第一条引文中，船山对中庸亦即中和之义做了阐明：中即体，庸即用。未发之中以不偏不倚者为其体，而君子之存养、圣人之敦化皆体此未发之中以成乎其大用。已发之中(即和)以无过不及为其体，而君子之省察、圣人之川流皆体此已发之中而发皆中节。未发之际体现而用隐，然君子丕显笃恭之用即存乎其中；已发而成乎用则用显而体隐，然君子察上察下之体即存乎其中。中者，无所往而不为体，大而万理万化在焉，小而一事一物亦在焉。庸者，用也，无所往而不有其节，盖有中之体行乎喜怒哀乐之中而为之等杀、为之节文焉。于第二条引文中，船山从更深的层次上阐明了中之为实体：所谓中者，一而已矣。不偏不倚之未发固然为中，无过不及之已发亦是中也。盖已发之节即具于此未发之中而为体，显隐有异而本体则一也，显则为节、隐则不偏不倚，实则皆中体也。所以船山说：此浑然在中者，充塞两间而不仅供一节之用。在天则中之为体固流行而无不在，在人则所谓未发之藏而性善之体者是也，只是君子能实体之而庸民、异端放失之而已。延平继承所谓的道南指诀，教人体验喜怒哀乐未发之前气象，实际上就是体验此性善之中体。此体藏于中则谓之中，发于外则谓之和；在中则谓之善，见于外则谓之节；其实皆一也。此即船山对中之实体的展示。在船山看来，此中之实体即人之性体而通于天道之本体者，它至善而无恶。存养即存养此中体，省察即省察己所发之情、意是否合乎此中体在具体情况中所显之节，所以一切存养省察的工夫都结穴于此中体之中。存养为存养此中体自身，故其工夫无间于动静；省察即省察此心之发用是否合乎中

① 《读四书大全说》卷二，见《船山全书》第六册，第470~472页。

体，故其工夫尤于动处加谨。并且船山讲此中和、已发未发虽然着重在心体、性体上讲，但心体、性体原不外乎天人回环之整体视野。则此中体实际上即通于天道之本体，故船山亦以在天之中体言之，人之中和天之中只是一中。

（三）与朱子、阳明之说的比较

1. 朱子之存养省察说

存养省察说所考察的其实就是中和问题，朱子曾对中和问题下过极大的工夫，有所谓的中和旧说和中和新说，学者多以中和新说的完成视为朱子学问之成立的标志①。此处即以中和新说为准，对朱子的存养省察说略作展示。

朱子于《与湖南诸公论中和第一书》中正式确立其存养省察说，其文有云：

> (1)按文集、遗书诸说，似皆以思虑未萌、事物未至之时，为喜怒哀乐之未发。当此之时，却是此心寂然不动之体，而天命之性当体具焉。以其无过不及、不偏不倚，故谓之中。及其感而遂通天下之故，则喜怒哀乐之情发焉，而心之用可见。以其无不中节，无所乖戾，故谓之和。此则人心之正，而性情之德然也。
>
> (2)然未发之前，不可寻觅；已发之后，不容安排。但平日庄敬涵养之功至，而无人欲之私以乱之，则其未发也，镜明水止；而其发也，无不中节矣。此是日用本领工夫。至于随事省察，即物推明，亦必以是为本。
>
> (3)向来讲论思索，直以心为已发，而日用工夫亦以察识端倪为最初下手处，以故阙却平日涵养一段工夫，使人胸中扰扰，无深潜纯一之味，而其发为言语、事为之间，亦常急迫浮露，无复雍容深厚之风。盖所见一差，其害乃至于此。不可以不审也。②

首段引文展示了朱子对中和的体会和规定：朱子继承程子的思想，以思虑未萌、事物未至之时为喜怒哀乐之未发。此时可以见得此心寂然不动

① 请参见牟宗三、刘述先于《心体与性体》《朱子哲学思想的发展与完成》中对朱子参究中和问题之历程的详细阐述。中和新说以《已发未发说》《与湖南诸公论中和第一书》《与张钦夫书》为主。

② 朱熹：《朱文公文集》，见《朱子全书》第23册，第3130~3131页。

之体，天命之性即具于此体之中，此寂然不动之体无所偏倚，故谓之中。感而遂通之后则喜怒哀乐之情发，朱子以此为已发，心之用于此可见，而其发无不中节，故谓之和。此中和的状态即人心之正、性情之德，中为性之德、和为情之德。此即性体情用、心贯体用的格局①。赢得此种领会之后，朱子于第二段引文中开始探讨工夫论的问题：朱子以为未发之前不可寻觅②，已发之后又不容安排，那么工夫应该怎么做呢？朱子认为应该在平时用庄敬涵养之功（此时并无人欲之私以乱之），则其未发能达到镜明水止的状态③而已发能达到无不中节的状态。朱子以平日之庄敬涵养为日用本领工夫，而随事省察、即物推明（此为格物致知）之工夫亦以是为本。此即朱子静时存养、动时省察、敬贯动静而以涵养为本的存养省察说。在确立工夫的规模、入路之后，朱子在第三段引文对此前的说法进行反省：在新说之前，朱子以心为已发，其日用工夫亦以察识端倪为最初的下手处。确立新说之后，朱子认为之前的工夫是有问题的，以其阙却平日涵养这一本领工夫。只有察识而无涵养会使人胸中扰扰、无深潜纯一之味，发为言语、行动的时候也多有急迫之态、无雍容深厚之风。此即表示朱子对先察识后涵养之说的全面拒绝，从而确立起以静时涵养为本，一动一静、互为其根、敬义夹持、不容间断的工夫。

2. 阳明之存养省察说

阳明不曾如朱子一般在中和问题上煞费苦心加以参究，在留下的著作中，我们也不常见到阳明对中和问题的讨论，阳明只会偶尔因答学生之问而涉及此问题。但阳明之思想自包含有一个一以贯之的存养省察说，以下即结合相关文本对此略作说明。

阳明于《大学问》解“正心诚意”有云：

> 心之本体则性也。性无不善，则心之本体本无不正也。何从而用其正之之功乎？盖心之本体本无不正，自其意念发动，而后有不正。故欲正其心者，必就其意念之所发而正之，凡其一念而善也，好之真

---

① 朱子于《答张钦夫书》中论此更清楚，但此书精神与《与湖南诸公论中和第一书》一致，故不详例举。

② 此即不同于其师延平之教法：未发之前，虽不可寻觅（亦即起一探求之心），但于当下对中体进行切身的领会却非不可（牟宗三称为超越的逆觉体证），延平之教的要点正在于教人当下体会此性善之中体。明道的识仁、胡宏的先察识后存养等，其实都是此意。

③ 以镜明水止来形容未发时的状态，显然不同于延平之未发气象，从思想取向上来看，船山亦当反对此说。

如好好色；发一念而恶也，恶之真如恶恶臭；则意无不诚，而心可正矣。①

阳明以性为心之本体，性无有不善，故心之本体亦无有不善、无有不正。所以对于心之本体，我们无从施加正之之功。只有当心发为意念而后有正与不正，此则为用功之处，所以阳明以诚意为修身工夫的结穴处。能好善如好好色、恶恶如恶恶臭，则意诚而心正矣。由此看来，阳明好像只讲诚意的省察工夫而不讲正心的存养工夫，但这并非阳明的根本见解。其根本见解如下：存养和省察其实只是一事、工夫只是一般。所以在《传习录》中，当梁日孚以居敬之存养与穷理之省察为两事而问于阳明的时候，阳明有如下的说法：

一者天理，主一是一心在天理上。若只知主一，不知一即是理，有事时便是逐物，无事时便是着空。惟其有事无事，一心皆在天理上用功，所以居敬亦即是穷理。就穷理专一处说，便谓之居敬；就居敬精密处说，便谓之穷理；却不是居敬了别有个心穷理，穷理时别有个心居敬：名虽不同，功夫只是一事……敬即是无事时义，义即是有事时敬……会得时横说竖说工夫总是一般。②

阳明认为：所谓的主一就是专主一个天理③，亦即一心在天理上。如果不知道一即天理，则有事的时候便逐物而迁，无事的时候便着空而失守。只有一心在天理上，则无事时居敬（此即存养）、有事时穷理（此即省察，也可包括格物致知），只此一心而居敬、穷理不二。所以阳明接着说：居敬就是穷理，就穷理的专一处说便是居敬，就居敬的精密处说便是穷理，其实只是一个工夫。《周易》中讲“敬以直内，义以方外”，敬与义也只是这个工夫。在阳明看来，只要真会得，横说竖说都可以，因为工夫只是如此。在《传习录》中另外一处，他对存养与省察更有如下的论述：“省察是有事时存养，存养是无事时省察。”④此处的存养与省察在心体之本原流行上打成一片，更不可对此二者作截然的分析。此与阳明知行合一论如出一辙。的确，存养省察说在阳明这里也是被纳入到良知本体中来讲

① 王阳明：《大学问》，见《王阳明全集》下册，第971页。
② 王阳明：《传习录·上》，见《王阳明全集》上册，第33页。
③ 按照阳明，此天理非它，即性善之本体或良知本体。
④ 王阳明：《传习录·上》，见《王阳明全集》上册，第15页。

的。此良知本体至善无恶，不放失即存养；此良知本体知善知恶，故能省察其所发之意之善恶而诚其意以成其大用（此即致良知）。此良知本体必能起用，既发为用则又还归其体。存养者其体、省察者其用；用即用其体，体即体此以为用；全体即其大用、大用无非全体；故存养与省察相因不二、一体同流。此即阳明以心体之本原统一讲存养、省察之不二的思想。

3. 船山存养省察说之特色

凡论存养省察之工夫，必在心体上立言，朱子、阳明、船山皆是如此。但三家虽然都在心体上言此二种工夫，其具体说法又各个不同：（1）朱子以静时涵养为主而动时省察为辅，敬虽贯乎动静而仍以静时的持敬涵养为本。此静时涵养的工夫只是让此心镜明水止，此时则天理具于心中，但非此心即天理本身，亦即心静涵理而与之为一但并非心体本身即理。其省察亦是省察其情是否合乎理而非即情之善端以扩充。此为动静交发、敬义夹持方式下之存养省察一贯说。（2）阳明则打破本末主辅之分，存养与省察的工夫在心体上一体同流而更不可截然分割。存养即存养此良知本体，省察就是此良知本体之发用，此良知本体当体即天理、即心体自身，所以心体自身当体即天理之流行而存养省察之工夫为一贯。（3）船山以中体为存养省察之依据，中体即性体，亦通于道体，无时可离、无地可离。存养即存养此中体，故存养之功无间于动静；动即心体之发用，于此而用其省察，故省察尤于动处加谨。此存养与省察的工夫相与为体用、相与为本末，以学言之，则存养为本而后省察之功可因之以施；以德言之，则省察之功成而后可存理以成德。二者交发其用、互成其功以达于天理纯全的地位，此即船山存养省察说之一贯。由此可见，三家之存养省察说各有其一贯之方式：在相与为体、相与为用而无分本末以及心体即中体、性体方面，船山之说近于阳明，而朱子则有本、末之分和心、性之别。但船山之重存养则近于朱子，盖阳明实无真正的存养工夫。又船山以中体为本，此中体实即乎道体而不二，故船山实际上是将存养省察说置于道之全体中来说，而阳明则完全将存养和省察收摄在心体之流行上来说，此即船山存养省察说之特色。

四、船山之格物致知论

（一）船山之格物、致知义

船山之格物、致知说亦有其独特之处。大抵船山以格物为心藉耳目之官以穷理，以致知为心之虚明自生之用；二者不可偏废，而尤以致知为主。以下即结合具体文本对此进行阐明。

船山于《尚书引义》卷三中论格物、致知有云：

> 夫知之方有二，二者相济也，而抑各有所从。博取之象数，远证之古今，以求尽乎理，所谓格物也。虚以生其明，思以穷其隐，所谓致知也。非致知，则物无所裁而玩物以丧志。非格物，则知非所用而荡智以入邪。二者相济，则不容不各致焉。①

船山以为知有两种方式，亦即所谓的格物和致知，此二者相辅相成。格物是指博取各种象数、远证之于古今之中，以求尽乎其理；致知则是指以心之虚灵生其明，用思来通达道理之隐微。如果不能致知则物无所施其裁，而或流于玩物丧志的境地之中；如果知不用来格物则知非其所用，而或将流荡其灵智以入于邪魔外道之中。所以，此二者要各致其功而相需以成其大用。

船山于《读四书大全说》卷一中论此更详，其文有云：

> 吾心之知，有不从格物而得者，而非即格物即致知审矣。且如知善知恶是知，而善恶有在物者，如大恶人不可与交，观察他举动详细，则虽巧于藏奸，而无不洞见；如砒毒杀人，看《本草》，听人言，便知其不可食：此固于物格之而知可至也。至如吾心一念之非几，但有媿于屋漏，则即与跖为徒；又如酒肉黍稻本以养生，只自家食量有大小，过则伤人：此若于物格之，终不能知，而唯求诸己之自喻，则固分明不昧者也。是故孝者不学而知，不虑而能，慈者不学养子而后嫁，意不因知而知不因物，固矣。②

于此船山指出：格物之功不等于致知之功，因为吾心之知有不从格物而知者。从格物而知者，如善恶有在于物者，则格其行为举止而知其善恶；又如物有各种不同之用，则可通过看书、听人言而知之。至于吾心一念之非几、吾身之冷暖饱饥，则求诸己之自喻而终不能于物格而知之。不学而知、不虑而能之孝等亦不从格物而知，此即谓格物不等于致知。但人

---

① 《尚书引义》卷三，见《船山全书》第二册，第 312~313 页。
② 《读四书大全说》卷一，见《船山全书》第六册，第 403 页。

要致其知而达于至善，则或需格物之功，即便尽孝之中亦有其格物之功。故船山接着说：

> 唯夫事亲之道，有在经为宜，在变为权者，其或私意自用，则且如申生、匡章之陷于不孝，乃藉格物以推致其理，使无纤毫之疑似，而后可用其诚。此则格致相因，而致知在格物者，但谓此也。①

事亲之道在乎尽孝，但何为尽孝则有在经为宜、在变为权之异。此间即需要通过格物以推致其理，使其无纤毫之疑似而后用其诚以达于至善。于此不格物而用其私意，则且如申生、匡章之陷于不孝。此即致知在格物，言致知之功与格物之功相因而成也。但格物、致知之功的实效为如何？吾人又当以何种方式去格天下之物？对此，船山有云：

> 天下之物无涯，吾之格之也有涯。吾之所知者有量，而及其致之也不复拘于量。颜子闻一知十，格一而致十也。……必待格尽天下之物而后尽知万事之理，既必不可得之数。是以补传云"至于用力之久，而一旦豁然贯通焉"，初不云积其所格，而吾之知已无不至也。知至者，"吾心之全体大用无不明"也。则致知者，亦以求尽夫吾心之全体大用，而岂但于物求之哉？孟子曰："梓匠轮舆，能与人规矩，不能使人巧。"规矩者物也，可格者也；巧者非物也，知也，不可格者也。巧固在规矩之中，故曰"致知在格物"；规矩之中无巧，则格物、致知亦自为二，而不可偏废矣。②

天下之物无穷无尽，而吾之格物却有所限。这样一来，似乎我们永远都无法格尽天下之物、穷尽天下之理。对此，船山指出：我们从格物上所知的有其限制，但是一旦我们以心思推致格物之知则不再限制于量上。颜子的"闻一知十"，即格一而能致十。所以致知之功虽藉格物之功而行，及其成功却不限于格物之量。如果要等到格尽天下之物然后才能尽知万物之理，则通过格物是不可能穷尽事物之理的。船山解释朱子补传说：朱子所说的豁然贯通即指知已无所不至，亦即达到"吾心之全体大用无不明"的境界。故所谓的致知，其实就是求尽乎吾心之全体大用，而不是求之于

① 《读四书大全说》卷一，见《船山全书》第六册，第403页。

② 《读四书大全说》卷一，见《船山全书》第六册，第403~404页。

外物之上，格物只是为了让我们尽乎吾心之全体大用。不格物，则吾心之全体大用不可尽，就好比巧即在规矩之中。只格物而不致知，则吾心之全体大用亦不可得而尽，就好比规矩之中无巧。所以，格物与致知二者有不同之功，但在尽吾心之全体大用上，此二者不可偏废而相辅相成。此后，船山又指明此二者之实功：

> 大抵格物之功，心官与耳目均用，学问为主，而思辨辅之，所思所辨者皆其所学问之事。致知之功则唯在心官，思辨为主，而学问辅之，所学问者乃以决其思辨之疑。"致知在格物"，以耳目资心之用而使有所循也，非耳目全操心之权而心可废也。①

所谓的格物即指一起使用心官和耳目以穷事物之理，此间以学问为主、思辨为辅，所思所辨都是为了达成其学问之功。所谓的致知则在乎用其心官以穷理，此间以思辨为主、学问为辅，所学所问都是为了达成其思辨之功。故所谓的"致知在格物"，其实是指以耳目资心官之用而使其思辨有所依循，不是指耳目操心之权而思之官可废。这就回到了本小节所引《尚书引义》一段的见解：格物与致知为两种不同的工夫，需要相辅相成才能尽乎吾心之全体大用。但此二者之中，格物之功有量上的限制而致知之功则不拘于量上的限制，且致知有不在于格物者，而格物则未有不在于致知者。故二者虽不可偏废，而致知之功于船山而言更为重要。大体而言，此即船山之格物、致知义。

（二）与朱子、阳明之说的比较

为了展示船山格物致知说的特色，于此结合朱子和阳明之说加以对比。朱子是格物致知说的提倡者：在朱子之前，格物尚未成为儒家学问中的核心问题。在朱子之后，格物即成为儒家最为核心的一个问题，《大学》格物补传的经典地位即证明。所以到了明代，阳明仍不得不花心思来解决此格物问题，故于晚年有《大学问》这一圆融、成熟之作。宋明理学中，格物致知说大抵以朱子和阳明之说为主，诸儒之说，不归于朱子则归于阳明。船山则于此二说之外，开辟了第三条道路，以下就展示此道路的特色。

1. 朱子之格物致知说

---

① 《读四书大全说》卷一，见《船山全书》第六册，第404页。

朱子之格物致知说散见于其著作中，此处以《大学章句》“格物补传”为准对其做一个阐明。此“格物补传”实代表了朱子关于格物致知最成熟的见解，其文有云：

(1) 所谓致知在格物者，言欲致吾之知，在即物而穷其理也。盖人心之灵莫不有知，而天下之物莫不有理，惟于理有未穷，故其知有不尽也。是以大学始教，必使学者即凡天下之物，莫不因其已知之理而益穷之，以求至乎其极。至于用力之久，而一旦豁然贯通焉，则众物之表里精粗无不到，而吾心之全体大用无不明矣。此谓物格，此谓知之至也。①

又朱子释《大学》之格物致知义有云：

(2) 致，推极也。知，犹识也。推极吾之知识，欲其所知无不尽也。格，至也。物，犹事也。穷至事物之理，欲其极处无不到也……物格者，物理之极处无不到也。知至者，吾心之所知无不尽也。②

结合这两段论述，朱子之格物致知说即能得到较为全面的展示：他以格物为穷至事物之理，致知为推极吾之知识；物格为物理之极处无不到，知至为吾心之所知无不尽。此以人心之知和天下万物之理对举：人心之灵莫不有知，天下万物莫不有理。所谓格物致知者，即格天下万物之理而致吾心之灵之知，物理格而吾知至；物理之极处无不到，则吾心之所知无不尽。格与致相对、物与心相对、理与知相对。格物之理与致心之知，实际上只是对同一工夫的不同描述：前者从物之方面着眼，后者从心之方面着眼。由此可见，在朱子这里，格物与致知其实是同一种工夫，从物而言为格物、从心而言即致知，故朱子教人“即凡天下之物，莫不因其已知之理而益穷之”。而格物致知的极致则为“众物之表里精粗无不到，吾心之全体大用无不明”，物与心必对举，此是由朱子思想之本性决定的。要之，在朱子看来，格物与致知并非两重不同的工夫，而是在心—物对举的方式下对同一工夫的不同描述，其工夫的要点在于物理、心知之尽。

2. 阳明之格物致知说

① 朱熹：《四书章句集注》，第6~7页。
② 朱熹：《四书章句集注》，第4页。

王阳明反对朱子的格物致知说，以其有分心理为二而认理在外之嫌疑，故特地撰《大学问》以阐明自己的观点：以格物为正物，亦即致吾心之良知于事事物物。以下即结合《大学问》的文本对此略作阐明。《大学问》有云：

> 盖身、心、意、知、物者，是其工夫所用之条理，虽亦各有其所，而其实只是一物。格、致、诚、正、修者，是其条理所用之工夫，虽亦皆有其名，而其实只是一事……“致知”云者，非若后儒所谓充广其知识之谓也，致吾心之良知焉耳。良知者，孟子所谓“是非之心，人皆有之”者也。是非之心，不待虑而知，不待学而能，是故谓之良知。是乃天命之性，吾心之本体，自然灵照明觉者也……然欲致其良知，亦岂影响恍惚而悬空无实之谓乎？是必实有其事矣。故致知必在于格物。物者，事也，凡意之所发必有其事，意所在之事谓之物。格者，正也，正其不正以归于正之谓也。正其不正者，去恶之谓也。归于正者，为善之谓也。夫是之谓格。……良知所知之善，虽诚欲好之矣，苟不即其意之所在之物而实有以为之，则是物有未格，而好之之意犹为未诚也。良知所知之恶，虽诚欲恶之矣，苟不即其意之所在之物而实有以去之，则是物有未格，而恶之之意犹为未诚也。今焉于其良知所知之善者，即其意之所之之物而实为之，无有乎不尽。于其良知所知之恶者，即其意之所在之物而实去之，无有乎不尽。然后物无不格，吾良知之所知者，无有亏缺障蔽，而得以极其至矣。①

阳明于此段引文中详尽地展示了他圆融一贯的工夫论：所谓的身、心、意、知、物，是其工夫上所用的条理，虽各有其所而其实只是一物，不过随工夫之分段而有所不同而已。所谓的格、致、诚、正、修，是其条理上所用的工夫，虽各有其功而其实只是一事，不过随条理之分段而有所不同而已。此即良知本体和致良知的工夫一体同流，即本体即工夫、即工夫即本体，本原之心体流行通一无二，更无截然之分段可得。以此为基础，阳明进而展示了其格物致知说：意之所发必有其事，意所在之事便是物，格即正，所以格物就是即其意之所在之物而正其不正以归于正。致为诚之、实之，知即良知，所以致知即致吾心良知而诚之、实之，而非朱子所谓的推极吾之知识。此良知乃天命之性，不学而知、不虑而能，自然能

---

① 王阳明：《大学问》，见《王阳明全集》下册，第971~972页。

知善知恶，若能即意之所在之物而实有以好善、恶恶，则物无有不格而吾心之良知无所亏欠，此即阳明之格物致知说。阳明以诚意作为修身工夫的核心，其格物致知亦是围绕诚意来讲的。格物即正其意之所在之物，致知即于此意上致吾心之良知，离开意，此二者皆无所致其功。由此可见，与其整体思想一致，阳明仍旧将格物致知说完全收摄到心体上来说，其格物之实功其实只是诚意，诚意之外别无所谓格物的工夫。要之，阳明以诚意为中心，将格物和致知收摄到意上来说，其工夫实亦只是一件，物格即知至、知至即物格，二者之间更无本质区分。

3. 船山格物致知说之特色

将朱子和阳明的格物致知说与船山之说放在一起，后者的特色是明显的：朱子和阳明均以格物、致知为同一工夫之两面，只不过阳明将其完全收摄到心体上的诚意，而朱子则将致知理解为格天地万物之理以推极吾心之知。阳明之说是内圣之学的极致，而朱子之说中则包含有某种开拓知识的可能性(其实对道德是某种歧出，又因为其说统于道德之下，故对真实之知识论而言亦是歧出)。船山则提出了格物致知的第三条道路：船山以格物、致知为两件不同的工夫，虽相辅相成却在本质上有所差别。故其说既非如阳明将格物致知完全收摄到心体，将格物的工夫等同为诚意。亦非如朱子将理视为散布于天地之间的道理，从而对天下之物加以各种类型的格致之功。船山虽在整体上将天下之理收归自身(此是由天人回环的整体视野所决定的)，但其用功之处只在于此天人之际的原始展开处，其用功的依归则在于尽此心体之本性，而非漫天穷理。故其格物虽同于朱子之即凡天地之物而穷其理，反对阳明将格物之功等同于诚意，但在具体方式上又不同于朱子。朱子以理散在天地之间而于物无不格乃至漫天去穷物之理，而船山则以致知为准，亦即以尽乎吾心之全体大用为准来施其格物之功，并非认理为外而从外部格之。其致知则包含有并极为侧重致良知的部分，因而不同于朱子之推极吾心之知识，亦不同于阳明之单纯致良知。船山以一种下学而上达的方式将此二者统一为更全面、更质实的修养工夫。

以上论述可在船山之文本中找到具体证据。船山对朱子的格物致知说多所评批，认为其说不足以与于圣人之道，如《读四书大全说》卷一中有云：

> 以此求之，传文“天下之物莫不有理”八字，未免有疵。只此洒扫应对进退、礼乐射御书数，约略旁通，已括尽修齐治平之事。自此以外，天下之物，固莫不有理，而要非学者之所必格。若遇一物而必

穷之，则或如张华、段成式之以成其记诵词章之俗儒。①

此处船山即同于阳明，认为朱子有认理在外之嫌疑，故以朱子“天下之物莫不有理”之说有瑕疵。在船山看来，君子之格物，不过是即其所遇之物事而尽其修齐治平之事，并非漫天向这天地之间的万物去穷索道理。依船山之见，漫天向外穷理最多不过做个俗儒。

《读四书大全说》卷六亦有云：

朱子于《大学》补传，亦云“一旦豁然贯通焉”，“一旦”二字亦下得骤。想朱子生平，或有此一日，要未可以为据也。孟子曰“是集义所生者”，一“生”字较精切不妄。循循者日生而已，豁然贯通，固不可为期也。曰“一旦”，则自知其期矣。自知为贯通之“一旦”，恐此“一旦”者，未即合辙。“下学而上达”，一“而”字说得顺易从容。云“一旦”，云“忽然”，则有极难极速之意，且如悬之解，而不谓之达矣。“忽然上达”，既与下学打作两片，上达以后，便可一切无事，正释氏“砖子敲门，门忽开而砖无用”之旨。释氏以顿灭为悟，故其教有然者。圣人“反己自修”而“与天为一”，步步是实，盈科而进，岂其然哉！②

船山对于朱子《大学》补传中“一旦”的说法亦表示了质疑，认为此说法不如孟子之“集义所生”和孔子之“下学而上达”那么自然、精切，且认其有流入释氏之说的嫌疑。而船山自己的格物致知则以“下学而上达”为准，此为反己自修、与天为一之实功，步步踏实、盈科而进。

对阳明以诚意代替格物的学说，船山更是强烈反对，对朱子的格物虽不完全认同却也有表彰，故于《张子正蒙注·序论》中有云：

故朱子以格物穷理为始教，而檠括学者于显道之中……贞邪相竞而互为畸胜，是以不百年而陆子静之异说兴，又二百年而王伯安之邪说熺，其以朱子格物、道问学之教争贞胜者，犹水之胜火，一盈一虚而莫适有定。③

① 《读四书大全说》卷一，见《船山全书》第六册，第408页。

② 《读四书大全说》卷六，见《船山全书》第六册，第811~812页。

③ 《张子正蒙注·序论》，见《船山全书》第十二册，第10~12页。

船山于此仍对朱子的格物穷理说有所推崇，又将朱子之格物、道问学与陆王之尊德性、致良知之争比喻为水火之争而盈虚不定，这表明船山对此二者的说法都是不完全认同的。正是出于此种理由，船山提出了自己的格物致知说，力图开出第三条道路。这第三条道路即体现了船山格物致知说之特色。

（三）船山论学与思

船山之格物致知说与其关于学、思的见解密切相关，与德性之知和见闻之知的区分也密切相关，对学、思的阐发是船山思想的一个不可分割、相当有意义的组成部分。船山对此二者都极为重视，他主张学思并进而尤为推重思在修身工夫中的重要性，以下即结合船山的相关论述对此两点略作阐明。

1. 学与思：学思并进

船山既主张“下学而上达”之格致工夫，而下学依于见闻、上达源于心官之思，故对学与思二者都极为重视，且有所谓的学思并进之说。至于学与思之实义，则类乎横渠之见闻之知与德性之知的区分，学必依于见闻而思则为心官之良知良能。对此，船山于《张子正蒙注》卷四中有明确的展示：

> 天下有其事而见闻乃可及之，故有尧、有象、有瞽瞍、有舜、有文、武、幽、厉，有三代之民，事迹已著之余，传闻而后知，遂挟以证性，知为之梏矣。德性之知，循理而及其原，廓然于天地万物大始之理，乃吾所得于天而即所得以自喻者也。①

人之所见、所闻即其学习之资，无此见闻则学亦无所资藉。此所见所闻则甚为广大，天地万物之形色、古往今来之事迹，皆吾之所见闻，但陷于此中而不拔，则知为桎梏而性不得显。故需用其德性之知，此则为吾得于天而有所自喻者也。所谓自喻，其实即心官之思，此心官之思有其大用，能循理而及于其大原，故能廓然于天地万物大始之理。其实，见闻之知与德性之知虽有所不同，但都源于心，而且二者不可相离，正应相辅相成。故船山于该书同卷中又云：

---

① 《张子正蒙注》卷四，见《船山全书》第十二册，第144~145页。

心所从来者，日得之以为明，雷霆得之以为声，太虚絪缊之气升降之几也。于人，则诚有其性即诚有其理，自诚有之而自喻之，故灵明发焉；耳目见闻皆其所发之一曲，而函其全于心以为四应之真知。知此，则见闻不足以累其心，而适为获心之助，广大不测之神化，无不达矣……累者，累之使御于见闻之小尔，非欲空之而后无累也。内者，心之神，外者，物之法象，法象非神不立，神非法象不显。多闻而择，多见而识，乃以启发其心思而会归于一，又非徒恃存神而置格物穷理之学也。此篇力辨见闻之小而要归于此，张子之学所以异于陆、王之孤僻也。①

船山以心源于太虚絪缊之气升降之几，与日月之明、雷霆之声同源。就人而言，天道以理气浑沦之体凝成人之性，性发于心而有其灵明，此即心之大体，其用则思是也。至于耳目见闻则为此心所发之一曲，待大体之用以成其真知。船山认为：如果能明白上述来源，则耳目不足以累其心；恰恰相反，耳目为获心之助，藉此耳目以尽心则广大不测之神无不达矣。只要人心不限于见闻之中，而能以其德性之知御其见闻之知，以学从思，则内之心神与外之法象正需相得益彰，由此则法象愈显而心愈神。此法象对心而言极为重要，盖无此法象则神亦不显。故不资于见闻之知则德性之知无所成，不资于学则思无所成。故船山主张：多闻而择、多见而识，以闻见启发其心思而会归于一，存神与格物穷理二者交叉并进，只有遵循此道方能达于圣人之境。

实际上，横渠本人对于闻见之知是有所贬低的，故有“耳目为性累”之说。船山虽然表面上继承了横渠的说法，但又特别强调了闻见的重要性和积极性，故于该书同卷又云：

废闻见而以私意测理，则为妄为凿，陷于大恶，乃圣人之所深惧。盖存神以烛理，则闻见广而知日新，故学不废博，而必以存神尽心为至善，其立志之规模不同，而后养圣之功以正，大学之道，以格物为先务，而必欲明明德于天下，知止至善以为本始，则见闻不叛而德日充。②

---

① 《张子正蒙注》卷四，见《船山全书》第十二册，第147页。
② 《张子正蒙注》卷四，见《船山全书》第十二册，第180页。

船山认为闻见虽然有其不足，但如果废弃闻见而以私意窥测天理，则会以妄为凿而陷于大恶之中，此为圣人之所深惧。故船山以为：只要能够存神以烛理，亦即以思、德性之知为本，则见闻日广而知日新，学不废其博而后能存神尽心达于至善。故大学之道，虽以格物为先务，但先要有明明德于天下的志向并以知止至善为本始，则能即其见闻之格而德日充。船山于此虽然强调了立志、立本的重要性，但对于见闻之知、博学亦给予了相当的重视。实际上，这种重视通于船山对器、用、明的重视。

2. 思为心官：思诚

如上所述，船山以思为心官，对思之功用极为重视，以思为工夫的顶级字。船山于《读四书大全说》卷九中对此有明确的表示：

(1)故思诚者，择善固执之功，以学、问、思、辨、笃行也。己百己千而弗措，要以肖天之行，尽人之才，流动充满于万殊，达于变化而不息，非但存真去伪、戒欺求慊之足以当之也。尽天地只是个诚，尽圣贤学问只是个思诚。①

(2)格、致、诚、正、修、齐、治、平八大段事，只当得此“思诚”一“思”字。②

此两条引文明确地表达了船山对思的极端重视：尽天地只是个诚，而尽圣贤学问只是个思诚，人之能成圣贤全赖此思，思之重要性由此可见。所谓的思诚，即择善固执之功而统博学、审问、慎思(此思为心一端之用)、明辨、笃行为一者也。人之所以肖天之行而尽人之才者即在于此，此功达于极致即至诚无息之道。至于此思之实功，船山于《读四书大全说》卷十中有云：

(1)孟子说此一“思”字，是千古未发之藏，与《周书》言“念”，《论语》言“识”，互明性体之大用。③

(2)故曰“天之所与我”，与我以仁义，即便与我以思也。此从乎生初而言也。乃心唯有其思，则仁义于此而得，而所得亦必仁义……此思为本而发生乎仁义，亦但生仁义而不生其他也。盖思因仁义之心

① 《读四书大全说》卷九，见《船山全书》第六册，第996页。
② 《读四书大全说》卷九，见《船山全书》第六册，第996页。
③ 《读四书大全说》卷十，见《船山全书》第六册，第1091页。

而有，则必亲其始而不与他为应，故思则已远乎非道而即仁义之门矣。是天之与我以思，即与我以仁义也。故“思”之一字，是继善、成性、存存三者一条贯通梢底大用，括仁义而统性情，致知、格物、诚意、正心，都在者上面用工夫，与《洪范》之以“睿作圣”一语斩截该尽天道、圣功者同。孟子之功，不在禹下，此其一征矣。①

(3)孟子之言思，为古今未发之藏，而曰“思诚者人之道”，特以补明子思所言“诚之者”之实。思为人道，即为道心，乃天之宝命而性之良能。人之所以异于禽兽者，唯斯而已。故曰“由仁义行，非行仁义”，言以思由之也。②

船山于首条引文中指出：此思字即相当于《周书》之“念”、《论语》之“识”(此“念”的重要性在综论中已有所阐发)，此三字均明性体之大用。此大用之实则体现在第二段引文中：天予我以仁义，同时即予我以思也。心唯有其思，则仁义于此而得，其所得者亦必为仁义。其原因在于：此思从源头而言就生于仁义(因仁义之心而有)，其本原之用亦只生仁义而不生其他，故可以亲始而为仁义之门。所以船山说此思字，是继善、成性、存存三者一条贯通梢底的大用，其实功即在于将仁义收归自身以成性德之实体。在第三条引文中，船山更对此加以发挥：孟子说此思字，发千古未发之藏，又用“思诚者人之道”来进一步落实子思在《中庸》中所说的“诚之者”之实，所谓的诚之即以思诚之也。船山视思为人之道，亦即所谓的道心，是天之宝命、性之良能。人之所以异于禽兽者，正在于人有此思，人之所以能由仁义行者，亦是以此思由之也。由此可见，思在船山这里的确为工夫上的顶级字，这个意义上的思统摄上面所述的学思、格物致知、存养省察、持志养气等一切工夫在内。所以于船山而言，工夫亦只是一般，此即思诚。思诚的本质即为思仁义，所以一切工夫的核心只在于此仁义：持志即以思存此仁义之道，养气即以思集此仁义之大用，存养即以思存养此仁义之本体，省察即以思本此仁义而省察其情、意之发用，格物即以思纳物于仁义之道中，致知即以思推极此仁义之用也。从思诚来看，与阳明相似，船山之工夫论完全是一以贯之的，但船山的一以贯之是在天人回环的整体视野中达成的，较之阳明之局限于心体而言具有更深厚、宽广的意义。

① 《读四书大全说》卷十，见《船山全书》第六册，第1091~1092页。
② 《读四书大全说》卷十，见《船山全书》第六册，第1095~1096页。

五、诗教与易教

在综论中心—身之际的地位已被展示如下：它具有在感兴上的原始地位，它统贯人道之始终且通于天道之始终。从儒家的六艺之教来说，感兴之教为诗教之特性，而终始之教则为易教之特性，故此心—身之际通于六艺之中的诗教和易教。又诗教为感发志意之教，能鼓舞人以立志而发其修身工夫之端，此即特别相应于持志之工夫。易教为精义入神之教，故能通天下之志、成天下之务，此则为集义工夫之极致，故特别相应于养气之工夫。由此，则诗教与易教于心—身之际的密切关系显然可见，故本小节于此略对此二者加以论述，以阐明船山之学与儒家六艺之大传统的深厚关系。

（一）诗可以兴与诗言志、诗达情

首先需要说明的是：此处的诗，不仅指《诗经》中的篇什，也包括所有后世对赋比兴的制作。船山论诗，最重视其感兴之特性，对于诗在言志与达情方面的功能亦相当重视。此外，在船山看来，诗与乐为一体并且通于幽明之际。所以诗在船山这里不仅仅是某种文学作品，它亦是某种对天人之际的本真道说和真切展示，此处我们无法对此做详细的论述①。只能结合部分文本对此三方面简略地做些阐发，深入的论述有待他日。

1. 诗可以兴

对于诗之感发志意的大功用，船山于《俟解》中有云：

> 有豪杰而不圣贤者矣，未有圣贤而不豪杰者也。能兴即谓之豪杰。兴者，性之生乎气者也。拖沓委顺当世之然而然，不然而不然，终日劳而不能度越于禄位田宅妻子之中，数米计薪，日以挫其志气，仰视天而不知其高，俯视地而不知其厚，虽觉如梦，虽视如盲，虽勤动其四体而心不灵，惟不兴故也。圣人以诗教以荡涤其浊心，震其暮气，纳之于豪杰而后期之以圣贤，此救人道于乱世之大权也。②

在船山看来，古往今来的圣贤都是豪杰之士。豪杰即指那些能自我兴

---

① 兴在中国传统诗学思想乃至哲学思想史中的核心地位，到目前为止，学术界对此虽有所关注，但对其做一个本真展示的任务仍然有待学界去完成。

② 《俟解》，见《船山全书》第十二册，第479页。

发的人，兴即性之生乎气者。性日生于气，则人日有可兴之几，但绝大部分的人则掩沓委顺于世俗的洪流之中，在大众意见的海洋里随波起伏，每天所思想的、所操劳的无非就是禄位、田宅和妻子，数着柴米油盐酱醋过日子，志气日靡而不知天之高与地之厚，过着如醉如梦一般的生活。圣人有见于此，就以诗教感发其志意、荡涤其浊心、震动其暮气而纳之于豪杰之道，然后期之以圣贤之道。船山认为：这是圣人挽救人道于乱世的大权，诗兴之力量由此可见。而兴发为什么有如此大的力量，兴发的状态为如何？对此，船山于《诗译》中有如下的描述：

> 兴在有意无意之间，比亦不容雕刻。关情者景，自与情相为珀芥也。情景虽有在心在物之分，而景生情，情生景，哀乐之触，荣悴之迎，互藏其宅。天情物理，可哀而可乐，用之无穷，流而不滞，穷且滞者不知尔。①

船山以为：兴发的状态介乎有意与无意之间。此状态中有情、有景，景关情而与情相为珀芥，此二者相互交融、一体同流，故景生情而情亦生景。情感之哀乐、物景之荣悴，此二者互藏其宅、交发其用而兴发之原始状态即由此而出。在此状态中，天情物理各得其所、各成其性，流动充周而用之不穷，日新之德行与富有之大业即此而发端，兴发不已、修行不止则达于圣人之境界。兴发之功亦大矣哉！

2. 诗言志、诗达情

诗兴之大用具体表现为言志与达情，船山对此亦颇为重视。介于主题与篇幅，这里只能对其略加展示。在《诗广传》卷一中，船山论此有云：

> (1)诗言志，非言意也；诗达情，非达欲也。心之所期为者，志也；念之所觊得者，意也；发乎其不自已者，情也；动焉而不自持者，欲也。意有公，欲有大，大欲通乎志，公意准乎情。②
>
> (2)圣人达情以生文，君子修文以函情……何言乎情为至？至者，非乎人之所易至也。圣人能即其情，肇天下之礼而不荡，天下因圣人之情，成天下之章而不紊。情与文，无畛者也，非君子之故啮合

① 《诗译》，见《船山全书》第十五册，第814页。
② 《诗广传》卷一，见《船山全书》第三册，第325页。

之也。①

(3)君子之心，有与天地同情者，有与禽鱼草木同情者，有与女子小人同情者，有与道同情者，唯君子悉知之。悉知之则辨用之，辨用之尤必裁成之，是以取天下之情而宅天下之正。故君子之用密矣……悉知其情而皆有以裁用之，大以体天地之化，微以备禽鱼草木之几。②

船山于此指出诗言志、达情而非言意、达欲，所以诗当用来表达一个人的心志、感情而非宣泄他的意念和欲望。即便有意念和欲望的成分，也要准乎心志和情感。情感在诗歌中扮演了核心的角色，圣人即达此情以生文，君子则修其文以涵括此情，所以船山说“情为至”。一个人若能即情以成理，就是圣人“从心所欲不逾矩”的境界。圣人之情如此，故能即其情以肇天下之礼而不荡，此即所谓“有《关雎》《麟趾》之精意，而后《周官》之法度可行”③。情与文不可离，故君子善用其情，其用情通于天地万物，故能与万物同其情，君子之密用即在乎达情以自用。所谓的达情即悉知其情而皆有以裁用之，大可以体天地之化，小可以备禽鱼草木之几，情之用大矣哉！船山之诗言志、诗达情说大略如此。

3. 诗乐一体通幽明

在船山看来，诗不仅可以兴，亦不仅有言志、达情的大功用，从本原上来说，它与乐为一体且通乎幽明之际。这就表明：诗在开端上就已经扎根于天道本真的流行中。它不仅仅是人的道说，它也是天地自身的道说。对诗教的这种深层意蕴，船山称为“无尽藏”并对其大加赞赏，其于《诗广传》卷五中有云：

《诗》以兴乐，乐以彻幽，《诗》者幽明之际者也。视而不可见之色，听而不可闻之声，搏而不可得之象，霏微蜿蜒，漠而灵，虚而实，人之神也。命以心通，神以心栖，故《诗》者象其心而已矣……呜呼！能知幽明之际，大乐盈而《诗》教显者，鲜矣，况其能效者乎？效之于幽明之际，入幽而不惭，出明而不叛，幽其明而明不倚器，明其幽而幽不栖鬼，此《诗》与乐之无尽藏也，而孰能知之！④

① 《诗广传》卷一，见《船山全书》第三册，第307~308页。
② 《诗广传》卷一，见《船山全书》第三册，第310页。
③ 《读四书大全说》卷四，见《船山全书》第六册，第635页。
④ 《诗广传》卷五，见《船山全书》第三册，第485~486页。

船山以诗乐为一体，故诗可以兴乐，而乐则能彻幽，诗由此故能兼乎幽明，所以称诗为幽明之际者。船山指出：视而不可见、听而不可闻、搏而不可得之虚灵不昧者即人之神，此神即栖于人心之中，而诗即此心之象，故诗在本原上通于神、通于命。正因为诗乐在本原上通乎性命，故于幽明之际，大乐盈而诗教显。只是能领会此幽明之际的人不多，更不用说以此为效了。真能领会此际而效之，则可以入幽而不惭、出明而不叛、明不倚器、幽不栖鬼，诗与乐之无尽藏即存乎此。船山对诗教之精神及其内蕴的展示可谓深刻精微。

（二）易推天道、明人事、括始终

《易》推天道以明人事，汉以来被尊为五经之首，是中国哲理思想的宝库和源头。船山对《易》极为重视，其学问完全以《易》为基础，综论部分对此已有说明。由此而言，船山之学与易教之密切关系不言而喻。只是《周易》向来被认为是讲天道之书，此处将其纳入心—身之际来讲，似乎有点不太合适。但心际本通于天道之始终，船山又特重学《易》以修己，再加上六艺本来一体，故于此处对其略加展示亦无不可。

对于《易》的根本地位，船山于《张子正蒙注·序论》中有云：

> 《周易》者，天道之显也，性之藏也，圣功之牖也，阴阳、动静、幽明、屈伸，诚有之而神行焉，礼乐之精微存焉，鬼神之化裁出焉，仁义之大用兴焉，治乱、吉凶、生死之数准焉，故夫子曰“弥纶天下之道以崇德而广业”者也。①

船山于此简要而深入地表明了《周易》的根本地位：它是天道之显，也是性之藏，还是圣功之牖。这也就是说：其中既包含天道论的内容，又包含了人性论的内容，还包含了人文化成论的内容，亦即本书所提出的天人回环整体都被包含在其中。太极阴阳之动静、屈伸、幽明为易，此中一切皆真实无妄而神行焉，礼乐之精微即此而存，鬼神之化裁即此而出，仁义之大用即此而兴，一切治乱、吉凶、生死之数即此而准。《易》简直可说是统贯一切，天道、人事、始终都在其中，其根本地位由此可见。

《易》之地位既然如此根本，那么人们应该如何来用它呢，此为船山

① 《张子正蒙注·序论》，见《船山全书》第十二册，第12页。

极为关注的问题。他主张以《易》明人事而精义入神，此即所谓学《易》。对此，船山于《周易内传·发例》中有云：

> (1)若夫《易》之为道，即象以见理，即理之得失以定占之吉凶，即占以示学，切民用，合天性，统四圣人于一贯，会以动、以言、以占、以制器于一原。①
>
> (2)若夫学《易》者，尽人之事也。尽人而求合乎天德，则在天者即为理。天下无穷之变，阴阳杂用之几，察乎至小、至险、至逆，而皆天道之所必察。苟精其义、穷其理，但为一阴一阳所继而成象者，君子无不可用之以为静存动察、修己治人、拨乱反正之道。②

《易》即象以见理、即占以示学、切民用而合天性，故《易》不可离而为学者之所必务。船山以为：学《易》即尽人之事，亦即尽人之成能以求合乎天德。以天为本，而天下之变无穷，故君子之学《易》必要察乎至小、至险、至逆而精其义、穷其理。能精义穷理，则天下无穷之法象，君子皆可用之以为静存动察、修己治人、拨乱反正之资。君子之学《易》应达于此广大、深微之境，船山易教之精神全在于此。

第三节　政—治：新民以治人

在综论中，人际之核心要义被展示为政—治。广义地说，一切有关人际关系的处理都是政治的内容。我们亦曾强调：政治不外乎修己、治人二端，要达成此二端就要内有仁义之德、外有礼乐刑政之制，内外交成才有可能造就良好的政治形态。修己和治人向来是不可分的，但由于本章第二节已经对修己做了较为详细的阐释，故本节更侧重从横向之人际关系方面来展示礼乐之大用。自古以来，以礼乐治国就是儒家的政治理想，船山亦不脱离此传统。他以礼乐为治、教之本，如果礼乐之精意能行于天下国家之中，则能造就良好的政治形态。故本节侧重展示船山对礼乐之大用的领会与阐明，而此种领会来源于书教和礼教的大传统，本节亦将对此二教略作论述。

---

① 《周易内传·发例》，见《船山全书》第一册，第653页。

② 《周易内传·发例》，见《船山全书》第一册，第675页。

一、礼乐：修己治人之达道

如上所述，礼乐为贤圣君子修己治人之达道：君子以此礼乐修身，其所以齐家治国平天下之道亦即此而在。在对心身之际的展示中，我们曾将持志养气、存养省察、格物致知等工夫视为修身之本。实际上，这些工夫只有在具体的礼乐之中展开才能得到落实，此即所谓“威仪所以定命”“礼乐不可斯须去身”。由此可见：修己不能离开礼乐。而在疏导人际关系的治人方面，礼乐更有其重要性。先王治国平天下无不以礼乐为本，周代的礼乐制度不仅为周朝的统治基础，更是此后中国政治文化的基础。儒家对礼乐的重视即对周文的继承与发扬。船山作为一代大儒，亦将此礼乐之精意视为政治的基础，所以本小节即阐释船山关于礼乐所领悟到的精意。

（一）礼意综论

首先需说明的是，本书对于礼乐，或统称为礼，或分别称为礼、乐，这只是为了行文的方便，此中并无太大的区分。在船山看来，礼乐制度虽然是由不同的人制作出来的，但其源头却存乎天理本身。朱子释礼为“天理之节文，人事之仪则”亦表达了此义，故船山对此释颇为赞赏。正因为礼乐源于天理，所以它们就是治、教之本，舍此礼乐则治、教无成。至于此礼乐之精意则存乎：仁心与礼节之错行，仁与礼相与为体用则天下国家可安于和顺之道。此即船山对礼意的阐发，以下结合具体文本依次论述。

1. 礼乐之制与礼乐之源

关于礼乐之制作，船山于《读四书大全说》卷四中有云：

> 古帝王治天下之大经大法，统谓之礼，故六官谓之《周礼》。三纲五常，是礼之本原。忠、质、文之异尚，即此三纲五常见诸行事者品节之详略耳。所损所益，即损益此礼也……夫三纲五常者，礼之体也；忠、质、文者，礼之用也。所损益者固在用，而用即体之用，要不可分。①

船山于此将古代帝王所以治天下之大经大法（一切典章、政教等成型制度）统称为礼，所以天、地、春、夏、秋、冬六官被称为《周礼》，此即以礼为贤圣之所制作。三纲五常是此礼之体，而忠、质、文则是此礼之

---

① 《读四书大全说》卷四，见《船山全书》第六册，第611页。

用，故其品节有详略之不同。体用不可分，故礼虽在品节上随时变更，然此变更亦是就三纲五常之体而言。礼之用，在乎切时，故必须随时以有所损益，此礼乐之制作亦不会有停息之日。但制作礼乐者，必要明白礼乐源于天下之人情物理方能合理地施其损益而尽礼乐随时之大用。对于此礼乐之源，船山将其追溯到天地之大德，故于《礼记章句》卷十九中有云：

(1)乾知大始而统乎成，流行而不息；乐以之而自无之有者，终始相贯而成章。坤作成物而正位居体，凝而不动；礼以之而效其成材者，法制一定而不易。此明礼乐之成与天地同其德也……一动一静，互用以成化，故礼必得乐以和，乐必依礼以节，圣人必合言之。①

于《诗广传》卷四中亦有云：

(2)是以乐者，两间之固有也，然后人可取而得也。两间之宇，气化之都，大乐之流，大哀之警，暂用而给，终用而永，泰而不忧其无节，几应而不爽于其所逢，中和之所成，于斯见矣。②

在第一条引文中，船山将礼乐的源头分别追溯到乾坤之德上：乾知大始而统贯乎始终、流行而无所息，乐即以此自无而之有，且始终相贯而成章。坤作成物而正位居体、凝而不动，礼即以此效其成材，故法制一定而不轻易有所改动。所以船山说：礼乐之成与天地同其德。天地之德，乾坤并建而动静互用以成其化，故礼乐亦并建而成其和顺之节文。在第二条引文中，船山表明乐为两间之所固有：正因为乐本原地扎根在天地之间，故人能够取而得之。天地之间、气化之所在，无非此大乐之所流行。此哀、乐暂用而给、终用而不穷、泰而有节、几应而不爽其则，乃是中和之所成。结合此两段引文可知，船山的确将礼乐的根源追溯到天地之大德。故在船山看来，充满流动于天地之间者，无非此礼乐之本原流行。人能识得此意而精义入神则可以制礼作乐以切民用，不知此礼乐之源而制作，则亦为乱而已矣。

2. 礼乐为治、教之本

礼乐源于天地之大德，贤圣帝王即体此大德以制作具体之礼乐制度。

---

① 《礼记章句》卷十九，见《船山全书》第四册，第914~915页。

② 《诗广传》卷四，见《船山全书》第三册，第450页。

在船山看来，此礼乐之制即治、教之大本，先王即以此礼乐而立人。故船山于《礼记章句》卷十九中有云：

(1)人无异性，斯无异情，无异情斯无异治，故历代王者相沿，皆以礼乐为治教之本……礼乐之本，无间于幽明，流行不息，而合同以行其敬爱，故先王因之以立人道。①

于《读四书大全说》卷四亦有云：

(2)“礼仪三百、威仪三千”，皆天理固然之则，以自治而治人者，尽着自家志气，精神收敛，逊顺做去，亏欠他一点不得。如此，方能与礼相应，而经之纬之以治国者，有余裕矣。②

先王缘人情以制礼，依人性而作仪。性命于天而情源于性，故人无异性、斯无异情。性情无异，则所以治之、教之者即本此性情以兴。礼乐源乎天理人情，故历代王者相沿，皆以礼乐为治、教之本。而此礼乐之本在乎天地之大德，故无间于幽明而流行不息，君子庶民体此以行其敬爱则礼乐之道成，而人道即因之以立。此为第一条引文之内容，船山于此将礼乐视为治、教之本。在第二条引文中，船山表达了相同的看法：礼仪三百、威仪三千既然源于天地之大德，所以都是天理固然之则，君子即以此自治而治人。君子以清明在躬、气志如神之一贯而行乎此礼仪、威仪之中，则能与此理之本原相应。能与礼相应则经之纬之以治国而有余裕。综合此两段引文可知：船山的确将礼乐视为治、教之本，不过礼乐本乎性情之德，故亦待人而行。一方面，无此性情之德为基础，则礼乐会成为一套虚文；另一方面，若无礼乐之节文以定命，则性情之德亦不可成就。故性情之德必与礼乐之节文相错相合以成其达道，此即礼乐之精意。

3. 礼乐之精意：体用相错行

对此礼乐之精意，船山在《礼记章句·序》中有详细的阐发，其文有云：

(1)《易》曰：“显诸仁，藏诸用。”缘仁制礼，则仁体也，礼用

① 《礼记章句》卷十九，见《船山全书》第四册，第905页。

② 《读四书大全说》卷四，见《船山全书》第六册，第635页。

也；仁以行礼，则礼体也，仁用也。体用之错行而仁义之互藏，其宅固矣。人之所以异于禽兽，仁而已矣；中国之所以异于夷狄，仁而已矣；君子之所以异于小人，仁而已矣。而禽狄之微明，小人之夜气，仁未尝不存焉，唯其无礼也，故虽有存焉者而不能显，虽有显焉者而无所藏。故子曰："复礼为仁。"大哉礼乎！天道之所藏而人道之所显也。①

(2)仁之经纬斯为礼，日生于人心之不容已，而圣人显之。逮其制为定体而待人以其仁行之，则其体显而用固藏焉。《周礼》六官、《仪礼》五礼，秩然穆然，使人由之而不知。夫子欲与天下明之而发挥于不容已，精意所宣，七十子之徒与知之，施及于七国、西汉之初，仅有传者，斯戴氏之《记》所为兴也。故自始制而言之，则《记》所推论者体也，《周官》《仪礼》用也；自修行而言之，则《周官》《仪礼》体也，而《记》用也。《记》之与《礼》相倚以显天下之仁，其于人之所以为人，中国之所以为中国，君子之所以为君子，盖将舍是而无以为立人之本，是《易》《诗》《书》《春秋》之实缊也。天下万世之为君子，修己治人，皆以是为藏身之固，而非是则仁道不显，而生人之理息矣。②

这两段文字实能代表船山对礼乐之深刻见解，其要义则在于以礼与仁相与为体用，体用相错行即礼乐之精意。第一段引文即引用《周易》中"显诸仁，藏诸用"的说法来阐明礼与仁之相与为体用：古圣先王缘仁以制礼作乐，此则以仁为体、以礼为用。后世君子以仁行礼，此则以礼为体、以仁为用。以仁为体则礼合乎人情，以礼为体则人情准乎道，不违人情、不爽乎道，则体用错行、仁义互藏而其宅安固。接下来船山更对仁、礼之重要性进行发挥：人之所以异于禽兽、中国之所以异于夷狄、君子之所以异于小人，只在于前者有仁。但禽狄亦有其微明而小人亦有其夜气，此中未尝无仁，但因为禽狄与小人无礼，无礼则虽有仁而不能显、或虽能显而不能藏。故船山以礼为天道之藏、人道之显，藏者礼源于天，显者礼成于人。船山于此以仁、礼之互体判人禽、华夷、君子小人之异，实能体现船山对礼乐之精意的重视。在第二段引文中，船山更具体地结合三礼来论述此仁、礼互体之精意：他以仁之经纬为礼，仁为心德，日生于天地之间，故礼亦日生于天地之间，而圣人显发之以制定其成体。圣人既显之以制定礼乐，则待后人以仁行之，此则礼乐之体显而仁义之用藏也。秩然穆然之

① 《礼记章句·序》，见《船山全书》第四册，第9页。

② 《礼记章句·序》，见《船山全书》第四册，第9~10页。

《周礼》《仪礼》，即古圣先王所制作之礼；而《礼记》则为夫子及其后学推明礼意之本(即为性德之仁)。从其始制而言，则以《礼记》所推论之本为体，而《周礼》《仪礼》所记载之节文为用。从后世之修行而言，则以《周礼》《仪礼》之节文为体，而《礼记》为用。在船山看来，《礼记》与《周礼》《仪礼》相互倚靠而显出天下之仁，由此人之所以为人、中国之所以为中国、君子之所以为君子。此即立人之本，亦即《周易》《诗经》《尚书》《春秋》之真实意蕴。君子之修身、家国天下之平治，皆赖此以行。此礼乐之精意不行，则人道不得显而生人之理将息矣。礼乐之精意所关之大以及船山对其的重视、阐发由此可见。

(二)礼运与礼器

船山更继承《礼记》与张横渠关于“礼器、礼运”的思想而有所发挥，该发挥也体现出船山对礼乐之精意的领会：礼器即体现礼乐制度之节文的具体器物，礼运即所以运乎礼器中之本体。此二者相辅相成，无礼运之本体则礼器为虚文，无礼器之节文则本体为虚体，此即通于仁与礼相与为体用的思想。船山于《张子正蒙注》卷五中对此礼器与礼运之关系有深入的阐发，其文有云：

> 礼器，礼运、曲礼之要。礼器于多寡、大小、高下、质文，因其理之当然，随时位而变易，度数无方而不立所尚以为体，故曰“礼器是故大备”，言尽其变以合于大常也。全乎不一之器，藏于心以为斟酌之用，故无不协其宜，而至当以成百顺。运云者，运行于器之中，所以体天地日月之化而酬酢于人事者也。达，谓通理而为万事之本；成者，见于事物而各成其事也。礼运，体也；礼器，用也。达则无不可成，成者成其达也。体必有用，显诸仁也。用即用其体，藏诸用也。达以成而成其所达，则体用合矣。体无不成，用无不达，大人宰制万物、役使群动之事备矣……通达大顺，得中而无不和，则于多寡、大小、高下、质文之损益，曲畅人情之安矣。律吕之高下，人心之豫悦，此理而已。盖中和一致，中本于和而中则和，著于声容，原于神化，阴阳均而动静以时，所谓“明则有礼乐”也。故礼器以运为本。①

① 《张子正蒙注》卷五，见《船山全书》第十二册，第197~199页。

这段引文先论礼器之备、次论礼运之体、又论礼器礼运之一体以通于神化。船山以礼器为礼运、曲礼之要，礼器虽在多寡、大小、高下、质文等方面有多种多样的差异，但它们都是因乎理之当然而随着时位的不同以变化，故于具体的节文度数上不立一定不移之方体。所谓的“礼器于是大备”即指：尽礼器之变化而合于礼运之大常，亦即将礼器之全体藏于心而斟酌其用，然后礼器能成其宜而以至当成百顺。所谓的礼运，即指运乎礼器之中以体天地日月之化而酬酢于人事者，此即礼之本体。礼运通达于万事之中而为其通理，万事万物即以此通理而各成其功。船山以礼运为体、以礼器为用：礼运通达则礼器无不可成，礼器之成即成其通达之运也。显诸仁，礼运之体发乎用也；藏诸用，礼器之用用其体而体藏也。体所以成用而用即用其体，故体用相合；体用相合则大人宰制万物、役使群动之事备矣。此即礼运与礼器相合之大用。最后，船山更将此礼器、礼运之合推至天地中和之大乐中：礼运之体运于礼器之中而通达大顺，则得中而无不和。得其中和则可以损益礼器之节文以成礼运之通达，礼运通达则能曲畅人情之安。以中和之礼运为本，则礼器之用著于声容而通于神化，阴阳以此而均、动静以此而时，礼乐之通乎天地之幽明者即在乎此。此即船山之礼器、礼运论。实际上，此礼运之体不是别的，即上面已经提到的仁体；而与礼器相应就是各种不同的节文、制度亦即具体的礼仪。所以礼运与礼器之关系，其实只是对仁与礼之关系的另一种表述。

(三)礼乐通幽明

礼乐不仅为治、教之本，其精意且通于天地之幽明。此上礼乐源于天地之大德的说法也已表明：礼乐在本原上就通于天地之际。故船山对《礼记》中“明则有礼乐，幽则有鬼神”的话非常欣赏，于其著作中经常引用它。由此也可见得此为船山思想的一个要义，故于此对其略作阐明。

《礼记章句》卷十九释“明则有礼乐，幽则有鬼神”云：

> (1)“鬼神”者，百物之精英，天地之化迹也，其精意之见于人事者则为礼乐。礼乐之所由，自无而有，以极于盛，其为功于两间者，熏蒸翔洽，不言而化成，故不见不闻而体物不遗。是以礼乐鬼神，一而已矣，言其可见者则谓之“明”，言其不可见者则谓之“幽”，非二致也。此礼之节，乐之和，所以育万物而位天地也。①

---

① 《礼记章句》卷十九，见《船山全书》第四册，第904页。

《诗广传》卷五亦有云：

(2)无言者事神者也，有言者治人者也。合神于人，不远神于幽也。合人于神，不斬人于明也。明则有礼乐，以大文昭之；幽则有鬼神，以大质体之。质事尽而文事兴，至是而幽明合矣。故曰："会通以观其典礼。"……明明德以格于家邦，人神之通，以奉神而治人者也，非仅以事神者也。①

《读四书大全说》卷三有云：

(3)若鬼神，则可以诚言之矣，以其屈伸往来，尽其实而必信也，斯亦可以仁义礼智言之矣。其生者仁，其止者义，其充满者礼，其昭明者知也。故曰"明则有礼乐，幽则有鬼神"。礼乐固以法阴阳之化，而亦可通鬼神于求之声、求之气之间矣。②

在第一条引文中，船山以鬼神与礼乐为一体：所谓的鬼神，其实就是百物之精英、天地之化迹，其精意之见于人事者即礼乐，此即以礼乐源于鬼神之精意。而礼乐自无之有以极于大盛，流动充满于天地之间、不言而化成天下，故虽不见不闻而体物不可遗，此以鬼神即在礼乐之中。所以船山说：礼乐鬼神，一而已矣，言其可见者则谓之明，言其不可见者则谓之幽，故此礼之节、乐之和，实彻乎幽明以位天地而育万物。在第二条引文中，船山更从治人与事神两方面来论述礼乐之大用：无言者所以事神，有言者所以治人；事神则合神于人而不远神于幽，治人则合人于神而不斬人于明。明则有大文所昭之礼乐，幽则有大质所体之鬼神，质文相合以尽礼乐、通鬼神则幽明合矣，幽明合则人神通矣。此即君子以礼乐明其明德、格于家邦而通于天地鬼神之体。第三条引文表达了与第一条引文类似的见解：鬼神即太极阴阳屈伸往来之诚，仁义礼智之性即存乎其中：生者为仁、止者为义、充满者为礼、昭明者为知，所以礼本身即源于太极阴阳之诚。所以船山说：礼乐法阴阳之化，而天地之鬼神亦可求之于声、气之中，因为礼乐即鬼神之所在。由此可见，船山言礼乐完全是通于天道之全

① 《诗广传》卷五，见《船山全书》第三册，第485页。

② 《读四书大全说》卷三，见《船山全书》第六册，第567页。

体、人性之本原而言的：在天道上，它通于鬼神之诚；在人性上，它本于仁义礼智之性。礼乐之通乎幽明则表明天道、人性之无二，此即天人回环、交尽的整体视野，船山之思想无所往而不在此视野之中。

二、家国天下：治、教不二

如上所述，礼乐为治、教之本。一般说来，儒家论政治即以治、教为主。作为儒家修身与政治思想的纲领，《大学》极为清晰地展示了儒家内圣外王之道的义理架构：明明德与新民皆当止于至善即儒家修己治人的最高理想。宋明以来的诸大儒无不以此理想为标的，船山亦是本此以发挥其对治国的见解。船山主张治、教不二，但教有教之本而治有治之规模、规矩，二者相辅以成用，才能达至国治天下平的政治形态。此一见解集中体现在船山对《大学》诸说的疏解中，以下即以此为准进行论述。

船山于《读四书大全说》卷一中有云：

> 齐家之教，要于老老、长长、恤孤，而可推此以教国矣。乃国之于家，人地既殊，理势自别，则情不相侔，道须别建。虽其心理之同，固可类通，而终不能如家之人，可以尽知其美恶以因势而利导之。乃君子因其理之一，求之于大公之矩，既有以得其致远而无差者，则不患夫分之悬殊，而困于美恶之不知，使教有所不行也。①

船山以为：齐家之教的要点在于老老、长长、恤孤，推此理则可以教国。但是国相对于家来说，人多地广而情况不同，情况不同则理势亦不同，人情不能如家一般相侔，所以需别建一道以应之。有人对此也许会反对说：天下之人心同理同，故可以类相通。船山亦承认此说，但治国者对于国人终不能如对家人那样，可以尽知其美恶而因势利导之。所以君子只能因其理之一，求之于大公之矩而即以此治民、教民。那么，此大公之矩为何，如何才能挺立此矩？船山接下来即对此解释道：

> 一国之人，为臣为民，其分之相临，情之相比，事之相与，则上下、左右、前后尽之矣。为立之道焉，取此六者情之所必至、理之所应得者，以矩絜之，使之均齐方正，厚薄必出于一，轻重各如其等，则人得以消其怨尤，以成孝弟慈之化，而国乃治矣。其授之以可以尽

① 《读四书大全说》卷一，见《船山全书》第六册，第435~436页。

> 孝弟慈之具，则朱子所谓“仰足事，俯足育”者，固其一端；而为之品节位置，使人皆可共率由夫君子之教者，则必东阳所谓“规矩制度”者，而后为治道之全也。①

此大公之矩即君子之絜矩之道，在船山这里，此絜矩之道不仅是君子修身之恕道，更是治国之规矩。所以他说：一个国家的人，为臣为民而各有其分、各有其情、各有其事，其相与往来则上下、左右、前后尽之矣。君子之立道，即取此六者之情、理而为之絜矩，使其均齐方正、厚薄出于一而轻重如其等，如此则国乃有其所以治。而要达致此，则不但需要授民以尽孝弟慈之具（此即朱子所谓养），更需要为之品节位置（此即东阳所谓规矩制度），使人皆可以率由乎君子之教，如此则治道全而国有以治。此即船山对絜矩之道的独特阐释，与历来的阐释颇有不同，故又对此进行说明：

> 唯然，则一国之人虽众，即不孤恃其教家者以教国，而实则因理因情，变通以成典礼，则固与齐家之教相为通理，而推广固以其端矣。矩之既絜，则君子使一国之人并行于恕之中，而上下、前后、左右无不以恕相接者，非但君子之以恕待物而国即治也。②

既立此絜矩之道，则一国之人虽然众多，君子却不孤恃其教家者以教国，而必因情因理而变通以成其典礼。此典礼即絜矩之实，其理固然与齐家之教相通而推广有端。在船山看来，此絜矩之道是让一国之人并行于恕道之中，国人之上下、前后、左右皆以恕相接而不仅仅为君子之以恕待物。由此可见，船山完全是从一个国家的整体来看待此絜矩之道，故对于仅从修身之君子一人来讲絜矩之道有所不满。此中就体现出船山与宋明理学之主流意识的不同之处：船山论政多从整体出发，而宋明诸大儒则大抵收到一人当身上说。

船山虽然以为齐家有齐家之教，治国有治国之规矩制度，但此二者在本原上却是通一无二的，二者正要相辅相成才能成就家齐国治天下平之道。故于同卷下文中又有云：

---

① 《读四书大全说》卷一，见《船山全书》第六册，第436页。

② 《读四书大全说》卷一，见《船山全书》第六册，第436页。

(1)齐家恃教而不恃法，故立教之本不假外求。治国推教而必有恒政，故既以孝弟慈为教本，而尤必通其意于法制，以旁行于理财用人之中，而纳民于清明公正之道。故教与养有兼成，而政与教无殊理。则《大学》之道，所以新其民者，实有以范围之于寡过之地，不徒恃气机之感也。此则以治其国，而推之天下亦无不可矣。①

(2)自然天理应得之处，性命各正者，无不可使遂仰事俯育之情，君子之道，斯以与天地同流，知明处当，而人情皆协者也。此之为道，在齐家已然，而以推之天下，亦无不宜。特以在家则情近易迷，而治好恶也以知；在国则情殊难一，而齐好恶也以矩。故家政在教而别无政，国教在政而政皆教，斯理一分殊之准也。②

在第一条引文中，船山指出：齐家恃教而不恃法，所以立教之本不假外求。治国推齐家之教而尤必有恒政，所以虽以孝弟慈为立教之本，而尤必需通其意于法制，亦即需要建立规矩制度以理财用人而纳民于清明公正之道中。所以船山总结说：教民和养民有兼成而政与教二者无异理，此即《大学》新民之道的精意。在第二条引文中，船山更将此道追溯到天道之流行，内圣外王之道即在于自然天理之各得、性命之各正：君子之道上稽天理、下察民情，使天下之民皆有以遂其仰事俯育之情而纳之于清明公正之道，君子之政教与天地同流，故能知明处当而人情皆协。船山看来，此道源于天、通于一，故于齐家如此，推之天下亦是如此，只是随情势的不同而有所不同罢了。其实则政教无异理：家政在教而别无政，国教在政而政皆教，此即所谓的理一分殊。

此上所述，即船山对治、教不二的总体见解，其中也蕴含了船山的政治理想：以治、教达至内圣外王之道。于此中，船山强调了规矩制度的重要性，而此规矩制度的实体，就是我们在上面所讲的礼乐制度，一切规矩制度的创立都应当源于礼乐之精意。所以总结来说，船山仍旧坚持儒家的大传统，力求以礼乐文化达至内圣外王之道。船山在其他地方也多次提到“天德王道”之全体，其间所要表达的仍旧是此内圣外王之道的政治理想。置于整个中国政治思想史中而论，船山的政治思想虽有其精彩之处，但并未溢出在儒家传统中居于主流地位的政治意识，亦即主要是在“治道”(治理之道)的范围内来展开其政治方面的思考。儒家之政治思想之所以被归

① 《读四书大全说》卷一，见《船山全书》第六册，第436~437页。

② 《读四书大全说》卷一，见《船山全书》第六册，第438页。

为"德化的治道"，其原因即存乎此。梁漱溟曾以"伦理本位、职业殊途"来概括中国社会的结构特性，这种社会结构与儒家的政治理想(圣君贤相、天下太平)正是丝丝相扣的。与同时期的黄宗羲相比，船山的政治思考显得依然不够深刻，盖黄宗羲已能在治道之外注目于政道的问题(政权的合法性及其平稳运作与转移)，黄宗羲重申了"公天下"的政治理想，并从君、相、学校等各个层面展开深入的反省、批判与思考，其政治思想在很多方面与现代政治意识有其接榫之处。当然，有必要指出的是：船山的政治思想并不与现代的政治意识(例如最为基本的民主政治)相违背，甚至在某种程度上，只有基于现代的政治意识船山的政治理想才能得到实现。

三、礼教与书教

在儒家的大传统中，三礼与《尚书》在政—治方面具有特殊的地位：三礼汇集了周朝的礼乐典章，郁郁之周文即存于其中，后世无不效法之。《尚书》则集中体现了古圣先王治国平天下的至要心德，《礼记·经解》篇有云："疏通知远，书教也"①，后世帝王之教无不本于此。船山之政治思想，亦从此传统中脱胎而来，此即礼教与书教。此上已经对船山的礼乐之论有所阐明，而对于船山关于《尚书》之政治思想的见解则未曾触及，所以此处专辟一小节以论述船山之礼教与书教思想而尤于后者加详。

(一)礼教大义：名教礼教为大、以忠信为本

此上对船山的礼乐思想已有所论述，故于此拟从其他角度对船山之礼教大义稍作展示：大略以名教、礼教为治国之本、已乱之基，故于家国天下而言为至大。天下不可一日无礼教，而礼教之真实价值则源乎忠信，故礼教以忠信为本。忠信之实即仁也，此亦通于仁与礼相与为体用之义。

对于礼教之为大，船山于《读通鉴论》卷二中有云：

(1)信者，礼之干也；礼者，信之资也。有一日之生，立一日之国，唯此大礼之序、大乐之和不容息而已……故晏子曰："唯礼可以已乱。"然则立国之始，所以顺民之气而劝之休养者，非礼乐何以哉？譬之树然，生养休息者，枝叶之荣也；有序而和者，根本之润也。②

① 《礼记正义》，北京：北京大学出版社，2000年，第1597页。
② 《读通鉴论》卷二，见《船山全书》第十册，第86~87页。

又于该书卷十七有云：

(2)夫礼之为教，至矣大矣，天地之所自位也，鬼神之所自绥也，仁义之以为体，孝弟之以为用者也；五伦之所经纬，人禽之所分辨，治乱之所司，贤不肖之所裁者也，舍此而道无所丽矣。①

同书卷二十又云：

(3)礼以定万世之经，则必推之天下而可行，尽乎事之变而得其中者也。②

由上述三条引文，可见船山对礼之重视：在第一条引文中，船山以礼为立国之本，礼乐之兴就相当于根本之润，只有以礼乐为本才能顺民之气、劝民休养而导之于王道之途。第二条着重阐释礼教的大义：礼为天地之所自位，为鬼神之所自绥，仁义以礼为体而孝弟则以礼为用。五伦之所经纬、人禽之所分辨亦端赖此礼，至于治乱之所司、贤不肖之所裁，亦必以此礼为本，所以礼即道之所丽。故船山于第三条引文中说：礼者所以定天下万世之经者也，推之于天下而可行，尽乎事之变而得其中。礼之教大矣哉！

礼乐之道既如此重要，然礼仪三百、威仪三千，待其人而后行，必有忠信之人而后此礼乐之道可大行于世，故船山强调忠信对于人道、礼乐之道的重要性。此忠信即人道之诚，诚在船山这里是顶级字，尽圣贤学问也只是个思诚。忠信之为本于此可见。故船山于《读四书大全说》卷一有云：

缘天理之流行敦化，共此一原，故精粗内外，无所不在。既以此为道，而道抑以此而行，君子修己治人，至此而合……乃民之为道，其力足以任生财者本众也，即因其可生而教之生，以顺其性，此是忠信细密处，忠信流行于大道之中者也。而君子则统以己无不尽、物无或违之心，一于无妄之诚，遇物便发得去。理财以此，用人以此，立教于国，施政于天下，无不以此。是忠信底大敷施，而天之所以为命

① 《读通鉴论》卷十七，见《船山全书》第十册，第635页。
② 《读通鉴论》卷二十，见《船山全书》第十册，第773页。

以福善祸淫，人之所以为情而后抚仇虐，亦皆此所发之不谬于所存，而物理之信然不可违者也。①

船山以天理流行之至诚无息本自忠信，而君子之忠信亦出乎此，故忠信之道通精粗内外以无所往而不在：民之为道以忠信为本而因其生、顺其性，君子之修己治人、立教于国、施政于天下亦无不以此无妄之诚为本，而所以立教、所以施政之礼乐无不以忠信为本。故船山于《周易外传》卷六中又云：

圣人于常治变，于变有常，夫乃与时偕行，以待忧患。而其大用，则莫若以礼……故三圣人者，本《易》治礼，本礼以作《春秋》，所谓以礼存心而不忧横逆之至者也。且夫圣人之于礼，未尝不因变矣……圣人敦其至常而不忧，则忠信无往而不存，斯以厚其藏而物咸受治，亦因乎理之有定者焉尔。②

圣人以礼治天下之常变：既以礼存心而贞其大常，又以礼应几而处其大变。而圣人之所以能敦其至常而不忧者，则在乎忠信之存也。圣人以忠信厚其藏而后能因乎理以治天下之物，忠信之为礼之本亦明矣。故船山虽以礼教为天下至大之用，而必以忠信为其本。

（二）书教大义：传德与传道、勇于德与勇于道

此处即意在对船山之书教大义进行阐明。其根本见解在于：古圣先王之治天下，有传德而无传道。道有一定之方故不可用之于万世，德能凝道故可以为立道之基，故勇于德则道凝，而勇于道则道滞，德不兴，故船山重成德以凝道。

对此，船山于《尚书引义》卷五中有云：

（1）王者创制显庸，有传德而无传道也。体仁以长人，利物以合义，嘉会以合礼，贞固以干事，君子行此四德耳。千圣之教，千王之治，因天因人，品之节之，分之合之，以立一代之规模……以仁守天

① 《读四书大全说》卷一，见《船山全书》第六册，第447~448页。
② 《周易外传》卷六，见《船山全书》第一册，第1056~1058页。

下，以义经天下，阅千古而莫能易者也。①

又于《思问录·内篇》中有云

(2)谓井田、封建、肉刑之不可行者，不知道也；谓其必可行者，不知德也。勇于德则道凝，勇于道则道为天下病矣。德之不勇，褐宽博且将惴焉，况天下之大乎？②

于《读通鉴论·叙论四》中更阐明书教之根本大义云：

(3)治道之极致，上稽《尚书》，折以孔子之言，而蔑以尚矣。其枢，则君心之敬肆也；其戒，则怠荒刻核，不及者倦，过者欲速也；其大用，用贤而兴教也；其施及于民，仁爱而锡以极也。以治唐、虞，以治三代，以治秦、汉而下，迄至于今，无不可以此理推而行也；以理铨选，以均赋役，以诘戎兵，以饬刑罚，以定典式，无不待此以得其宜也。至于设为规画，措之科条，《尚书》不言，孔子不言，岂遗其实而弗求详哉？以古之制，治古之天下，而未可概之今日者，君子不以立事；以今之宜，治今之天下，而非可必之后日者，君子不以垂法。故封建、井田、朝会、征伐、建官、颁禄之制，《尚书》不言，孔子不言。岂德不如舜、禹、孔子者，而敢以记诵所得者断万世之大经乎！③

第一条引文表明：古圣先王之创制显庸，有传德而无传道。所传之德即仁义礼智等性德，千圣之教、百王之治无不本此仁义之德以经理天下，阅千古而莫能易，则德之可贵亦可知矣。于第二条引文中，船山指出：古代的井田等制度之可行与不可行，在乎既能知道又能知德。知德而勇于德则道凝，勇于道则道为天下病而民不堪其命矣。此勇于德以凝道之义为船山于政治思想方面独标之新义。在第三条引文中，船山更阐明了书教的根本大义：治道之极致，当以《尚书》之教、孔子之言为本，此即书教之大义。此大义之内容如下：治道之枢纽在于君心之敬肆、其戒则在乎怠荒刻

① 《尚书引义》卷五，见《船山全书》第二册，第395~396页。

② 《思问录·内篇》，见《船山全书》第十二册，第428页。

③ 《读通鉴论·叙论四》，见《船山全书》第十册，第1179~1180页。

覆、其大用则在于用贤兴教、其施于民则在于以仁爱赐民之极。此处所论均为德而非道，然能勇于其德则道在其中矣。故三代以下，治天下者莫不以此为本。至于具体之制度节文，如封建、井田之类，则君子不言。究其实则在于古之制度节文不可概之今日，故治天下者当以德为本以凝道。此即书教之大义而通于礼教之大义者，礼教以忠信、敬为本，忠信与敬皆德也。本节只讨论礼乐之大义，而不讨论具体的政治制度和政策问题，理由即在于此。具体问题之探讨亦重要，然只有知大义者方能真正与于制度之精微，对此精微之阐发则有待更多学者尤其是史家之努力。

第四节　历—史：参万岁而一成纯

唐君毅等学者均认为船山思想以史学为归①，这种见解突出体现了船山思想中所包含的历史意识：从早期的《周易外传》开始，船山就已经非常重视对史事进行深层探讨；而《春秋家说》等一系列春秋学著作亦是即历史以探兴亡、治乱之本；至于晚年所著的《读通鉴论》和《宋论》更是代表了中国古代史论的最高峰。说船山的思想离不开其对历史的不断反思并不为过。但历来不乏对历史进行反思者，何以唯独船山能达到如此难以企及的高度？在笔者看来，有三点值得注意：首先，船山对历史性的领会有其迥迈前人之处，这种领会直达思想、人性和历史性本身的源头，亦即天人回环、交尽的整体视野。其次，与这种领会相应，船山具有极为深厚的历史意识，这种“参万岁而一成纯”的历史意识使得船山在分析具体史事的时候能够以博大的心怀展开全方位的考虑。最后，除开此原初领会及与其相应的历史意识，船山更有一套独特的论史方法，此处称为“设身处地”的历史现象学，一种将全部身心投入历史之中并以此为基础进行评判的史学方法。如上三点为船山对史际的出色领会与阐发，而其所有阐发则以立人极为归、以经世为本，此即船山以史学经世的思想。至于此思想的源头，我们可以将其追溯至春秋之教。与此相应，本节将论述三个方面的内容：首先是历史与经世之理想，综论对此已有所论列；其次则论述船山对史际的出色领会与阐发，这是本节的主要内容；最后则论述船山关于春秋之教的见解。

---

① 请参见唐君毅：《中国哲学原论·原教篇》第二十四、二十五章“王船山的人文化成论（上、下）”。

一、历史与经世：资治通鉴论

如上所述，在综论中，我们已经展示过船山以史学为经世之学的思想。但在那里问题只是轻轻带过，未曾深入讨论。最能体现该思想的文本，即《读通鉴论》卷末之《叙论四》，此处即以此为本来展示船山之经世理想。

《读通鉴论·叙论四》有云：

(1)旨深哉！司马氏之名是编也。曰“资治”者，非知治知乱而已也，所以为力行求治之资也。览往代之治而快然，览往代之乱而愀然，知其有以致治而治，则称说其美；知其有以召乱而乱，则诟厉其恶；言已终，卷已掩，好恶之情已竭，颓然若忘，临事而仍用其故心，闻见虽多，辨证虽详，亦程子所谓“玩物丧志”也。①

(2)夫治之所资，法之善者也。善于彼者，未必其善于此也。君以柔嘉为则，而汉元帝失制以酿乱；臣以戆直为忠，而刘栖楚碎首以藏奸。攘夷复中原，大义也，而梁武以败；含怒杀将帅，危道也，而周主以兴。无不可为治之资者，无不可为乱之媒。然则治之所资者，一心而已矣。以心驭政，则凡政皆可以宜民，莫匪治之资；而善取资者，变通以成乎可久……得可资，失亦可资也；同可资，异亦可资也。故治之所资，惟在一心，而史特其鉴也。②

船山于此首先深深地感叹说：“资治通鉴”四字包含了无比深刻、渊微的意旨。接下来他首先对“资治”二字进行阐发：所谓的资治，不仅仅在于知乱知治，更在于“力行求治之资也”，此力行求治即经世之大理想。一个人读史，如果只是浏览以往朝代之治、乱而称美其治、诟厉其恶以为快然、愀然，读完之后则颓然若忘、临事时则仍用其故心，船山称其为“玩物丧志”。这样子读史，虽有闻见之多、辨证之详，还不如不读呢。船山以为历史之所以能资治者存乎一心，心苟存其治、苟精其义，则得失同异无不可以为此心为治之所资。苟无其心，则历史不可为鉴，以历史之事象纷繁错综、无边无际，无此心以为之董理则足以为致乱之源也。所以资治者，即资此心之治，即在于将历史作为一面镜子，深入具体历史事实

① 《读通鉴论·叙论四》，见《船山全书》第十册，第1181页。

② 《读通鉴论·叙论四》，见《船山全书》第十册，第1181~1182页。

中以此心详审、参究之（此之谓通鉴），如此则历史可为治之资。故船山接下来又论“鉴”有云：

> “鉴”者，能别人之妍媸，而整衣冠、尊瞻视者，可就正焉。顾衣冠之整，瞻视之尊，鉴岂能为功于我哉！故论鉴者，于其得也，而必推其所以得；于其失也，而必推其所以失。其得也，必思易其迹而何以亦得；其失也，必思就其偏而何以救失；乃可为治之资，而不仅如鉴之徒悬于室、无与照之者也。①

历史作为一面镜子，能够分辨人之妍媸，所以那些整衣冠、尊瞻视的人可以就之以正己之衣冠、瞻视。但此衣冠之整、瞻视之尊则存乎己之所正，而不存乎鉴之中。所以船山说：论历史的人，于其得必要推论其所以得，于其失必要推论其所以失。并且要更进一步探讨在其他不同情况下如何能亦得此而不失于彼。历史之所以可资治者，即在此推论之中。所以对历史的领会、阐释和批判才是资治的真正源头，而不是历史作为一面镜子本身就是源头。然而，历史何以能为鉴，能资论者进行阐释、批判以成为治之所资呢？这是因为历史与人事本自贯通，均源于天道至诚之流行，故可通、可鉴、可资治：

> 其曰“通”者，何也？君道在焉，国是在焉，民情在焉，边防在焉，臣谊在焉，臣节在焉，士之行己以无辱者在焉，学之守正而不陂者在焉。虽扼穷独处，而可以自淑，可以诲人，可以知道而乐，故曰“通”也。②

历史之所以可为通鉴，在船山看来是因为：历史之中有君道、有国是、有民情、有边防等，而士之行己、学之守正不陂亦存乎其中，历史之事无不可用之以取法、镜鉴。君子虽然不免于困穷独处，而此历史则不随此身以穷、以独，即此历史而深究之、精研之，君子可以自淑、可以诲人、可以体道而乐，故无所往而不通也。道不穷人而人自穷，人不自穷则无所往而不通矣。船山晚年独居于深山之中，启瓮牖、秉孤灯而写作《读通鉴论》《宋论》等皇皇巨著，此段实为夫子之所自道。船山不自穷而以史

① 《读通鉴论·叙论四》，见《船山全书》第十册，第1182页。
② 《读通鉴论·叙论四》，见《船山全书》第十册，第1182页。

通道，故情不自已而有论，论者所以通之于千秋万世也，故曰：

> 引而伸之，是以有论；浚而求之，是以有论；博而证之，是以有论；协而一之，是以有论；心得而可以资人之通，是以有论。道无方，以位物于有方；道无体，以成事之有体。鉴之者明，通之也广，资之也深，人自取之，而治身治世、肆应而不穷。抑岂曰此所论者立一成之例，而终古不易也哉！①

正是出于这种以史通道之不已情怀，故船山有此浩瀚无际之史论：有引而伸之之论，有浚而求之之论，有博而证之之论。凡此所论，皆以心有所得而可资人之通，故其论亦不容已。论者，所以广道之用，而道则无方无体以位物于有方、成事之有体。以道为本、以心为运，则可以明鉴于史而广通之、深资之，以之治身、治世而无不肆应无极。故船山之论，通论也，非立一成之例以为定论也。此即船山"资治通鉴论"之大义。要之，船山视历史为道体自身之展现，故可以为资治之鉴。所以鉴之者则存乎一心，至其所论则以经世为本、以立人极为归。

二、历史性、历史意识和历史学

此上论述了船山以史学为经世之学的见解，现在来展示船山对于历史性的本原领会及阐发。由此亦牵涉其历史意识与独特的史学方法论，以下即结合相关文本进行阐明。

（一）历史性：史际之原始展开

在船山看来，本原的历史性就是史际之原始展开，亦即由天人之际所开放出来的原初时间性。它以天道之发生与人道之运作为实质内容：天道至诚不息的流行将原初之境域不断开展出来，此即人之原初活动空间。人则在此空间中不断地以知、能运作之、开显之、参赞之，此开显活动同时又将自身汇入天道流行的境域中。天与人就在此回环、交尽的视野中不断地展开、汇聚。此原始之展开与汇聚即史际，而此史际之条理即历史性。此中包含有天人交尽的意义洪流，此意义的河流虽不可见，却真真切切地主导着我们的生存背景。我们可对其加以领会、加以诠释，却永远无法完全测知此洪流之走向，更不可用私智对其加以限定。因为我们从本性上就

① 《读通鉴论·叙论四》，见《船山全书》第十册，第1182页。

归属此意义之洪流，除却此身所凝之性命，我们别无停泊之处。船山对此体会独深，他将此意义之洪流更融贯在天道之生生不息中来说。亦即他将历史纳入到天人回环的整体视野中来看待，故更能对历史提出颇具特色的见解：如贞一之理、相乘之几说以及理势合一说，此二者充分表明了船山对历史性的深刻理解。历史在船山那里是一个充满生命的活动体，其中有理、有势。理有其广大、统一而势有其精微、化几，此理、势相互融合在本真历史的意义洪流中以相成不息，历史性即对此不息之洪流的揭示。

1. 贞一之理与相乘之几

天道有贞一之理、亦有相乘之几，此不仅为船山对天道之流行的领悟，也是船山对历史性的领悟，故船山于《读通鉴论》中多处以此说为本来展开其关于史事的具体论述。实际上，贞一之理、相乘之几这些说法本身就出自《读通鉴论》卷二当中，其文云：

> 夫天有贞一之理焉，有相乘之几焉。知天之理者，善动以化物；知天之几者，居静以不伤物，而物亦不能伤之。以理司化者，君子之德也；以几远害者，黄、老之道也；降此无道矣。①

船山于此明确指出：所谓的天既有贞一之理，又有相乘之几。明了天之理则能善动以化物，明了天之几则能居静而不伤物，而物亦不能伤之。前者以理司化而为君子之德(儒家之道)，后者以几远害而为黄老之道(道家之术)。除却此两者更别无所谓道术，而儒家之君子则崇尚以理司化。同书卷十四对理与几类似的阐发，其文云："天下不可易者，理也；因乎时而为一动一静之势者，几也。"②船山于此段引文中亦以理为贞一不变者，而以一动一静之势为相乘之几，此亦通于理势相成之义，此义请见此下所论。

正是出于这种领会，船山论史事的时候就有其特殊的立场：他虽"勉自竭以求合于圣治之本"，却"不敢执一以贼道"。船山于《读通鉴论·叙论四》中论此最详，其文有云：

> 编中所论，推本得失之原，勉自竭以求合于圣治之本；而就事论法，因其时而酌其宜，即一代而各有弛张，均一事而互有伸诎，宁为

① 《读通鉴论》卷二，见《船山全书》第十册，第117页。
② 《读通鉴论》卷十四，见《船山全书》第十册，第527页。

无定之言，不敢执一以贼道。有自相跖盭者矣，无强天下以必从其独见者也。若井田、封建、乡举、里选、寓兵于农、舍笞杖而行肉刑诸法，先儒有欲必行之者矣。袭《周官》之名迹，而适以成乎狄道者，宇文氏也；据《禹贡》以导河，而适以益其溃决者，李仲昌也。尽破天下之成规，骇万物而从其记诵之所得，浸使为之，吾恶知其所终哉！①

《读通鉴论》一书纵论上下数千年之史事，博大精微。船山认为其论的目的在于："推本得失之原，勉自竭以求合于圣治之本"。但他在史论中并不是求一个死理、一个定本，而是要深入具体的历史世界进行探求：就其事而论其法、因其时而酌其宜、一代之中有张弛、一事之中有伸诎；宁为无定之言却不敢执一以贼道。对于那些强天下以从其私人之见解者，船山表示强烈的反对。哪怕是古圣先王所创立的制度，船山也认为必须从贞一之理和相乘之几两方面加以考虑，不认同一些先儒必欲行之的做法。这就是船山对贞一之理、相乘之几说的贯彻。嵇文甫于《王船山学术论丛》中论此有云：

所谓"圣治之本"，如敬仁赐极云云，通贯古今，通贯各种社会制度，乃是"贞一之理"。至于因时张弛，随事伸诎，如封建井田等，却须应着"相乘之机"。大常之中而有极变，极变之中而又大常，这是船山始终一贯的宗旨。②

此一阐发颇能得船山之本怀，可见嵇先生对船山历史思想的深刻领会。实际上，此前所论的"有传德而无传道"之说亦通于此义：传德者，所以体贞一之理以应变也；无传道者，所以妙相乘之几以贞常也。此为船山思想的左右逢源处。

2. 理势合一：理势相成

船山更有理势合一之说，此亦能表现其对历史之本原领会。该说之要点在于：理可以成势，而势亦可以成理，理势相成而一体同流，故天下无必然不变之理、亦无永久不变之势，理势皆依于天道之发生流衍。对此理势相成的思想，船山于《诗广传》卷三中有云：

① 《读通鉴论·叙论四》，见《船山全书》第十册，第1180~1181页。

② 嵇文甫：《王船山学术论丛》，第135页。

> 顺逆者，理也，理所制者道也；可否者，事也，事所成者势也。以其顺成其可，以其逆成其否，理成势者也。循其可则顺，用其否则逆，势成理者也。①

船山于此指出：顺逆者为理，理之所制者为道；可否者为事，事之所成者为势。以理之顺成事之可，以理之逆成事之否，此为以理成势；循事之可则顺理，用事之否则逆理，此为以势成理。理成势而势亦成理，理势皆依于气化之全体，故天下无必然之理势。

船山于《读四书大全说》卷九中对此亦有阐明，其文云：

> (1)凡言势者，皆顺而不逆之谓也；从高趋卑，从大包小，不容违阻之谓也。夫然，又安往而非理乎？②
>
> (2)言理势者，犹言理之势也，犹凡言理气者，谓理之气也。理本非一成可执之物，不可得而见；气之条绪节文，乃理之可见者也。故其始之有理，即于气上见理；迨已得理，则自然成势，又只在势之必然处见理。③
>
> (3)气不定，则理亦无定也。理是随在分派位置得底。道则不然，现成之路，唯人率循而已。故弱小者可反无道之理为有道之理，而当其未足有为，则逆之而亡也。孟子于此，看得“势”字精微，“理”字广大，合而名之曰“天”。进可以兴王，而退可以保国，总将理势作一合说。曲为分析，失其旨矣。④

第一条引文言势之所成即理：从高趋卑、以大包小，不容违阻者势也，其势顺而不逆即理（顺逆为理），故势之所在即成理。于第二条引文中，船山以理势即理之势：气之条绪节文为理，气得其理则自然成势，既成乎势则只在势之必然处见理，故理势无二，从言异路而已。在第三条引文中，船山径直提出了理势合一说：理与势皆依于气以成，理只随气之分派而在；气无有一定，则理亦无必然。道则为可依循之定理，故弱小者可依道而成就有道之理，则自然可积其势以保其存。其根本原因在于理势本

① 《诗广传》卷三，见《船山全书》第三册，第421页。

② 《读四书大全说》卷九，见《船山全书》第六册，第992页。

③ 《读四书大全说》卷九，见《船山全书》第六册，第992页。

④ 《读四书大全说》卷九，见《船山全书》第六册，第992~993页。

原上就是相成不二的。船山称赞孟子对此理看得透彻，说他看得“势”字精微、“理”字广大，理与势皆出于天，此即孟子之理势合一，亦为船山之理势合一说。

（二）历史意识：参万岁而一成纯

如前所述，船山具有极为深厚的历史意识，我们曾将其展示为《庄子》中的一句话：参万岁而一成纯。然而可以追问的是：船山如此深厚的历史意识从何而来？唐君毅曾以船山思想的重气特征加以解答：“船山言心理与生命物质之气，而复重此精神上之气，即船山之善论文化历史之关键也。盖一重气则吾人于历史文化固亦可视为吾心之理之例证……然亦可不只视为吾心之理之例证，而视之为客观存在，超乎吾人、包乎吾人之实事，当恭敬以承之，悉心殚志以考究之者矣……一重气而论历史不止于褒贬，而可论一事之社会价值、历史价值，及世运之升降，而有真正之历史哲学矣。一重气而言吾国之历史文化，吾民族创之，则吾民族当自保其民族、复自保其历史文化，二义不可分。”①曾昭旭和林安梧等学者均追随这种见解，此中的确也体现出某些洞见。但我们仍不禁要问：这种解释真的能阐明船山之深厚历史意识的来源吗？古往今来重气的思想家有很多，可是却没几个人能具有船山那么深厚的历史意识。即便就重精神之气而言，宋明理学家中也不乏佼佼者，可是没有哪个理学家有船山那么深厚的历史感。而孟子作为提倡精神之气的鼻祖，同样也没有船山那么深厚的历史意识。由此可见，重气（包括重精神之气）并不一定就会导向深厚的历史意识，倒是深厚的历史意识可能会让一个人重视气之大用。

实际上，对于船山深厚历史意识的来源，我们根本无法做出确切的阐明。不过在这里，本书愿意提供几点提示以供参考。在笔者看来，船山之深厚历史意识有以下几个源头：（1）深厚的史学传统：中国自古以来就有极为深厚的史学传统，它源于古人深厚的历史意识，而逮其形成传统则自能孕育后人的历史意识。船山置身于此大传统中，有极为广博、深厚的资源可供利用。（2）春秋学的家学渊源：春秋学是船山之家学，船山当年参加科举考试亦是以春秋一科上榜。众所周知，春秋之学是中国史学的滥觞，其中包含有极为深厚的历史意识，船山自小就耳濡目染于此意识之中，其历史意识发端甚早。（3）明清之际的天崩地裂：明清易代是明末清初之士人所必须面对的一个根本问题，船山一生自然是忠于明朝的，故于

① 唐君毅：《中国哲学原论·原教篇》，台北：学生书局，1990年，第626~627页。

其自制墓志铭上称自己为“有明遗臣”。在船山看来，满族人入关建立清朝不仅仅是华夏易主，更是华夏的沉沦、天下的覆亡。华夏文化为什么会走到这一步，以至于让夷人入主中原，这始终是船山思索的大问题。要解答此问题，只有深入历史之中。如此，现实政治上的大变局亦成为激发船山历史意识的动力。综合这三点，可对船山之深厚历史意识勉强做一个说明，船山可谓是中国之深厚历史大传统的继承者和大力发扬者。

至于此深厚历史意识的具体特征，我们已经将其展示为“参万岁而一成纯”。以下即结合具体文本对此进行论述。船山于《俟解》中有云：

> 庄生云：“参万岁而一成纯。”言万岁，亦荒远矣，虽圣人有所不知，而何以参之！乃数千年以内，见闻可及者，天运之变，物理之不齐，升降污隆治乱之数，质文风尚之殊，自当参其变而知其常，以立一成纯之局而酌所以自处者，历乎无穷之险阻而皆不丧其所依，则不为世所颠倒而可与立矣。①

船山最喜欢《庄子》中“参万岁而一成纯”这句话，于其著作中曾多处引用。在船山看来，庄子说万岁是太荒远了，圣人也不能知得那么久远，更不用说参之以成纯了。但在数千年之内，就着那见闻可及者，观天运之变、察物理之不齐、审乎升降污隆治乱之数、辨乎质文风尚之殊以参其变而知其常，据此则可以立一成纯之局。而后可以斟酌其所以自处者以历乎无穷之险阻而不失其所依，如此则不为世俗之见所影响而可确然不拔地屹立于天地之间。此种以数千年之历史来滋养自己立身之道的意识，即体现出船山极为深厚的历史意识。于《庄子通》中，船山表达了同样的见解，其文有云：

> (1)怀之者，“参万岁而一成纯”者也。故言人之已言，而不患其随；言人之未言，而不逢其屈；言人之不能言、不敢言，而非仅以相长。何也？已言者，未言者，不能言者，不敢言者，一万岁之中所皆备者也。②
>
> (2)“参万岁而一成纯”，所为贵一也。众人知瞬，慧人知时，立志之人知日，自省之人知月，通人知岁，君子知终身，圣人知纯。其

① 《俟解》，见《船山全书》第十二册，第485~486页。

② 《庄子通》，见《船山全书》第十三册，第497页。

> 知愈永，其小愈忘。哀哉！夜不及旦，晨不及晡，得当以效，而如鱼之间流淙而奋其鳞鬣也。言之唯恐不尽，行之唯恐不极，以是为勤，以是为敏，以是为几。“朝菌不知晦朔，蟪蛄不知春秋”，自小其年以趋于死，此之谓心死。①

在船山看来，圣人之所以怀天下于己，就在于圣人能够“参万岁而一成纯”。有此博大的胸怀及历史意识存于心中，故能言人之已言而不患其随，亦能言人之未言而不逢其屈，更能言人之所不能言、所不敢言。凡此诸言，皆以深厚之历史意识为本，参乎万岁则言皆备于己，此为第一条引文之大意。在第二条引文中，船山更指明了“参万岁而一成纯”之可贵：其贵在于一、在于纯。庸人只知道瞬间之事、聪明的人可以把握时辰；立志之人则以日相计、自省之人则以月相计；通人可知一岁之功，君子能知终身之功，至于圣人则知纯而已矣，此则永矣、至矣、无以复加矣。其知愈永者其小愈忘，所以船山认为那些夜不及旦、言之唯恐不尽、行之唯恐不极且以此为勤、为敏、为几的人很可怜。他们的生活就好比朝菌与蟪蛄一样，自限于小之中而不自知，船山称之为心死。由此看来，一个人只有活到历史的深处、参乎万岁以成己之纯，才能让此心之生命活泼自如。其实，不仅个人如此，民族、国家乃至全天下亦是如此，故船山以华夏之统肇自羲黄、光大于尧舜、盛于三代而连绵不绝以传至其身，慨然以华夏之统自任，盛发其论于上下数千年之间，以求重新阐发此华夏之统的生命力。没有这种“参万岁而一成纯”的历史意识，船山之思想也不会如此亲切动人、思通玄微而感人至深。

(三)历史学：“设身处地”的历史现象学

与其对历史性的本原领悟及深厚历史意识相应，船山发展出一套独特的史学方法：亦即“设身处地”的历史现象学。在很多学者看来，船山论史之方法代表了中国古代史论的最高水平②，所以在这很有必要对此做些说明。以下我们就结合具体的文本来探讨船山论史之方法。

船山于《读通鉴论》卷末叙论四中有云：

---

① 《庄子通》，见《船山全书》第十三册，第513~514页。

② 绝大部分船山学研究者都认同这一论断。作为代表，我们可以例举嵇文甫、唐君毅、许冠三、牟宗三等先生，诸位先生对船山之史论可谓推崇备至。

设身于古之时势，为己之所躬逢；研虑于古之谋为，为己之所身任。取古人宗社之安危，代为之忧患，而己之去危以即安者在矣；取古昔民情之利病，代为之斟酌，而今之兴利以除害者在矣。①

船山要求我们在读史的时候，能够设身于古之时势中，以之为己之所躬逢；能够研虑古人之所谋所为，以之为己身之所任。在船山看来，如果我们能够取古人宗庙社稷之安危而代为之忧患，那我们就可以藉此去危以即安。如果我们能够取古昔民情之利病而代为之斟酌，那我们就可以于今日兴利而除害。这种舍身处地、代为忧患、代为斟酌的态度就是船山论史时所持的基本态度。他将历史真真切切地收归自身以对其加以考察，所以他的史论不是赏玩、评点式的，他力图将历史之中所蕴含的意义收归自身、收归当下以便在某种本真的层次上来充实自己和社会的生命力，这又切合于其经世的史学理想。于《俟解》中，船山对此有更真切的论述，其文有云：

使我而生乎三代，将何如？使我而生乎汉、唐、宋之盛，将何如？使我而生乎秦、隋，将何如？使我而生乎南北朝、五代，将何如？使我而生乎契丹、金、元之世，将何如？则我生乎今日而将何如，岂在彼在此遂可沉与俱沉，浮与俱浮邪？参之而成纯之一审矣。极吾一生数十年之内，使我而为王侯卿相，将何如？使我而饥寒不能免，将何如？使我而蹈乎刀锯鼎镬之下，将何如？使我而名满天下，功盖当世，将何如？使我而槁项黄馘，没没以死于绳枢瓮牖之中，将何如？使我不荣不辱，终天年于闾巷田畴，将何如？岂如此如彼，遂可骄、可移、可屈邪？参之而成纯之一又审矣。变者岁也，不变者一也。变者用也，不变者体也。岁之寒喧晴雨异，而天之左旋，七曜之右转也一。手所持之物，足所履之地，或动或止异。而手之可以持、足之可以行也一。唯其一也，是以可参于万世。②

此段引文既表明了船山极为深厚的历史意识，也表明了船山以史治己、成纯不已的修身工夫，更表明了船山设身处地的读史方法。船山读史不是将历史作为一种外在于自身的可观赏之物来加以把玩，此种态度船山

① 《读通鉴论·叙论四》，见《船山全书》第十册，第1182页。
② 《俟解》，见《船山全书》第十二册，第486页。

斥之为“玩物丧志”。他主张我们读史的时候应该“以肃然之心临之，一节一目、一字一句，皆引归身心，求合于所志之大者”①。所以船山在此段引文中连续反问说：置身于三代，我该如何做？生于汉、唐、宋之盛，我又该怎么做？为王侯将相我该怎么做？为饥寒之民我又该怎么做？名满天下、功盖当世，我将如何？默默无闻、老死绳枢瓮牖之中，我又将如何？这就是将历史收归自身、将自己全身心地投入历史之中的态度。在此种态度中，自己的生命和历史的大生命已经完全融合为一体。越是融入历史、越是参与历史之巨变就越能体会历史之本质而挺立一成纯之局，所以这不但是读史的方法，亦是修身、成圣的工夫。

船山还主张在读史的时候要善于知言以见古人之心，见古人之心然后能立万世之论。于《宋论》卷六中船山对此发挥道：

> 知言者，因古人之言，见古人之心；尚论古人之世，分析古人精意之归；详说群言之异同，而会其统宗；深造微言之委曲，而审其旨趣；然后知言与古合者，不必其不离矣；言与古离者，不必其不合矣。非大明终始以立本而趣时，不足以与于斯矣。②

在船山看来，所谓的知言就是因古人之言而见古人之心：深入古人所处的历史世界中去分析古人精意之归宿；详细地考察各种不同言论之间的异同而会其统宗；深入地探讨各种微言中所包含的委曲而通达其意旨。这样我们就知道：所言虽似与古相合，其合未必为真合；所言虽似与古相离，其离未必为真离也。只有那些能够大明终始以立本而趋时的人，才能够真正知言以见古人之心。这种因言以见古人之心的态度即设身处地的历史态度，只有这样我们才能透过具体的言、迹而看到历史意义的本原流行。这实在可称为一种“设身处地”的历史现象学：亦即通过设身处地的方法将历史现象中所蕴含的本原意义加以展现。贺麟先生曾特为表彰船山此种史学方法，他称之为“现象学的方法”“体验方法”并对此加以解释道：

> 所谓现象学的方法，就是即用以观体，因物以求理，由部分以窥全体，由特殊以求通则的方法。换言之，现象学的方法应用在历史方面，即是由看得见的古人的言与迹这些现象，去探求那看不见的心与

① 《俟解》，见《船山全书》第十二册，第478页。
② 《宋论》卷六，见《船山全书》第十一册，第160页。

> 道……王船山复用设身处地、同情了解的体验方法去得到他的历史理论。①

贺麟对现象学方法的描述虽不尽合于当代现象学的思想，但他对船山论史之方法的把握则的确能切中要害。将他所说的“现象学方法”与“体验方法”结合在一起就是我们在此所提出的“设身处地”的历史现象学。

（四）小结：总论船山之历史哲学

本小节致力于从整体上来把握船山的历史思想。在研究船山历史思想的前辈学者当中，有不少人曾提出：船山历史哲学与黑格尔历史哲学在精神、气象上具有某些相通之处。嵇文甫和贺麟两位先生便是其中的佼佼者，我们就藉其相关论述来对船山之历史哲学做个小结。

嵇文甫认为：船山的历史哲学，置于整个古代思想传统中来说，体现了一种新天理史观。这种新天理史观既打破了五德终始说、三统论等说法，也超越了以朱子为代表的纯天理史观。此种新天理观在嵇文甫看来具有许多精辟独到的地方，而且可以和黑格尔的历史哲学思想相通。他说：

> 他依据他的天人合一论、理势合一论，把天理和人情事势打成一片，拿活生生的现实历史去充实它的内容。所以他的天理是具体的，是活的。这可以说是一种新天理论。最妙的是他所谓“贞一之理”与“相乘之机”。从各种“相乘之机”中，也就是从各种不同的历史条件中，那个“贞一之理”步步实现，形成它发展程途上的各阶段。在各种不同的历史时期中，它呈现出各种不同的姿态。在这里使我们想起黑格尔的“宇宙精神”。那“宇宙精神”也是通过各种不同的历史时期而显示出各种不同的原理。②

贺麟亦有类似的看法，他认为船山的历史思想富有辩证的意味，而且比黑格尔早一百多年提出了类似于“理性的机巧”之思想。在《王船山的历史哲学》一文中，他特别指出：

> 黑格尔哲学中最重要创新的“理性的机巧”之说，却早经船山见

① 贺麟：《文化与人生》，北京：商务印书馆，1988年，第260页。

② 嵇文甫：《王船山学术论丛》，第161页。

> 到，用以表示天道或天意之真实不爽，矛盾发展且具有理性目的。黑格尔认为，理性是有力量的，也是有机巧的。理性的机巧表现于一种曲折的或矛盾进程的历程里。理性一方面让事物遵循其自身的性格与倾向，让它们互相影响、抵消、平衡，而自己并不干涉其行程，但正所以藉此以达到理性自身的目的。黑格尔还进而指出，在这种意义下，天道或天意之于世界历程，可以说是具有绝对的机巧……黑格尔这一种看法，在王船山的历史哲学里，我们只消将黑格尔的理性或上帝换成王船山的天或理，便不惟得到印证默契，而且得到解释和发挥。①

嵇、贺二人对黑格尔与王船山在历史思想方面的相通之处有如下揭示：首先二者都将历史作为一个有机的整体来看待，并且在历史之中具有一种主导的力量。相对于这种主导力量来说，具体的历史事实彷佛只是这种主导力量完成自身的一个媒介。这种主导的力量在船山那里是天理、天道或天意，在黑格尔那里则是宇宙精神、理性或上帝。天道的实现在王船山那里是“贞一之理”通过“相乘之几”步步实现，宇宙精神的实现在黑格尔那里通过理性的机巧来实现。此外，二者都有对于历史的深刻领悟，也都具有深厚的历史意识，而且在探讨历史的方法上面似乎也有某些类似之处，如船山讲“两端而一致”，而黑格尔则用“辩证的综合”来统摄一切历程，既包括思维历程也包括历史历程。此即如牟宗三先生所言：“黑氏具体解悟力特别强，故能精解历史、乃至整个人文世界、价值世界……他虽不是好的哲学家，而却是好的历史哲学家……王船山这位伟大的思想家，他也是具体解悟力特别强的人……他不是好的哲学家，但与黑格尔一样，同是好的历史哲学家。其具体解悟力特别强，故其论历史，亦古今无两。他那综合的心量，贯通的智能，心性理气才情一起表现的思路，落在历史上，正好用得着。”②

笔者认为：船山与黑格尔在历史思想方面确有相当多的类似之处。但这里要指出的却是：在根本精神上，船山的历史哲学和黑格尔的历史哲学完全不同。首先就对历史性的领会而言：船山所领会的历史是天人回环、交尽之历史的本原发生。在此本原发生中一切都真实无妄、都具有其真实的价值，此过程中有天理却并没有任何意志式的主导，且此本原发生亦不

---

① 贺麟：《文化与人生》，第267~268页。

② 牟宗三：《生命的学问》，台北：三民书局，1978年，第176~178页。

指向任何确切的目的地。黑格尔所领会的历史则不然，其“宇宙精神”是一种理性的、意志的力量，在此宇宙精神的运动中，一切具体的过程作为被扬弃者都消融在宇宙精神的更高层次中，且此宇宙精神的运动有其终极的目的地，亦即所谓的绝对精神，黑格尔的哲学系统就是该绝对精神的体现。其次在史学方法论方面：我们将船山的历史学方法展示为“设身处地”的历史现象学，而黑格尔的方法则毫无例外的是“辩证的综合”。船山意在通过设身处地的方式、全身心地投入历史世界的发生之中以便揭示出历史现象中所蕴含的原本含义。在投入历史世界之前船山并不带有任何特定的理论前提，他要让历史现象的原本意义如其自身地展现出来，以帮助今人实现经世之理想。黑格尔的“辩证的综合”却是黑氏自己发展出来的一套“理性的机巧”，此机巧是黑格尔式的思维机巧，世界历史在黑格尔那里就按照这套理性的机巧被编排成宇宙精神的自我发展、表现史。此二者在方法上是完全不同的，黑格尔的“辩证的综合”恰恰是船山所极力反对的。在船山看来，这就是“执一以贼道”。换一句话，船山的历史学在根源上就是现象学式的，而黑格尔的历史学则是非现象学式的。要真正理解王船山的历史思想，就必须突破这种黑格尔式的历史哲学，深入到历史的本原发生之中，亦即从本原上去领会史际的展开。只有置身于天人回环、交尽的整体视野中，史际的原始展开才得以呈现自身。所以要恰当地领会船山的历史思想，我们先要暂时抛开一切比附、直接领会此史际之原始展开。此即本小节对船山之历史哲学的提示。

三、春秋之教

在追溯船山深厚历史意识之来源的时候，我们已经涉及船山之春秋家学。毫无疑问，春秋之教在整个船山的思想生命中扮演了极为重要的角色：春秋之教包含了极为深厚的历史意识，也极为深刻地展示了正统儒家的政治理想。春秋对君子小人、华夷的分辨更是极大地影响了船山。此一小节即从这两个方面来稍微展示船山对春秋之教的继承和发扬。

（一）春秋之历史意识与政治理想

船山以《春秋》为“天下之公史，王道之大纲”，此即船山对《春秋》之历史意识和政治理想的阐发，故其于《春秋家说》卷下中有云：

> 《春秋》，天下之公史，王道之大纲也。以事存人，而不以人存事。事系于人，以事为刑赏，而使人因事；人系于事，不以人为进

退，而使事因人。人之臧否也微，事之治乱也大。故天下之公史，王道之大纲，不以人为进退。①

船山于此明确地表示：孔子所作的《春秋》是天下之公史，其中包含有王道之大纲。既然为天下之公史，则以事存人，而不以人存事。当以事系于人的时候，则使人因事而以事为刑赏。当以人系于事的时候，则使事因人而不以人为进退。虽不忘人之臧否，但以事之治乱为大体而不以个人为进退，此其所以为公史也，而其所以能为王道立大纲者亦在乎此。船山于《春秋世论·叙》中对此有更深入的阐发，其文云：

以古治今，议者之所訹也。虽然，一王之臣有合离焉，一姓之主有盛衰焉。王道之塞，得其意者通之也；邪说之害，弃其利者远之也；兵略之诡，从其正者常之也。地无异形，国无两是。故曰不知春秋之义者，守经事而不知宜，遭变事而不知权。知其义，酌其理，纲之以天道，即之以人心，揣其所以失，达其所以异，正之以人禽之辨，防之以君臣之制，策之以补救之宜。世论非直一世之论也。治不一君，均乎治；乱不一族，均乎乱。莅广土、抚众民而不缺；匹夫行于家，幽人潜于野，知进退、审存亡而不溢。观诸天下，揆诸心，即今日以印合乎《春秋》之世而不疑。②

议论历史者都意在以古治今，但要从历史中取得真正的教益却并非一件易事。船山说：同为一王之臣而有合有离，同为一姓之主而有盛有衰。历史之事象错综复杂，唯有那些深具历史意识和秉心正直的人才能从这些历史中获得深刻的教训：以其意通王道之塞，弃其利而远邪说之害，从其正而常兵略之诡。这只有那些真正明白春秋大义的人才能做到，其要义在于：知其义、酌其理，以天道为纲领，以人心为准则，揣摩其失败之原因，通达其相异之处，以人禽之辨为正，以君臣之制为防，以补救之宜为策。要领会这些要义，一个人必须具有深厚的历史意识以及高明的政治理想。所以船山说世论不止是一世之论，而是力求通乎万世之论。在此历史意识中，今日亦通乎春秋之世，所以船山又说"即今日以印乎春秋之世而不疑"，此即表明了船山的历史意识及其对历史性的深刻把握，否则他绝

① 《春秋家说》卷三，见《船山全书》第五册，第293页。
② 《春秋世论·叙》，见《船山全书》第五册，第386页。

对说不出如上这段话。一言以蔽之，在船山看来，春秋之教为我们提示出一个无比深厚、广阔的历史意识，其中更包含有一种高明、博大的政治理想。船山之生命、著作都受此历史意识和政治理想的激励、鼓荡，故其生命能如此之自强不息而屹立古今，其著作能如此之感人至深而发人深省。

（二）春秋之辨：君子小人之辨与华夷之辨

在船山看来，“《春秋》有大义，有微言”①：《春秋》一书为义海，括大义微言无量数。在这些大义中，船山特别重视所谓的春秋之辨，亦即君子小人之辨和华夷之辨。船山论礼文、论史事，无不本此春秋之辨以发挥其思想，故于此对该两辨略作展示，以便阐明船山对春秋之教的继承和发扬。

对于春秋之辨，船山在论史时不断加以强调，如于《读通鉴论》卷十四有云：

> 天下之大防二：中国、夷狄也，君子、小人也。非本末有别，而先王强为之防也。夷狄之与华夏，所生异地，其地异，其气异矣；气异而习异，习异而所知所行蔑不异焉。乃于其中亦自有其贵贱焉，特地界分、天气殊，而不可乱；乱则人极毁，华夏之生民亦受其吞噬而憔悴。防之于早，所以定人极而保人之生，因乎天也。君子之与小人，所生异种，异种者，其质异也；质异而习异，习异而所知所行蔑不异焉。乃于其中亦自有其巧拙焉，特所产殊类、所尚殊方，而不可乱；乱则人理悖，贫弱之民亦受其吞噬而憔悴。防之于滥，所以存人理而裕人之生，因乎天也……以要言之，天下之大防二，而其归一也。一者，何也？义、利之分也。生于利之乡，长于利之涂，父兄之所熏，肌肤筋骸之所便，心旌所指，志动气随，魂交神往，沉没于利之中，终不可移而之于华夏君子之津涘。故均是人也，而夷、夏分以其疆，君子、小人殊以其类，防之不可不严也。②

船山于此指出，天下之大防有二：亦即所谓的华夷之辨和君子小人之辨。这并不是先王故意为之大防的，其中是有深刻原因的：夷狄和华夏之人，所生异地故其气异，气异而所习所行皆异，故彼此之间地界、种族、

① 《春秋家说》卷上，见《船山全书》第五册，第109页。

② 《读通鉴论》卷十四，见《船山全书》第十册，第503~504页。

文化不可乱，乱则人极毁而华夏之民憔悴其生矣，所以严防华夷正是为了定人极而保人之生。君子与小人，所生异种故其质异，质异而所习所行皆异，故二者之间种类、所尚不可乱，乱则人理悖而贫弱之民憔悴其生矣，所以严防君子小人正是为了存人理而裕人之生。船山更指出，此二大防之归为一，此即所谓的义利之辨。以义为本者，华夏也，君子也；以利为本者，夷狄也，小人也。如果一个人“生于利之乡、长于利之涂”，父兄所熏、肌骨、心旌、志气、神魂无不沉没于利欲之中，则终不可移之于华夏君子之道。既有其不可移，则需分其疆域、殊其种类以严防之。

在论述政治理想时，船山亦强调此二辨，其于《黄书·原极》篇中有云：

> 夫人之于物，阴阳均也，食息均也，而不能绝乎物。华夏之于夷狄，骸窍均也，聚析均也，而不能绝乎夷狄。所以然者何也？人不自畛以绝物，则天维裂矣。华夏不自畛以绝夷，则地维裂矣。天地制人以畛，人不能自畛以绝其党，则人维裂矣。是故三维者。三极之大司也。①

船山于此提出了天、地、人三维：人之于物，虽阴阳均、食息均，但人若不能自畛以绝乎物则天维裂矣。华夏之于夷狄，虽骸窍均、聚析均，但华夏若不能自畛以绝乎夷狄则地维裂矣。天地制人以其畛，而人若不能自立其畛以绝乎其党则人维裂矣。船山甚为看重此三维，视其为天地人三极之大司。此三维实际上就是人禽之辨、华夷之辨及君子小人之辨，船山论礼意、论政治理想、论史无不以此为本，此即船山对春秋之教的继承和发扬。船山之深于春秋、本于春秋由此可见其实。要之，船山之思想到处都浸染了春秋之教所蕴含的深厚历史意识、高明政治理想以及大防之辨。

本章小结

至此为止，我们从心身之际、人际与史际三个方面展示了船山的人文化成论思想。其修身工夫论要点有三：一是对孟子持志养气说的继承与发

① 《黄书·原极》，见《船山全书》第十二册，第501~502页。

扬：船山以志为心之本体，最重视学者的立志，并且认为立志要大、要志伊尹之所志。志以道为准，故与理相应；养气则在于集义，集义则以身之所处、心之所审为准。二者交发其用、互成其功，到极致处则浩然之气充塞天下之间。二是对《中庸》之存养省察说的继承与发扬，此问题亦通于中和、已发未发以及《大学》中的正心诚意说。在船山看来，存养和省察之间依不同的情境而互为先后，且存养之功无间于动静，而省察之功则尤于动处加谨。至于此两种工夫的极致，则是交相成用以至于天理纯全的地位。三是对《大学》之格物致知说的继承与发扬，于此问题上，船山提出了与朱子和阳明为代表之宋明儒者不同的见解，其中亦涉及船山对学与思的阐发。要之，格物、致知各有其功、不可混淆，然工夫的极致则在于尽吾心之全体大用。在政治思想方面，船山将礼乐视为治国平天下的根本，以内圣外王为治国平天下之最高理想。以德为本、因时损益礼之节文以及仁与礼之相错行为船山对礼乐精微之义的阐发，此精意实通于礼教与书教之大义。在历史哲学方面，船山对历史性有着深刻的领悟，并与此相应有着极为深厚的历史意识。历史性被展示为贞一之理和相乘之几之一体以及理势相成之一贯，其历史意识则可用“参万岁而一成纯”来加以展示。这种将上下数千年历史纳入自身以求修己、治人之大道、通理的格局和气度，实为罕见。此外，船山更阐发了一种“设身处地”的历史现象学，他力图通过对具体历史现象的阐释来展现历史之中所包含的本原意义。这就是本章对船山之人文化成论思想的展示，需要强调的是：正如综论所提示的，此三际之间并非截然不同、相互独立的关系，恰恰相反，它们是同体的，心际、人际和史际在本原上就是一贯的。与此相应，作为船山思想的源头，六艺(诗、书、礼、乐、易、春秋)本身也是相互贯通的，以下更对此稍作阐明。

一、三际同体：论心际、人际、史际之一贯

正如综论所强调的，修身工夫从来不可外于人伦关系和历史处境。这表明从来就没有一个单独、隔绝的心身之际可让我们去修身，切实的修身工夫永远都是在具体的人伦关系以及不可逃避的历史处境中展开，离开此人伦关系、历史处境别无修身可言。另一方面，越是扎根于具体的人伦关系和历史处境中，则越能尽己之性以对待周围乃至天下之人，亦越能扩己之心量、长己之知能以容纳自己所处的历史文化大传统乃至世界文化大传统。人际与史际、心际的关系亦是如此，要恰当地处理好人与人之间的关系以赢得某种良好的政治生存状态，只有扎根于心际和史际之中才有可能。古人以正释政：政者所以正己而正人者也，其身不正而能正人者未之有也。所有的政治行为，只有当其发端于心身之诚的时候才能获得真正的效力和感染力。儒家以礼乐为治、教之本，无身心之存养省察、格物致知

则礼乐将成为虚文，而发端于虚文的政治措施将失其本根而足以致乱矣。至于史际对政治的重要性，此亦不待言，当下社会中人与人之关系的处理总有其历史根源。不清楚此一根源则无法理解当下之政治生存状态，更不用说成就一种健康的政治生存状态，观古可以鉴今、以史为鉴等说法充分表明了这一点。至于史际和心际、人际的关系，其不可分割性亦不待言。历史所以经世，经世即修己、治人，人若无修己、治人之根本要求，则历史亦无从发端。任何历史总是关于人类如何修己、治人的历史，除开这修己、治人的一切，历史别无内容可述。三际之不同展示及其在本原上的一贯，实际上是天人回环、交尽的整体视野在际上的不同展开。船山对此领会极深，故将所有一切都融会贯通、打成一片来说。不能把握此点，将以船山之言为河汉而无极也。

二、六艺贯通：论诗书、礼乐、易春秋之一体

本章以诗教和易教配船山之修身工夫论，以书教和礼乐配船山之政治论，以春秋之教配船山之历史论；乐教本身则通诗、礼，故亦在修己、治人之中。所以船山对于心际、人际和史际的阐发实际上也就是对传统之六艺的继承和发扬，而其心际、人际与史际在本原上的一贯也正通于六艺在本原上的贯通。古代学者以为：不通一艺则无以通六艺，不通六艺则无以通一艺，表达的正是这样的见解。船山继承了此种见解并将其加以发扬。在其著作中，船山曾多次表示六艺在大本大原上的贯通。这也就证明：我们将船山思想之三际展示为一贯之三际是有充分理据的。以下对船山之六艺贯通论略作阐明。

船山于《礼记章句·序》中有云：

> (1)《记》之与《礼》相倚以显天下之仁，其于人之所以为人，中国之所以为中国，君子之所以为君子，盖将舍是而无以为立人之本，是《易》《诗》《书》《春秋》之实缊也。①

又于《张子正蒙注·序论》中有云：

> (2)张子之学，无非《易》也，即无非《诗》之志，《书》之事，礼之节，《乐》之和，《春秋》之大法也，《论》《孟》之要归也。②

又于《尚书引义》卷三、卷五中分别有云：

① 《礼记章句·序》，见《船山全书》第四册，第9页。
② 《张子正蒙注·序论》，见《船山全书》第十二册，第12页。

(3) 显性之有而目言之，《易》谓之“缊”，《书》谓之“衷”，《诗》谓之“则”，《孟子》谓之“塞”，求其实则《中庸》之所谓“诚”也。①

(4) 大哉，念乎……《易》以为缊，《礼》以为诚，《诗》以为志，《春秋》以为权衡；故曰“克念作圣”，非易辞也。②

在船山著作中，我们显然还可以找到更多类似的论述，但此四则引文用来证明船山六艺贯通之思想已经足够了。第一条引文以礼统摄《易》《诗》《书》《春秋》；第二条引文则以《易》统摄《诗》《书》《礼》《乐》《春秋》，甚至还统摄《论语》《孟子》；第三条引文则通《易》《书》《诗》《孟子》《中庸》而论性；第四条则通《易》《礼》《诗》《春秋》以论念。六艺之贯通由此不言而喻，此六艺之贯通实际上根源于三际在本原上的一贯。此天人之际作为本原意义的发生场在六艺所构建的意义机制中得到了真切的展示③，这也就是六艺能成为古代中国一切学术思想之源头的原因所在。而船山之“六经责我开生面”也正是因为他切身地感受到了六艺之中所包含的意义发生，此处的“责”乃是船山对于此种意义发生之呼唤的响应与承担。

---

① 《尚书引义》卷三，见《船山全书》第二册，第 293 页。

② 《尚书引义》卷五，见《船山全书》第二册，第 388 页。

③ 本章以《诗》《书》《礼》《乐》《易》《春秋》六艺来贯通船山的人文化成论，并认为此六艺并不仅仅是某种经学门类之称。实际上如果深入地挖掘六艺之内在意蕴，我们可以发现：六艺本身彰显了某种极为鲜活同时又极为深邃的意义机制。正因为如此，作为“六经”的六艺才能够“责我（船山）开生面”。关于此六艺所包含或所构建的意义机制，可参见刘乐恒在《马一浮六艺论新诠》（上海：上海古籍出版社，2015 年）中的相关论述。该书以马一浮的六艺论思想为主题，结合整个中国思想史梳理了六艺论的源流始末，并将马氏的六艺论展示为意义的生成机制。笔者认为：马氏以六艺论概括中国文化思想的主要内容是十分精到的，而刘乐恒通过意义的生成机制来阐发此六艺论的深刻内涵，同样也具有十分重要的现代启发意义。刘氏指出：“六艺论展示出意义的发生、交织、酝酿、流行以至发用的结构与环节，从而丰富圆融地揭示出存在境域、意义世界、生活世界的内容和消息……表显出一个具有结构性、关系性、圆融性的圆融系统。”（刘乐恒：《马一浮六艺论新诠》，第 127 页）的确，六经作为中国文化的源头，绝不仅仅是干枯的文本，其间实蕴含着极为深刻的智慧，这种智慧以意义生成机制的形式浓缩自身，并以此奠定中国文化思想的基本形态，而后人亦可在此意义生成场域中兴发鼓舞，从而以继往开来的方式构建生命与价值的全新意义。事实上，船山对六艺人文之教的继承与阐发就是最好的例证，这同样也反过来说明：我们用六艺所具有的意义的生成机制来贯通船山的人文化成论有其坚实的理据。

第五章　天人回环与正学理想之落实

船山自题墓志铭有云："希张横渠之正学而力不能企。"①此中正学二字揭示了船山为学的终极目标：为天下后世确立正学之矩镬。在船山看来，原本于三代、发端于孔孟的儒学是此正学之楷模。其特性可由以下两句话加以表明："贞生死以尽人道"②，"明人道以为实学"③。从中可以概括出三个要点：贞生死、尽人道、为实学。它们就是船山判定正学的标准，该标准深深地植根于天人回环的整体视野之中。以此正学理想为基准，船山对此前的整个思想传统展开批判和融会。其具体表现有三：对儒学之正统的重建、对道家思想的调适上遂、对佛家思想的批判。这些工作是对正学理想的落实，它们同样植根于天人回环的整体视野之中。这就构成本章所要处理的主题：天人回环与正学理想的落实。依照此上论述，本章内容分为四个部分：对正学理想之意涵的阐明、对儒学正统的重建、对道家之调适上遂以及对佛家之批判。以下依次论述。

第一节　对正学理想之意涵的阐明

如上所述，船山的正学理想包含三点：贞生死、尽人道、为实学。需要预先说明的是，这三点在船山思想中是环环相扣的：不贞定生死之实则无以明人道之真，贞生安死然后可以尽人道之实；未尽人道之实则生可不贞、死亦未能安，故必尽乎人道而后生可贞、死可安。欲尽乎人道则必明乎实学，未有不明实学而能尽人道者；学者所以尽人道之实，未有不尽乎人道而可称之为实学者。故贞生死、尽人道、为实学三者一贯同条、合符

---

① 王敔：《大行府君行述》，见《船山全书》第十六册，第76页。
② 《张子正蒙注》卷一，见《船山全书》第十二册，第21页。
③ 王敔：《薑斋公行述》，见《船山全书》第十六册，第81页。

不爽。以下对其意涵做分别阐述。

一、贞生死：贞生安死、全生全归

生死是人生的大问题，甚至可说是人生的终极问题。不了断此问题则人生的终极意义始终无法得到安顿，故一切宗教信仰、哲学思想皆于此处发端。故苏格拉底曾言："那些真正献身哲学的人所学的无非是赴死和死亡。"①所以自古以来开宗立派的大智大慧者无不为此问题而殚精竭虑。儒家也很早就发展出了对生死问题的见解，孔子的"未知生焉知死"以及曾子的"全生全归"就是这种见解的神髓。船山则继承他们的见解，并发扬张了"存顺殁宁"的思想，提出了贞生安死、全生全归的理念以为正学确立根基。大体而言，船山以天道之日新、富有为基础来揭示人之时时刻刻受命于天，受命不止则人之生于天地之间亦不止。有所受命则皆唤作生，到不生处则唤作死，故死为生之终，而非生为死之始。人道源于易道之生生不息故亦为生生之道，不可谓之为死死之道。只要生命不息，则时时刻刻都是生生之道，故生时应全而生之。至不可再生时则返此生命于天地之大冶，故死时应全而归之。然要以尽其生为本，生时能尽其生则死时可归其全。以下结合具体文本进行论述。

（一）贞生安死：死者生之终

船山对于生死问题极为看重，且认为先儒对生死问题未曾寻得彻底的解决，故于《读四书大全说》卷六中提出了自己对生死问题的看法，其文有云：

> 愚于此，窃疑先儒说死生处都有病在。以圣人之言而体验之于身心形色之间，则有不然者。今且可说死只是一死，而必不可云生只是一次生。生既非一次生，则始亦非一日始矣。庄子藏山、佛氏刹那之旨，皆云新故密移，则死亦非顿然而尽，其言要为不诬；而所差者，详于言死而略于言生。以理言之，天下止有生而无所谓死，到不生处便唤作死耳。死者生之终，此一句自说得不易……要以未死以前统谓之生，刻刻皆生气，刻刻皆生理；虽绵连不绝，不可为端，而细求其生，则无刻不有肇造之朕。若守定初生一日之时刻，说此为生，说此

---

① 柏拉图：《柏拉图对话集·斐洞篇》（斐多篇），王太庆译，北京：商务印书馆，2004年，第216页。

> 为始，则一受之成型，而终古不易，以形言之，更不须养，以德言之，更不待修矣。①

船山于此表达了对先儒死生之说的怀疑，认为他们的说法既不合乎圣人之所言、也不合于身心形色之体验。船山认为：死可以说只有一死，但生却不可说只是一次生。生既然不是一次生，则始也不是一日始。庄子所说的藏山、佛家所谓的刹那，都表达了一种新故密移的洞见，由此可见死也并非顿然而尽。船山以为从实理上来说，天下只有所谓的生而无所谓的死，到不生处就叫作死，所以死就是生之终。但却不可说生者死之始，因为未死之前都是生，时时刻刻都是生气、时时刻刻都有生理。生之命连绵不绝而不可为端，每时每刻都是生命的新开端。船山且反驳通行的说法道：如果只守定初生那天的某个时刻，以其为生、为始，则人之生命一受其成型而终古不易，这样形用不着养而德也用不着修了，这在船山看来是异端邪说。很明显船山于此是颇为尊生的，此种思想继承了《易传》生生不息的精神，且符合生命的实际情形以及语言的日常用法。我们平时称自己为生命、认为自己所过的是生活，却不会称自己为死命、所过的为死活，无有所命、不可再活方为死。此说亦通于“命日降，性日生日成”之论。

在《张子正蒙注·序论》中，船山更以生死问题为中心阐明了张子《正蒙》的深刻意义。其意义恰恰就在于：《正蒙》所揭示的道理从根本上确立了儒家关于生死的终极见解，只有透彻地领悟此种见解，儒家的圣功、中道才有可能。其具体论述如下：

> 人之生也，君子而极乎圣，小人而极乎禽兽，然而吉凶穷达之数，于此于彼，未有定焉。不知所以生，不知所以死，则为善为恶，皆非性分之所固有，职分之所当为，下焉者何弗荡弃彝伦以遂其苟且私利之欲！其稍有耻之心而厌焉者，则见为寄生两间，去来无准，恶为赘疣，善亦弁髦，生无所从，而名义皆属沤瀑，两灭无余，以求异于逐而不返之顽鄙。乃其究也不可以终日，则又必佚出猖狂，为无缚无碍之邪说，终归于无忌惮。自非究吾之所始与其所终，神之所化，鬼之所归，效天地之正而不容不惧以终始，恶能释其惑而使信于学！故《正蒙》特揭阴阳之固有，屈伸之必然，以立中道，而至当百顺之

① 《读四书大全说》卷六，见《船山全书》第六册，第750~751页。

大经，皆率此以成，故曰“率性之谓道”。天之外无道，气之外无神，神之外无化，死不足忧而生不可罔，一瞬一息，一宵一昼，一言一动，赫然在出王游衍之中，善吾伸者以善吾屈。然后知圣人之存神尽性，反经精义，皆性所必有之良能，而为职分之所当修，非可以见闻所及而限为有，不见不闻而疑其无，偷用其蕞然之聪明，或穷大而失居，或卑近而自蔽之可以希觊圣功也。①

船山以为：人的生命形态各有不同，为君子者以圣人为极致，为小人者则以禽兽为末流，但人所遭遇之吉凶穷达源于天命而于此于彼皆无有定数。如果不知道人之所以生及其所以死，则人之为善为恶，都不可说是性分之所固有、职分之所当为。这样一来，心思近小、情欲充斥者就会觉得荡弃彝伦、遂其私欲亦无有不可。而那些稍有羞耻心的人则厌弃这种生活，觉得此生命寄生天地之间而无有所准，善恶、名义皆为沤瀑而思欲脱离、舍离此种生活，最终也将归于无缚无碍、无所忌惮。船山认为此二者或过或不及，皆不能与于儒家大中至正之道。只有那些知始知终、知生知死的君子，才能彻底地体证天地之诚：神之所化、鬼之所归，无非效其天地之正，故皆当惧以始终以对之。在船山看来，张子著《正蒙》即意在揭示此天地至诚之道：此道为阴阳之所固有、屈伸之所必然，人所继天之中道、至当百顺之大经皆即此以成。故天外无道、气外无神、神外无化，由此则死不足以忧而生不可以罔。存神尽性、反经精义之功，皆为性分之所固有、职分之所当修，如此则圣功有本而中道可立。囿于闻见而不及此者偷用其聪明，为无忌惮之小人；不依闻见而过于此者穷大而失居，为沦于虚空之异端。船山以《正蒙》为正学之准，正以其能贞生死、明性分而指明圣功之所本与中道之所立。

（二）全而生之，全而归之

知生知死则可以贞定生死，后者体现为：全而生之、全而归之。一个人若能在真正的意义上做到全而生之、全而归之，则可谓其生命得到了切实的贞定。船山极为重视此全而生之、全而归之的生命理想，它甚至可说是船山对于生命的终极理想，对此理想的强调遍布于其著作之中。如果说船山思想中有信仰的成分，毫无疑问，那就是对生命自身的信仰。以下对此略作阐明。

① 《张子正蒙注·序论》，见《船山全书》第十二册，第11页。

在《周易外传》卷六中船山论“全归”有云：

> 道之流行于人也，始于合，中于分，终于合，以始终为同时同撰者也。始者生也，终者死也，中者今日是也。君子以人事天，小人以鬼治人。以人事天者，统乎大始，理一而已。理气一也，性命一也。其继也，合于一善而无与为偶。故君子奉一以为本，原始以建中，万目从纲，有条不紊，分之秩之，两端审而功满天下。一念之诚，一心之健，推而准之于无穷，皆是物也。若其所终，则无事逆挽以求合。言满天下，行满天下，斯以为全归而已矣。①

在这段引文中，船山首先论述了天道之流行于人：始于合者，始于太极之浑沦以生人；中于分者，人既生于天地之间则与天地并立为三极；终于合者，人之生既终则复归于太极浑沦之体中。故就人道之始终而言，其始为初生，其终为死亡，而其中者则为今日②。君子以人事天，其所致力者在中之今日也。从其始而言，则统乎大始而奉理一以为本，故理气为一、性命为一。从其中而言，则继天之善而合于一善，推其念之诚、心之健以建其万目从纲、有条不紊之中道。至于其所终，则君子无所事于逆挽以求合。故君子言满天下、行满天下，皆其在中所继之善也，继善不穷，此即君子之全归。其体在中，其用在继，其实则尽其生理而已矣。

船山于《张子正蒙注》卷一中亦有云：

> 静而万理皆备，心无不正，动而本体不失，意无不诚，尽性者也。性尽，则生死屈伸一贞乎道，而不挠太虚之本体；动静语默一贞乎仁，而不丧健顺之良能；不以客形之来去易其心，不以客感之贞淫易其志，所谓“夭寿不贰，修身以俟之”，“不显亦临，无射亦保”也。盖其生也异于禽兽之生，则其死也异于禽兽之死，全健顺太和之理以还造化，存顺而没亦宁。其静也异于下愚之静，则其动也异于下愚之动，充五常百顺之实以宰百为，志继而事亦述矣。无他，人之生死、动静有间，而太和之絪缊本无间也。③

---

① 《周易外传》卷六，见《船山全书》第一册，第1041页。

② 表面看来，此处所论与前文颇有不同，实则并无矛盾。此处之始终为天道流行与人道之始终，生则为人道之初生，死则为人道之终结。与前文所论着重点不同。

③ 《张子正蒙注》卷一，《船山全书》第十二册，第18~19页。

船山在这里所发挥的正是存顺殁宁、全生全归的思想：他以心无不正（静而万理皆备）、意无不诚（动而本体不失）为尽性。能尽其性，则生死屈伸一贞乎道而动静语默一贞乎仁。一贞乎道则不挠太虚清通之本体，一贞乎仁则不丧其健顺之良能；良能不失则客形客感不足以动其心、易其志，此即所谓夭寿不二、修身以俟天命者。其生死异于禽兽之生死而能全健顺太和之理以还造化，其动静异于下愚之动静而能充百顺之实以宰百为，此即所谓存顺殁宁、全生全归。至于其所以能如此，则在于太和絪缊之实体本无间也。以上分疏表明：对于船山来说，从早期的《周易外传》到晚年的《张子正蒙注》，全生全归始终是其对于生命所抱的终极理想。这种理想于船山而言具有某种信仰的性质，它体现了船山思想的某种宗教精神。①

二、尽人道：孜孜继天以立人极

那么，如何才能做到贞生安死呢？船山认为：只有那些孜孜不倦地继天以立人极的君子才能真正做到这点。船山于其著作中，不断地强调尽人道、立人极的生命理想，此下即以《周易外传》为基础对此进行阐明。

船山于《周易外传》卷一中，藉乾卦九三之德以阐明君子尽人俟天的理想，其文有云：

> 功用者我之所可知，而位者我之所不可知也。功用者太和必至之德，位者太和必至之化也。德者人，化者天。人者我之所能，天者我之所不能也。君子亦日夕于所知能，而兢兢焉有余不足之为忧，安能役心之察察，强数之冥冥者哉！此九三之德，以固执其中，尽人而俟天也。②

此处船山以功用为人之所可知，位为人之所不可知；盖前者源于太和之德，后者源于太和之化。德在于己，故为人之所能；化出乎天，故为人之所不能。君子之道则在乎尽其所知所能，择善而固执之以立中道，此即君子尽人俟天的生命理想。在《周易外传》卷七末尾，船山更掷地有声地表明了他对宇宙人生的终极见解。该见解贯通了船山此后整个生命的历

---

① 陈来对此点颇为关注，并用“终极关怀”对此加以诠释，颇有洞见。参见陈来：《诠释与重建：王船山的哲学精神》，北京：北京大学出版社，2004年，第327页。

② 《周易外传》卷一，见《船山全书》第一册，第831页。

程，它括尽了船山思想的整体视野及其对生命所抱的终极理想，故于此处特为揭示。其文有云：

> 天之生斯人也，道以为用，一阴一阳以为体。其用不滞，其体不偏。向背之间，相错者皆备也；往来之际，相综者皆实也。迹若相诡，性奚在而非善？势若相左，变奚往而非时？以生以死，以荣以贱，以今以古，以治以乱，无不可见之天心，无不可合之道符……是以君子乐观其杂以学《易》，广矣，大矣，言乎天地之间则备矣。充天地之位，皆我性也；试天地之化，皆我时也。是故历忧患而不穷，处死生而不乱，故人极立而道术正。传曰："苟非其人，道不虚行。"圣人赞《易》以俟后之君子，岂有妄哉！岂有妄哉！①

船山于此指出：人生天地之间，无不以太极固有之阴阳为体、以一阴一阳之道为用。阴阳不测故其用不滞，太极浑沦皆备故其体不偏。以易卦言之，相错者六阴六阳备于向背之间，相综者十二位具于往来之际。天下之变化虽错综复杂，而性之所在皆善、变之所往皆时。孜孜以继善则成性之善，顺动以应几则成时之变，故生死荣辱、古今治乱皆君子所以成其善性、达其时变之资。如此则天心可见而道符可合，此即船山所谓的"无不可见之天心，无不可合之道符"。君子之所以乐于学易，正是出于对天道至诚的这种领悟，由此领悟而将至诚之道收归自身，则天地之位皆为己性之所有、天地之化皆为己时之所备。道在己则历乎忧患而不忧其穷、处乎死生而不惊其变，人极以此而立、道术以此而正，此即船山心目中的继天以立人极之道。在船山看来，圣人通过赞《易》已经将此达道透彻地揭示出来了，只等着后世之君子凝德修道以实现它。此道实为至真至实之道，故船山不惜两次感叹说"岂有妄哉！"由此段论述可知，在写作《周易外传》的时候，船山关于宇宙人生的终极见解已经得到确立。其中既包含天人回环的整体视野，也包含了继善成性的思想架构，更包含了尽人道、立人极的正学理想。船山后来所有的著作，不过是从更深的层次、更丰富的角度来展示此见解罢了。

综合以上论述可知：对于船山来说，尽人道以立人极的确是其思想的核心要义。不能把握此点，则不能确切地领悟船山思想的特性及其所包含的大义。至于人之所以能够尽人道，则在乎人之所承乎天者皆善也，性为

① 《周易外传》卷七，见《船山全书》第一册，第1114页。

善，形色亦为善，天心无不可见而道符无不可合，凡为实学者皆有以尽其道以立人极。

三、为实学：钦明诚实以为正学

那么，又如何才能真正地挺立人极呢？船山认为：其要点在于为实学。学不实则人极无以立，这也正是船山困厄山林而不忘著述以阐明正学的原因所在。在船山看来，此实学即原本于钦明、诚实的学问。“诚”字可代表此学的真精神、真性格。故船山于《周易外传》卷六中有云：

> 君子之动也，荣辱贵贱、安危生死之殊绝，喜怒忧乐、醲赏重罚之洊用，敦土以旁行，安身以定交，皆本一诚以先，而洋溢敷施，万变而无必然之信果。①

船山于此指出：君子所遭遇的处境虽有荣辱贵贱、安危生死的种种不同，君子之用情处世虽有喜怒忧乐、醲赏重罚的种种不同，但其有所作为以敦土旁行、安身定交者，无不本于至诚之道。此处所言虽然着重于君子之动本于诚，但君子之学即动而学，舍却此动别无所谓学，故君子之学亦以诚为本。诚者实也，以诚为本则其所学者为实学、正学。至于此学之极致，则有所谓“诚明合一”之道：学即所以明之也，诚自生明、明达其诚则诚明合一矣。船山于其著作中曾多次揭示此诚明合一之道。《张子正蒙注》卷九论此有云：

> 诚者，天之实理；明者，性之良能。性之良能出于天之实理，故交相致，而明诚合一。必于人伦庶物，研几、精义、力行以推致其极，驯致于穷神知化，则天下之理得，而成位乎其中矣。②

诚为天道，故船山称为天之实理；明为人道，故船山称为性之良能。此性之良能亦源出于天之实理，故可以交运互致，其极则在乎明诚合一。君子明于庶物、察于人伦、精义研几以穷神尽性，则能得天下之理而成位乎其中，如此则学达于明诚合一之极致。此义实通于天人回环的整体视野：诚则明者，天而人也；明则诚者，人而天也；明诚合一则天人不二。

---

① 《周易外传》卷六，见《船山全书》第一册，第1042页。

② 《张子正蒙注》卷九，见《船山全书》第十二册，第372页。

船山于《读四书大全说》卷三中亦曾发挥此义，他还特别关注《中庸》中的豫：明善之功在于豫，豫是学之达道。故船山又云："《中庸》……言学，则必前明而后诚……张子显以明善为豫，正开示学者入德之要，而求之全篇，求之本文，无往不合。"①实际上，天下无穷之学问皆所以明善也，明善则以诚身为归。故天下之学问皆以诚身为归，修身工夫、礼乐政教、历史镜鉴皆所以诚吾身、诚天下之身也。

要言之，为学对君子而言是念兹在兹的大事。不论身处什么样的环境，君子都必须以学为己任。且君子之所以不已于学，其目的在于将天下之善收归自身以诚己之身、以贞定社会和历史。此即船山对"明善诚身"的强调，这种学问是钦明、诚实的学问。以明善诚身为学习之道，则天下万事万物无不可以为明善诚身之所资。故君子之学必要致其广大而尽其精微，如此则能够精义入神、随时处中以达于圣人从心所欲而不逾矩的境界。

四、小结

此上阐述已经表明：就船山而言，贞生死、尽人道、为实学三者是正学的基本判准。这三者之间相互蕴含、共成一体：不从理念上确立贞定生死、全生全归的生命理想则不知人道何以须尽；不阐明尽人道、立人极的理想则不知何以人须为实学；不钦明诚实以为实学则人道不可尽、人极无以立，不尽人道则无以贞生安死而做到全生全归。此外需要指出的是：这三条标准作为正学理想的基础并不是随随便便提出来的。实际上，它们完全相应于天人回环的整体视野，亦即相应于天、人、际这三个组建要素：(1)生死源于天命，船山正是从天命之流行来讲生生之道。从某种程度上说，人之有生有死、何以生死都是由天决定的。不了解这点则无以理解人生的本性，此即所谓的不知天则无以知人。(2)所谓尽人道，其真实内容就是尽人性。性有其宝藏、有其不容已，人即此宝藏、即此不容已而尽之，人道即以此而尽、人极即以此而立。只有那些能够明心见性、尽才践形的贤圣君子才能在真正的意义上尽性以立极。(3)所谓的学，其实就是学于天地之际，此际将不同的天地之文展现于君子之前，一切学问都不过是即此天地之大文以穷理尽性、精义入神而已。只有那些以诚为本、以明为用、诚明合一的学者才能真正地将此大文的内在意蕴收归自身以充己之性、扩己之知能以成就实学。这足以表明：船山的正学理想深深地植根于

① 《读四书大全说》卷三，见《船山全书》第六册，第527页。

天人回环的整体视野之中。以下我们就以此视野和理想为本来疏解船山对儒释道三家的批判和融会。

第二节　对儒学正统的重建

反对异学以确立儒家的正学地位，始终是船山思想的核心组成部分，船山于其志向中亦向来引此为己任。但儒家作为中国古代思想中历史悠久、内容庞杂的大学派，自身之中就包含有各种纷繁复杂乃至相互对立的不同成分。船山由此首先就肩负起以下任务：亦即重建儒学的正统。只有重建此儒学的正统，树立儒学的典范，儒家正学的地位才能真正得到确立。

一、儒学之统：儒学正统的重建

对所谓的统，船山于《读通鉴论·叙论一》中有如下的界定："统之为言，合而并之之谓也，因而续之之谓也。"①由此可见，统可从两方面加以规定：首先是在空间、内容方面将不同之物合并在一起；其次是在时间、形式方面将此前的状态延续下去。因此，所谓的统就是将诸多之物通过某种共通性持续不断地融合在流动的整体之中。基于这种领会，船山于政治方面反对所谓的正统之说；但对于学术思想，船山却坚持正统之见。在船山看来，儒者之学统与帝王之统并行于天下，然后者或有断绝之日而政治陷于混乱，儒者则自存其统以孤行而无待，以其有不可磨灭者在焉。此义船山盛发于《读通鉴论》卷十五中，其文云：

> 儒者之统，与帝王之统并行于天下，而互为兴替。其合也，天下以道而治，道以天子而明；及其衰而帝王之统绝，儒者犹保其道以孤行而无所待，以人存道，而道可不亡……儒者之统，孤行而无待者也；天下自无统，而儒者有统。道存乎人，而人不可以多得，有心者所重悲也。虽然，斯道亘天垂地而不可亡者也，勿忧也。②

儒者之统与帝王之统并行于天下、互为兴替。当此二者处于一个良好

① 《读通鉴论·叙论一》，见《船山全书》第十册，第1174页。

② 《读通鉴论》卷十五，见《船山全书》第十册，第568~569页。

互动的状态时，则天下以道而治、道亦以天子而明，文武成康之际约略如此。而当帝王之统断绝、天下陷入混乱的时候，儒者则自保其道以孤行于天地之间，尽人、尽学以存人道于万一。船山以儒者之统为孤行而无所待者，哪怕尽天下无统可说而儒者尤必自存其学统、道统。自然，学统、道统亦必待其人而后得存，大人君子不可多得，此为尽心于学统者所重悲也。然此学、此道、此统实通乎天地乾坤而不可亡，故勿忧其统之亡可也。此段论述不仅表达了船山为学体道的深刻领会，更表达了船山对儒者之统长存于天地之间的坚强信念。此统源乎天地而尽于贤圣君子，与天地并存而不可亡者也。

正是出于这种信念，船山要在此儒学之统中清理出可以代表儒家纯正之学的正统，《张子正蒙注·序论》即船山对此正统的清理结果。作为船山晚年的成熟、圆融之作，它代表了船山对儒学正统的最后见解，故对此序论我们实应给予相当的重视。笔者认为：船山此篇序论实相当于朱子在《大学章句》《中庸章句》所作的两篇大序。它意图推进乃至超越朱子的道统论并进而重建儒学的正统。嵇文甫先生认为这篇序论“是船山拥护横渠的宣言书，也可以说是船山的‘拔本塞源论’，而其所以反对陆王，修正程朱，在宋明数百年道学发展史上认取其自身立场者亦具见于此”①，此诚为探本之论。介于此序的重要性，本章于此详引其文并加以多重分析，以期展示船山之儒学正统观的特别之处。

船山于《张子正蒙注·序论》中先论远古之学术，其文有云：

> 抑古之为士者，秀而未离乎其朴，下之无记诵词章以取爵禄之科，次之无权谋功利苟且以就功名之术。其尤正者，无狂思陋测，荡天理，蔑彝伦而自矜独悟，如老聃、浮屠之邪说，以诱聪明果毅之士而生其逸获神圣之心，则但习于人伦物理之当然，而性命之正自不言而喻。②

船山于此推论说：在西周及之前的的上古时代，为士者皆才能俊秀而质性朴实。那时候既没有通过记诵词章以博取爵禄的科目，也没有崇尚权谋功利以邀功名利禄的邪术，更没有那些狂思陋测、荡弃天理彝伦、如佛老一般的虚无寂灭之教。在那个时代，学术思想整体上是健康、质朴的，

---

① 嵇文甫：《王船山学术论丛》，第118页。
② 《张子正蒙注·序论》，见《船山全书》第十二册，第9~10页。

所以那些聪明果毅的人士就不会有投机取巧、逸获神圣的心思；他们只是以人伦物理之当然为习，而其性命即以此而正。这当然是船山对古代学术世界的理想推论，与朱子在《大学章句序》中所言亦甚为相似："其学焉者，无不有以知其性分之所固有，职分之所当为，而各俛焉以尽其力。此古昔盛时所以治隆于上，俗美于下，而非后世之所能及也！"①就古代学术状况而言，以其学在官守而各遵其轨，故较为稳定、质朴，所以如上的描述亦能表明几分当时的真实状况。但进入春秋时代以来，整个华夏世界开始发生天翻地覆的变化，所以船山接着说：

> 至于东周而邪慝作矣，故夫子赞《易》而阐形而上之道，以显诸仁而藏诸用，而孟子推生物一本之理，以极恻隐、羞恶、辞让、是非之所由生。《大学》之道，明德以修己，新民以治人，人道备矣，而必申之曰"止于至善"。不知止至善，则不定、不静、不安，而虑非所虑，未有能得者也。故夫子曰："吾十有五而志于学。"所志者，知命、耳顺、不逾之矩也，知其然者，志不及之，则虽圣人未有得之于志外者也。故孟子曰："大匠不为拙工改废绳墨，羿不为拙射变其彀率。"宜若登天而不可使逸获于企及也。特在孟子之世，杨、墨虽盈天下，而儒者犹不屑曲吾道以证其邪，故可引而不发以需其自得。②

到了东周时代，天下进入动荡不安的形势之中，邪慝亦开始泛滥于天下。为了应对这种情况，并为学术思想确立万世之基，孔子对古代学术做了全面的整理，其中最重要的一环就是赞《易》以阐明形而上之道。此后，孟子亦推生物一本之理、极四端之心以讲明性善之旨。《大学》则确立了明明德以修己、新民以治人的人道规模。要言之，在孔孟的时代，儒者只是确立自己的达道并以之为志，此即儒者之绳墨、彀率。在此之外，儒者并不与其他诸家诸派争生死存亡，孟子之辟杨墨亦只是稍致其辞即廓如也。然汉魏以来，儒者自身的学统则进入危机之中，其相续只是不绝如缕而已，故船山又说：

> 而自汉、魏以降，儒者无所不淫，苟不抉其跃如之藏，则志之摇

---

① 朱熹：《四书章句集注》，第1页。
② 《张子正蒙注·序论》，见《船山全书》第十二册，第10页。

摇者，差之黍米而已背之霄壤矣，此《正蒙》之所由不得不异也。①

船山于此指出：汉魏以降，所谓的儒者并不能坚守自己的学统、道统，而是不断地淫于佛、老等异端之教中，此即船山所谓的“无所不淫”。对此，船山于《读四书大全说》卷四中亦有云：“盖自秦以后，所谓儒学者，止于记诵词章，所谓治道者，不过权谋术数，而身心之学，反以付之释、老。”②此与朱子在《大学章句序》中所言亦甚为相似。这样一来，儒者如果不能抉其跃如之藏以讲明儒家之正学、大道，则学儒而志向不定者就很容易流入异端，以致出现差之毫厘而谬以千里的状况。在船山看来，张子著《正蒙》正是为了应对这种情况，亦即通过讲明儒学正道、排斥异端(尤其是佛家)之学以正童蒙之志于始，从而确立儒家的正学地位。

宋代是儒学重新确立正统地位的年代，这种重新确立需要有相应的时代背景以及大批杰出的儒者、思想家，而横渠只是其中一位。所以船山在推崇张子《正蒙》之际，也必须结合整个宋代学术状况来说。在船山看来，宋代的确是儒学再次复兴的时代，其源头则在于周敦颐，故其于序论中接着说道：

宋自周子出，而始发明圣道之所由，一出于太极阴阳人道生化之终始，二程子引而申之，而实之以静一诚敬之功，然游、谢之徒，且歧出以趋于浮屠之蹊径。故朱子以格物穷理为始教，而檠括学者于显道之中；乃其一再传而后，流为双峰、勿轩诸儒，逐迹蹑影，沉溺于训诂。故白沙起而厌弃之，然而遂启姚江王氏阳儒阴释诬圣之邪说。③

船山认为：周敦颐于宋初首先发明圣道之所由，亦即圣道出于太极阴阳、人道生化之始终。周敦颐以《中庸》之诚、大易之乾道来讲太极阴阳至诚之天道，又以主静以立人极的教法来讲人道，其所以“默契道妙”而发“千载不传之秘”者正在于揭示此至诚之天道。然而对于人道之细密工夫，周子虽有所涉及，毕竟未曾明白予以揭示。所以船山接着说：二程引申周子之道，以诚敬之功讲明人道之实。到二程处，人道之工夫始有扎实

① 《张子正蒙注·序论》，见《船山全书》第十二册，第10页
② 《读四书大全说》卷四，见《船山全书》第六册，第651~652页。
③ 《张子正蒙注·序论》，见《船山全书》第十二册，第10~11页。

的落脚处，如明道所言之识仁、定性，伊川所言之"涵养需用敬，进学则在致知"，皆是踏实的人道工夫，学者真能用功于此则人道可尽而人极可立。然二程之后，其弟子如游酢、谢上蔡等皆有流入佛老异端之教的嫌疑。所以朱子起来确立格物穷理之始教，以期檃括学者于显道之中。但朱子格物之教在数传之后，就流为双峰、勿轩诸儒之逐迹躡影的训诂之学。所以陈白沙起而厌弃之，然后王阳明的致良知学说就由此得以兴起。船山以阳明之说为阳儒阴释之邪说，其无善无恶之说即类于佛家圆融理事之说。船山以为自周敦颐以至于阳明及其后学，在此数百年的儒学传衍中，儒者之学有所得亦有所失、或陷于枉而不正，或矫枉而过正，儒家大中至正之道始终未曾得到真正的确立。要之，在船山看来，上述诸大儒对于复兴儒学都有极大的贡献，但对于确立儒学之中道而言都还不够。只有横渠之学才能在真正的意义上做到贞生安死、尽人道、为实学以立人极，所以也只有横渠之学才能代表儒家正学的最高理想、最终矩镬。所以船山在阐明张子贞生安死、存神尽性的学术精神之后，对张子之学发出了如下的赞叹：

> 呜呼！张子之学，上承孔、孟之志，下救来兹之失，如皎日丽天，无幽不烛，圣人复起，未有能易焉者也。①

船山认为张子所阐明的学问，上可以继承孔、孟之志，下可以挽救来兹之失，就如同皎日丽天、无幽不烛。学者苟能用力于此学，则孔孟之道可复而前述之流弊皆可避免。张子之学如此之正，以至于船山认为就算圣人复起，也不能对张子之正学有所改易，由此可见船山对张子正学之推崇与肯定。然而由此也就出现了一个问题：张子之学既然如此中正，为什么在宋代乃至后来没有得到继承和发扬？船山预料到此一问题并对其做了如下解答：

> 学之兴于宋也，周子得二程子而道著。程子之道广，而一时之英才辐辏于其门；张子教学于关中，其门人未有殆庶者。而当时巨公耆儒如富、文、司马诸公，张子皆以素位隐居而末由相为羽翼，是以其道之行，曾不得与邵康节之数学相与颉颃，而世之信从者寡，故道之诚然者不著。贞邪相竞而互为畸胜，是以不百年而陆子静之异说兴，

① 《张子正蒙注·序论》，见《船山全书》第十二册，第11页。

又二百年而王伯安之邪说熺，其以朱子格物、道问学之教争贞胜者，犹水之胜火，一盈一虚而莫适有定。使张子之学晓然大明，以正童蒙之志于始，则浮屠生死之狂惑，不折而自摧；陆子静、王伯安之蕞然者，亦恶能傲君子以所独知，而为浮屠作率兽食人之伥乎！①

儒学于北宋得到复兴，周子为其开端，其光大则在于二程，此即船山所谓“周子得二程子而道著”。程子以广道居洛阳而天下之英才辐辏于其门；张子则独自教学关中且英年早逝，其门人之中又无特出者。此外，程子又与当时之巨公宿儒相为羽翼，而张子则素位隐居而无所扶助。所以张子之学的传播根本无法与二程相比，甚至都比不上邵康节之数学的传播程度。当时之世真能领会张子之学且信从的人很少，张子所揭示的大道由此亦不著于世，所以儒学之中只有程朱之学与异端相竞而互为畸胜。正是因为张子之学不曾得到发扬光大，所以后来才会有陆王学说的兴起。在船山看来，那些想用朱子格物穷理、道问学之教来折服陆王的人，不过是想以水灭火罢了；其实则不过一虚一实、莫有所定。如果张子之学能晓然大明于世，以之正童蒙之志而檠括学者，则浮屠之教无以惑人而对陆王之学亦能有所贞定。由此可知，船山不但反对陆王发明本心、致良知之学，即对程朱的格物穷理之教亦有所不满。只有对张子之学，船山无丝毫的指摘，船山对其只有发自内心的赞美，故于序论中以如下的文字结尾：

张子言无非《易》，立天，立地，立人，反经研几，精义存神，以纲维三才，贞生而安死，则往圣之传，非张子其孰与归！……是匠者之绳墨也，射者之彀率也……志于是则可至焉，不志于是未有能至者也。养蒙以是为圣功之所自定，而邪说之淫蛊不足以乱之矣，故曰《正蒙》也。②

船山以易为一切学术之本，又以张子之学无非易也。其目的在于立天、立地、立人，其方法则在乎反经研几、精义存神，其归宿则在乎纲维三才以贞生而安死。此即所谓的贞生死、尽人道、为实学以立人极，张子之学所以能继往圣之传的原因即在乎此。在船山看来，该正学理想是学者之绳墨与彀率，希圣希贤之学者无不当以此为志。张子揭示此正学最为显

① 《张子正蒙注·序论》，见《船山全书》第十二册，第12页。
② 《张子正蒙注·序论》，见《船山全书》第十二册，第12页。

豁，所以船山对其如此尊崇。此篇序论所言大抵如上，它大抵揭示了船山对儒学之统的见解，故详为分疏如上。

以此上分疏为本，船山关于儒学正统的见解可总结如下：历史上，在先秦与宋明时期儒家学术得到过真正的发扬。先秦时期以孔孟为大宗，他们是后世儒学思想的终极楷模。宋明时期，就影响之大小而言，则程朱、陆王之学为大宗，二者相争而莫适有定。就思想之正与不正而言，则陆王为船山所反对，程朱为船山所尊奉然亦有所不满，只有张子之学船山以为最正、最无弊病。此外，船山对于周子亦备极推崇，以为张子《正蒙·太和篇》所论即《太极图说》之旨："此篇首明道之所自出，物之所自生，性之所自受，而作圣之功，下学之事，必达于此，而后不为异端所惑，盖即《太极图说》之旨而发其所函之蕴也。"①所以，张子之学实际上可以统摄周子之学。如此则宋明时期的儒学就可分为三系：程朱、陆王与周张。船山以张子之学为最正，认为自己继承的是张载的正学思想。张子之学之所以为正，是因为它最能符合孔孟的学术精神，最能体现正学的理想。实际上，孔孟是正学之理想的楷模，而在宋明时期这个楷模就是张载。与朱子的道统论相比，船山消解了二程的核心地位，代之以张载的典范地位。

二、综论儒学之统并阐发其意蕴

整体而言，船山对儒学正统的重建可展示如下：(1)孔子之学为贞生死、尽人道、为实学的极致，其中亦隐含了天人回环的整体视野。孟子之学亦符合正学的标准，且能大体保持孔学的规模。所以船山以孔孟二人为正学之宗极。(2)孔孟而后，儒学或流于章句训诂、或衰微而不继。直到宋代，儒学的真生命才得到再次的发扬光大。宋明时期儒学复兴而流派众多，此中船山区分出三种不同的思想体系：一为周张，二为程朱，三为陆王。张子保持了天人回环的架构且体系严整，所以船山以之为正学的楷模。程朱强调了理的重要性却对天人之间的本原交互作用有所忽视，船山以之为正理然而不足与于正学之规模。陆王则只强调心的枢纽地位而忽视了天作为理之本原的地位，所以船山以之为偏至而亦不足与于儒家正学之大统。

船山对儒学正统的重建，历来学者多所阐发。早在清代，其子王敔已对其有所说明："至于守正道以屏邪说，则参伍于濂、洛、关、闽，以辟象山、阳明之谬，斥钱、王、罗、李之妄，作《思问录》内外篇，明人道

① 《张子正蒙注》卷一，见《船山全书》第十二册，第15页。

以为实学。欲尽废古今虚妙之说而返之实。”①此处以船山接续周张程朱而反对陆王及阳明后学。现代学者嵇文甫则指出：“综合他整个的理论体系，而判断他在中国近古思想史上的地位，可以说他是：宗师横渠，修正程朱，反对陆王。”②陈来继承并推进了嵇文甫的看法，他说：“如果在宋明儒学之外再考虑到佛教和道教的因素，则可以说船山的学术立场即‘批斥佛老，反对陆王，参伍程朱，宗师周张’……他以周张为‘正’，以程朱陆王为‘正邪相胜’，而以他自己为‘反归于正’。”③曾昭旭亦持类似看法。④ 笔者认可此看法，但同时认为：不能将船山思想仅仅理解为张载思想在明末清初的重现，盖此不足以尽船山思想之全体及其实际。船山虽受宋明儒学的深刻影响，但在思想内容、精神气质上已与后者有所不同。他力图从整体上返回到先秦儒学尤其是六经以为后人开辟儒学之生面。

对此不同，本书略作阐释如下。根据牟宗三的阐释，宋明儒学所关注的核心问题是：个人如何通过心性修养工夫完成其德性人格。其根本问题分本体与工夫两面：前者为心性问题且通于天道问题，后者为修养的入路问题。⑤ 即此而言：在宋明儒这里，儒学的关注核心已经转移到个体的安身立命之上。一切学问思辨、工夫修为均以主体为导向。这种转变相应于历史的实情：先秦儒学遥继尧舜三代之文统，具备积极的家国天下情怀和深厚的历史意识。两汉以来，儒学变成专家的传经之学，此后又经历玄学、尤其是佛学的不断冲击。在魏晋之后，修身养性的学问大抵都交给了佛老之学，以至于出现儒门淡薄、收拾不住的情景。所以宋代儒者所面临的最重要的任务就是：发掘先秦儒学的宗旨并进而挺立儒家的安身立命之学。但正因为这种应对和转向，儒学之原始规模亦有所变形：本来极具家国天下情怀及深厚历史意识的先秦儒学就转变成以个体为本的心性论。这种心性论在先秦儒学中当然也是极为重要的，然而却不是唯一的、主导的维度。但在宋明儒那里它就成为儒学的中心问题、主导问题，以至于此一问题不讲清楚则其他一切均无法得到切实的安排。

船山思想恰恰在此处与宋明理学的核心关注区分开来：船山思想以气为本，以天道为终极的源泉，其思想方式是天人回环、交互式的。个人之修身工夫在其中并不占据主导、核心地位，它只有在家国天下的总体背

---

① 王敔：《薑斋公行述》，见《船山全书》第十六册，第 81 页。

② 嵇文甫：《王船山学术论丛》，第 109 页。

③ 陈来：《诠释与重建：王船山的哲学精神》，第 8 页。

④ 请参见曾昭旭：《王船山哲学》第三编第一章。

⑤ 牟宗三：《心体与性体》第一册，第 6~8 页。

景、在上下数千年的历史背景中才能得到真正的落实，不能落实政治、传承历史则无真切的修身工夫。当然另一方面，只有以切实的修身工夫为基础，政治理想和历史意识才能得到真切的落实。修身工夫、政治、历史此三者在船山的思想中密切地融为一体，它正体现了船山对天人之际的真切领悟和实践。揆之整个儒学传统，大概只有孔子能完美地体现这种格局，孟子、荀子于此格局则不全不粹；宋明儒特别突出此格局中的修身一面，政治和历史则退入某种阴暗之中。这当然不是说宋明诸大儒不重视政治与历史问题，只是他们关注问题的视野变了。在宋明儒那里，政治和历史变成了某种第二性的东西，须依附于修身工夫来确定其意义，故不足与于天德王道之全体。在这个意义上，即便张载也不能完全地代表船山对于正学的理想，只有孔子才是此理想的完美典范。船山正是想通过对儒学正统的重建而重新展现出先秦儒学的大视野，这在他的如下诗句中亦得到体现："六经责我开生面"。对此诗句，我们不禁要问：六经何以能责人？实际上，它不过是表明了船山接续此儒学之正统而有其不容已之奋发。船山置身此六艺之统的意义洪流中，感受其生命力、担负起自己的责任，故有其开生面的内在要求。此要求即通过返回原始儒家之宏大、深远视野而开出一个与宋明儒者不同的生面。

第三节　对道家思想之调适上遂

作为传统学术的集大成者，船山对于道家思想亦有相当深刻的领会。在此领会基础上，船山所作的批评和融会工作尤能体现船山解老通庄的特色。他既能揭示出老庄思想中的不足，又能通过更加宏大、深远的视野将其长处纳入自身以转化之。因船山对庄子的阐释远较老子为丰富①，本节即以《庄子解》和《庄子通》为例来展示船山对道家思想所做的调适上遂工作。它将首先论述船山对庄子之学的深入阐发，其次则论述船山如何以仁义之心来通庄学于儒学。船山的通庄工作颇有启发意义，读者幸致意焉。

一、对庄学的阐发与疏解

在《庄子解》中，船山对于庄学的精义随其疏解而不断阐发，其文可

① 船山关于老子的著作只留下《老子衍》，且根据《船山全书》对此书的校刊，传世本并非其定本；与此相对，船山关于庄子有《庄子通》《庄子解》两部著作，后者尤为洋洋大观。

谓以庄解庄而汪洋浩瀚，要把握其疏解的要领，粗看起来似乎无入手处。从何处入手才可以找到指明此要领的线索呢？实际上，船山解庄的线索就蕴含在其对杂篇某些关键词眼的阐发中：要想把握庄学的要旨，首先得恰当地领会庄子所言之天的本原意蕴，其次则要把握神明、心知在此中的作用，这正好相当于船山天人回环视野中的天与人。在船山看来，如果我们能恰当地把握天与人在庄学思想的真实意蕴和地位，就可以入其堂奥而得其神髓。

(一)对庄子之天道论的阐明

在《庄子解》卷二十五中，船山对庄子所领悟的天道有如下的揭示：

> 环中者，天也。六合，一环也；终古，一环也。一环圆合而两环交运，容成氏之言浑天得之矣。除日无岁，日复一日而谓之岁，岁复一岁而谓之终古；终古一环，偕行而不替。无内无外，通体一气，本无有垠，东西非东西而谓之东西，南北非南北而谓之南北；六合一环，行备而不洫。运行于环中，无不为也而无为，无不作也而无作，人与之名曰天，而天无定体。……观于此，而庄子之道所从出，尽见矣。盖于浑天而得悟者也。浑天之体：天半出地上，半入地下，地与万物在于其中，随天化之至而成。天无上无下，无晨中、昏中之定；东出非出，西没非没，人之测之有高下出没之异耳。天之体，浑然一环而已。……其浑然一气流动充满，则自黍米之小，放乎七曜天以上、宗动天之无穷，上不测之高，下不测之深，皆一而已。……庄生以此见道之大圆，流通以成化，而不可以形气名义滞之于小成。故其曰："以视下亦如此而已"，曰"天均"，曰"以有形象无形"，曰"未始出吾宗"……又曰"实而无乎处者宇也"，皆浑天无内无外之环也。其曰"寓于无竟"，曰"参万岁而一成纯"，曰"薪尽而火传"，曰"长而无本剽者宙也"，皆浑天除日无岁之环也。故以"若丧其一"、以"随成"为师天之大用，而"寓庸"以"逍遥"，得矣。其言较老氏橐籥之说，特为当理。周子《太极图》，张子"清虚一大"之说，亦未尝非环中之旨。①

这段疏解明白无遗地揭示出庄子所领悟的天道，对于理解船山之解庄

① 《庄子解》卷二十五，见《船山全书》第十三册，第394~395页。

思想来说至关重要，故不烦详引如上。船山以为庄子所言的天即“环中”：空间上的六合以及时间上的无始无终都在此环之中，其实际则为容成氏所谓的“浑天”，此即所谓“于浑天而得悟者”。于《庄子解》卷三十三中船山亦曾明确地揭示过此点：“尝探得其所自悟，盖得之于浑天；盖容成氏所言‘除日无岁，无内无外’者，乃其所师之天。”①“除日无岁”即无始无终的终古之环，“无内无外”即无边无际的六合之环。此两环之交运、圆合即环中，所谓的日月岁时、东西南北都是人对此环中的揭示和规定。至于此环中本身则是通体一气、浑然一环而已，它无为而无不为、无作而无不作，此即所谓的浑天之体。春夏秋冬、山河大地、雷霆风雨等都来源于此浑然之天体的运作，其有者非固定不变之实，其无者非空洞无实之虚，此即所谓的“道之大圆，流通以成化”。与此相应，我们对此大圆之体的领悟也不能局限于形气名义之小成。庄子所有重要的思想，亦都可以在此领悟中得到明确的阐明：“天均”“有形象无形”“实而无乎处者”等，所揭示的就是浑天无内无外之环；“无竟寓”“参万岁而一成纯”“薪尽火传”“长而无本剽者”等，所揭示就是浑天除日无岁之环。能恰当地领悟此二环之大圆，则庄生思想之神髓即可得到把握。实际上，船山对庄子之天道论的揭示完全通于我们对船山之天所作的阐明：亦即天作为终极的发生境域。时空源出于此终极境域，山河大地等万物亦在此终极境域中，人的一切揭示和规定亦是依据此境域之运作而来。更明显的证据是：船山认为周子的《太极图说》、张子的“清虚一大”说所发明的无非就是此环中之旨。船山对天道的阐明继承周张，这正可以证明：船山所领悟的天道与庄子并无本质差别，天本无二体。

此环中或大圆之天体，我们亦可以称为无。船山于《庄子解》卷十二中对庄子之无有如下的论述：

> 无者，浑然太虚，化之所自均，无可为名，而字之曰无。函于人心为玄珠，超于形象为象罔，有一而不可以形求曰玄德。万物一府，死生同状，而自旋运于其间，无本、无剽，而日固无始。大小、长短、修远殊异而并存者，形也。合而在人，则性也。由天顺下而成性者，由人顺之以上而合天，则时有云为，不出于大圆流动之中，噭鸣也，一比竹之吹也。因乎天而不以为为，何容心于赏罚以撄人之心而

① 《庄子解》卷三十三，见《船山全书》第十三册，第473页。

逆天经哉？①

船山以为此无之本体具有浑然太虚的特性，是一切变化之所从来而自为均准，故不可以名，只能勉强地字之曰无。此无函于人心之中即玄珠，超于形象之外则为象罔，其情可信而不可以形求故称为玄德，其实皆是不同情境下对此无之大用的揭示。此无之用从天道自身来讲，则万物一府而死生同状，自旋自运而无本无剽，实同于浑天之无内无外、无始无终。船山于此更指出：天道之运无内外始终，其合而在人者则为性，此为由天顺下而成者，人亦可由此性以上合于天，而一切顺下、上合都不出于此大圆之流动，此即通于船山天人回环的思想。要之，一切都运转于此浑天的大圆之运中，领会此天道的神韵而全身心地投入其中、随顺其运转即庄子有关人生一切智慧的来源。此浑天之体作为大圆之运既然是一切的源泉，自然也是人心之神、之知的来源。以此天道为准，人生的最高境界即知之明不离神之运、神之运通于大圆之体而与天道为一。在船山看来，神即庄生所以通贯天人之所本，以下即以神、明、知等为本来展示船山对庄子之人性或人道论的阐发。

(二)对庄子之人性或人道论的阐明

如上所述，“神”为领会庄子天人之学的关键。《庄子解》卷一对“其神凝”三字注云：“三字一部《南华》大旨。”②在其他地方，船山也不时强调“神”在理解庄子之人道论中的核心地位。例如，于卷三十二中船山对明与神即有相当深刻的阐明并视之为领悟《庄子》全书的门径：

> 《庄子》全书，亦于此而启其径。唯明与神，知其合离之几，君臣之分而已。明者，神之所函也。神者虽发见于明，而本体自如，虽未明而固无所诎者也。由明有知，神则非不知而固无知也。由明有知，则见为有征，而欲以画天下而平之，故曰“莫若以明”。而不知明随外谍，则与神相离，徇耳目以外通，而不丧其耦；其流也，乃至为苞苴竿牍，用以成兵刑之害。……神葆其光而天光发，虚室之白，无不照也。如是以为明，则固可使照物之天矣，故又曰“莫若以明”。神使明者，天光也；明役其神者，小夫之知也。故至人以神合天。神

① 《庄子解》卷十二，见《船山全书》第十三册，第225页。

② 据考证为王敔增注，《庄子解》卷一，见《船山全书》第十三册，第88页。

合天，则明亦天之所发矣。神与天均常运，合以成体，散以成始，参万岁，周遍咸乎六宇，而明乘一时之感豫以发。其量之大小，体之诚伪，明之不胜神也明甚。而愚者恒使明胜其神，故以有涯随无涯，疲役而不休，而不知其非旦暮之得此以生也。故休乎天均者，休乎神之常运者也。神斯均，均斯平，平斯无往而不征。缘守督以怀诸独，而葆其光，出入乎险阻而不伤，凝神其至矣。故曰，此庄生之学所循入之径也。①

船山于此指出：恰当地领会神、明之区分亦即神与明的合离之几、君臣之分，是把握庄生思想的钥匙。船山以明为神之所函，亦即神之用虽然发见于明，但其本体却自如、通达。明为知之所本，神则为明之所本，故神无知而无不知、实为知之终极源泉。明有其知则以其知构画天下而与天下相斗，此时则明随外谍而与神相离，循耳目外通而与耦并立，此即明离于神而自以为君。在庄子看来，天下无穷的争论、侵伐即源于此。至若不离其神以为明亦即以神为君而以明为臣，则能自葆其光而逍遥以通物，其明恰为虚室所生之白而无所不照。至人之所以能以人合天者即在乎此神之运：此神与天均常运，合则成体，散则成始，参乎万岁而周遍六合；其量大而无穷，其体诚而无伪。明则恰于此相对，量小而有限，体不尽诚而或陷于伪，所以明从本原来上讲就不可能胜神。世人试图以其明胜其神，以有涯随无涯，其结果必然是不陷于疲役不休而不止。至人则其神常运于明之中而休乎天均，故能缘督守经、葆光凝神以出入险阻而无碍。

除了区分神与明，船山更于《庄子解》卷二中对明与知做了如下的区分：

明与知相似，故昧者以知为明。明犹日也，知犹灯也。日无所不照，而无待于炀。灯则或炀之，或熄之，照止一室，而烛远则昏，然而亦未尝不自谓明也。故儒、墨皆曰吾以明也。持其一曲之明，以是其所已知，而非其所未知，道恶乎而不隐耶？②

船山于此指出：明与知表面看来很相似，所以有人会把知当作明。但实际上明和知的区别是很明显的：明相当于日，知相当于灯；日无所不照

① 《庄子解》卷三十二，见《船山全书》第十三册，第461页。
② 《庄子解》卷二，见《船山全书》第十三册，第102页。

而无所待于炀，而灯则或炀或熄且只能照近不能照远。所以知源于明而或离于明，知离于明则持其一曲之明以是其所是而非其所非，所以天下有万众不齐之物论，而本原之大道即隐于此物论不齐之中。

由此上论述可知：由神而明，再由明到知，其中经历了两重陷落。如能以其知合其明、又以其明合其神，则知不害明而明不害神，一体同流于天均之运中，而大道自流行于知、明当中。如若知据明而成其一曲、明役神而有其封限，则其明不大而其神不凝，神不凝则大道隐于知见小成之中而不可得。然知、明、神之所以既能陷落、又能统一，是因为这三者均为心之特性与功用。所以对此知、明、神的讨论，最终要归结到心上，心为一切人性、人道论的绾结处。明和知其实就是心之功用，而神则为心之本性（天德），功用之知处理不当则会扰乱本性之神。对此，船山于《庄子解》卷四中有云：

> 心一而已，而使之杂以扰者，是非也。是非交错于天下，皆生于知。知以生是，是以形非，歧涂百出；善者一是非也，暴者一是非也，交争而扰不可言矣。夫知生于心，还以乱心，故尽人之心不可胜诘。心各有知，不知者不肯诎于不知，则气以愤兴，既以忤人之心，复以犯人之气。暴人之气尤为猛烈，则恶其美也深，见为灾己，而报以灾也倍酷。然且以吾心之善、吾气之正乘而斗之，先自丧其和平，德又恶得而厚，信又恶得而矼邪？①

心之功用和本性在本原上是合而为一的，故船山谓之“心一而已”，其所以变得不一、杂以扰是因为有是是非非的不同。人以其知构画天下则是非交错以呈于天地之间，是非既相形而“歧涂百出”、二者交争而“扰不可言”。明与知皆生于心之神，而逮此明与知成其用则反以乱心之神：人心各有其知，不知者不肯屈服则气激而愤兴，气相激、愤相兴则议论、争斗不已，天下不过为风波不已、灾难不止之场。正道之人若以其善心、正气投入此风波之场而与之相斗，则先自丧其和平，其终必陷于风波不已的争斗中而不能自拔。如此即心知之荡德，德荡则心知无所归止。在综论中，我们曾将心之特性展示为意向的自我伸展，该阐明正可以用来说明船山之解庄思想。意向作为伸展的河流永远没有止息之日，任何事物都可以引发意向的关注。而人心之知、气激之愤则将此意向的河流引入萦回不

---

① 《庄子解》卷四，见《船山全书》第十三册，第128页。

定、颠倒错乱之中，相引相陷以入于物论不齐、争斗不休的境地。只有那些以知合明、以明合神的人才能贞定其意向之伸展，并进而贞定天下之意向状态。

此上分别从天道与人道两个方面对船山的解庄思想做了阐明，它表明：船山对庄子思想的阐发完全可以统摄在天人回环的视野之下。但根据综论的阐发，该回环视野具有天、人、际三个组建要素。在庄子思想中，此际之体现何在？实际上，际在庄子这里并未得到相应的重视，盖所有一切最终都会归于天道的本原流行中。其人道工夫则只体现在心斋、外天下而朝彻见独等损而又损的方面，其中并无尽人道、穷理尽性的内容。庄子学派对此际并无积极的建设，他们只是不去干扰万事万物的天性、任其自然地发生。所以他们在修身、政治、历史方面虽有深刻的智慧却无积极的建设成分。所以在庄子的思想中，天人回环的视野虽然不可避免，但并没有形成天与人之间的交尽局面。既然无法挺立此交尽的局面，两者在天人视野上就有其整体上的差异。对船山来讲，其中最关键的就是对人心的领悟，只要在此点上能对庄学加以调适上遂，则庄学之天人视野可以转化为儒家天人回环、交尽的视野。此即船山以仁义之心通庄学于儒学的途径。

二、以仁义之心通庄学于儒学

在《庄子通》中，船山以仁义之心通庄学于儒学的思想体现得淋漓尽致。以下即以此书为本对此略作阐明。船山于《庄子通·叙》中有云：

(1)然而予固非庄生之徒也。有所不可“两行”，不容不出乎此，因而通之，可以与心理不背；颜渊、蘧伯玉、叶公之行，叔山无趾、哀骀它之貌，凡以通吾心也。心苟为求仁之心，又奚不可！①

于《庄子通·则阳》篇中有云：

(2)必不得已而欲知之，则于“圣人之爱人”而知之。“其爱人也”，何以“终无已”，则疑乎“或之使”也；其“爱人也，人与之名，不告则不知”，则疑乎“莫之为”也。“莫之为”而为矣，“或之使”而未尝有使之者也。圣人之仁，天地之心，氤氲而不解，不尸功，不役名，不见德。此天之兆于圣人，圣人之合天者也。虽然，非“莫为”

① 《庄子通·叙》，见《船山全书》第十三册，第493页。

而无其迹，非“或使”而自贞其恒。“不知其然”者，人之谓圣人也。然圣人亦似然而实不然也。知其然，乃可驯至于“不知其然”。圣人之于天道，特不可以情测，而非不可测。未可以“莫为”“或使”之两穷，而概之以“不知其然”也。天地之心，天地之仁；圣人之仁，圣人之心也。①

船山在第一段引文中指出：他自己并非庄生之徒，但他与此世的接应则薄似庄生之术。但船山之所以如此，恰恰是因为他有所不可“两行”，因为其儒家的中正立场(仁义之不容已)不容不出乎此，只有这样遁迹山林、不与清廷合作才可以让他感到心安。而且在船山看来，只要心为仁义之心，天下万事均可用来通吾心之全体大用。所以庄生所言亦可以通吾心，此即以仁义之心通庄学。第二段引文是对“莫为”“或使”之大义的阐发。船山以为：此莫为、或使的真义恰恰可在圣人之爱上得到明白的展现：圣人之爱人终无已，就好像有“或之使”者，其实则未尝有使之者。圣人之爱人，人为之名而已，人不告则不知也，就好像“莫之为”一般，其实则莫之为而为也，不告之爱亦爱也。此圣人之大爱即圣人之仁，天心于此而见，而圣人即以此合天。其为无迹、虽莫之使而自贞其恒，其恒者即其所以驯致“不知其然”者之所本也。此恒者即圣人之心、圣人之仁，原本于天而有其恒者也。此即将庄学虚灵空阔之“不知其然”归本于圣人之仁，由此则仁义之心可通一切。既以仁义之心体天于己，则所见之天、人亦有所不同矣。人是仁义之人，天是至诚之天；天道至诚以生人，人道思诚以合天。仁义之心既得到确立，天人回环、交尽的视野即得到充分的展现。由此，则庄生之天即可通于至诚之天，而天光之葆有为不足，必待吾光思诚之经营(即尽仁义之心也)以参赞乎天地之化育。

故船山于《庄子通·庚桑楚》篇中指出依凭天光之不足，只有尽吾心之仁义而发吾心盛大之光华，方可挺立人道至极之大观。其文云：

持“不可持”，而自有持者存。“以有形象无形”，非以无形破有形也。无形者，非无也。静而求之，旷眇而观之，宇宙之间，非有无形者。“天光”耀而夺吾光，于是乎而见为形，见为无形，不可持也，非固有其无形可持也。形可持而无形“不可持”，无形“不可持”而非有无形者，则固可持矣。尧舜之持，皆显无形之形者也。“春气发而

① 《庄子通·则阳》，见《船山全书》第十三册，第515~516页。

百草生，正得秋而万宝成”，经营无形以显其有，无处、无本剽而实者实、长者长，莫之能御。斯岂“天光”之所能显乎？未可以“天光”之发为至极之观也，明矣。①

在这段论述中，船山以为持其可持者则“不可持”者亦持矣，有形可以象无形而不可以无形破有形。盖天下实无所谓无形者，只是因为天光发而夺吾光则见为有形、无形。贤圣君子则因其天光而尽吾之光，持有形之可持者而无形之形显，此即所谓经营无形以显其有。盖天下皆所谓至诚之大有，虽无处、无本剽而实者自实、长者自长、沛然莫之能御。此沛然莫之能御之在人者即不容已之心德也，尽其心德则天光之发不足为至极之观。所谓的尽其心德其实就是尽人道、立人极，此即通于船山“贞生死、尽人道、为实学”的正学理想。要之，船山以仁义之心通庄学于儒家之正学，虽对于庄学的天均圆运、体用一如等思想无根本的改变；但以仁义不容已之心来挺立此体用在人性上的真实主干，并以此来参赞天地之化育，则恰恰体现了船山的正学理想，亦即透过这种充实不可以已的精神来下学而上达、尽性以至命。

三、对船山通庄思想路径的肯认

现在可以追问的是：船山对道家思想的这种阐发能够成立吗？本书愿对此问题略作阐明以揭示船山思想所包含的深远视野。牟宗三曾将老庄之学视为“境界形态的形上学”。按照他的看法：玄智或者说“无”的智慧是一切真实修行的共法，所以既可通佛家（般若与玄智相通），亦可通儒家。② 儒家的无意必固我亦是某种“无”（为道日损）的工夫。只是儒家的工夫不着重于此，它更强调下学而上达、四端之心的扩充存养等。但这并不表示：儒家工夫与“无”的智慧相互排斥；恰恰相反，真正的儒家智慧只有与此“无”相结合才有可能。故孔子自称“空空如也”，然虽“空空如也”却“一以贯之”。③ 此一贯之道曾被曾子揭示为忠恕，而忠恕即仁义之心。庄子之学也可说是“空空如也”，但其中并无仁义忠恕之一贯。但它也并不排斥此一贯，所以当船山用仁义之心来充实它的时候，其做法不但可行，而且精彩绝伦。

---

① 《庄子通·庚桑楚》，见《船山全书》第十三册，第 514~515 页。

② 请参见氏著《才性与玄理》《中国哲学十九讲》等书。

③ 朱熹：《四书章句集注》，第 72、110 页。

第四节 对佛家思想的批判

在学术思想方面，船山始终对佛家思想持有批判的态度。这也是方以智屡次劝船山逃禅而船山不应的原因所在。事实上，从《周易外传》开始，船山以儒家正学为宗而反对佛老之教的基本立场就已得到确立。船山对佛学的批判是全方位的，他曾从能所、体用、理一分殊与万法归一、至诚与证空等诸多角度阐明佛学之不足与于正学。本节不拟处理所有这些批评，而是试图结合天人视野和正学理想来展示船山之批判的核心立场和依据。

一、对释氏所领会之天道的批评

在船山看来，释氏所领会、所揭示的因缘和合之道，迥异乎儒家之乾道变化、各正性命之道。释氏以心法起灭天地，故船山谓其卑天、小天而自高、自大。释氏又以光明藏之圆成实性为真、以万物为妄，故万物性形不相资而形外有性、气外有理。故船山谓其不知神与气、气与形相与沦贯而为一实之体，所谓虚、空、无者正此一实之体之所藏也。故其于《读四书大全说》卷七中批评释氏之亵慢天命，其文云：

(1)乃亦有于天命求知而反不畏者，则老、庄及释氏是也。乃老氏之于天命，虽用其抵巇投间之巧，而其所操为雌黑溪谷之术，亦终不敢求胜夫天而拂其命，故夫子亦终不以老氏为小人，则已与释氏之小天而自大、卑天而自高、灭天而自存者异矣。故有事于知天而自谓知之，乃以增其亵慢者，唯释氏独耳。①

又于《张子正蒙注》卷一中批评释氏光明藏之说：

(2)浮屠谓真空常寂之圆成实性，止一光明藏，而地水火风根尘等皆由妄现，知见妄立，执为实相。若谓太极本无阴阳，乃动静所显之影象，则性本清空，禀于太极，形有消长，生于变化，性中增形，形外有性，人不资气而生而于气外求理，则形为妄而性为真，陷于其

① 《读四书大全说》卷七，见《船山全书》第六册，第849页。

邪说矣。①

于同书卷九中批评佛老之虚无观，以其不知虚无为实之藏：

(3)视之而见，听之而闻，则谓之有；目穷于视，耳穷于听，则谓之无；功效可居，则谓之实；顽然寂静，则谓之虚。故老氏以两间为橐籥，释氏以法界为梦幻，知有之有而不知无之有，知虚之虚而不知虚之实，因谓实不可居而有为妄。此正彼所谓徇耳目内通而外于心知，捏目生花，自迷其头者，而谓之尽性，可乎？……老、释以无在有外，夐然无对之孤光为性，惟不知神之与气，气之与形，相沦贯而为一体，虚者乃实之藏，而特闻见之所不逮尔。②

在船山看来，儒家对天的态度是知天命而敬畏之，老庄与释氏则求知天命而反不畏。然此间亦有差别：老氏虽知白守黑、知雄守雌以察事几、玩物变，却不敢求胜于天而拂其命，其最高境界即道法自然，自然即天道之自然。唯有释氏妄图以心法起灭天地，谓心生种种法生、心灭种种法灭。此在船山看来，即小天、卑天、灭天以自高、自大、自存之狂妄，其所知天非天道之实也。此为首段引文之大义。于第二段引文中，船山批评佛家说：浮屠认为真空常寂之圆成实性只是一虚灵空阔之光明藏，万事万物只是在此光明藏中的妄现，盖其皆以知见妄立而执为实相。将此说应用于太极阴阳则以太极为真空常寂之体，以阴阳为动静所现之影像，性出于太极而本自清空，形出于阴阳而变化不定。如此则性自性而形自形，性形不相资而理气不相合，最终则以形为妄、以性为真。此即不同于儒者形色即天性、理气浑沦之说。盖阴阳即太极之实体，离开此阴阳别无所谓太极，一切虚无、空灵、寂静皆源于此太极阴阳之实、之神。此即通于第三段引文之大义，船山由此故反对老氏的有无、虚实之论，亦反对释氏的梦幻之说。他认为此二者均不知无之有、虚之实，是所谓“徇耳目内通而外于心知”者、“捏目生华”者，不可与于儒家的穷理尽性之学。船山批评他们割裂有无、离间形性的做法，认为他们未曾领会神、气、形三者之一体，陷于闻见之小而不能达于德性之知，故不知虚乃实之所藏。

据此上论述可知，在船山看来，至诚之天道非心法所能起灭，此道亦

① 《张子正蒙注》卷一，见《船山全书》第十二册，第25页。

② 《张子正蒙注》卷九，见《船山全书》第十二册，第361~362页。

通有无、虚实、形性而幽明不二。这恰恰反显出将船山所领悟之天道规定为终极的发生境域所蕴含的深刻内容：天道为终极、至诚之本原发生，故不可以心法起灭之、亦不可囿于闻见之小，而恰恰要如其发生地对它加以本原地领会与参赞。当然，这是基于船山之立场的批评，对佛学的深刻智慧可能有不太公允之处。然如前所述，即便其具体论述可能存在误解或理解不足之处，他对佛家天道观的批评方向确有其实义：儒家所领会的天道是创生性的，此道至诚无息而生物不测，其所生者皆真实无妄。这种生命形态的领悟确实不同于释氏的缘起性空之教，即便华严之法界缘起、真如性海亦无此创生性、至诚性。要之，佛家之体用皆非实理之体用，儒家之体用则为实理之体用，盖后者不外真实无妄之天理流行。

二、对释氏所领会之人心的批评

接着来看船山对释氏所领会之人心的批评，实际上所有的批评均可以汇集在此对人心的领会上。在船山看来，释氏将仁视为贪爱之根、远人以为道，故其心境之极致即无念、空洞而心体清闲。儒家则不如是，后者以仁为人之本性，即仁义之诚心以为道，故能致曲有诚而精义入神以达于纯乎天理之境。就综论中所揭示的三重意向而言，佛家所领会的心侧重虚灵明觉之心，儒家所领会的心则侧重仁义之心。虚灵明觉之心虽不妨碍仁义之心(仁义之心必然统会虚明灵觉之心)，然光有虚灵明觉并不足以尽心体之实，必要尽其仁义方能尽心体之本性。以下即结合船山的相关论述对此作出阐明。

在《读通鉴论》卷二十九中，船山批评佛家以仁为贪爱之根的说法：

> 均之为人，而必亲其亲者，谁使之然也？谓之天，而天未尝诏之；谓之道，而道亦待闻于讲习辩说之余矣。若其倏然而兴、怵然而觉、恻然而不能忘者，非他，所谓仁也。人之所自生，生于此念，而习焉不察耳。释氏斥之为贪爱之根，乃以贼人而绝其类。韩愈氏曰："博爱之谓仁。"言博也，则亦逐流而失其源也，博则其爱也弛矣。①

船山于此问道：人之所以必亲其亲者的原因在哪呢？是天吗，可天未尝诏之；是道吗，可道要待讲习辩说而后知。然而此倏然而兴、怵然而觉、恻然而不能忘的性情是什么呢？船山谓其为仁，并以其为人之所自

---

① 《读通鉴论》卷二十九，见《船山全书》第十册，第1122~1123页。

生，亦即人最本原之性情。人之所以为天地万物之灵，其原因正在于此。释氏斥之为贪爱之根，则贼人之本而绝其类。韩愈谓之为博爱，则逐其流而失其本原，无源则其爱将松弛、枯竭。在船山看来，释氏在开端处就已经错过了对人心之本性的本原领会。

在《思问录·内篇》中船山亦批评老氏、释氏等教之不仁。其文有云：

> "道远人则不仁"，夫孰能远人以为道哉？杨、墨、佛、老皆言人也；诞而之于言天，亦言人也，特不仁而已矣。人者，生也。生者，有也。有者，诚也。礼明而乐备，教修而性显，彻乎费隐而无不贯洽之谓仁。窃其未有之几，舍会通之典礼，以邀变合往来之几，斯之谓远人已耳！①

船山于此再次指出：佛老之学不能从仁上领会人心之本性，故其教远人以为道而言天言人均非以仁为本。在船山看来，人所生而有者不过其诚而已，其实则不过仁而已。此实体之仁彻乎费隐而无不贯洽，教依此而修、性即此而显、礼乐准此而明备。佛老之学或黜明邀幽、或沤合尘世，皆不足与于此仁义之道，这再次应证了释氏对人心之领会的不足。

在《读四书大全说》卷四中，船山更指出佛家之学顶多可谓遏欲，而不足与于存理。盖虚明灵觉之心中本无仁义之根，故无理可存。其文云：

> 遏欲有两层，都未到存理分上：其一，事境当前，却立着个取舍之分，一力压住，则虽有欲富贵、恶贫贱之心，也按捺不发。其于取舍之分，也是大纲晓得，硬地执认，此释氏所谓"折服现行烦恼"也。其一，则一向欲恶上情染得轻，又向那高明透脱上走，使此心得以恒虚，而于富贵之乐、贫贱之苦未交心目之时，空空洞洞着，则虽富贵有可得之机，贫贱有可去之势，他也总不起念。由他打点得者心体清闲，故能尔尔，则释氏所谓"自性烦恼永断无余"也。释氏棋力、酒量，只到此处，便为绝顶。由此无所损害于物，而其所谓"七菩提""八圣道"等，亦只在者上面做些水墨工夫。圣学则不然。虽以奉当然之理压住欲恶、按捺不发者为未至，却不恃欲恶之情轻，走那高明透脱一路。到底只奉此当然之理以为依，而但由浅向深，由偏向全，由生向熟，由有事之择执向无事之精一上做去；则心纯乎理，而择夫

① 《思问录·内篇》，见《船山全书》第十二册，第421页。

> 富贵贫贱者，精义入神，应乎富贵贫贱者，敦仁守土。由此大用以显，便是天秩天叙。①

船山于此从佛学的角度来谈论遏欲的两层工夫：在事境当前的时候惩忿窒欲以达于克伐怨欲不行的境地，此即佛家所谓“折服现行烦恼”。高明透脱、空洞其心而不于人欲上起念，打点这心体清闲无碍，此即佛家所谓“折服根本烦恼”。船山以为佛学工夫论充其极致亦只能到此境界，其所谓的“七菩提”“八圣道”亦全在此中打转。儒家正学则与此不同：它只奉当然之理以为依据，由浅以向深、由偏以向全、由生以向熟、由择善固执以向精义入神、安土敦仁，吾心之全体大用即由此显，而天叙天秩亦不离此心而在。此种工夫即《中庸》所谓的择善固执、致曲有诚，其最终的源泉亦不过吾心本有之仁义。尽其仁义而义精仁熟则心纯乎理，船山所谓的存理即存此仁义之心以达于义精仁熟之境，而释氏两重遏欲之学不足与于此也。仁义之心的根本地位由此再次得到肯定。

船山又于《读四书大全说》卷一中阐明释氏何以不能言正心云：

> 佛氏有“坐断两头，中间不立”之说，正是此理。彼盖谓大圆智镜，本无一物，而心空及第，乃以随缘赴感，无不周尔。……既欲其虚矣，又欲其不期、不留而不系矣，则其于心也，但还其如如不动者而止，而又何事于正？故释氏之谈心，但云明心、了心、安心、死心，而不言正。何也？以苟欲正之，则已有期、有留、有系，实而不虚也。今有物于此，其位有定向，其体可执持，或置之不正而后从而正之。若窅窅空空之太虚，手挪不动，气吹不移，则从何而施其正？且东西南北，无非太虚之位，而又何所正耶？②

船山于此以大圆镜智来标识佛家所领悟的心体，此心体虚灵而有其明觉：虚故空无一物、灵觉故能随缘赴感。佛家又于此心言不留、不期、不系：不留者，过去心不可得；不期者，未来心不可得；不系者，现在心不可得。三世之心不可得而如如不动，故无心可正。正是出于此种理由，佛家于谈心之际有云明心、了心、安心、死心而从不言正心，盖言及正心，则心体之中必有真实恳切之内容以待此正之之功。佛家虚灵之心体中并无

---

① 《读四书大全说》卷四，见《船山全书》第六册，第628页。

② 《读四书大全说》卷一，见《船山全书》第六册，第420~421页。

此类内容，唯有《大学》所谓的正心之教才涵纳修齐治平的恳切工夫为其真实内容，故儒家可言正心。正心者，即此仁义之心以正之于家国天下之中也。这再次彰显了儒释二家对心体的不同领会。

在《读四书大全说》卷五中，船山更直接申明虚明灵觉与仁之异如下：

> 纷纷宾主之论，只为“心外无仁”四字所胶葛。不知心外无仁，犹言心中有仁，与“即心即佛”邪说，正尔天渊。且此“心”字是活底，在虚灵知觉之用上说。将此竟与仁为一，正释氏“作用是性”之狂解，乌乎可！①

船山在这段引文中指出：儒家“心外无仁”之说须与佛家“即心即佛”之说严格加以区分。前者的意蕴是“心中有仁”，后者的意蕴则是“作用是性”。船山又指出：此处所言的心是活用，意指心体的虚灵知觉，不可将其混同于作为大体的仁义之心。如果只将心领会为某种虚灵知觉，则必流入于释氏“作用是性”的狂解之中。很明显，船山于此严格地区分了虚灵明觉之心与仁义之心，此即回到我们在综论中所揭示出的三重意向。在此三重意向中，虚明灵觉之心即佛家所领悟的心体，而仁义之心则为儒家所领会的心体。

以上阐发足以表明：在船山看来，儒家和佛家对人心的领会有其本质性的区分。正是出于这种开端上的不同领会，儒家和佛家指明了两种完全不同的生命形态。以虚灵明觉之心体为本，佛家以证空来追求解脱、涅槃之教。盖佛家的根本工夫为止观，止观所依据的就是此虚灵明觉之心，哪怕大乘佛学所阐扬的世出世不二、即世间以成佛，亦靠此止观工夫来彰显。儒家则以仁义之心为本，扩充存养、持志养气以践仁而知天，所作所为皆以实理实用为准。故步步踏实、层层细密，天德王道之全体亦即此仁义之心而在，故曰由仁义行而非行仁义。于此处站稳脚跟，则儒佛之大较晓然易明。船山对佛家所作的批评可能不尽公允，然于此大较则无丝毫走作，儒家学问之正统地位亦于此得到全幅朗现。

三、总论船山对佛家之批评

首先从天人回环的整体视野来看：佛家对天、人的领会自成一格，二者均为“缘起性空”之观念所统摄。以此观念为主导，则无论是天还是人，

① 《读四书大全说》卷五，见《船山全书》第六册，第675页。

在本质上都是空的，它们之间不存在那种既亲密又差异的区分。故《中论》有云："因缘所生法，我说即是无，亦为是假名，亦是中道义。"又云："以有空义故，一切法得成。"①以领悟缘起性空为本的般若智慧实在是佛学中最核心的部分，佛家一切义理均不能外此矩镬。就本原而言，般若智慧的开发所依凭的无非是心之虚灵，所以归根到底佛家对天与人的领会都以此虚灵之心为本。佛家各大宗派如唯识宗的万法唯识、天台宗的"一念无明法性心"、《大乘起信论》的"一心有二门"、华严宗"如来藏自性清净心"等，无不以心之虚灵明觉为本，它们都可以归入"万法唯心"的大旗之下。由此看来，在浩浩三藏所阐发的佛学中，绝大部分义理建构都是以对心的领会和分析为主，亦即迟早会将一切都归于心法或心识的运作。既以心法为源头和标准，则天理、性理之客观性与尊严得不到严格的保障。故佛家义理趋于以所归能、以万法归于一心，此即张载所谓"以心法起灭天地"②。如此则儒家所领会、所契合的至诚之天道、生生不息之易道、"其为物不贰，则其生物不测"之神道，都不曾进入佛家义理的核心领域。至于以天正人、以人尽天的天人交尽、明诚一致之道，这亦非佛家关注的要点。从这个角度来说，船山对佛家义理的强烈反对就比较容易理解。另一方面，正如此前所指出的：佛家所领悟的心主要是其虚明灵觉特征，而非仁义之心③。故其所领悟的天也是虚灵明觉之心所映照、显现出来的天，仍以虚空为其本质。在此种领悟之下，心和天都侧重于虚灵空阔的境界，原不足以尽人心、天道之本体，故佛学虽论说体用，其实皆是虚体虚用，故其一切教法归于证空而非至诚。

再从正学的终极理想来看：(1)就贞定生死而言：佛家以生死为大事，儒家则以出处为生死。所谓佛以一大事因缘出现于世，此大事因缘即为世人了断生死、令其出离生死苦海。虽然后来的大乘佛教发展出了慈航普渡的菩萨道精神以及世出世不二的涅槃境界，但佛教作为舍离宗教的性质并无根本改变。船山接续明道、横渠的说法，认为佛家以生死恐动世人，究其本根不过是出于私利、私欲，此是依儒家义利、公私之辨来论定。儒家既以出处为生死，则一切动作云为，无不以义为准。在船山看

① 《中论·观四谛品》，见《大正新修大藏经》第三十卷，第33页。

② 张载：《张载集》，第26页。

③ 佛家的大慈大悲精神实际上也可以视为仁义的某种变体。如果人不是从根本上就具有仁义之心，慈悲精神又从何而来呢？所以即便佛家以追求涅槃寂静为教，也不能完全脱离开人心之本性，这恰恰说明了仁义作为人心之本性的不可脱离性。但佛家对心的领会毕竟不以此慈悲之心为本(至少早期小乘是如此，后来虽然发展出大乘菩萨道精神，但仍以出世为主)，更不用说积极、正面地挺立此仁义之本心了。

来，君子之以义为准，此义源于人心之不容已、天道之至诚。此人心之不容已即人性之真，此天道之至诚即天行之实。只有到此境界，才能对生死问题作出彻底而原本的贞定，佛家之学不足与于此也。(2)就尽人道而言：佛家既以缘起法、心法为准来解释世间万象，因而在理论上选择消所归能、万法唯心的道路。其所领会的心究其根本而言不过是某种虚灵明觉之心，其中既无仁义之质、亦无忠信之本，如此则根本无法挺立人道之真正事业。更何况佛家既消所归能、以诸境唯识所变，则一切自然现象、人伦关系、历史文化等就得不到正面的建立和客观的正视，如此则亦无人道可尽之事业。(3)就为实学而言：佛家之教既以证空为本，其所谓体用亦皆是虚体虚用。所谓止观、所谓真如性海等，皆不过是虚灵心之妙用。与儒家相对而言，其中并无实体、实理、实用，自然也就不能称之为"为实学"。如此则佛家之学从贞生死、尽人道、为实学这三个方面来讲都不能与于正学的终极理想。船山这种看法在《周易外传》时期就已基本形成，故其于该书卷二中有云：

> 索真不得，据妄为宗，妄无可依，别求真主。故彼为之说曰："非因非缘，非和非合，非自非然；如梦如幻，如石女儿，如龟毛兔角；捏目成花，闻梅生液；而真人无位，浮寄肉团；三寸离钩，金鳞别觅。"率其所见，以真为妄，以妄为真。故其至也：厌弃此身，以拣净垢；有之既妄，趣死为乐；生之既妄，灭伦为净。何怪其裂天彝而毁人纪哉！①

在船山看来，佛家在其根本的层次上就已经颠倒真妄，故生死不能贞(以生为妄，以趣死为乐)，人道不能尽(灭伦、裂天彝、毁人纪)而其所学所修为妄非真、为虚非实(所见以真为妄、以妄为真)。

要之，综合以上的论述可知：船山在义理上从各个方面对佛学加以反对，以便确立儒家正学的地位。在笔者看来，船山对佛家的批评，虽然也有不太公允的地方，但以正学的终极理想以及天人回环、交尽的视野为标准，则船山之立场极为坚定、无丝毫转移之处。依船山，儒、佛之大较只在于此，此为生命形态上的根本区分。抛开此根本区分而言，儒家和佛家在思维、思想形态方面反倒有很多相类似的地方。所以船山并不排斥对佛家思想的钻研，有时候甚至还会对佛学中的某些名相加以创造性地利用，

① 《周易外传》卷二，见《船山全书》第一册，第886页。

对法相宗的研究正可于此作证。

此外需要说明的是：船山对佛家思想的批判是站在儒家正学的立场上来进行的，其对佛家义理系统的多样性及其中所包含的差异性可能了解得不够。但这并不意味着船山的批判是无力的、无效的。恰恰相反，在笔者看来，船山以正学理想、天人回环的整体视野为根据对佛学所作的整体批评恰恰击中了要害。实际上，就儒者之身份而言，船山对佛学的了解已算是比较深厚的。他至少对于唯识宗有过较为系统的研究，对华严、禅宗等宗派的义理，据传世的文本来推测，应该也曾花过不少的工夫去了解。正因为如此，他才能在比较本原的义理层次上来反对佛学。要而言之，从其对佛家思想的批判和融会工作来看，毫无疑问，船山是儒家正学的坚定捍卫者。

第六章　论船山在中国思想史上的地位

引言：船山思想之命运及本论之探讨方式

自清朝中叶以来，船山的著作渐渐得到流传，其思想的重要性也随着历史进程的展开而得以呈现。事实上，船山的著作及思想在中国近现代历史中扮演了相当复杂的角色。正是在这些角色中，船山的思想史地位以不断更新的方式得到界定。今略举一些具有代表性的说法，以便由此见出历史精神以及历史评价的大势，并从中引出本书对船山之思想史地位的探讨方式。

船山逝世后不久，刘献廷在《广阳杂记》中对其有如下评价："其学无所不窥，于六经皆有发明。洞庭之南，天地元气，圣贤学脉，仅此一线耳。"①作为学者，刘氏对船山的人格及学问可谓推崇备至。此后清朝中叶编纂的《四库全书》收录了船山的一些考证著作，并称其"言必征实，义必切理……不失为征实之学焉"，然又称"纰缪者极纰缪"②，可谓毁誉参半，唯对船山之深刻思想则全然不顾。此后曾国藩于《船山遗书序》中有云："船山先生……幽以究民物之同原，显以纲维万事，弭世乱于未形，其于古者明体达用、盈科后进之旨，往往近之……可谓博文约礼、命世独立之君子已。"③曾氏认为船山思想明体达用、能够纲维世道，并标识其独立人格之美。清朝末年以来，船山的地位愈发得到凸显，谭嗣同于《仁学上》中有言："五百年来学者真通天人之故者，船山一人而已。"④其人更以船山的思想与精神自励，杀身成仁以铺就变革的道路。梁启超则于《清

① 刘献廷：《广阳杂记》，见《船山全书》第十六册，第519页。

② 《四库全书总目提要》，见《船山全书》第一册第813页、第二册第228页。

③ 曾国藩：《船山遗书序》，见《船山全书》第十六册，第419页。

④ 转引自梁启超：《清代学术概论》，见《船山全书》第十六册，第735页。

代学术概论》中谓船山“感于明学之极蔽而生反动，欲挽明以返诸宋，而于张载之《正蒙》特推尚焉。其治学方法，已渐开科学研究的精神”①。认为船山之学是对明学的反动且颇有科学的精神。章太炎则在《重刊船山遗书序》中指出：“当清之季，卓然能兴起顽懦，以成光复之绩者，独赖而农一家言而已矣。”②此时的船山又成了革命的先声以及仁人志士奋发救国的动力。

民国以来，船山学研究逐渐步入学术轨道，学界涌现出不少研究船山学的名家如钱穆、王孝鱼、嵇文甫、张西堂、李石岑等，虽其阐释各不相同，却都对船山的思想推崇备至。此外，熊十力对船山的研读也值得关注，他在《心书》中对此有如下的剖白：“读《王船山遗书》，得悟道器一元，幽明一物。全道全器，原一诚而无幻；即幽即明，本一贯而何断？天在人，不遗人以同天；道在我，赖有我以凝道。斯乃衡阳之宝筏、洙泗之薪传也。”③这种阅读体验对于熊十力思想的发展有决定性的影响，而这又进而影响了现代新儒家的发展方向④。要之，进入民国之后，学者对船山思想展开了多方位的研究。然就总体而言，整体而系统的研究依然较为缺乏，故其评价也缺乏学统、学脉上的视域背景。

20世纪40年代后期以来，船山学研究进入了新的阶段。侯外庐、萧萐父作为船山研究的大家，其见解实可代表大陆对船山思想的主流阐释。侯氏以船山为近代的启蒙思想家和伟大的唯物论者，从历史唯物论的角度对船山思想展开了系统的解释与批评。萧萐父则以更深入、更系统的方式对船山思想展开了研究，其与许苏民合著的《王夫之评传》对船山思想的各个方面都有详尽的阐发。该书认为：“王夫之思想的历史地位，集中表现在他既是宋明道学的总结者和终结者，又是初具近代人文主义性质的新思想的开创者和先驱者。”⑤此中，萧氏更以人文主义性质来标识出船山思想的启蒙特性。要之，侯氏、萧氏的看法实可代表20世纪下半叶大陆学界对船山思想之地位的主流看法。1962年、1982年以及1992年的三次船山学术会议，其讨论的广度和深度均不能跳出此规模。在港台方面，唐君毅于《中国哲学原论·原教篇》中独辟六章来阐释船山的思想，并认为船山的思想完成了宋初到明末的大转变。牟宗三则认为船山有如黑格尔，并

① 梁启超：《清代学术概论》，见《船山全书》第十六册，第735页。
② 章太炎：《重刊船山遗书序》，见《船山全书》第十六册，第441页。
③ 熊十力：《心书》，见《船山全书》第十六册，第981页。
④ 在此我们不能详细地对此影响展开论述，具体的研究仍然有待展开。
⑤ 萧萐父、许苏民：《王夫之评传》，南京：南京大学出版社，2002年，第605页。

非好的哲学家，但却是伟大的历史哲学家。真正继承唐、牟并从整体上对船山思想加以研究的则是曾昭旭的《王船山哲学》，该书对船山之学推崇备至。他认为船山之学的特色在于“由本贯末”并指出：“由本贯末，则即体致用而全体在用，以重致用之故，其用乃化而犹存，其所存之神乃不只是神体之如如恒在，亦是神用之蓄积日富，则一切现象于变化日新之余，更有道德事业，历史文化之凝成而具积极之意义……故在船山，实以‘由本贯末’为圣学一大关键，亦可说船山是继宋明儒学之成就而更向前一步者。而此一步，则直是划时代之一步也。”①要而言之，从中华人民共和国建立到改革开放这段时期，大陆和港台各自发展出了两套对船山学的阐释。前者以船山为反理学的唯物论者、启蒙思想家，后者则将其视为宋明理学的真正继承者和推进者。

20世纪末至今，船山学再次激起了学界的研究热情，船山学研究正在以更深入、更精详的方式得到展开。到目前为止，学界已有不少振奋人心的研究成果，如陈赟、邓辉、刘梁剑、陈祺助等人的研究就颇有启发意义。他们力图将船山置于中西思想的大传统中来加以解读，并将其与西方思想中的现象学、存在主义、反形而上学等思潮加以比较、沟通，从而展现船山思想所具有的现代精神并进而探求其当代意蕴，此中的确展示出新一代学人在思想上所具有的生命活力，本书的探索也可算作对此新形态的呼应。

从以上简述可见：随着历史进程的展开，船山思想遭受了种种不同的评价。各种评价之间非但侧重点颇不相同，且有相互矛盾之处。这表明：思想家在思想史上的具体地位，肯定会因应不同的历史背景和时代需要而变迁，很难想象有某种一成不变的地位规定。这是由思想以及历史自身的实情所决定的。就此而言，本章对船山之思想史地位的探讨也只是管窥蠡测而已。然而即便是管窥蠡测，也得依据丰厚的基实来做出判定，这就牵涉到本章的探讨方式。

本章试图这样来探讨船山的思想史地位：亦即以更切近的方式进入思想史自身之中，并由此出发去判定其在思想史上的地位。这就要求我们将整个中国思想的大传统作为同情之理解的境域，并同时将中国思想的当下处境以及未来走向作为地位之生成的出发点。亦即：我们必须在由过去、现在和未来三个维度共筑的历史性整体中去生成我们的判断。实际上，传统永远是在当下时刻相对着未来而言的，对思想家之思想史地位的探讨正

① 曾昭旭：《王船山哲学》，第293页。

在于以立足现在、通往未来的方式重新激活传统所蕴含的生机与活力。相应于此，下文将首先对中国思想进行概观，亦即简明扼要地揭示中国传统思想的特性、中国思想的当下处境以及未来可能的发展方向。接下来，以这种通观为基础，将结合船山思想的特性及其精神活力来生成其思想史地位。需要说明的是：笔者无意提出什么定论，如前所云，本章的讨论无非也是某种管窥蠡测。其要只在于引发我们对时代问题作更深入的思考并对其作出力所能及的回应，亦即努力去尽我们自己的时代使命。

第一节　尝试：对中国思想的通观

何谓中国思想？此问题之确切意涵如下：我们能对中国思想做某种整体的把握或通观吗？这种通观是否违背了思想自身的历史性特征？表面看来，这种质疑颇有道理：我们不能通过瞬间之所观所得来把握变动不居、活泼生动的思想史进程。然一旦深入历史性的实情本身，我们发现：一方面，任何思想史的开展都有其具体的结构和内容；另一方面，思想主体恰恰以整体把握的方式参与了思想之结构与内容的生成，这种参与甚至是本质性的。由此出发，我们可以这样来对中国思想进行通观：中国思想在过去的展开中形成了什么样的结构与内容特性，它在今天又遭遇了什么样的具体处境以及挑战；基于这种传统的结构内容与当下处境，中国思想在未来将会有什么样的可能性展开。统合这三个维度，我们就能对中国思想赢得某种整体性的通观。确切地说，我们将中国传统思想的特性展示为天人回环视野下的六艺人文之教，该人文之统与异域文化的碰撞、融合则是中国思想的当下处境，而该融合完成的方式将规定中国思想的未来走向。

一、中国传统思想的特质：六艺人文之教

将天人回环视野下的六艺人文之教视为中国传统思想的特性，这并非某种空穴来风的规定。它揭示了中国古代传统思想所蕴含的真实本性及其丰富内容，此中不但有内在理路可寻，更有扎实的文献依据可考。这个规定包含两个方面：天人回环视野在中国传统思想中所占据的隐性、奠基性的地位以及六艺人文之教在中国传统学术思想中的本原地位。

（一）天人回环视野作为隐性视域

就把握儒家思想而言，对此隐性视域的领会可谓至关重要。此视域即

《论语》中的“性与天道”。虽然子贡说：“夫子之文章，可得而闻也；夫子之言性与天道，不可得而闻也。”①但孔子依具体的处境当下去指点、疏通人性的教法及其对天道、天命的深刻领悟，所展现的正是“性与天道”的根本内容。故虽为孔子所罕言，它却是孔子思想所蕴含的隐性视域。或者正是由于该隐性视域的原发性与当机性，孔子才罕言之。《中庸》对“性、道、教”的铺开及其对“诚者，天之道也；诚之者，人之道也”②之天人之道的揭示，更是将此天人回环视野展露无遗③。孟子继承子思的规模，其言“万物皆备于我”“莫非命也”以及“诚者，天之道也；思诚者，人之道也”④等，亦隐含着天人回环视野的基本规模。只是孟子更加侧重人道，故更言扩充存养、集义养气乃至于浩然之气塞乎天地之间，在政治上则以王道理想来纲维世道人心。《易传》与《春秋》两部经典同样包含了宏大而深远的天人视野在自身之中，故有所谓《易》推天道以明人事，《春秋》即人事以见天道。董仲舒亦曾提出天人三策并视其为治国安邦之策，此即表明董氏在开端处就已将此天人视野作为自己思想的出发点⑤。在此前的论述中，我们也指出周子、张子以及船山等人均保有此天人规模⑥。由此可见，天人回环视野从根源上规定了儒家思想的整体特性。

在道家的思想传统中，该视野同样具有根本地位。老庄思想之高深、浑厚正源于他们对于天道、人心有着深刻的领悟。老子认为：天道无为而自然、人道则法其自然而无为，此即以天人视野为其内在规模。庄子对于天人视野也有着极为深刻的领会，《庄子·大宗师》篇有云：“知天之所为，知人之所为者，至矣！知天之所为者，天而生也；知人之所为者，以其知之所知以养其知之所不知，终其天年而不中道夭者，是知之盛也。”⑦只不过庄子直下贯通天人，化天人为一，以至于连这种视野本身也化去无痕。但如果我们细心体察，仍然可以发现天人视野在庄子思想中所占据的核心地位。最后，就佛家而言，此问题会变得更为复杂。但从根本上来说，佛学也不能摆脱此天人回环的视野。般若智与涅槃法身的问题，空

① 朱熹：《四书章句集注》，第79页。

② 朱熹：《四书章句集注》，第31页。

③ 综论对船山阐发《中庸》首章大义之文字的疏解，正可与此相互应证。

④ 朱熹：《四书章句集注》，第350、349、282页。

⑤ 只不过在董仲舒那里，天人回环、交尽的原初视野已经有所褪化，其“人副天数”的说法就体现出了这种褪化。然而其谓“道之大原出于天”及其对《春秋》之“元”的阐释则表明董仲舒并没有完全脱离此原初视野。

⑥ 请参见第五章的相关论述。

⑦ 郭庆藩：《庄子集释》，第224~225页。

宗、唯识宗与真常宗的种种说法，其实都可以包容在天人回环的整体视野中。当佛学发展到禅宗阶段的时候，此天人合一之道实已成为圆教的模型。

(二)六艺人文之教的本原地位

此处的六艺指由诗、书、礼、乐、易、春秋所构成人文教化系统，而礼、乐、射、御、书、数亦可囊括其中。六艺人文之教是中国传统学术的本原，这为历代学者所认同。如《史记》有云："孔子以诗书礼乐教，弟子盖三千焉，身通六艺者七十有二人。"①此即表明孔子所开创的教化系统是以六艺为其本质内容的。《汉书》对儒家有如下描述："游文于六经之中，留意于仁义之际，祖述尧舜，宪章文武，宗师仲尼，以重其言，于道最为高。"②此即表明儒家继承了古代文化的大传统并以六经为核心内容。《汉书》又云："《易》曰：'天下同归而殊涂，一致而百虑。'今异家者各推所长，穷知究虑，以明其指，虽有蔽短，合其要归，亦六经之支与流裔。"③此即将诸子百家视为六经的支脉与流裔，这自然表明了作为六艺的六经所具备的本原地位。《庄子·天下》则云："其在于《诗》《书》《礼》《乐》者，邹鲁之士缙绅先生多能明之。《诗》以道志，《书》以道事，《礼》以道行，《乐》以道和，《易》以道阴阳，《春秋》以道名分。"④这就表明：即便是道家也同样认同六艺备大道的看法。经学宗师郑玄亦曾做《六艺论》，其文虽已佚失，但此中所反映的信息则甚为明白：郑玄是以六艺为本来把握传统学术的。

这种本原地位使得五经在汉代成为官方的意识形态，在士人政府的建立以及人伦教化中发挥了主导作用，由此也奠定了中国此后两千多年的风俗、伦理与政治基础。其具体体现即从汉至唐的五经系统。根据《礼记·经解》的说法，五经即具有如下人文精神的教化系统："其为人也温柔敦厚，诗教也。疏通知远，书教也。广博易良，乐教也。洁静精微，易教也。恭俭庄敬，礼教也。属辞比事，春秋教也。"⑤这表明：在孔子及其后学看来，六艺是一种基于人文的教化系统。实际上，诗、书的教化地位在

---

① 司马迁：《史记》第五册(四部备要本)，台北："中华书局"，1981年，卷四十七第19~20页。
② 班固：《前汉书》第四册(四部备要本)，台北："中华书局"，1981年，卷三十第16页。
③ 班固：《前汉书》第四册(四部备要本)，卷三十第24~25页。
④ 郭庆藩：《庄子集释》，第1067页。
⑤ 《礼记正义》，第1597页。

春秋时代已然，五经博士则于战国时代已经成立并在汉朝之后成为国家取士、教学的典制。从宋朝开始，四书开始逐渐代替五经的核心地位，以四书为本的理学逐渐成为官方的意识形态以及朝廷开科取士的标准，此即从宋到清的四书系统。根据现代学人的阐释，理学的特性正在于心性之学、成德之教，① 此中的心性与成德更是体现了人文之教的核心精神。宋儒"寻孔颜乐处""识仁定性""居敬穷理""为天地立心，为生民立命，为往圣继绝学，为万世开太平"等说法，正体现了这种人文精神的神髓与强大生命力。由此，五经与四书两个系统均可统会在六艺人文之教的大传统中，它是中国文化的主流，道、释二家亦可被涵容在此大传统当中。

近代以来则有马一浮的六艺论以及唐君毅、牟宗三等人的人文之教论。马一浮以六艺之学为国学的本质内涵，并提出"六艺该摄一切学术"的主张。他说："学者当知六艺之教固是中国至高特殊之文化，唯其可以推行于全人类，放之四海而皆准，所以至高；唯其为现在人类中尚有多数未能了解，百姓日用而不知，所以特殊。"②据此则马先生不但以六艺来该摄一切学术，并认为六艺人文之教是至高特殊的文化，它能引领人类走出当前的困境。唐、牟二氏亦主张以人文之教来概括中国的传统思想，如唐君毅曾云："盖孔子所承中国以前之传统文化精神……乃由经济而社会、政治、伦理、艺术、宗教、道德次第伸展，而前后互相包摄以成之一整体。故孔子之以六艺设教，即包含人类全部文化精神之品类于其中。"③牟宗三亦将儒家的学问称为"人文教"，由此儒学即蕴涵有儒教，而孔子即教主。④

以上对六艺人文之教的解说从先秦的学术情形开始，经由五经系统和四书系统，最后达于近现代学人对中国传统学问之特性的判定。此番简单的追溯与认定虽远不足以彻底展示出六艺人文之教的本原地位。但作为一种提示，亦有其合理性和根据所在。将其与基源性的天人回环视野加以结合，就构成我们对中国传统思想之特质的整体把握。事实上，这种特质与船山天人回环的整体视野及其宏大深远的人文化成论是息息相通的。

---

① 参见牟宗三：《心体与性体》第一册，综论部分第一章第一节。

② 滕复编：《默然不说声如雷》，北京：中国广播电视出版社，1995年，第27页。

③ 唐君毅：《中国文化之精神价值》，台北：正中书局，1979年，第54页。

④ 牟宗三：《人文讲习录》，台北：学生书局，1996年，第3~4页。亦可参见牟宗三：《生命的学问》中《人文主义与宗教》一文。

二、中国思想传统的当下处境

现在来考察该传统所具有的现实处境。实际上，这种处境在百余年前就已展开：此即李鸿章所谓“三千余年一大变局”①。大变局在此所指示的不再是华夏文化的优越性，而是意味着异域文化对中国文化传统的全盘冲击，甚至是致命的冲击。正是在这种背景下，当时的清政府发起了向西方学习的浪潮。曾国藩、李鸿章、张之洞等人所主持的“洋务运动”即这种努力的代表。在他们看来，当时的中国文化正处于生死攸关的境地。在《劝学篇》中张之洞就曾指出：“今日之世变，岂特春秋所未有，抑秦、汉以至元明所未有也。”②并对此提出了“中学为本，西学为末”的中体西用说，这是国人针对中西文化冲突问题首次提出的系统构想。但随着中国在甲午战争中的战败，这些尝试也宣告其失败。此后以康有为、梁启超、谭嗣同为代表的维新人士，认识到政治运作方式的重要性并试图发动一场自上而下的变法维新运动。然而这种维新运动亦不满百日即宣告流产，此中的艰难恰恰显示了中西文化沟通的复杂性及其所蕴含的阵痛。在此之后，孙中山等人领导革命志士推翻了清政府，建立了以共和宪政为体制的中华民国。然而跟随而来的内忧外患如帝制复辟、军阀混战和帝国割据等，无不宣示着“风雨如晦，鸡鸣不已”的景象：中国的思想传统仍在风雨中飘摇着、凌乱着。此间又爆发了五四新文化运动，智识界高举“德先生”与“赛先生”两面旗帜。由此而来出现了全盘西化派、学衡派以及新儒家，而无政府主义、共产主义等思潮也都进入了国人的思想视野。那时的中国思想界看起来似乎极度活跃，然而其根底却是混乱的、虚浮的。一切都还有待扎根，中国思想的痛苦蜕变仍在继续。此即李泽厚所谓的“启蒙与救亡的双重变奏”③，思想文化上的启蒙以及民族国家的独立相互扭结，构成了近现代中国为之奋斗的真切内容。

然而，随着国共内战的爆发以及随之而来中华人民共和国成立，中国思想传统的当代展开则进入了截然不同的局面。在大陆地区，从中华人民共和国成立伊始到“文革”结束，思想界虽有很多所谓的运动，然启蒙运动则几乎中断；港台地区却大抵接续了民国的传统。改革开放以来，随着大陆不断的开放，大陆的思想状态重新经历了翻天覆地的变化，这场变化

① 李鸿章：《李鸿章全集》第二册，海口：海南出版社，1997年，第676页。
② 张之洞：《劝学篇》，郑州：中州古籍出版社，1998年，第41页。
③ 李泽厚：《中国现代思想史论》，北京：东方出版社，1987年，第7页。

使得中国思想传统的转化问题再一次尖锐地体现出来。对当今中国的思想情形进行概观，那么如下三个方向大抵代表了主流思想的构成：(1)马克思主义及其“现代化”理想：马克思主义作为国家意识形态主导着官方的话语体系，“现代化”理想则始终在整个社会中具有强大的影响力。(2)自由主义：此派大抵由智识界的自由主义群体所代表，以英美为效法对象，主张经济自由与政治自由。(3)现代新儒家或文化保守主义：此派是晚近以来出现的文化复兴力量，与港台第二代、三代新儒家声气相通。它们所提出的思想方案虽各不相同，却都是对于中国思想之当下处境的解读和回应。亦即：所有这些思想上的努力，都仍然还受着百余年前就已展开的大境域的规定。就所持的目标而言，他们之间也是大抵相近的，亦即都努力追求科学、民主、自由和现代化等目标的实现。

介于主题及篇幅，本书在此不可能对所有这些思想方向展开讨论。所以于此只能以牟宗三为代表约略展示现代学人对时代问题的认识和回应。牟氏认为：中国文化需要返本开新，亦即以更原本的方式回到传统的根基并由此开出科学与民主的果实，亦即道统、学统与政统的三统并建。在《道德的理想主义》中牟氏对此有清晰的表述：“吾人以为在人文主义的系统内，必须含有三个部门之建立：一、道德宗教的学问之纲维及其转为文制而成日常生活方面的常轨，必须予以充分的重视。……这方面的开发与承续，从学问方面说，名曰道统之不断；从文制方面说，名曰日常生活方面的常轨之建立。二、作为政治生活的常轨的民主政治，必须视为生命中生根的真实理想，疏导出其基本精神与价值，而促其实现。……这方面的开发与承续，吾人名曰政统之不断。三、科学代表知识，这是生命与外界通气的一个通孔。……这是知识方面‘学之为学’的问题。这方面的成立与继续，名曰学统之不断。”①此即要以儒家圣贤之道统为根基，并进而开出以科学精神为本的学统以及以民主精神为本的政统。

这类尝试可视为对中国思想之当下艰难处境的理解与应对。那些关心现实并对其有所思考的人都会认同：中西思想传统的当下融通构成了中国思想目前的真实处境，且无人能自外于这个大境域。要想成功地应对这个处境，我们就必须以比前人更真切、更本原的方式投身于这个处境当中。我们不但要努力研究各种思潮——亦即用力于观念系统和理想之上。我们更需要将眼光投向当下的具体生活中，用心去体会在现实社会中所真切展开的生活状态并阐发其所蕴含的意义。我们须知：始终有一种敞开着的生

① 牟宗三：《道德的理想主义》，台北：学生书局，1985年，第152页。

活可能性含藏在表层的行为和思想之下。不断地经由行为与思想回溯到这种作为无限敞开、真实展开的整体生活可能性，恰恰就是本真之思想者、实践者的责任。只有基于这种可能性，我们才能谈论中国思想的未来，谈论船山在中国思想史上的地位。

三、对中国思想之未来的展望

中国思想拥有什么样的未来？其答案并不完全在我们的掌握之中，此中更有所谓天命之发送，而这并非人之有限知能所能穷尽。但这是否意味着：我们该放弃对中国思想之未来的展望呢？不，恰恰相反，正是因为这种根源上的开放性和不确定性，人类对未来所作的设想及其付出的辛劳才更有意义、更显其尊严。这种展望不但现在要展开，以后也必将持续不断地展开，它体现着思想自身所蕴含的生命活力。然而我们又该如何来展望中国思想的未来呢？

首先需要指出：近几百年来，随着科学技术的发展、商业贸易的繁兴、传媒通信的发达，地球上任一国家、民族的命运早已和人类的整体命运纠缠在一起了。在这种背景下，我们应该在全人类整体命运的视野中来展望中国思想的特性及其未来发展可能性。而西方人对此全球化时代的特征早已有极深刻的反思。我们于此以海德格尔为例，来看看他们对人类整体命运之当下处境的反思。海氏将我们所处的时代称为“世界图像的时代”：在这个时代中，人类变成了作为世界之中心的主体，而世界则变成了可以被表象、被操控的存在者整体。存在者的意义即在于它们能够被人类所表象、所操控，人类自身成了他的世界的上帝。海氏认为：此中所体现的恰是某种形而上学思想的统治地位，技术即这种形而上学发展到其本质完成的状态。这种技术与科学相互扭结，成为支配整个社会运行系统的座架。在海氏看来，科技是形而上学传统的全面实现，科技的座架特征是对这种形而上学之可能性的穷尽。通过对存在的追问、对技术之本质的追问，海德格尔试图引导我们以更本原的方式回到希腊思想的源头，并由此开启另一个开端。①

海氏的反思当然是深刻而有价值的，然而其所作所为仍停留在思的领域。这种思打开了新的视野、开启了新的可能性，然而却未能回归到人之德性根源。不归本于人性之整体，这种视野和可能性就还仅仅是漂浮的、

---

① Werner Marx：*Heidegger and the Tradition*，Translated by Theodore Kisiel and Murray Greene，Evanston：Northwestern University Press，1971.

虚弱无根的。如此则人类之尊严和可贵性就不能得到真正的实现，一种合乎人性之真的生活就不可能切实地扎根在我们的日常生活中。如何扩充、存养不死之人心以建立源泉混混的德性生活，恰恰关涉到人类尊严的根基所在。正是在这方面，中国思想包含有极为可贵的资源，其中所蕴含的丰富可能性还远未得到开发，而船山思想在这方面则尤具启发性。中国思想在未来的开展，不仅取决于天命之发送，也取决于我们自身对命运的把握和回应，更取决于我们对人性之常、自然之真的显露与畅发。正是在这里，船山之思想史地位赢得其交互生成的空间。

第二节　船山之思想史地位的生成

对中国思想的通观为我们赢得了评判船山之思想史地位的基础。自传统特质而言，船山的人文化成论以浑厚而含宏的姿态继承并阐发了六艺人文之教。由此船山以继承、推进的方式将自身纳入六艺人文之教的大传统中，实现了传统自身的丰富和更新。自当下处境而言，船山思想所蕴含的天人回环视野提供了应对此处境的原初路径。只有基于这种鲜活而生动的视野，我们才能更真切地进入当下的处境并由此找到恰当的应对方式。自未来展开而言，船山思想所包含的历史意识和担当精神具有恒久不息的启发意义和激发能量。国人只有接续这种历史意识、肩负这种担当精神，中国思想才更有可能在未来得到日新而富有的展开。实际上，不管是天人回环的终极视野，还是浑厚深远的人文化成论，抑或是“参万岁而一成纯”的历史意识与“六经责我开生面”的呼唤精神，所展示、所依据的都是那至诚无妄的三极之道、生命之道。正是在此道路的展开中，船山思想得以凸显其恒久不息的鲜活意义，船山的思想史地位也将由此得到不断的生成。

一、天人回环视野的终极性

在综论中，天人回环被展示为船山思想的核心视野。在船山看来，终极意义上的天即真实无妄的给予者，是根源意义上之开显和隐匿的交互统一，它开放出人类生存的终极境域。人则以本原方式归属于天：人性出于天命，身心之所对无非天地丰茂之产。身心自有其天然的良知与良能：心有四端、又有其虚明灵觉①，身有其感知而通天下之纷繁物象，此良知良

① 请参看综论部分对三重意向的分析。

能即所谓“人之天”也。船山重视此人之天，因为这是人类一切知能的基础。然人能修身、能尽心，故人道之尊严不能停留于天然的程度，而是要博学于文以下学而上达，要用己之身心去开拓更多的可能性以继天、相天而挺立人极。此即船山所谓“用知不如用好学，用仁不如用力行，用勇不如用知耻”①。

通过对经典的注疏和阐发、对历史的涵泳和开掘，船山指明了天的无限性、至诚性以及人的有限性、尊贵性。然而只有真切地将自己置身于天人回环的本原视野中，天与人之确切地位才会得到真实的呈现与贞定。在船山看来，只有回到这个原发的视野，一切理论与实践才能实现其意义和价值。换言之，一切通过人心之努力而获得的理论，只有通过向此原发之视野的回溯，才能得到真切的理解和运用。一切实践亦只有将自己投身于此原发视野中才能踏实饱满、真实无妄。脱离开此视野，一切理论都有可能成为“观念的灾害”，一切实践都有可能成为“无明的造作”。由此我们理解了船山对各种先天之说的大力反对、对“执一以贼道”的原则性拒绝。船山所坚持的是“时中”的智慧，这种智慧只有奠基于天人回环、交尽的本原视野之中才有可能。

如果我们想接续这种智慧以回应中国思想在当下处境中所面临的挑战，那我们就得以更真切、更本原的方式投身于这个视野之中。正是在此意义上，船山思想所揭示的天人之际为我们提供了富有启发的教导。用船山自己的话来说，天人之际是船山在修道中所立之教，而我们则可由其所立之教以入道。② 所谓的入道，就是对生命之整体的贞定，物各付物而各正性命，亦即天地位焉、万物育焉。它不仅应该贞定国人的生活，更应该由此出发去贞定人类整体的生活。中国思想的未来展开就取决于它能否在全球尺度上对人类的命运进行贞定。

但何谓贞定？船山思想又能为这种贞定提供什么启发？人类活动不外思想与实践两端，由此对人类命运的贞定实际上就是对人类之思想与实践的贞定。就思想而言，贞定就是摆脱“观念的灾害”，让思想如其自身地流淌。它保养、守护人心却又不至让其趋于闭塞，它滋润、开拓人心却又不至让其趋于泛滥。当人心得到思想的滋润和保养以达于同归而殊途、一致而百虑、并行而不悖的状态时，一切人心的运作都遵循其自身的轨道而

① 《思问录·内篇》，见《船山全书》第十二册，第403页。

② 船山云：“圣人修道以立教，贤人由教以入道也。”《读四书大全说》卷二，见《船山全书》第六册，第458页。

进行。但如何才能实现这种贞定？依据船山，我们首先得以原发的态势置身于天人回环视野当中，这是我们理解和融化所有思想观念的根源。其次，对于各种观念系统，我们都必须明白其义理分剂，并让其在更广大、深远的背景中得到融合。由此我们就能将各路思想观念会通在理一分殊的终极贞定之中。就实践而言，贞定就是对“无明的造作”的克服，亦即让人类的实践依礼而行。此处所言之礼包含极大，《礼记》所谓“礼仪三百、威仪三千”，天理之节文与人事之仪则俱包括在内。一切政治制度、经济制度亦无不包含在此广义的礼中。从这方面来说，按船山的思想，要贞定人类的实践，就必须依照礼乐之精义建立起一整套鲜活的、可以依时损益的礼乐系统。我们现在所处的时代是礼意衰微的年代。只有回归礼乐之精义、重新开启礼乐式的生活，人类实践的整体才能得到真正意义上的贞定。

二、对六艺人文之教的继承与阐发

在第四章中，我们曾用“人文化成论”来概括船山对人文之教所作的推进。此人文化成论展示了际的核心地位，它在根源之处就已展开为三际：亦即心身之际、人际、史际。它们所揭示的就是不间断的修身工夫、纲维天下的人际关系以及往古来今的历史大境域。心身、家国、天下、古今都涵括在此人文化成论的视野之中。该人文化成论对个体、社会和历史予以同等的关注：此三际总是在交互作用中共同铸就际之整体性、充实性和饱满性。任何一际在此中都不能占据压倒性的地位，只有相互之间的认同和尊重以及彼此之间的通力合作才能在真正意义上让人类以人文来化成天下，亦即参乎天地以立人极。这表明：船山之人文化成论蕴含着宏大的人文之教的规模。它不是对六艺人文之教的简单复述，而是全方位地对先秦儒家之整体、宏大精神的继承与开发。

船山的人文化成论既不同于所谓的心性论阐释，亦不同于所谓的政治儒学①。这两派虽立场不同，却都关注如下的问题：民主政治是不是政治的终极形态呢？历史是否有所谓终结？船山对这些疑问，大概都会存而不论。基于船山的立场，心身之际与政治关系自然极为重要，但它们都无法占据统治性或压倒性的地位。此两者恰恰应该在与历史大境域的亲密交互作用中融为一体，亦即以一种相与为体、交致其功的方式去达成际之整体

① 置于船山的思想视野中而言，前者强调了心身之际的本原地位，后者则强调了政治关系的基础地位。

性、充实性和饱满性，这恰恰是船山之人文化成论的题中应有之义。假设船山活在今日，他肯定会认真地去考察民主政治的理念及其运作方式，但他大概不会认定它们是政治制度的终极形态。“道行之而成”，未来之道有待于我们当下和未来之行的具体展开。政治制度作为生活之道的组成部分，其未来仍有待“行之而成”。至于历史本身，则从其根源处就总已经是敞开的、无法穷尽的。在此意义上，我们顶多只能谈论某个时代的终结，却无法谈论历史自身的终结。这大概会是船山的态度，这种态度恰恰相应于船山思想中所蕴含的天人回环视野的终极性。置身于这种终极性的视野当中，人类所能做的就是时时刻刻领受天命之发送，时时刻刻尽我们自己的使命，除此之外，别无其他更好的选择或出路。

这当然并不意味着船山会反对民主政治，对历史本身的反思恰恰是其“资治通鉴论”所要致力的方向。事实上，船山是那种心量宽广的学者，其“出入释老”乃至涉猎西学，绝不是某种猎艳、博学的炫耀或单纯的反对排斥。对于所有的学问，他都试图用含宏宽广的心量与智慧去融摄它们，亦即“入其垒，袭其辎，暴其恃，而见其瑕矣，见其瑕而后道可使复也”①。所以从其根源处来说，船山思想并不会与科学精神、民主精神相违背。实际上，船山本人也颇具有科学的精神，他对质测之学评价颇高，其《张子正蒙注》对张子相关物理阐释的质疑以及对方以智质测之学的推崇即证明。对于现代意义上的民主精神，船山自然未曾道及，但就思想而言，则不无相通之处，正可以相互接引而交致其功，以期在中国大地上开出更好的政治秩序。要之，船山人文化成论对六艺人文之教的继承与阐发，可为我们应对中国思想在当下处境中所面临的挑战提供深厚的思想资源。而我们对挑战所做的回应工作，也将以某种方式被纳入六艺人文之教的大传统之中，恰如船山之人文化成论对传统六艺之教的继承和阐发那般。

三、“参万岁而一成纯”的历史意识

中华民族是重历史意识的民族，这种精神贯穿在中国学术的大传统中。该精神发端于古圣先王的生活实践，凝聚在孔子及其所开创的六经传统中，流淌在数千年的历程进程中。它维系着中华民族作为文化族群的连绵不断性，使中国成为具有如此悠久历史的国度。然而，今天的现实情形却是：历史意识在当下生活中是极为缺乏的。这就迫使我们去反思：在这

① 《老子衍·自序》，见《船山全书》第十三册，第15页。

种情形下，我们该承继什么样的历史意识？我们又如何能通过这种历史意识切实地去贯穿古今以通向未来？正是在这里，船山“参万岁而一成纯”的深厚历史意识为我们指引了方向。依据这种历史意识，我们作为中国思想的真正载体，不但要参乎万岁，更要进而参乎万国：亦即不仅要用深厚的历史意识来贯通中国的古与今，且要贯通异域文化的古与今。换句话说，我们不但要称孔孟老庄，亦要称希腊、希伯来等，此正所谓“海纳百川，有容乃大”。

四、“六经责我开生面”的呼唤精神

恰恰因为六经本身浸润着深厚的历史精神，所以六经才会具有呼唤的力量，才能“责我开生面”。这种“责”意味着：处于现时代的我们，必须将自己的生命以本原的方式投入到往古来今的大历史之中，体味历史之精神与生命之韵律，并由此去兴发自己、挺立自己，以完成我们在这个时代中所应该尽的具体使命。“六经责我开生面”的呼唤精神要求我们仔细地聆听历史本身的声音、体察历史作为生命体所具有的韵律，然后以最本原的方式回应这种呼声、切合这种韵律。这种倾听和体察在于让我们更清楚地认识时代、认识自我，其最终目的则在于尽人之性、尽物之性以立人极于天地之间。从船山思想来看，此即“生面之开展”。此生面之开展并非某种“天外来物”的臆想式创造，它恰恰立基于本原的现实处境，以投身于历史洪流的方式朝向未来并由此挺立人极的尊严性，亦即以真切回归的方式来承担当下的处境、开展未来的可能性。从具体的内容来讲，此“生面之开展”即意味着中国思想在心身之际、人际和史际这三个维度方面的展开和健全。在船山看来，人类之生命就在乎此际，在乎不间断地继善以成性。只是，当年以“六经责我开生面”呼唤船山奋发不已的的圆神之物，如今正在呼唤着我们，然而我们做好了“开生面”的准备吗？

结语：论船山之思想史地位

如上所言，船山思想中所蕴含的天人回环视野为我们理解宇宙、人生及人在宇宙中的位置展示了一种终极性的源头。只有以最大的努力去保持这种鲜活之思，并以此思与本真的实践交涵互养，人类之整体命运才不致遗忘过去、沉沦当下并丧失未来的真切可能性。正是在船山思想的映照下，我们明白了中国思想在当下与未来应有的展开：用新时代的人文之教

去继承、发扬六艺人文之教，恰如船山以其人文化成论去继承和发扬六艺人文之教那般；以“参万岁而一成纯”的方式来贯通古往今来的大历史；以继善不已的行动去把握当下、成就当下以响应中国思想的当下处境；以“六经责我开生面”的担当去开展未来的真切可能性。换言之，即以尽心成性的方式来位育天地、道出真理、挺立人极。此位育之天地更积其富有日新以长养万物苍生而绵延不绝，此道出之真理复又融入真理的本原之流而光辉日新，此挺立之人极则凸显人道之尊严与可贵、共三光而永光。船山思想之地位，即存于这些特性之中，其意义仍在不断地生成。如今，已然生成的结果固然凸显了船山作为大思想家的地位。然而其思想史地位的真切落实(这意味着船山思想在现实生活中扎根并开花结果)，只怕还在将来呢。

附录 “乾坤并建”说的当代哲学蕴涵

“乾坤并建”是王船山独抒机杼的说法，亦是理解其易学思想的纲宗。对此说法，前人与时贤已做过不少探讨。[①] 笔者即意在以这些探讨为基础，进一步对“乾坤并建”说的具体内涵加以规定和展示，并将其与现代新儒家代表熊十力、牟宗三的相关易学思想加以比较，以便揭示出“乾坤并建”思想对当代哲学所可能具有的启发意义[②]。笔者试图表明：对船山“乾坤并建”等易学思想的回归，有助于让我们摆脱现代新儒家思想的某些内部张力，并有可能对其加以调适上遂，从而为儒家思想的当代开展拓出新的方向。循此思路与意图，以下分四节展开论述：首先是具体而微地对船山“乾坤并建”思想进行梳理，其次对熊十力、牟宗三的相关易学思想略作归纳与阐释，接下来更以前两节为基础对两系的思想进行学理上的对比和会通，最后则对“乾坤并建”思想的当代哲学蕴涵做一个引申式探讨，以期为儒家思想的新开展略作提示。

第一节 王船山“乾坤并建”说之疏释

作为解易纲领，船山的“乾坤并建”说贯穿其易学思想始终，且可从多方面对其加以展示。大体而言，其具体内涵可综括在此下三个维度中：就体用而言，就德性与功效而言，就象数与时位而言。以下即结合具体文本对此加以疏释。

---

① 参见朱伯崑、萧汉明、陈远宁、许冠三、张学智等学者的相关论著，书目存参考文献。

② 在此前第六章，我们已经展示了船山思想对中国文化而言的启示意义。这里我们以船山易学的根本宗旨“乾坤并建”说为本，更具体地在哲学领域中展示船山思想的当代意蕴，从而补充并深化此前的论述。

一、就体用而言

从体用的角度来说，船山认为乾坤二者之合撰即太极之全体，此二者共建以为太始、以为终成，并统摄六子、六十二卦之大业以繁兴大用。此即表示乾坤作为本体，遍运乎一切时、一切处，故能贯彻始终、实涵万有。故其于《周易外传》卷五中有言：

(1)大哉《周易》乎！乾、坤并建以为大始，以为永成，以统六子，以函五十六卦之变，道大而功高，德盛而与众，故未有盛于《周易》者也！

(2)乾、坤并建于上，时无先后，权无主辅，犹呼吸也，犹雷电也，犹两目视、两耳听，见闻同觉也……然则独乾尚不足以始，而必并建以立其大宗，知能同功而成德业……故乾、坤并建，以统六子，以函五十六卦之大业，惟《周易》其至矣乎！

(3)太极者乾、坤之合撰，健则极健，顺则极顺，无不极而无专极者也。①

此处船山即以乾坤并建为太始、为永成(乾知大始故为太始、坤作成物故为永成)；因为其贯彻始终、群涵万有(此即体之遍在性)，故能统摄六子与六十二卦。船山在第二条引文中且指出：乾与坤之并建，在时间上不分先后、在权用上不分主辅，犹如呼吸。由此，独乾并不能创生天地万物，只有乾坤并建才能生起、涵育万化，就好像父母合体才能生育子女一般。其之所以如此，乃是出于乾坤的德性，乾之德为健，坤之德为顺(此即通于下文所述之德性层面)。万事万物无非此健顺之德所合撰，此健顺之德无所不极而无有专极，故船山即以乾坤之合撰来规定太极。

在《周易内传》卷一中，船山表达了完全相同的见解：

(1)《周易》并建乾、坤为太始，以阴阳至足者统六十二卦之变通。古今之遥，两间之大，一物之体性，一事之功能，无有阴而无阳，无有阳而无阴。

(2)《周易》之书，乾、坤并建以为首，易之体也；六十二卦错综乎三十四象而交列焉，易之用也。纯乾纯坤，未有易也，而相峙以

---

① 《周易外传》卷五，见《船山全书》第一册，第989~990页。

并立，则易之道在，而立乎至足者为易之资。①

船山于此将乾坤的本体义揭示得最为清楚：乾坤之所以能作为太始，恰恰在于其作为本体是阴阳至足者，故能统摄六十二卦之变通。世间万事万物无不原本于此阴阳至足者，且此万事之功能、万物之体性无不由阴阳合撰而成，无有独阴独阳者。在第二条引文中，此义再次得到确认：乾坤并建以为首即立易之体，六十二卦之错综交列即显易之用。易道之所以能繁兴大用，即在乎乾坤互体以立乎至足而涵育万化也。此即足以表明：在船山看来，乾坤表征了本体层次，且乾坤二者在本体层次上的地位是同等、均衡的；六子、六十二卦之变通所象征的世间万事万物则是此乾坤本体并建之发用、流行。

二、就德性、功效而言

乾坤之本义，按照船山的说法，是就德性而言的。船山继承朱子，将德释为性情功效，此正是德之通义。依船山，乾、坤表征的德性即健、顺：健相应于纯阳之刚健不息，坤相应于纯阴之柔顺载物。乾坤二者均来源于阴阳之气的本性，且各有其性情功效，两者密合无间以创生、涵育这丰富多彩的天地万物。对此，船山于《周易内传》卷一中有言：

> 凡卦有取象于物理人事者，而乾、坤独以德立名；尽天下之事物，无有象此纯阳纯阴者也。阴阳二气絪缊于宇宙，融结于万汇，不相离，不相胜，无有阳而无阴、有阴而无阳，无有地而无天、有天而无地。故《周易》并建乾、坤以为诸卦之统宗，不孤立也。然阳有独运之神，阴有自立之体，天入地中，地函天化，而抑各效其功能。……然阴阳非有偏至之时，刚柔非有偏成之物。故《周易》之序，错综相比，合二卦以著幽明屈伸之一致。②

船山于此指出：周易六十四卦，唯有乾坤两卦独以德立名，盖尽天下事物并无此纯阴纯阳之物。然天下虽无此纯阴纯阳之物，而一切事物无不由此阴阳之德而撰成。且在此阴阳之合撰中，独阳不始、孤阴不成，二者不相离、不相胜，必要乾坤并建方能创生万化。在此创生万化的一气周流

---

① 《周易内传》卷一，见《船山全书》第一册，第43、41页。
② 《周易内传》卷一，见《船山全书》第一册，第74页。

中，阳有其独运之神，阴有其自立之体。阳之独运之神相应于成象之盛大流行（即健也），阴之自立之体相应于成形之敦笃厚实（即顺也）。此即表明乾坤各有其性情功效而不爽其则，阴阳合德、乾坤合撰方成就出天地间幽明屈伸之一致。

在《周易内传》卷五中，船山对此有更清楚之描述：

> 乾者阳气之舒，天之所以运行。坤者阴气之凝，地之所以翕受。天地，一诚无妄之至德，生化之主宰也……唯其健，故浑沦无际，函地于中而统之，虽至清至虚，而有形有质者皆其所役使，是以尊而无尚；唯其顺，故虽坚凝有实体之可凭，而静听无形之抟捖，不自擅而唯其所变化，是以卑而不违，则于尊卑之职分，而健顺之德著矣。①

船山将乾、坤分别解为阳气之舒（通于天之运行）、阴气之凝（通于地之翕受），此乾坤之道即天地至诚无妄之道，实为生化之主宰。乾表征纯阳之健，其特征为：浑沦无际而又至清至虚，一切有形有质者（坤也）皆为其所役使。坤表征纯阴之顺，其特征为：虽有坚凝之实体可凭，却委顺静听无形清虚者（乾也）之抟捖构造。此处船山明确以健顺之德释乾坤，并将此德归于阳气之舒与阴气之凝，亦即天地之所以运行、翕受。

实际上，在船山思想的基源著作《周易外传》中，我们已可见到对上述思想的明确论述：

> 夫太极之生元气，阴阳者，元气之阖辟也。直而展之，极乎数之盛而为九……始末相类，条贯相续，贞常而不屈，是可御万理于一致矣，而三位纯焉；因而重之，六位纯焉。斯以为天下之至健者也。元气以敛而成形，形则有所不逮矣。均而置之，三其九而虚其一为六……天之所至，效法必至，宁中不足而外必及。中不足者，以受天之化也。虚其中以受益，勉其所至以尽功，是可悉物理而因之，而三位纯焉；因而重之，六位纯焉。斯以为天下之至顺者也。②

此处船山将阴阳释为元气之阖辟：阳为元气之辟，其数为九，其特性为直而展之以御万理于一致，体现的是至健之德；阴为元气之阖，其数为

① 《周易内传》卷五，见《船山全书》第一册，第507页。
② 《周易外传》卷五，见《船山全书》第一册，第984页。

六，其特性为敛而成形以悉万物之理而因之，体现的是至顺之德。此亦以乾坤为健顺之德，将其通于阳气之辟与阴气之阖（即上述阳气之舒与阴气之凝也），并将其与九、六之数联系起来描绘此德性之健顺。综合此上三段讨论可知：乾坤就德性而言即健顺，分别相应于阳气之辟、舒与阴气之阖、凝，亦即乾坤各有其性情功效，不可相互化约或混淆为一，两者密合无间方有大易之周流变化。

三、就象数、时位而言

在此上的讨论中，我们已经涉及九、六之数所表征的乾坤德性：九极乎数之盈而为老阳，其用至健，故能贞常不屈而彻万理于一；六极乎数之虚而为老阴，其用至顺，故能勉其所全以悉因万物之理。此即单从数来讲乾坤之德性，然在象数、时位方面，船山对乾坤并建说有更为深入的阐述，其宗旨如下：纯乾纯坤（并建）之六阴六阳备十二位之全体，其象全、其数全、其时全，立乎至足故能资六十二卦之错综以成其变化。以下随文引证。

船山于《周易外传》卷五、卷六中分别有云：

(1)迁以相摩，则相荡而为六子；未摩而不迁，则固为乾、坤。故震、巽一乾、坤也，坎、离一乾、坤也，艮、兑一乾、坤也。惟其无往而非纯乾纯坤，故乾、坤成卦，而三位各足，以全乎乾之三阳、坤之三阴而六位备；因而重之，而六位各足，以全乎乾之六阳、坤之六阴而十二位备。《周易》之全体，六阳六阴而已矣。①

(2)夫阳奇阴偶，相积而六。阳合于阴，阴体乃成；阴合于阳，阳体乃成。有体乃有撰。阳亦六也，阴亦六也。阴阳各六，而见于撰者半，居为德者半。合德撰而阴阳之数十二，故易有十二，而位定于六者，撰可见，德不可见也。……其俱见于撰以为至纯者，莫盛于乾坤。②

(3)乾可以有坤，坤可以有乾，乾、坤可以有六十二卦，六十二卦可以有乾、坤。乾、坤恒有，则健顺恒至……向背往来，蒸变参差而无所少，其数全也，其位全也，数全、位全而时亦全也。故曰：无有乾而无坤之一日，无有坤而无乾之一日，无阴阳多少不足于至健至

---

① 《周易外传》卷五，见《船山全书》第一册，第987页。
② 《周易外传》卷六，见《船山全书》第一册，第1054页。

顺之一日。①

这三段引文明确地揭示了此上所言的宗旨。船山用第一段引文解释“刚柔相摩、八卦相荡”一小节，并提纲挈领地指出：纯乾纯坤并建之六阴六阳已具备周易之全体，故相摩相荡而得者无往而不得夫乾坤二纯之数，亦即六十四卦皆备于纯乾纯坤十二位之阴阳。第二条引文则表明：阴阳虽奇偶不同，却须相合以成其体；阴阳各六而总成十二位，其中可见者半（见为撰）、不可见者亦半（居为德）；六十四卦无非此往来用半而不穷，此中唯乾坤二卦俱见于撰以为至纯。在第三条引文中，船山试图阐明：乾坤可以有六十二卦，此称体起用也；六十二卦可以有乾坤，此即用见体也。唯纯乾纯坤并建以为体，故能健顺恒至而兴起六十二卦之大用。船山且感叹道：纯乾纯坤在其向背往来之间，其数全（全备九、六）、其位全（十二位备）、其时全（成始成终），故尽此世间天地万物，无一日不有乾坤，无一日不足于健顺，此即以乾坤并建为本而繁兴六十二卦之大用。综括而言，乾坤之并建，其象然、其数然、其时位亦然，不可混淆、不可化约。

四、乾坤并建义小结

以上从体用、德性、象数三方面展示了船山的乾坤并建说，其实此三者所论述的是同一个现象学实情：乾坤之合撰即太极之全体，其归结则为气之“一物两体”性。一者，太极也，元气之大化周流也；两体者，乾坤也、健顺也、阴阳也、九六也。此上所言，无非从体用、德性、象数揭示出此“一物两体”性而已。两体相对而必密合无间为一，故乾坤必并建以成乎太极之浑沦无间也。船山在《周易内传·发例》中发挥此义最详，其文云：

(1)“易有太极”，言易具有太极之全体也，“是生两仪”，即是而两者之仪形可以分而想象之也……乾极乎阳，坤极乎阴，乾、坤并建，而阴阳之极皆显；四象八卦、三十六象六十四卦摩荡于中，无所不极，故谓之太极。阴阳之外无理数，乾坤之外无太极，健顺之外无德业。

(2)阴阳者，二物本体之名也。盈两间皆此二物，凡位皆其位，

① 《周易外传》卷六，见《船山全书》第一册，第1069~1071页。

无入而不自得……自其气之冲微而未凝者，则阴阳皆不可见；自其成象成形者言之，则各有成质而不相紊。自其合同而化者言之，则浑沦于太极之中而为一；自其清浊、虚实、大小之殊异，则固为二；就其二而统言其性情功效，则曰刚，曰柔。①

船山于此指出：易具有太极之全体，即此太极而显形之两仪为阴阳；此中乾极乎阳、坤极乎阴，六十四卦、万事万物无不统摄在此乾阳坤阴之中。故船山云“阴阳之外物理数，健顺之外无德业”，此即通过太极、两仪来展示“一物两体”性。在第二段引文中，船山对太极、阴阳的关系有更明确的阐述：阴和阳是二物本体之名，盈天地之间无非此阴阳实有之物。然对此阴阳之实有，可从两面观之：自合同而化的角度来看，阴阳浑沦于太极之中而为一；自性情功效而言，则阴阳固有其清浊、虚实、大小、刚柔之异，亦即乾坤各有其德性也。此处船山更显明地揭示出气之“一物两体”性，只有奠基在此领会中，我们才能深入地领会其乾坤并建说。要之，在船山这里，乾坤在气上相应于阳、阴，在德上相应于健、顺，在数上相应于九、六。此两者时无先后、权无主辅，密合无间地共筑太极之全体；二者处在同一本体层次，遍运乎一切时、一切处。

第二节 熊十力、牟宗三乾坤义之疏解

船山易学蕴含了熊十力哲学思想的渊源，其尊生、主动、明有、率性的思想特性更为后者所继承与发扬。对船山之乾坤并建说，熊氏也有相当深刻的反省与批评。就儒家思想的现代开展来说，熊十力所开创、牟宗三等所继承的现代新儒家，在儒学的创造性诠释与转化方面居功甚伟，足资后人推进。此中，牟宗三对熊十力思想的继承和推进尤为明显，对二者之乾坤义的阐发正可为此做注脚。正是出于这种思想上的亲缘性及影响的重大性，笔者才将熊、牟二氏的相关易学思想与船山之说加以对比，其间所关涉的恰是对中国哲学之未来的沉思与瞻望。以下即分别对熊、牟二氏的乾坤义略作阐释，以为后面的讨论奠定基础。

① 《周易内传·发例》，见《船山全书》第一册，第658~660页。

一、熊十力之乾坤义

熊十力对大易乾坤之义的阐发贯彻其著作之始终，在晚年犹有《乾坤衍》之作。若想以提要钩玄的方式展示其乾坤义，采择恰当引文为难。笔者以《读经示要》为本，参之以《新唯识论》文言本，此二者皆为熊氏鼎盛年所作，准其所说庶几差谬不远。

在熊氏的思想体系中，就理解乾坤义而言，要点在于确切把握乾元、坤元之涵义及此二者与太极之关系。大体而言，熊氏认为：太极是无形无相、清虚昭彻之本体，而乾坤则是此本体之发用，所以乾坤并非体；而作为太极之发用，乾坤之地位又有所不同，乾元在即用见体的意义上可以指目本体，坤则有物化之趋向，故不得言大用；又乾元可以统摄坤元，并由此进一步统摄万事万物，如此则坤无自体、其用消泯在乾元之流行中。以下即结合具体论述对此加以阐明。

在《读经示要》卷三中，熊十力对太极与乾坤之关系有如下阐述：

> (1)夫本体清净炤哲，虽无形质，而非无作用。作用者，言乎本体之流行也、言乎本体之显现也。其流行、其显现，只有猛烈势用，而无实质，故以气形容之。若常途所云气质之气，与四时寒暑之气等气字，则已是斥指现实界之物事而名之，岂可以言易乎！
>
> (2)用九用六云者，明乾坤皆用也。其体则太极也。太极本寂然无形，而其显为大用，则有乾坤二方面可言。只是二方面，不可截作二片也。余新论之言翕辟，实与大易互相发明，学者详之可也。①

此即明显表示：太极本体虽清净炤哲、无有形质，但有流行之作用，此作用即本体之显现；然此流行、显现只有势用而无实质，故熊氏以气形容之，此气即乾坤所表征之翕辟，非世俗所谓现实事物之气也。可见对太极而言，乾坤已在气、用之层次上。故第二条引文即云：乾坤皆用也，寂然无形之太极显为大用则有乾坤二方面可言。熊氏且以《新唯识论》之翕辟说来解此乾坤，其为用、为气之义甚显。

对于乾元，熊氏亦在《读经示要》卷三中有所阐明，其文如下：

> (1)太极寂然无形，而其显为作用，即说万物资始，故曰乾元。

---

① 熊十力：《读经示要》，北京：中国人民大学出版社，2006年，第256、272页。

盖言此至神至健之作用，乃为万物所资之以始，故称之曰乾元也。乾元，即太极也。

(2)乾元是用，太极是体，体用不得无分。而云乾元即太极者，以即用显体故，得名太极耳。

(3)《九家易》释乾元曰："元者，气之始也。"元为气之始，而非即是气。则言其为万有之本体也。元本冲漠无朕，而显为气，即成万有。虞翻释《系传》"天下之动，贞夫一也"云："一，谓乾元。"此亦以乾元为万化之源，与《九家易》同旨。①

如上三条引文足以表明：所谓乾元，即太极所显发之至神至健之作用、为万物所资始者是也，此处乾元已在用上言，非复太极本体之旧也。然以即用显体之故，可将乾元名为太极，盖乾元毕竟为太极本性之显发，离此乾元别无太极本体可觅也。在第三条引文中，熊氏更将乾元与气加以区分，以乾元为万有之本体、万化之本原，其自身冲漠无朕，只有在显为气的时候才成为万有②，此则仍以乾元为太极本体。

而对于坤元，熊氏该书同卷中亦有如下的论述：

(1)原夫太极之显为大用，必先有一种凝聚处，以为其自身表现之资具，此即所谓坤也。

(2)坤凝聚而似有质，其实无实质也。坤，本非异乾而别有其原，故应说坤亦乾也。然而乾坤二用毕竟有分，则以用不孤行，必故反之。有所凝聚，将成为物，乃得为乾元之资具。

(3)形属阴也。夫形者，心灵之工具也。工具改进，而心灵乃得利用之以发展，于是而性有全显之可能。③

熊十力于此指出：太极之显为大用，必先有一种凝聚处以为其自身表现的资具，此资具之物即坤。然坤的这种凝聚只是似有质，其作用乃在于特反乾之用而为后者之资具。在第三条引文中，熊氏更从心神与身形的关系来阐明乾坤之理：身形属于坤、阴，心灵属于乾、阳；身形对心灵而言只是工具，不过资后者之利用、发展以全性之显而已。此即表明：坤在熊

① 熊十力：《读经示要》，第262、250~251页。

② 此处论述乾元与气之关系，与上段所云有些出入，然关系不大，盖乾元可以上下其讲：上则通乎本体，下则通乎翕辟、气，此处为上通。

③ 熊十力：《读经示要》，第282、283、265页。

氏那里代表物性、堕性、工具性，要之不过为乾之资具而已，其本身并无独立性，此已对乾元、坤元之关系有所揭示。对此关系，在该书同卷的如下论述中表现得最明显：

(1)坤之元，即乾元也。坤亦乾之变化也，非坤别于乾而自为本也。变化者，乾之行健不息也。《系传》言变动不居，以此见乾元之为行健而无息也。

(2)易以乾为君，坤元，亦乾元也。乾之六爻，皆乾元也，即四德备矣。坤之六爻，其体即乾元，四德备可知。六十二卦，皆本乾坤。凡坤又皆本乾。则六十二卦，莫非乾元所为。

(3)坤之元即乾元，是坤卦六爻，所表之一切动端，或一切物事，皆乾阳隐为之主。坤阴非离乾阳而独在也。六十二卦，皆阴阳相待成变，而凡阴皆以阳为主。阴为质，而阳为神。遍运乎群阴之中而为其宰者，阳也。①

此三条引文明显无疑地表示：坤实无自体，所谓坤元者，其实不过是对乾元的分有，所以说坤不过是乾之变化，整个大用之流行无非乾元之健行无息也。坤六爻之所以能备四德，正在于其分享了乾元之四德，乃至六十二卦无不本于此乾元。坤或阴所表征之一切动端、事物皆以乾阳隐为之主，盖乾阳遍运乎群阴之中以为其主宰也。

总结此上的讨论，可见在熊氏看来：从体用的原初角度而言，只有太极是本体，乾与坤皆是用；从用的角度来说，唯有乾元堪称大用，坤则有物化之趋向且为乾元所主宰。此即熊氏所云："体用分疏，则说太极为体，乾坤皆用也。克就用言，则惟乾元独称大用，坤有物化之虞，而难以用言矣。"②此亦涵括《新唯识论》所言："一翕一辟之谓变。原夫恒转之动也，相续不已。动而不已者，元非浮游无据，故恒摄聚。惟恒摄聚，乃不期而幻成无量动点，势若凝固，名之为翕。翕则疑于动而乖其本也。然俱时由翕故，常有力焉，健以自胜，而不肯化于翕。以恒转毕竟常如其性故。唯然，故知其有似主宰用，乃以运乎翕之中而显其至健，有战胜之象焉。即此运乎翕之中而显其至健者，名之为辟。"③此处的恒转即太极、辟

① 熊十力：《读经示要》，第250、265、274页。
② 熊十力：《新唯识论》，第283页。
③ 熊十力：《新唯识论》，第68~69页。

之健即表乾元、翕之摄聚即表坤，其义完全相同，不劳烦释。

二、牟宗三之乾坤义

就易学的专门阐释而言，除早年的《周易的自然哲学与道德函义》外，牟宗三在其著作中似乎着力不多。《周易哲学演讲录》虽收录其晚年讲易之说，但此书亦谈不上易学专门著作。然而这并不意味者牟氏对易学没有深入的研究，实际上，牟氏的易学思想与熊十力一脉相承，有其系统性和深刻性。以下即以《心体与性体》《周易哲学演讲录》为本对其相关思想略加阐明。

在《周易哲学演讲录》中，牟宗三以乾为创生、创造原则，坤为凝聚、保聚或终成原则；以乾为纲领性原则、坤为附属性原则。虽然两者之间有区分性，但只有乾才能充当最后的根源。然乾中已有坤，乾道之“利贞”“各正性命”处就已经涵盖了坤道之终成原则；而坤中亦有乾，坤六二之“直方大”就已经涵盖了乾道之刚健(此为牟先生之独特“乾坤并建”说，与船山之说不同)。很明显，此中所体现的易学思想与熊十力密切相关：将此说法与此上对熊氏的阐述略作比较，即可见出其亲缘性。

在《心体与性体》中，藉对“乾道变化，各正性命”之义的阐发，牟氏对此上说法有更清晰的论述：

> (1)实则乾道自身并无所谓变化，乃假气(即带着气化)以显耳。乾道刚健中正，生物不测，即是一创生实体，亦即一“於穆不已”之实体。然此实体虽是一创生的实体，虽是不已地起作用，而其自身实无所谓“变化”。“变化”者是带着气化以行，故假气化以显耳。变化之实在气，不在此实体自身也。假气化以显，故元亨利贞附在气化上遂亦成四阶段，因而遂俨若成为乾道之变化过程矣。然而元亨利贞亦称乾之四德，则随着气化伸展出去说为四阶段，亦可收摄回来附在乾道之体上说为四德也。
>
> (2)在物处结果只有堕性、本能、物质的结构之性。①

对牟氏而言，乾道即乾元之道，相当于熊十力的太极本体。牟氏的论述表明：此乾元之道作为本体自身而言是无所谓变化的，说乾道变化不过是“假气以显耳”。此乾道作为创生实体，虽於穆不已地起创生作用，其

---

① 牟宗三：《心体与性体》第一册，台北：正中书局，1968年，第33、72页。

自身却是纯一不杂、无形无相的。乾之元亨利贞四德不过是就着气化而言，其自身则只不过是一种创生不已之作用。据实而言，此气化即坤道，事物之多姿多彩即在此坤道气化上见。然此坤道之所以能有此多姿多彩之变现，全在乎乾道遍运乎坤道之中而创生不已地起作用也，只有乾道才是真正的创生力量。坤道、气化对乾道而言不过只是一种资具或工具。就坤道、气化所成的万物而言，它们所有的不过是堕性、本能和物质的结构之性。此即表明：坤道、气化对于乾道而言，只有两重意义，亦即资具义和阻碍义。资具者乾道资坤道以表现自己之谓也，阻碍者坤道物化以障蔽乾道之谓也。对乾道而言，坤道大体是消极的。此大体与熊氏之思想相同，故不过多阐发。要之，牟氏以乾坤为德，以阴阳为气；坤元统摄于乾元之中，而乾元即天道自身；此天道本身作为创生不已的源头是无所谓变化的，变化只在气上见。此即牟氏之乾坤义。

由此上的论述，可以见出：熊十力与牟宗三之乾坤义大抵相同。其思想可小结如下：(1)本体是至清至虚、纯一无杂、无形无相的，熊氏称为太极，牟氏称为乾道；(2)乾为创生之道(辟)、坤为凝聚之道(翕)，乾元表征创生不已之作用，故熊氏以即用见体称为太极，牟氏则直接命为乾道；(3)乾元统摄坤元，坤自其自身而言并无自体，它只不过是乾元表现、完成其自身之资具；(4)坤道有堕性、有物化之趋向；(5)由坤道所表征之气(此气不能作本体)，有资具、工具与堕落等涵义。

第三节　与熊十力、牟宗三之比较

以上的疏解为此下的比较提供了基础，故本节即致力于挖掘这两系思想中所蕴含的差异与类似之处。其差异处可从三方面加以展示：亦即乾坤与本体义(此涉及对天道本体自身的领会差异)、乾坤与体用义(此涉及两种类型的体用论)、乾坤与气善义(此涉及对气本身的领会差异)。此两系的差异所关甚大、亦极明显，船山、熊十力对此亦有明确的意识，此可由其批判性论述见出。最后，虽然两系的乾坤义有差异，却并非无融通处，其融通的可能性其实颇大。以下即按此思路展开本节的比较。

一、乾坤与本体义

根据此上的论述，就熊氏而言，本体作为太极是无形无相、清虚昭彻的，它自身有生生不已之势用。此势用之展开即翕辟、即乾坤，而翕辟或乾坤则已在用的层次上，非复本体之旧。虽然乾元就即用见体的角度说可目为太极，但乾元毕竟不能等同于太极。要之，此本体是某种形而上的创生源头，而翕辟之用则已属于气，其中翕犹属形而下者。牟氏大抵继承了熊氏的领会，将乾元等同于无形无相、至清至虚之太极，视其为纯一无杂、创生不已的形上本体，其自身是无所谓变化的，变化只在气化所成之现象界上论。由此可见：本体在熊、牟处有形上义、创生义、单纯义，相对于气化界之形下性、被造性、驳杂性。

与熊、牟相对，船山对本体(道体)的领会有所不同。在船山这里，太极固然指目本体，阴阳、乾坤、健顺亦均可指目本体。阴阳二物作为实体，充塞宇宙、无物不有，其全体即太极自身。健顺作为阴阳之德，故是形而上者，然此形而上之德即在阴阳所生成万物之生生不已、柔顺厚实上见。乾坤亦指向德性，其实则不过是阳气之舒、阴气之凝，故最后仍会归为阴阳；乾坤之合撰为太极，不过表示阴阳合撰之气之全体即太极。故究其实而言，阴阳之气即根源义上之本体。此气却是通贯形上形下而为一的，创生力量隐乎其蕴而被创者则显见其表，乾坤有纯健纯顺、纯知纯能之性而万物有形色性情之驳杂。从本体上看，原初的气的发生流衍即天道的本真流行，本体原是统贯清浊、虚实、刚柔而至诚无妄的，此即气之“一物两体”性。清浊、虚实、刚柔所表征的正是气之两体性，而乾坤则相应于此两体性(乾，刚、清、实；坤，柔、浊、虚)。此两性相待、相合、相成(互补对生)以共建气之本体义，消融此两体之并建义，则气之本体亦不存矣，船山“乾坤并建”说的大义即存乎此。此即不同于熊、牟二氏形上、创生、单纯之本体及其以乾统坤之做法。

对此，可略引《张子正蒙注》卷一、卷二之说法以作证明，其文云：

> (1)阴阳二气充满太虚，此外更无他物，亦无间隙，天之象，地之形，皆其所范围也。……在天而天以为象，在地而地以为形，在人而人以为性，性在气中，屈伸通于一，而裁成变化存焉，此不可逾之中道也。①
>
> (2)阴阳之实，情才各异，故其致用，功效亦殊。……故直言气有阴阳，以明太虚之中虽无形之可执，而温肃、生杀、清浊之体性俱有于一气之中，同为固有之实也。②

① 《张子正蒙注》卷一，见《船山全书》第十二册，第26页。

② 《张子正蒙注》卷二，见《船山全书》第十二册，第80页。

船山于此清楚地表明：阴阳二气即本体，虽阴阳之性情功效各异，却同为固有之实。且此二者俱有于一气之中(气有阴阳)，一切动静、屈伸、聚散(即气化之大用流行)无非此阴阳所为，天之象、地之形、人之性无非此气之屈伸运行。此处之阴阳即通于乾坤，合阴阳以撰成宇宙，即合乾坤以撰成太极，乾坤并建之所以能极成气之“一物两体”性也。

二、乾坤与体用义

对本体义的讨论，已涉及本真层次上的体用论。为了凸显两系易学思想的差异，此处进一步从体用论的内涵对其加以探讨。简要说来，船山与熊、牟都遵循体用不二的说法，但在其不二之说的具体表现上，两系之间存在较大的差异。在熊、牟处，本体具有优先性、绝待性，亦即太极或乾元是先天的、自给自足的、无所依赖的绝对之物。作为创生的源头，它是一切的起因和归宿。用则是此本体的某种发用，万物就在此发用中甩落开来。此用所成之万物对体而言只不过是表现与资具，万物均相对存在且有其下堕之倾向(此点在牟氏处表现得尤为明显)。虽然在此大用之总体中，从人的角度而言，乾元之辟作为心灵或道德理性可通或同于本体，但作为其对立面的身体、物质、气质仍保留其资具义、下堕义。要之，在熊、牟处，体是绝对、形上者，体具有创生性、统摄性、超化性；体是积极的、主动的源头，而用则是被动的、消极的。其体现为：乾元统摄坤元，坤只是乾元表现自我的资具。故熊、牟之体用论实即：乾元之体涵摄翕辟大用而会归于己，此正为“以体贯用”说。

这与船山“乾坤并建”说所蕴含的体用论形成鲜明的对照。如上所言，在船山处，本体不是无形无相、清虚昭彻的形上绝对之物，本体即阴阳之实(亦即气之全体)。此阴阳之实贯彻形上形下、清浊虚实、幽明隐显而为一。体尽乎用而用即成乎体，体与用同行于天道之至诚无妄中，本不可对其层次加以截然划分。由此而推进，船山即提出体用“相与为体”说，此义实已蕴含在“乾坤并建”思想中。此前已经提到：阴待阳以成体，阳亦待阴以成体，此即阴阳互为体用之说也。乾之六阳待坤之六阴以成就十二位之全体、成六十二卦错综之变化，此乾坤互为体用之说也。健则极健、顺则极顺，健顺合德以撰乎太极，此健顺互为体用之说也。阴阳与道为体，道建阴阳以居，此阴阳与道互为体用之说也。正是基于此互为体用之说，船山从根源上承认万物之真实性与善性(此即通于以下所言之气善义)，并不以气化所成之万物为单纯表现与资具，并不认为万物皆具原初之堕性。如果非要说表现、资具，则乾阳藉坤阴以为资具来表现自己，坤阴亦藉乾阳以为资具来表现自己，二者在本原、本体层次上相资相待以撰成太极之本真流行。此即“乾坤并建”思想所极成之体用“相与为体”说。船山于《周易外传》卷五中云：“道以阴阳为体，阴阳以道为体，相与为体，终无有虚悬孤致之道”①；又于《读四书大全说》卷五中有云：“‘与道为体’一‘与’字，有相与之义。凡言‘体’，皆函一‘用’字在。体可见，用不可见；川流可见，道不可见；则川流为道之体，而道以善川流之用。此一义也。必有体而后有用，唯有道而后有川流，非有川流而后有道，则道为川流之体，而川流以显道之用。此亦一义也。”②此中所传达的正是其独具特色的“相与为体”说。③

三、乾坤与气善义

前文已论及船山之气善义，此处再将其与熊、牟之说略加对比以凸显其特性。如一再所论及的，在熊、牟处，气并非形上的绝对本体，气对于本体而言只有表现义、资具义和退堕义。现象世界的丰富性或多样性均在气上见，本体作为创生不已的源头则是纯净无染的。现象世界善染皆备，而形色之物尤其有退堕性(染性)，只有通过乾元之不断涵化方能转此染性以成就善性。就此而言，熊、牟之以乾统坤、尊乾卑坤实指明气之中性与不善义：中性义对应于表现与资具义，而不善义则对应于退堕义。盖坤即代表形质杂染，坤对乾而言是被统摄者、被治疗者。在此背景下，熊、牟无法谈及根源层次上的气善义。

船山的“乾坤并建”说所蕴含的气善义正与此形成鲜明对照。船山认为：此乾健、坤顺所撰成的一切事物，就其本原来说，无非天道至诚之流行。至诚者无有不善，即此原初气化所成之物无不善也，此即成立根源层次上的气善义。克就体用而言，阴阳之实(体)所撰成的一切形色之物(用)皆为乾健、坤顺之体现，皆真实无妄者。此至诚无妄之流行即“继之者善”也，故形色之物无不善也。所谓的不善，只是在善的基础上反显出来的。故船山云：“其善者，则一阴一阳之道也：为主持之而不任其情，为分剂之而不极其才，乃可以相安相忘而罢其疑，于是乎随所动而皆协于善。”④天地万物自有其主持分剂之道，故能随所动而协于善，盖气自能主

---

① 《周易外传》卷三，见《船山全书》第一册，第903页。

② 《读四书大全说》卷五，见《船山全书》第六册，第734页。

③ 关于船山体用论的具体内容，请参考第二章第二节的第四小节。

④ 《周易外传》卷七，见《船山全书》第一册，第1112页。

持分剂其自身，故气化所成之一切皆善之流行也。正是基于此气善义，船山才大力弘扬尽才说、形色即天性说。

四、引证：相互批评

以上从本体、体用、气善三面对船山与熊、牟的乾坤义进行了比较，其差异可会归为如下问题：乾与坤之关系为如何？乾坤与本体之关系为如何？对船山而言，乾坤必须并建且乾坤即本体，故体用相与而用皆善之体现。对熊、牟而言，乾元所表征之本体是先天绝待的且乾阳统摄坤阴，故体统摄用而用有物化之虞。坤阴之地位的下落是此中的关键，由此即可融会此上三方面所涉及的差异。对于这些差异，船山与熊、牟自身都有明确的意识。熊氏于《读经示要》曾多次提到船山的“乾坤并建”说并加以批评，其文如下：

(1)故于坤言元者，谓坤含乾元耳。王船山《易传》，主张乾坤并建，颇近二元论，此非孔子旨也。

(2)二千年来，易之大义，湮绝已久，晚明王船山作《易外传》，欲振其绪，然于体用之义未融，情性之分莫究，天人之故，犹未昭晰。羽翼大易，疑于弗备。《新论》之作，庶几船山之志耳。

(3)船山于本原处，不能无误。其言乾坤并建，盖未达体用不二之旨，遂有此失。坤元亦是乾元，非并立也。乾之不能无坤者，特故反之，以成变化。①

熊氏认为船山的“乾坤并建”说有二元论的嫌疑，船山之所以提出此说法是因为对本原的领会有误差，未能透彻地领会体用不二之旨。熊氏以为乾坤并建说所体现的恰是“体用之义未融、情性之分莫究、天人之故未昭晰”，与自己的乾元统摄坤元之说所体现的思想进路不同。牟氏于《黑格尔与王船山》中亦曾指出：“王船山讲性命天道是综合的讲法……从乾坤大父母，气化流行，讲天道，讲性命……心、性、理、气、才、情，贯通在一起讲”②，其学与程朱、陆王之系统整然、条理分明有所不同，并认为船山不是一个好的哲学家，此说颇有洞见。然据实而言，船山此贯通、综合的讲法恰恰根源于其“乾坤并建”理路，“并建”中即蕴含着一种

① 熊十力：《读经示要》，第 286、253、201 页。

② 牟宗三：《生命的学问》，台北：三民书局，1978 年，第 176~178 页。

原始的综合与贯通（相应于一物两体：一者贯通、二者综合）。若能把握此根本枢机，则船山思想之系统整然、条理分明亦甚显，其思理并不含混糊涂也，只是不同于陆王、熊牟之心即理、心即天而已。

对熊、牟的说法，船山当然不能预知。但在其论述中，也隐含有对尊乾贱坤、尊知贱能的批评，由此略作引申即可见出船山对熊、牟乾坤义之批判。其于《周易外传》卷五有云：

> 然则独乾尚不足以始，而必并建以立其大宗，知能同功而成德业。先知而后能，先能而后知，又何足以窥道阃乎？异端者于此争先后焉，而儒者效之，亦未见其有得也。夫能有迹，知无迹，故知可诡，能不可诡。异端者于此，以知为首，尊知而贱能，则能废。知无迹，能者知之迹也。废其能，则知非其知，而知亦废……知能废，则乾坤毁。①

船山于此以知配乾、以能配坤，认为光有“乾知大始”并不足以创生万物，只有联合“坤作成物”才能创起生化，亦即只有知、能并举才能撰成太极。先知后能、先能后知的做法尚且不足以窥见道阃，况以知能相混相消乎？故船山以在知能上争先后的学说为异端，认为有的儒者即效此异端而为学。尊知贱能、以知摄能（其实质即尊乾贱坤），即此异端思想的核心要脉。在船山看来，循此理路以贯彻到底，必然会出现知、能并废而乾坤毁的结局。船山对佛老、陆王的批评，都可与此加以关联。将此尊知贱能说稍加转化，即乾阳统摄坤阴之说，然后船山于此所作的批评即可应用于熊、牟之说上。此即表明：虽然船山无法预测到熊、牟乾坤义的出现与发展，却隐然对其有一种防备性的批判。

五、两系之融通

以上侧重论述了船山与熊、牟乾坤义之差别，但其实两系说法也多有相通之处，正可以相互融通。仍从此上所述的三个方面展开论述。（1）就本体而言：船山虽以阴阳为统摄形上形下之本体，然船山亦侧重此本体之形上义、绝待义与创生义，此即通于熊、牟之本体义。熊、牟之本体虽无形无相、至清至虚，然作为创生不已的源头既生化万物，必统摄形而下者亦会归于己，故本体归根结底亦统形上形下为一，惟两者层次不同而已。

① 《周易外传》卷五，见《船山全书》第一册，第989~990页。

(2)就体用论而言：船山的体用论以“相与为体”为特色，亦即道体生起万化之大用，而万化之用既生则亦成乎体以载乎道之用；体用之间并无截然之分段，反倒是密合无间、共筑一体的。熊、牟的称体起用已被融汇在此“相与为体”中。熊、牟虽主张称体起用、以体贯用，然用既生即成为体之表现与资具，此用即成乎体之发生流衍也，故熊、牟亦有即用成体义。在本真层次上，称体起用与即用成体泯然无别，大用无非全体、全体无非大用，此亦为体用“相与为体”之一型，惟熊、牟体用之分殊为悬绝。要之，相与为体说实可融摄称体起用说。(3)就气善义而言：船山虽然承认根源层次上的气善义，但他同样承认气中所隐含的不善义。在《周易内传》卷一中，船山即注意到阴滞于形质、或流于惨害的特性，其文云：“阴，所以滋物而利之者也。然因此而滞于形质，则攻取相役，而或成乎惨害，于是而有不正者焉。故其所利者‘牝马之贞’，不如乾之以神用而不息，无不利而利者皆贞也。”①此即通于熊、牟所指明的坤阴之物化倾向。熊、牟虽以坤阴、气为形而下者，大体只具有表现、资具及下堕之中性、染性义。然以乾阳之创辟运作之、涵化之，此形而下者即善之载者，由此则气亦有其善义。惟此善根源于乾元而非坤阴自身而已，若能予阴以某种独立性、完善性，则离船山之气善义不远矣。故气善不气善，关键在于肯认坤阴之实际地位。此外就大体而言，尊阳贱阴之倾向为易学的老传统，船山与熊、牟均肯认之，惟船山之肯认不如熊、牟之强劲、特出。

综括而言：无论就本体义、体用义还是就气善义而言，船山之乾坤并建说与熊、牟之乾阳统坤阴说实有极显明之差异。此差异足以表明：此乾坤义背后隐含了两系大不相同的思想路向。当然在此基本差异之外，两系的乾坤义在很多方面亦有类似或可相互融通之处，而船山乾坤义的丰富内容实包含了更多的可能性以涵摄熊、牟之说。据笔者之思考而言，如果要对船山与熊、牟之乾坤义作根源上的融会贯通，最重要的当然是回到天道流行本身去探求乾坤之真意。就此回归天道流行而言，船山的乾坤并建说实更具基础性、本原性。盖“乾坤并建”说背后所隐含的是气之“一物两体”性，此即直面天道流行之实情以作探讨。故不管是乾坤并建说，还是乾阳统坤阴说，就学问渊源而言，均可追溯至张载的“一物两体”说乃至易传的“太极两仪”说。直面天道流行之实情而循此思路以探求之，即终极的领会与融通工作。船山“乾坤并建”说的当代哲学蕴含存乎此，儒家思想新开展的可能性亦存乎此。

---

① 《周易内传》卷一，见《船山全书》第一册，第75页。

第四节 “乾坤并建”思想的当代哲学蕴涵

本节意在对船山“乾坤并建”思想的当代哲学蕴涵略作探讨，以便为儒家思想在现时代的开展奉上绵薄的思考。相应于此上的提示，本节探讨将从两方面展开：首先是“乾坤并建”思想所隐含的对现代新儒家加以调适上遂的可能性，其次则是该思想对儒家思想的当代及未来开展所具有的启示意义。前者以牟宗三之道德形而上学及良知坎陷说为主，略及熊十力。盖牟宗三既能忠实地继承熊十力，又在学理上有系统而宏辟之阐发。在儒家思想的新展开方面，介于本书篇幅及笔者的学力，目前只能略加探讨，点到为止。

一、对现代新儒家之调适上遂

就现代新儒家而言，熊、牟一系多被认为最富原创、最有成就者。笔者大抵认同这种看法，熊、牟等的确代表了现代儒家的高致、尽了其时代使命。此后儒家思想的开展或可以超过他们，却不能轻而易举地越过他们。要继承、超越他们，首先必须直面其思想自身及其所包含的内在张力。对一以贯之的哲学家而言，其内部张力也随其思想所及而铺开，熊十力之乾坤义即如此这般地体现了其思想内部的两重张力。简言之，如下的两重张力贯彻了熊十力思想的始终：儒家至诚无妄与佛家荡相遣执之张力、儒家性德流行与科学抟量构画之张力。克就乾坤义而言，此即表现为：(1)乾元创辟、创生不已之纯与坤阴万有不齐、物化倾向之杂。由前者即儒家之至诚无妄，由后者则须佛家荡相遣执之工作。此两者在《新唯识论》中虽融合为一，然其内部张力依然紧张，盖真至诚无妄则不须荡相遣执也。(2)由乾元发用流行而来之乾元性海即性德流行之境，由坤阴摄聚凝成之现象界则万有不齐，需要对其加以经验或抽象之研究，此即科学抟量构画之工作。此两者在《新唯识论》中以性智、量智的方式融合为一。然此二智之关系到底如何，熊十力未曾给出彻底的答案。量论之未能做出实源于此，故此二智之内部张力依然紧张。此乃是道德理性与科学理性之融会问题，熊十力未能完满地解决此中问题。牟宗三即接续此问题而展开其学思论辩，提出其道德形上学与良知坎陷说。此即表明：熊十力思想内部的两重张力，大体为牟宗三所继承并推进，牟氏试图通过融会儒家与康德来化解这两重张力。

以乾元统摄、涵化坤阴而达成性德流行之境，即牟宗三之道德形而上学。此乾元之涵摄、超化作用有三个层次（相应于牟氏的道德理性三义）：首先是人心乾元（即良知、本心所表征之道德本体）之凸显与挺立，在工夫上即逆觉体证。此乾元作为道德理性自作主宰、自定方向，是决定本体世界的方向伦理，由此开出道德界。其次，此乾元本体不但是心性本体，亦且通过"寂感真几"而转为宇宙生化之本体（人心之乾元即同于天道之乾元，盖乾元本纯一无二也），此即贯通存在界而为终极的形而上者。在此即有变化气质的工夫，性体由此润泽己身与万有形色之物。最后则是此乾元大用的通体流行，随顺一切现象而成就道德真体的灌注，德合天地以立乎人极，此即天德流行、乾元性海普现之境。综言之，可以乾元说贯通道德理性之三义：乾元的显现（道德本体之当体呈现、截断众流句）、乾元的普摄（道德本体通于宇宙生化、涵盖乾坤句）、乾元的大用流行（道德本体落实于现实生活、随波逐浪句），此即牟氏道德形上学之规模。《心体与性体》中的如下论述，正可以为此做证明：

> （1）性体心体在个人的道德实践方面的起用，首先消极地便是消化生命中一切非理性的成分，不让感性的力量支配我们；其次便是积极地生色践形、胖面盎背，四肢百体全为性体所润，自然生命底光彩收敛而为圣贤底气象；再其次，更积极地便是圣神功化，仁不可胜用，义不可胜用，表现而为圣贤底德业；最后，则与天地合德与日月合明，与四时合序，与鬼神合吉凶，性体遍润一切而不遗。
>
> （2）在体证中如此呈现如此起用之性体自始即不限于人类而单为人类之性体，或甚至亦不限于康德所说一切理性的存在，而是顿时即通"天地之性"，"天地之中"，而为宇宙万物之性体，因而亦就是宇宙万物底本体、实体，此是绝对地普遍的，亦是道德实践上绝对地必然的……此道德的而又是宇宙的性体心体通过"寂感真几"一概念即转而为本体宇宙论的生化之理，实现之理。①

据此而言，性体心体即乾元，阴阳所成形色之物则归属坤阴。乾元之创辟起作用，首先是消极地消化生命的非理性成分（此为对形色之堕性的治疗），其次则涵化、润泽自然生命（此亦归属于气性、才性）以成就圣贤之道德气象，再其次则成就仁义不可胜用之盛德大业乃至与天地合德之天

① 牟宗三：《心体与性体》第一册，第179、180页。

德流行境。此一过程即乾元对坤阴之无限涵摄、转化、超升之途程，其终极目标乃是成就与天地合德的圣贤品格。根据第二条引文，此人心之乾元（作为性体心体）就其实质内容而言即天地之性、宇宙生化之本体，故到最后“宇宙秩序即道德秩序、道德秩序即宇宙秩序”。显而易见，牟氏的道德形而上学是乾元主导下从道德或实践理性的进路以乾阳统摄、涵化、超升坤阴以趋于绝对形上境界的无尽途程。亦即牟氏的乾坤义已完整地隐含此道德形而上学之规模。以此方式，牟宗三对熊十力的第一重内在紧张做出了系统的回应。此回应当然包含有极深的洞见，却并没有完全化解掉其中的张力。与此尊乾贱坤的理路相对，倒是船山的乾坤并建思路能恰当地化解此张力，以下我们将讨论这点。

与熊氏性智、量智之区分相应，牟氏有所谓的“良知坎陷”说以解决科学与哲学的关系问题（亦即“两层存有论”之解决现象与物自身的关系问题），而此套思路已涵盖在其乾坤义之中。良知所运作的世界，即本体世界、价值世界，归根结底则是乾元创生不已的意义世界（物自身的世界）。要应对坤阴所成就之现象界的经验考察（探求现象的规律以成就科学知识），良知必须从本体界退开、下落（识心之执），开出主客对立的格局，良知此时即因应此格局而成为观解的理性。此理性深入对象或物的复杂、曲折之中而探求其结构之性、存在之理即成就科学界。此理性深入政治领域以探求政治活动的规则、架构即开出民主政治。要之即乾元从本体上脱落以进入坤阴的世界中加以照察。这种脱落即良知之坎陷，然乾元既可以降落、亦可以再度回收，故最终亦是会归于乾元性海之天德流行境。此中所体现的仍旧是乾元统摄、涵化、超升坤阴之理路。此理路相应于康德自然界（观解理性）、道德界（实践理性）之划分及两界之融合问题。只是在康德那里，判断力充当此融合的桥梁。牟宗三则以为人自身有智的直觉，道德理性之精诚恻怛原本就可以涵摄自然界以成就圆满之道德形而上学，而科学、民主则只须此乾元良知进行坎陷后即可加以成就。这样，牟宗三对第二重内在张力给出了系统回应，然此回应仍未完善地化解此张力。

准以船山的乾坤并建思想，在牟宗三的道德形而上学与良知坎陷思想中，此上两重张力可规约为如下的理论困境：(1)原初现象的隐没：熊十力将现实万物视为有势用而无实质的幻现，牟宗三认为在物处只有堕性、本能和结构之性。此即错会了形色之物的真实无妄性，亦错失了对原初现象的领会。其原因即在于将乾元领会为无形无相的超绝创生本体，并视坤阴为某种附属、依存之物。然在船山那里，乾坤并建以撰成太极，此乾坤并建在天道层次上的原始展开与流行原是真诚无妄、备诸万善的，此即原初的气化现象。在此原初现象中，乾固然是善，坤亦是善，且乾与坤必须密合共筑方能成就此至善之流行。在船山看来，凡贬低原初气化所成现象者都沾染了佛老的异端思想，皆有悖于天道至诚之真意。(2)实践理性的独大：这表现为乾元之超绝本体义及其对坤阴的无限统摄与涵化。此道德理性不但是心性本体，更是宇宙生化之本体。此本体充至其极即达于“宇宙秩序即道德秩序、道德秩序即宇宙秩序”的境界。这种说法有道德绝对化的意味，难免引起所谓“良知的傲慢”之批评。在船山那里，道德理性或仁义之心自然是人之为人的本性。然此仁心不过是天道乾元在人心上的表现，它可以通于后者但并不能等同于后者。船山的“道大善小、善大性小”说即明确表达此义。在人道层面上，乾坤并建体现为心身合一、知行合一，这通于却不同于宇宙生化层面上乾坤并建义。(3)身体的消失及心之超拔：在熊、牟乾阳统坤阴思理中，身体被混同于一般形色之物，身体的特殊性消失了。真正得到凸显的只是此心之超拔与绝待，身体在此心之前不但失去特殊性，它甚至与身外的形色之物一道成为心所要克服、超升的对象。这多少有点内圣学的治疗意味。在船山那里，心自然有其超拔性，但形色之物同样有其可贵性、独特性。就根源而言，形色之物与心同为天道至诚之流行，因而同为至善之物。所以原初的关系应当是：心身交养、心物互成、志气贯通。在此原初层次上，心志与身、物、气属于同一层次，虽然船山亦强调心志的主导作用，但并不因此而贬低形色之气。(4)物性的失落：由于强调乾元的绝待性和主导性，坤阴所成就的物性脱落成某种相对之物，因而不具备自在独立性，而以事物为研究对象的科学自然也不具备自在独立性。甚至各种附着在物上的人文化成史也成为某种相对之物。科学、历史由此失去其本真意义。然在船山这里，由于乾坤并建，坤阴所表征之物性是真实无妄的存在，在某种意义上有其自在独立性，故科学与历史的本真意义俱得到保存。

在此上四点之外(此四点是互相会通的)，我们当然还可以列举出更多。但以乾阳统坤阴的思路所蕴含的理论后果已较为显明。其与船山乾坤并建思想所作的对比也为我们对现代新儒家的调适上遂工作提供了具体方向。综括而言即：(1)回归原初的气化现象：领会乾坤并建的天道至诚流行义，挺立刚健不息、生生不已、物与无妄的原始儒家天道观以化除佛老对当下现实之贬低或遗弃之思想的沾染。这就化解了第一重内在张力并由此归于原初现象之平实中正。(2)还道德理性与物性之本相以使之各归其位：如此则道德理性为人之本性，虽可通于宇宙生化之乾元却不可与之等同，盖道德秩序毕竟不能完全等同于宇宙秩序。如此则乾元有一种分际与落实：天道乾元为纯阳，而人心乾元为仁心之不容已。物性亦由此摆落其对乾元的依附性而开显出某种自在独立性，对此物性的研究即成为科学的任务，故科学亦由此成立其自在独立性。如此则道德理性与科学理性各有其分际而不可混同或相互化约，而其会归则存乎天道之整全、理性之整体。这就化解了第二重内在张力并由此成就学问之分际不紊。(3)重视身体的独特性并深入物性及历史之中：船山的乾坤并建思想实蕴含有十分丰富的身体思想；其对物性的领悟也为我们接引西方的科学精神提供了理论上的接榫处；至于投身到历史的深处以涵泳人文化成史，此更是船山思想的独特与精彩处，而实已蕴含在乾坤并建思想中，只是不太显明罢了。此即船山乾坤并建思想对继承和发展现代新儒家思想所具有的调适上遂义。

二、儒家思想的新开展

此上就具体问题做了阐明，此下论述理念方向。凡一种思想，若足以为一文化传统挺立纲维的话，都有其关于贞常、应变之成套见解或理念。此思想在时代中的新开展，无非因应时代变化以回归大常而已。作为中国古代思想传统的纲宗，儒家自有其贞常应变之说，其体现则在易学中最为明显。从易学的角度，船山的乾坤并建说为儒家思想的新开展提供了终极的贞常应变理念，以下即对此理念略作展示以开发其启示意义。

自贞常的角度而言，船山在《周易外传》卷七中为我们提供了关于宇宙人生的终极见解：“天之生斯人也，道以为用，一阴一阳以为体。其用不滞，其体不偏。向背之间，相错者皆备也；往来之际，相综者皆实也。迹若相诡，性奚在而非善？势若相左，变奚往而非时？以生以死，以荣以贱，以今以古，以治以乱，无不可见之天心，无不可合之道符……充天地之位，皆我性也；试天地之化，皆我时也。是故历忧患而不穷，处死生而不乱，故人极立而道术正。”①此即表明：道之体用不滞不偏，向背错综之间数位皆备；天地之位、化不外乎我之性、时；此即乾坤并建在天道、人性上的贞常。其于《周易内传》卷一更有云：“乾以刚修己，坤以柔治人。君子之配天地，道一而用其志气者殊也。修己治人，道之大纲尽于乾坤矣。”②此即明示：乾刚坤柔以修己治人即尽乎道之大纲。儒家思想的新开展无非在天道、人性、修己治人上展开。船山之乾坤并建说正可表明：无论儒家思想如何开展，其立足之地始终是天道之全、人性之常、修己治人

① 《周易外传》卷七，见《船山全书》第一册，第1114页。

② 《周易内传》卷一，见《船山全书》第一册，第55页。

之无尽途程。从应变的角度说，乾坤并建所统之六十二卦皆为应变之卦(错者幽明易其位、综者往复易其几)。对此船山特别强调周易之“周流六虚、惟变所适”性格，认为应该本乎健顺之德而随时变易以从道，其对几、继善的强调亦通乎此。简言之，此即船山乾坤并建思想所提供的理念：夯实其体、通达其用。

结　语

总结此上论述，首先从体用、德性、象数三个角度对船山的乾坤并建说进行了阐明，其要点在于：乾坤相待相成以撰成太极之全体，时无先后、权无主辅。第二节则对熊十力、牟宗三的乾坤义进行论述，其要义如下：熊、牟均以乾元统摄坤阴，乾阳地位上升而坤阴地位陷落，由此即出现层次差异(乾阳坤阴异质异层)。以此上的梳理为基础，第三节对两系的乾坤义从本体义、体用义、气善义三面进行比照，其间的差异揭示出两种不同的思想路径。第四节则基于这些差异探讨乾坤并建说所蕴含的当代哲学价值，亦即基于现代新儒家两重内在矛盾来对其加以调试上遂并提出贞常应变的理念。该探讨表明：对以乾坤并建说为表征的船山易学思想的回归，或多或少可以为解决现代新儒家的思想困境提供某种启示，并为儒家思想的当代及未来开展提供某种新的致思方向。对船山易学思想的深入发掘，实有其重大的思想意义、现实意义。

引用及参考文献

(一)原著类

1. 船山原著

王夫之:《船山全书》(全十六册),长沙:岳麓书社,1996年。

王夫之:《王夫之著作》,北京:中华书局,2009年。

2. 其他原著

柏拉图:《柏拉图对话集》,王太庆译,北京:商务印书馆,2004年。

班固:《前汉书》(四部备要本),台北:"中华书局",1981年。

程颢、程颐:《二程集》,北京:中华书局,1981年。

郭庆藩:《庄子集释》,北京:中华书局,1961年。

韩愈:《韩昌黎文集校注》,马其昶校注,上海:上海古籍出版社,1986年。

黄宗羲、全祖望:《宋元学案》,台北:"中华书局",1981年。

黄宗羲:《明儒学案》,台北:"中华书局",1981年。

李鸿章:《李鸿章全集》,海口:海南出版社,1997年。

刘宗周:《刘宗周全集》,台北:"中央研究院"中国文哲研究所,1996年。

龙树菩萨:《中论》,见《大正新修大藏经》第三十卷,台北:世桦印刷企业有限公司,1990年。

楼宇烈:《王弼集校释》,北京:中华书局,1980年。

陆九渊:《陆九渊集》,北京:中华书局,1980年。

司马迁:《史记》(四部备要本),台北:"中华书局",1981年。

王弼:《老子道德经注校释》,楼宇烈校释,北京:中华书局,2008年。

王阳明:《王阳明全集》,上海:上海古籍出版社,1992年。

张载：《张载集》，北京：中华书局，1978 年。

张之洞：《劝学篇》，郑州：中州古籍出版社，1998 年。

周敦颐：《周子全书》，上海：商务印书馆，1937 年。

朱熹：《四书章句集注》，北京：中华书局，1983 年。

朱熹：《朱子全书》，上海：上海古籍出版社、合肥：安徽教育出版社，2002 年。

韩廷杰：《成唯识论校释》，北京：中华书局，1998 年。

胡宏：《胡宏集》，北京：中华书局，1987 年。

《礼记正义》，北京：北京大学出版社，2000 年。

《周易正义》，北京：北京大学出版社，2000 年。

《尚书正义》，北京：北京大学出版社，2000 年。

（二）研究类

1. 船山学研究类

陈来：《诠释与重建：王船山的哲学精神》，北京：北京大学出版社，2004 年。

陈赟：《回归真实的存在》，上海：复旦大学出版社，2002 年。

蔡家和：《王船山〈读孟子大全说〉研究》，台北：学生书局，2013 年。

邓辉：《王船山道论研究》，湘潭：湘潭大学出版社，2010 年。

邓辉：《王船山历史哲学研究》，长沙：岳麓书社，2004 年。

侯外庐：《船山学案》，长沙：岳麓书社，1982 年。

胡发贵：《王夫之与中国文化》，贵阳：贵州人民出版社，2000 年。

湖南、湖北哲学社会科学联合会：《王船山学术讨论集》，北京：中华书局，1965 年。

湖南省社会科学院、哲学社会科学联合会、船山学社：《王船山学术思想讨论集》，长沙：湖南人民出版社，1985 年。

许冠三：《王船山的致知论》，香港：中文大学出版社，1981 年。

嵇文甫：《王船山史论选评》，北京：中华书局，1962 年。

嵇文甫：《王船山学术论丛》，北京：生活·读书·新知三联书店，1962 年。

林安梧：《王船山人性史哲学研究》，台北：东大图书公司，1987 年。

刘春建：《王夫之学行系年》，郑州：中州古籍出版社，1989 年。

刘梁剑：《天·人·际：对王船山的形而上学阐明》，上海：人民出版社，2007年。

刘毓崧：《王船山先生年谱》，北京：北京图书馆出版社，1999年。

刘志盛、刘萍：《王船山著作丛考》，长沙：湖南人民出版社，1999年。

陆复初：《王船山沉思录》，昆明：云南人民出版社，1991年。

陆复初：《王船山学案》，武汉：湖北人民出版社，1987年。

罗正均：《船山师友记》，长沙：岳麓书社，1982年。

王孝鱼：《船山学谱》，北京：北京图书馆出版社，1997年。

王之春：《船山公年谱》，上海：上海古籍出版社，2002年。

吴立民、徐荪铭：《船山佛道思想研究》，长沙：湖南出版社，1992年。

萧萐父、许苏民：《王夫之评传》，南京：南京大学出版社，2002年。

萧萐父：《船山哲学引论》，南昌：江西人民出版社，1993年。

曾昭旭：《王船山哲学》，台北：远景出版事业公司，1996年。

张西堂等：《船山学谱与船山遗书提要》，台北："中国船山学会"，1973年。

周兵：《天人之际的理学新诠释》，成都：巴蜀书社，2006年。

谷继明：《王船山〈周易外传〉笺疏》，上海：上海人民出版社，2016年。

2. 其他相关研究类

陈来：《朱子哲学研究》，上海：华东师范大学出版社，2000年。

陈荣捷：《宋明理学之概念与历史》，台北："中央研究院"中国文哲研究所，1996年。

陈荣捷：《中国哲学文献选编》，台北：巨流图书公司，1993—2000年。

海德格尔：《存在与时间》，陈嘉映、王庆节合译，北京：三联书店，2006年。

海德格尔：《海德格尔选集》，孙周兴选编，上海：三联书店，1996年。

海德格尔：《时间概念史导论》，欧东明译，北京：商务印书馆，2009年。

海德格尔：《形式显示的现象学：海德格尔早期弗莱堡文选》，孙周兴编译，上海：同济大学出版社，2004年。

贺麟：《文化与人生》，北京：商务印书馆，1988年。
贺麟：《五十年来的中国哲学》，北京：商务印书馆，2002年。
胡塞尔：《纯粹现象学通论》，李幼蒸译，北京：商务印书馆，1996年。
胡塞尔：《逻辑研究》，倪梁康译，上海：上海译文出版社，1998年。
胡塞尔：《文章与讲演》，《胡塞尔文集》第七卷，倪梁康译，北京：人民出版社，2009年。
李泽厚：《中国现代思想史论》，北京：东方出版社，1987年。
梁启超：《清代学术概论》，上海：商务印书馆，1927年。
梁启超：《中国近三百年学术史》，台北："中华书局"，1966年。
刘述先：《朱子哲学思想的发展与完成》，台北：学生书局，1982年。
刘乐恒：《马一浮六艺论新诠》，上海：上海古籍出版社，2015年。
罗姆巴赫：《作为生活结构的世界》，王俊译，上海：上海书店，2009年。
牟宗三：《才性与玄理》，台北：学生书局，1989年。
牟宗三：《从陆象山到刘蕺山》，台北：学生书局，1979年。
牟宗三：《道德的理想主义》，台北：学生书局，1985年。
牟宗三：《佛性与般若》，台北：学生书局，1989年。
牟宗三：《人文讲习录》，台北：学生书局，1996年。
牟宗三：《生命的学问》，台北：三民书局，1978年。
牟宗三：《心体与性体》，台北：正中书局，1968年。
牟宗三：《中国哲学十九讲》，台北：学生书局，1999年。
倪梁康：《现象学及其效应》，北京：生活·读书·新知三联书店，1994年。
钱穆：《中国近三百年学术史》，北京：中华书局，1986年。
钱穆：《朱子新学案》，台北：三民书局，1989年。
释印顺：《印度之佛教》，北京：中华书局，2011年。
唐君毅：《中国文化之精神价值》，台北：正中书局，1979年。
唐君毅：《中国哲学原论·原道篇》，台北：学生书局，1986年。
唐君毅：《中国哲学原论·原教篇》，台北：学生书局，1990年。
唐君毅：《中国哲学原论·原性篇》，台北：学生书局，1989年。
滕复编：《默然不说声如雷》，北京：中国广播电视出版社，1995年。
吴增定：《胡塞尔的判断学说研究》，北京大学博士学位论文，1999年。

熊十力:《佛家名相通释》,上海:东方出版中心,1985 年。

熊十力:《熊十力全集》,武汉:湖北教育出版社,2001 年。

张祥龙:《海德格尔思想与中国天道》,北京:生活·读书·新知三联书店,1996 年。

3. 外语文献

Alison Harley Black: *Man and Nature in the Philosophical thought of Wang Fu-Chih*, Seattle and London, University of Washington Press, 1989.

Nicholas S. Brasovan: *Neo-Confucian Ecological Humanism: An Interpretive Engagement with Wang Fuzhi* (1619-1692), State University of New York Press, Albany, 2017.

Heinrich Rombach: *Strukturontologie: eine Phänomenologie der Freiheit*, München: Alber, 1988.

Martin Heidegger: *Beträge zur Philosophie* (*Vom Ereignis*), Frankfurt am Main: V. Klosteman, 1989.

Martin Heidegger: *Poetry, Language, Thought*, Translated by Albert Hofstadter, New York: Perennial Library, 1975.

M. Merleau-Ponty: *Phenomenology of Perception*, Translated by Colin Smith, Routledge, 1989.

Werner Marx: *Heidegger and the Tradition*, Translated by Theodore Kisiel and Murray Greene, Evanston: Northwestern University Press, 1971.

4. 单篇论文

陈荣灼:《论唐君毅与牟宗三对刘蕺山之解释》,《鹅湖学志》2009 年第 43 期。

张祥龙:《海德格尔后期著作中"Ereignis"的含义》,《世界哲学》2008 年第 3 期。

高海波:《宋明理学从二元论到一元论的转变:以理气论、心性论为例》,《哲学动态》2015 年第 12 期。

王林伟:《王阳明良知说重探》,《阳明学研究》第三辑,北京:人民出版社,2018 年。

后　　记

本书是在鄙人博士学位论文的基础上经过大幅修改而撰成的。就思想探索与生命体悟而言，这本著作当然远未达于成熟之境，然而它也确实标画出为学体道的某种开端。随之一道开启的是某种于我自身而言极为真切的学术道路与生命情怀。此即是说：经过与船山思想回旋往复的对话，我为自己的思想与生命赢得了某种初步的贞定。赢得这种贞定乃是古人所云"学问"的核心要义，很庆幸我能通过学术思想的研究稍稍接近并感受此要义。哪怕我的这种感受只是如刚出苗的种子——依然很肤浅、依然等待进一步的扎根，我也愿敝帚自珍、愿细心去呵护它，期待着有朝一日它能经过自己的努力长成参天大树。

船山思想是一座内容丰厚的宝藏，本书所作的开掘工作当然只是某种预备性的尝试。如上所述，通过对此思想的开掘，我为自己赢得了思想与生命上的某种贞定。这种贞定虽然还停留在初步阶段，但其赢得却只有在汇聚了诸多关爱与支持之后才有可能。这些关爱与支持来自我的家人、我的老师、我的同事、学界的前辈以及平辈的学友，等等。我愿意借此机会对他们的关爱与支持表示最真诚的感谢。香港科技大学人文学部的黄敏浩先生是本人的博士学位论文导师，他的儒雅风度与渊博学识指引并激励我走进船山思想的研究，学部同仁陈荣开、冯耀明等先生也共同见证了本人博士学位论文的完稿与答辩，在此深深鞠躬，感谢他们的指引和呵护。博士毕业后到武汉大学工作，本人又有幸得到学界德高望重的前辈冯天瑜先生、郭齐勇先生的关爱与指引，让我有机会融入武汉大学丰厚笃实的学术研究传统之中；其他前辈学者如吴根友先生，亦指引我参与比较哲学与文化等方面的研究，本人的学术研究方向由此得到更深广的开拓，在此对他们的指引与提携表示最诚挚的感谢。本人所在工作单位的领导与同事——杨华教授、胡治洪教授、欧阳祯人教授、储昭华教授、余来明教授等，也一直关心并支持本人的学术研究与成长，在此也对他们表示深深的感谢。此外，我还要特别感谢那些在学术道路上与我相互激励、共同成长的学友如乐恒兄、泽绵兄等，他们给我提供的丰富教益已经融入在本书的行文中，很高兴也很荣幸能与他们一起在珞珈山下问学论道。最后，我想对远在家乡的父母、远在上海的伯父伯母表达藏于内心深处的深深感激，没有他们的支持我不可能走上这条学术道路；这份内心深处的感激同样也要献给我的爱人以及我们的女儿，本书正是在这个小家庭的幸福港湾里形成最后的结晶——既是学术研究的结晶，也是爱与生命的结晶。

本书的出版受到国家社科基金后期资助项目的支持，值此出版之际，我要向那些审阅过本书初稿的评审专家表示诚挚的感谢，感谢他们所给出的评审意见，这些意见我已经尽量纳入到后期的修改当中。当然还要感谢武汉大学出版社及其工作人员尤其是本书的责任编辑李程女士，感谢他们的认真负责与细心细腻，让本书得以顺利、高效地出版面世。最后特别值得一提的是：今年是王船山400周年诞辰，拙著的出版恰逢其会，谨以此表示对船山的深深记念。是为后记。

王林伟

2019年11月于德国慕尼黑绿林街